Operatoren, die Leistungen im **Anforderungsbereich III** (Reflexion und Problemlösung) verlangen:

begründen	Zu einem Sachverhalt komplexe Grundgedanken unter dem Aspekt der Kausalität argumentativ und schlüssig entwickeln
beurteilen	Den Stellenwert von Sachverhalten oder Prozessen in einem Zusammenhang bestimmen, um kriterienorientiert zu einem begründeten Sachurteil zu gelangen
bewerten Stellung nehmen	Wie beurteilen, aber zusätzlich mit Reflexion individueller und politischer Wertmaßstäbe, die Pluralität gewährleisten und zu einem begründeten eigenen Werturteil führen
entwerfen	Ein Konzept in seinen wesentlichen Zügen erstellen
entwickeln	Zu einem Sachverhalt oder zu einer Problemstellung ein konkretes Lösungsmodell, eine Gegenposition, ein Lösungskonzept oder einen Regelungsentwurf begründend skizzieren
erörtern	Zu einer vorgegebenen Problemstellung eine reflektierte, kontroverse Auseinandersetzung führen und zu einer abschließenden, begründeten Bewertung gelangen
gestalten	Produktorientierte Bearbeitung von Aufgabenstellungen. Dazu zählen unter anderem das Entwerfen von eigenen Reden, Strategien, Beratungsskizzen, Karikaturen, Szenarien, Spots und von anderen medialen Produkten sowie das Entwickeln von eigenen Handlungsvorschlägen und Modellen
problematisieren	Widersprüche herausarbeiten, Positionen oder Theorien begründend hinterfragen
prüfen überprüfen	Inhalte, Sachverhalte, Vermutungen oder Hypothesen auf der Grundlage eigener Kenntnisse oder mithilfe zusätzlicher Materialien auf ihre sachliche Richtigkeit bzw. auf ihre innere Logik hin untersuchen
sich auseinandersetzen diskutieren	Zu einem Sachverhalt, zu einem Konzept, zu einer Problemstellung oder zu einer These etc. eine Argumentation entwickeln, die zu einer begründeten Bewertung führt

Quelle: Einheitliche Prüfungsanforderungen in der Abiturprüfung Sozialkunde/Politik. Beschluss der Kultusministerkonferenz vom 01.12.1989 i. d. F. vom 17.11.2005, S. 17 f.

Mensch & Politik

Bayern SWG 9

Sekundarstufe I

Herausgegeben von Markus Gloe
Holger Keilwerth

Erarbeitet von Julia Eiperle
Markus Gloe
Holger Keilwerth
Katharina Lange
Franziska Lauterbach
Georg Martin
Ernest Mujkic
Harald Retsch

© 2022 Westermann Bildungsmedien Verlag GmbH, Georg-Westermann-Allee 66, 38104 Braunschweig,
www.westermann.de

Das Werk und seine Teile sind urheberrechtlich geschützt.
Jede Nutzung in anderen als den gesetzlich zugelassenen bzw. vertraglich zugestandenen
Fällen bedarf der vorherigen schriftlichen Einwilligung des Verlages.

Die enthaltenen Links verweisen auf digitale Inhalte, die der Verlag bei verlagsseitigen
Angeboten in eigener Verantwortung zur Verfügung stellt. Links auf Angebote Dritter wurden
nach den gleichen Qualitätskriterien wie die verlagsseitigen Angebote ausgewählt und bei
Erstellung des Lernmittels sorgfältig geprüft. Für spätere Änderungen der verknüpften Inhalte
kann keine Verantwortung übernommen werden.

Druck A[1]/Jahr 2022
Alle Drucke der Serie A sind inhaltlich unverändert.

Illustrationen: Gerhard Straeter, Essen
Umschlaggestaltung: LIO Design, Braunschweig
Umschlagfotos: Picture-Alliance GmbH/dpa/Kirchner, Guido (U1 o.),
iStockphoto.com/FooTToo (U1 u.), iStockphoto.com/IP Galanternik D. U. (U4)
Druck und Bindung: Westermann Druck GmbH, Georg-Westermann-Allee 66, 38104 Braunschweig

ISBN 978-3-14-**116842**-6

Inhaltsverzeichnis

1. Politik für Jugendliche, Politik von Jugendlichen — 8

1.1 Jugend und Politik – Chance und Herausforderung 10
Eine Befragung mit einem Fragebogen durchführen

1.2 Mitmischen in der Schule – Die Schülermitverantwortung 15
Einen Text in ein Schaubild umwandeln

1.3 Das Jugendparlament – Ein Garant für mehr Jugendbeteiligung?! ... 19
Partizipationscheck in der eigenen Kommune durchführen

1.4 „Klick deine Meinung!" – Neue Chancen für die Jugendbeteiligung durch das Internet und Social Media? 25

1.5 Das Grundgesetz – Warum ist es eigentlich so wichtig? 29

1.6 Zur Debatte: Wahlrecht ab Geburt? 33

1.7 Die Rechte von Kindern und Jugendlichen: Wie werden sie umgesetzt? 37
Standbild
Diskussion mit Gruppenschutz

1.8 Kinderarmut in Deutschland? 41

1.9 Ausbeuterische Kinderarbeit in der Welt – Was kann getan werden? .. 45

1.10 Brauchen Kinder und Jugendliche besonderen Schutz durch den Staat? 48
Eine Wortwolke erstellen
Lesestrategie

WISSEN 54
KOMPETENT? 56

2. Zusammenhalten! Gesellschaftlichen Wandel verstehen — 60

- 2.1 Früher – später – jetzt: Gesellschaftliche Rollen im Wandel 62
  Eine sozialwissenschaftliche Erhebung durchführen
- 2.2 Früher – später – jetzt: Erziehung im Wandel 69
- 2.3 Arbeitswelt und Rollenwandel der Geschlechter 73
- 2.4 Zur Debatte: Ohne Frauenquote keine Gleichberechtigung der Geschlechter? 78
  Tübinger Debatte
- 2.5 Wie viel Unterschied darf sein? 82
- 2.6 Inklusion als Menschenrecht und als Weg zur Gerechtigkeit 88
- 2.7 Zur Debatte: Gerecht ist … Was eigentlich? 91
  Schreibgespräch
- 2.8 Können Regeln Gerechtigkeit herstellen? 95
- 2.9 Gemeinschaft braucht Toleranz 97
  Memes interpretieren und erstellen

WISSEN 102
KOMPETENT? 104

3. Politik mitgestalten in der Kommune und im Freistaat Bayern — 106

- 3.1 Lebensort Dorf: Gemeinsam Probleme angehen 108
- 3.2 Aufgaben in der Kommune 110
- 3.3 Wer ist „die Gemeinde"? 112
- 3.4 Warum passiert, was passiert? Die Rolle von Bürger/-innen, Rat und Bürgermeister/-in 116
- 3.5 Politik lebt vom Mitmachen! 118
- 3.6 Was regelt die bayerische Verfassung? 122
  Gesetzes- und Verfassungtexte lesen und verstehen
- 3.7 Wie wird der Bayerische Landtag gewählt? Welche Aufgaben haben die Abgeordneten? 125
  Erkundung

3.8 Die Aufgaben der Landesregierung 129

3.9 Wie kommen in Bayern Gesetze zustande? 131

WISSEN 133
KOMPETENT? 135

4. Globalisierung verstehen und mitgestalten — 138

4.1 Was ist Globalisierung? Woran erkenne ich sie? 140

4.2 Globalisierung: Ein Geben und Nehmen? 144

4.3 Globalisierung: Gleiche Lebensbedingungen für alle? 147

4.4 Wie kann globale Externalisierung reduziert werden? 151
Ein Vierfelder-Skript erstellen

4.5 Kann man die Globalisierung politisch steuern? 157

4.6 Wie bekämpft man eine globale Herausforderung? 161

4.7 Zur Debatte: Wie kann mein persönliches Handeln eine Wirkung in der globalisierten Welt entfalten? 164
Pro-Kontra-Debatte

WISSEN 169
KOMPETENT? 171

Arbeitstechniken und Unterrichtsmethoden aus Band 8 174

Glossar 194

Register 200

Bildquellenverzeichnis 202

Liebe Schülerin, lieber Schüler,
liebe Kollegin, lieber Kollege,

das vorliegende Buch soll dabei unterstützen zu lernen, wie Situationen, Probleme und Konflikte aus der eigenen Lebenswelt und aus dem Bereich der Politik zusammenhängen, verstanden werden und wie man sich ein eigenes Urteil dazu bilden kann. Darüber hinaus werden Möglichkeiten aufgezeigt, um selbst politisch aktiv zu werden.

Jedes Kapitel beginnt mit einer Auftakt-Doppelseite: Ein kurzer Text und Bilder regen an, das Thema des Kapitels zu erschließen. Außerdem wird ein Projektvorschlag formuliert. Dieser soll die gesamte Unterrichtseinheit über bearbeitet werden. Aufgaben, die auf den Projektvorschlag zielen, sind mit diesem Symbol gekennzeichnet.

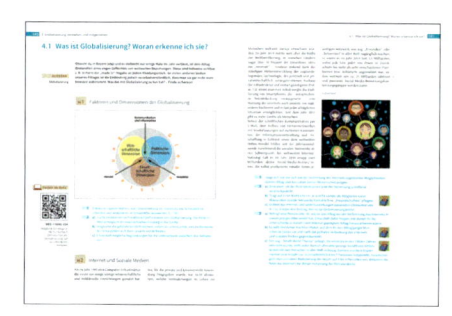

Anschließend kommen Materialseiten. Ebenfalls auf einer oder zwei Doppelseiten werden spezielle Fragestellungen in den Mittelpunkt gerückt. Dazu werden Bilder, Zeitungsartikel, Karikaturen, Schaubilder, aber auch mal ein Gesetzestext oder Ähnliches angeboten. Diese helfen, das Thema von verschiedenen Seiten zu beleuchten und zu bearbeiten.

In der Randspalte finden sich sogenannte Perlen im Netz. Das sind Hinweise auf Internetseiten, die weitere Informationen zum Thema beinhalten und über Web- bzw. QR-Codes abgerufen werden können. Die Webcodes können auf der Seite www.westermann.de/webcodes aufgerufen werden.
Außerdem findet man in der Randspalte Worterklärungen oder Verweise auf Erklärungen im Glossar.

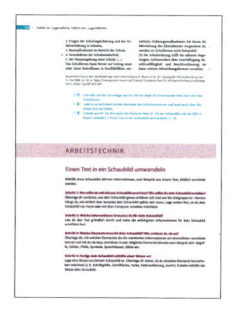

An einigen Stellen finden sich im Anschluss an die Aufgabenvorschläge Arbeitstechniken oder Methoden: Diese enthalten immer eine genaue Beschreibung, wie die einzelnen Schritte bzw. Phasen umgesetzt werden können. Bei verschiedenen Aufgaben wird auf bestimmte Arbeitstechniken oder Methoden Bezug genommen. Sie helfen dann bei der Lösung der Aufgabe.

Auf den Seiten „Zur Debatte" sind Anregungen zu Diskussionsthemen zu finden. Um die Diskussion entsprechend vorzubereiten, sind passende Materialien zusammengestellt.

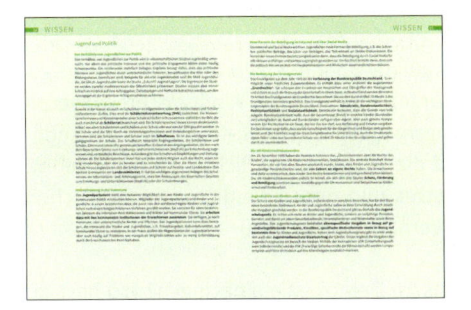

Das Element „Wissen" fasst das Wichtigste eines Kapitels zusammen, sodass man die grundlegenden Informationen des Themenbereichs zum Lernen im Überblick hat.

Am Ende des Kapitels finden sich „Kompetent?"-Seiten. Sie helfen beim Vertiefen des Wissens, beim Training von Analysieren, Urteilen und Handeln sowie beim Festigen der Arbeitstechniken. Auch eine Verwendung zur Binnendifferenzierung im Unterricht bietet sich an. Die erworbenen Kompetenzen können zu Hause oder in Vertretungsstunden erprobt werden.

Die Autorinnen und Autoren von Mensch & Politik wünschen dir/Ihnen ein unterhaltsames und ergiebiges Arbeiten mit Mensch & Politik!

1.

Demokratie lebt vom Mitmachen! Das beginnt nicht erst auf der Ebene von Parteien, Interessenverbänden wie Gewerkschaften, Jugendverbänden oder Bürgerinitiativen. Die Kinderrechtskonvention der Vereinten Nationen sieht bereits Mitbestimmungsmöglichkeiten für Kinder und Jugendliche vor. Doch nur, wer seine Rechte und Pflichten und die Rechte und Pflichten anderer kennt, deren Berechtigung auf der Grundlage des Grundgesetzes und der freiheitlich-demokratischen Grundordnung auch anerkennt, kann sich angemessen verhalten und sich für seine und die Rechte der anderen einsetzen.
Welche Rechte fallen dir ein? Wie kannst du dich in unsere Demokratie einbringen? Wo hast du Möglichkeiten mitzuentscheiden und mitzugestalten?

Gerhard Mester

Politik für Jugendliche, Politik von Jugendlichen

PROJEKTVORSCHLAG

„Was hat Politik mit mir zu tun?" – Vielleicht mehr, als du denkst. Finde heraus, in welchen Bereichen Politik dein Alltagsleben berührt, und halte deine Antworten fest. Diese Frage wird dich im gesamten ersten Kapitel begleiten. Dazu musst du wie folgt vorgehen:

- Zeichne auf einen großen Bogen Papier einen Körperumriss. Platziere darüber die Überschrift „Was hat Politik mit mir zu tun?"
- Teile im Anschluss mithilfe eines Lineals die Skizze deines Körpers in 12 Teile ein. 10 der Teile stehen dann für jeweils ein Unterkapitel des ersten Kapitels. Nummeriere sie entsprechend durch. Eines der beiden freien Teile 11 und 12 brauchst du, bevor du dich überhaupt mit den einzelnen Unterpunkten des ersten Kapitels auseinandersetzt. Nimm in dem freien Teil 11 schriftlich Stellung zur Frage „Was hat Politik mit mir zu tun?".
- Reflektiere nach jedem Unterkapitel, inwiefern du mithilfe der neuen Erkenntnisse und Erfahrungen der Beantwortung der Frage „Was hat Politik mit mir zu tun?" nähergekommen bist. Halte deine Gedanken im jeweiligen Körperteil schriftlich fest.
- Lies, nachdem du alle Unterkapitel bearbeitet hast, noch einmal alle persönlichen Gedanken in den einzelnen Körperteilen. Erläutere im letzten noch freien Körperteil (Teil 12) schriftlich, inwiefern sich die eigenen Antworten auf die Frage „Was hat Politik mit mir zu tun?" im Laufe der Unterrichtseinheit verändert haben.
- Organisiert für eure Klasse im Klassenzimmer eine Ausstellung, bei der ihr alle ausgefüllten Körperskizzen aufhängt und begutachtet. Mithilfe von Klebezetteln könnt ihr auf den einzelnen Skizzen Gedanken hinterlassen, die euch beim Betrachten der Ergebnisse eurer Mitschülerinnen und Mitschüler gekommen sind.

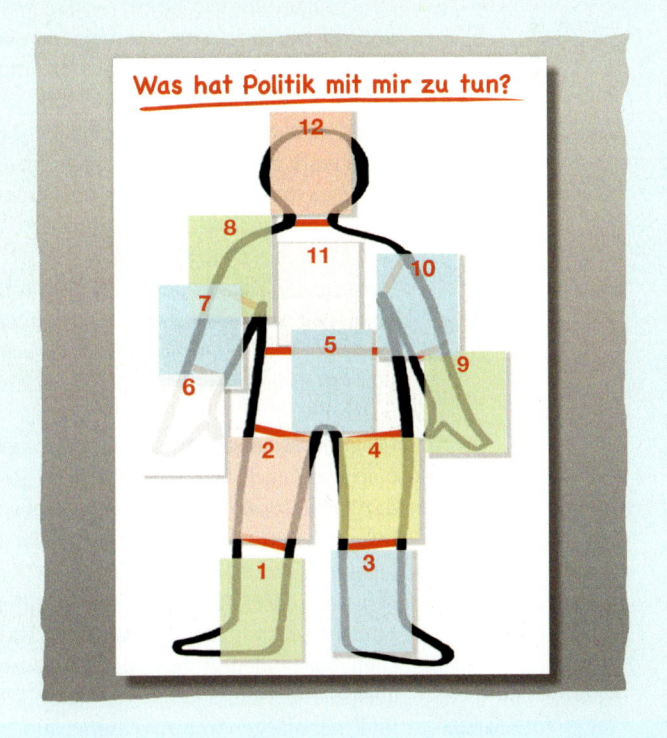

1. Politik für Jugendliche, Politik von Jugendlichen

1.1 Jugend und Politik – Chance und Herausforderung

„Ist die Jugend politikverdrossen?", „Die Jugend ist wieder mehr politisch interessiert!", „Die Jugend distanziert sich von der Politik!" – In den Medien finden sich immer wieder solche Schlagzeilen, wenn wissenschaftliche Studien veröffentlicht werden. Doch wie stehst du zur Politik?

M1 Rap „mitWirkung"

Perlen im Netz

WES-116842-001
Hier findet ihr den vollständigen Rap zum Lesen und Anhören auf der Seite der Bundeszentrale für politische Bildung.

Intro: [hör mir zu ... lass mich ... mitarbeiten ... hör mir zu ... OK]
Cemo: Fühl' mich nicht ernst genommen – NEIN – da das Vorurteil sagt, dass die Jugend
5 eher mit Dummheit als mit Werten kommt – und noch darf ich nicht wählen. – Doch die Illusion der Demokratie ist in meinen Augen doch schon längst zu sehen. Es könnte viel entstehen, so dräng' ich meine Meinung auf.
10 – Meine Jungs erheben sich – wir sind nicht alleine Homies [...], denn die Hoffnung auf Gehör – sie bleibt. – Wir sind nicht taubstumm – vielleicht jung, – doch wir haben was im Kopf – ich zeig's!!!
15 **Rimo:** Wir sind doch eigentlich ein Teil der Gesellschaft, – das Herz unserer Fortpflanzung, sagen uns die Eltern. – Man wirft uns vor, wir wären faul nicht auf eigenen Beinen, – würden nicht auf Schule achten und dazu
20 keinen Einsatz zeigen, – doch ihr versteht nicht, dass wir auch das Wort haben. Millionen kreative Köpfe wollen emporragen. – Ich will, dass ihr endlich versteht, dass ihr auf uns baut – uns auch braucht – und den Willen
25 drück' ich durch die Kunst aus.
Refrain: *Die Zukunft des Lands liegt in unserer Hand – wir wollen das System ändern mit unserm Verstand – Politik ist für uns nicht mehr uninteressant – die Bedeutung der Demokratie ist uns nicht*
30 *unbekannt.*
[Rapper unbenannt:] Wir wollen auch was beitragen, auch was sagen. Unsere Meinung dazugeben zu wollen und nicht d'rauf warten. Jeder will mitbestimmen und sein Wort geben,
35 nicht immer auf andere hör'n und in Sorge leben – Sondern: Zusammen was schaffen, zusammen entscheiden, zusammen was machen, zusammen einfach was erreichen, was alleine in diesem Land keiner kann. Weil ich
40 find', wir alle gehören zu diesem Land.

Jay-Pi: Ihr wollt politisches Interesse? Das ist ein Geben und Nehmen – gebt mir eine Stimme und ich geh' mein Leben lang wählen – eine Stimme, mit der ich was erreichen kann –
45 zeigen, dass die Jugend die Politik bereichern kann. – Ihr wundert euch, dass die Kids abdrehen – Alkohol und Tabak konsumieren, als wären sie achtzehn? Doch was sonst, wenn die Alternativen fehlen? Gebt uns eine Chance
50 und lasst uns diese wählen.
Negrow: Die Jugend steht als ständig saufender, Unfug bauender, ständig klauender – sich hauender – raufender Haufen da – als bekiffte Fahrer, sich dissende, besser wissende, pfiffige
55 – schein'n alles zu wissen – aber – hört mir zu! Ihr schätzt uns falsch ein. Auch was ihr sagt, kann schlecht – schlecht und falsch sein. Ihr solltet anfangen, uns wahrzunehmen – solltet auf uns bauen, statt uns abzulehnen.
60 [einfache Wiederholung vom]
Refrain [...]
Jay-Pi: Wir würden glücklich sein nur mit dieser einen Gelegenheit – ehrenamtlich engagiert wie Arbeit in 'nem Pflegeheim –
65 **Cemo:** Würden Perspektiven schaffen – nicht nur für uns – genau das machen wir zusammen, wir sind nicht stumm. –
Rimo: Die Augen stets offen mit dem Blick auf die Kunst – wir wollen den Berg erklimmen,
70 egal ob alt oder jung. –
Cemo: Also schalt' nicht auf Stumm –
Jay-Pi: schließ' dich uns an – guck man!
Alle: Wir nehmen – die ganze Last des Landes auf die Schultern. –
75 **Rimo:** Braucht euch nicht wundern – wir haben die Kraft übrig – lasst die Jugend mitarbeiten, denn früh übt sich. –
Cemo: Keiner ist ermüdet – so wie bei 'ner Frühschicht. – Sorgen dafür, dass der Umschwung durchs Land wütet. –
80

GLOSSAR
Demokratie

Jay-Pi: Also schenkt uns Vertrauen – wir wollen was aufbauen – vom arbeitenden Vater bis hin zur Hausfrau –
Cemo: Also lasst uns aufschauen –
Rimo: kein Blickfeld verdecken. –

Alle: Unsere Stimmen habt ihr jetzt – gebt uns Mitspracherecht!
[doppelte Wiederholung vom] **Refrain** [...]
[... lass die Jugend mitarbeiten ... lass die Jugend mitarbeiten ...]

Rap-Song zum Engagement von Kindern und Jugendlichen. Entwickelt von der HipHop Academy Hamburg für das Projekt „mitWirkung! - eine Initiative zur Stärkung der Kinder- und Jugendbeteiligung" der Bertelsmann-Stiftung, in: https://www.bpb.de/lernen/grafstat/partizipation-vor-ort/139969/m-01-01-rapsong-mitwirkung, letzter Zugriff: 28.01.2021. Text: AG Projekt mitWirkung 2018 © HipHop Acadamy Hamburg

1. Arbeite aus dem Rap-Text heraus, wie Jugendliche aus Sicht der Rapper von außen wahrgenommen werden.
2. Erläutere, wie die Rapper sich selbst als Jugendliche wahrnehmen und welche politischen Forderungen sie formulieren.
3. Teilst du die Meinung der Rapper? Begründe deine eigene Position.

M2 Wie politisch interessiert sind Jugendliche in Deutschland?

a) Ergebnisse aus der 18. Shell Jugendstudie 2019
Politisches Interesse
Jugendliche im Alter von 12 bis 25 Jahren

Spalten in %	2002	2006	2010	2015	2019
An Politik bin ich ganz allgemein					
Stark interessiert	4	5	6	7	8
Interessiert	26	30	31	36	33
Wenig interessiert	40	41	41	39	39
Gar nicht interessiert	29	24	22	18	20
Weiß nicht/keine Angabe	1	0	0	0	0

Quelle: Shell Jugendstudie 2019

b) Studie „Zukunft? Jugend fragen!" 2020

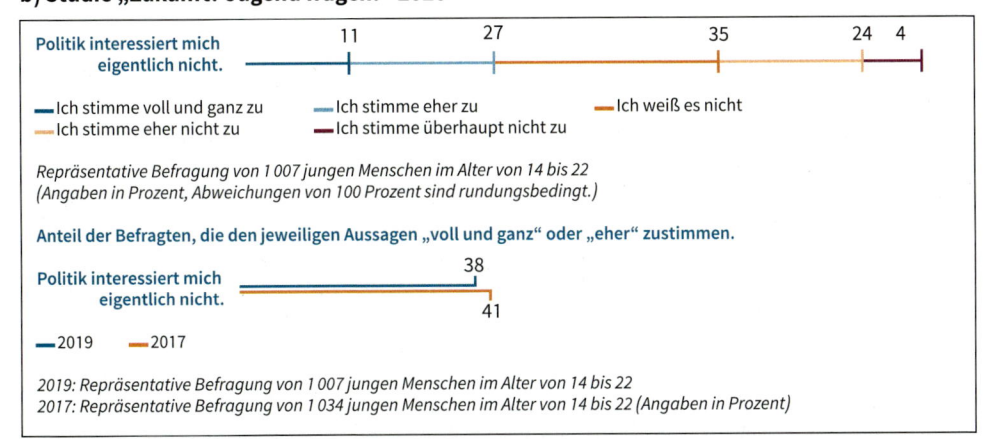

Politik interessiert mich eigentlich nicht.
11 | 27 | 35 | 24 | 4

— Ich stimme voll und ganz zu   — Ich stimme eher zu   — Ich weiß es nicht
— Ich stimme eher nicht zu   — Ich stimme überhaupt nicht zu

Repräsentative Befragung von 1 007 jungen Menschen im Alter von 14 bis 22 (Angaben in Prozent, Abweichungen von 100 Prozent sind rundungsbedingt.)

Anteil der Befragten, die den jeweiligen Aussagen „voll und ganz" oder „eher" zustimmen.

Politik interessiert mich eigentlich nicht. — 38 / 41

— 2019   — 2017

2019: Repräsentative Befragung von 1 007 jungen Menschen im Alter von 14 bis 22
2017: Repräsentative Befragung von 1 034 jungen Menschen im Alter von 14 bis 22 (Angaben in Prozent)

BMU (2020): Zukunft? Jugend fragen! Eine Studie des Bundesministeriums für Umwelt, Naturschutz und nukleare Sicherheit und des Umweltbundesamtes. Umwelt, Klima, Politik, Engagement - Was junge Menschen bewegt, S. 17 und 18

1 Suche dir eine der beiden Studien aus M 2 aus. Erstelle für die ausgewählte Studie mithilfe einer Internetrecherche einen Steckbrief, der folgende Fragen beantwortet (→ Internetrecherche, S. 176):
a) Wer hat die Studie in wessen Auftrag durchgeführt?
b) Welche Zielsetzung wird mit der Studie verfolgt?
c) Wann wurde die Studie genau durchgeführt?
d) Wer war Zielgruppe der Studie?
e) Wie wurden die Daten für die Studie gewonnen und ausgewertet?

2 Werte das Schaubild/die Schaubilder deiner Studie aus, um die Frage zu beantworten: Wie politisch interessiert sind Jugendliche in Deutschland? (→ Schaubilder auswerten, S. 178)

3 Such dir eine Mitschülerin/einen Mitschüler aus, die/der sich für eine andere Studie entschieden hat. Stellt euch gegenseitig eure Studie vor.

4 Diskutiert in Partnerarbeit, inwiefern eure beiden Studien und die damit verbundenen Ergebnisse miteinander verglichen werden können.

M 3 Was beeinflusst das politische Interesse?

Entwicklungen beim politischen Interesse nach sozio-ökonomischem Hintergrund
Jugendliche im Alter von 12 bis 25 Jahren

In % in den jeweiligen Teilgruppen	2002	2006	2010	2015	2019
Trend: Interesse an Politik	30	35	37	43	41
Nach Geschlecht					
Männlich	37	40	43	49	44
Weiblich	23	30	30	36	38
Nach Alter					
12–14 Jahre	11	16	21	21	19
15–7 Jahre	20	26	34	39	38
18–21 Jahre	38	41	38	48	45
22–25 Jahre	44	48	46	53	52
Nach Statuspassage					
Schüler insgesamt	20	27	32	32	32
An Gymnasien	31	39	42	43	41
Andere Schularten	13	17	23	23	25
Studierende	64	68	66	69	66
In Berufsausbildung	32	32	33	39	39
Erwerbstätig	35	38	37	47	43
Nicht erwerbstätig/arbeitslos	26	34	31	43	36
Nach (angestrebtem oder erreichtem) Schulabschluss					
Hauptschule (9. Klasse)*	15	20	19	25	26
Realschulabschluss/Mittlere Reife	23	26	28	34	29
Abitur/FH-Reife	42	49	49	52	50

*Inkl. 1 % Jugendlicher ohne Schulabschluss. Aufgrund der geringen Fallzahl ist eine weitere Ausdifferenzierung nicht möglich.

Quelle: Shell Jugendstudie 2019

1.1 Jugend und Politik – Chance und Herausforderung

1 Arbeite mithilfe der Tabelle heraus, welche Bedeutung das Geschlecht, das Alter, der Status sowie der Schulabschluss für das politische Interesse von Jugendlichen laut der letzten fünf Shell Jugendstudien haben.

2 Recherchiert nach weiteren Studien, die sich den Einflussfaktoren von politischem Interesse von Jugendlichen widmen, und überprüft, ob sie die Ergebnisse der Shell Jugendstudien bestätigen oder widerlegen.

3 Führt eine eigene Befragung in eurer Klasse/Schule zum politischen Interesse von Jugendlichen durch (→ Eine Befragung mit einem Fragebogen durchführen, S. 13).

4 Vergleicht die Ergebnisse eurer eigenen Befragung mit den Ergebnissen der 18. Shell Jugendstudie: Welche Gemeinsamkeiten und/oder Unterschiede könnt ihr feststellen? Problematisiert dabei, dass im Gegensatz zu eurer Klasse mit ca. 30 Schülerinnen und Schülern im ungefähr gleichen Alter bei der Shell-Jugendstudie 2.572 Jugendliche im Alter von 12 bis 25 Jahren befragt wurden.

ARBEITSTECHNIK

Eine Befragung mit einem Fragebogen durchführen

Befragungen mithilfe eines Fragebogens laufen in der Regel nach einem bestimmten Schema ab:

Schritt 1: Ziel und Art der Befragung festlegen
Zunächst geht es darum, Antworten auf folgende Fragen zu finden und sich auf ein gemeinsames Vorgehen zu einigen:
- Welche konkrete Forschungsfrage soll beantwortet werden?
- Welche Hypothesen können ausgehend vom eigenen Vorwissen formuliert werden?
- Welche Personen sollen warum befragt werden?
- Wie sollen die Personen befragt werden? Mittels Online- oder Papier-Fragebögen?
- Wie soll die Befragung zeitlich ablaufen (Zeitplan)?
- Welche Aufgaben fallen vor, während und nach der Befragung an? Wer übernimmt was? (zentral: schriftliches Einholen der Erlaubnis aller betroffenen Personen)

Schritt 2: Fragebogen erstellen, testen und überarbeiten
Häufig gibt es bereits zu einem bestimmten Phänomen Fragebögen, die andere Forscherinnen und Forscher zuvor erstellt haben. Es ist daher sinnvoll, nach solchen Fragebögen zu recherchieren und diese dahingehend zu prüfen, ob sie für die eigene Befragung im Original oder modifiziert wiederverwendet werden können.
Beispiel: Auszug aus dem Fragebogen der 18. Shell Jugendstudie zum politischen Interesse

> **F11 Nun zu etwas anderem: Interessieren Sie sich ganz allgemein für Politik? Würden Sie sagen, Sie sind …**
> ■ stark interessiert   ■ interessiert   ■ wenig interessiert oder   ■ gar nicht interessiert?

Mathias Albert u. a., 18. Shell Jugendstudie. Jugend 2019. Eine Generation meldet sich zu Wort. Beltz Verlag, Weinheim und Basel 2019, S. 343

In manchen Fällen ist es aber auch nötig, einen eigenen Fragebogen wie folgt zu erstellen:

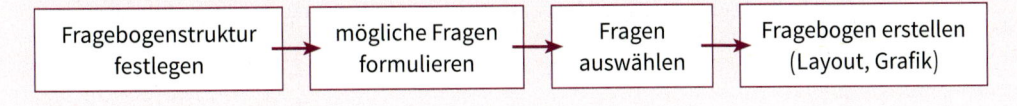

Fragebogenstruktur festlegen → mögliche Fragen formulieren → Fragen auswählen → Fragebogen erstellen (Layout, Grafik)

Perlen im Netz

WES-116842-002
Tipps und Tricks zur Erstellung eines Fragebogens, zusammengestellt von der Bundeszentrale für politische Bildung.

In beiden Fällen sollte der Fragebogen in einem Probelauf getestet und ggf. überarbeitet werden. Wichtig: Ein Fragebogen muss in der Forschung sogenannte Gütekriterien erfüllen. Die wichtigsten drei sind: Objektivität (es spielt keine Rolle, wer den Fragebogen einsetzt), Reliabilität (wird der Fragebogen wiederholt eingesetzt, sind vergleichbare Ergebnisse zu erwarten), Validität (der Fragebogen misst wirklich das, was er messen soll).

Die Perle im Netz beinhaltet hilfreiche Tipps und Tricks für das Erstellen eines Fragebogens. Wichtig ist dabei vor allem das Formulieren passender Fragen! Fragen in einem Fragebogen müssen möglichst klar, verständlich, aussagekräftig und eindeutig formuliert werden. Sie sollen möglichst kurz und neutral sein. Zudem sind Doppelfragen zu vermeiden.

Schritt 3: Befragung durchführen
Bei einer Befragung mittels Papier-Fragebogen müssen die Fragebögen kopiert, in einem vorher festgelegten Setting an die Befragten ausgegeben und wieder eingesammelt werden. Bei einer Befragung mittels Online-Fragebogen reicht es aus, den Befragten den Zugang zum Fragebogen, in der Regel über eine spezielle Internetadresse, zu ermöglichen.

Schritt 4: Daten eingeben, auswerten und veröffentlichen
Bei Papier-Fragebögen müssen die Daten zunächst in ein Statistik-Programm von Hand eingegeben werden. Bei Online-Fragebögen ist das nicht nötig. Mithilfe eines Statistik-Programms können die Daten dann unterschiedlich ausgewertet werden. Am häufigsten werden einfache Häufigkeitsverteilungen vorgenommen (z. B.: Wie viel Prozent der Befragten haben eine bestimmte Antwort gegeben?). Mithilfe der Daten können die Hypothesen überprüft werden: Sind sie richtig oder falsch? Als Abschluss können die Ergebnisse der Befragung veröffentlicht werden.

M 4 Politisches Interesse in der Corona-Krise

Das Interesse an den aktuellen Vorgängen im Zusammenhang mit der Corona-Krise und ihrer Bewältigung ist in allen jugendlichen Lebenswelten vorhanden. Die Gründe sind die von der Politik angeordneten bzw. unmittelbar spürbaren Einschränkungen und nicht zuletzt auch die mediale Omnipräsenz des Themas. Nicht das politische Interesse generell ist gestiegen, sondern die zwangsweise Beschäftigung mit den politischen Krisenmaßnahmen, von denen man persönlich betroffen ist. Der Einbruch der Politik in die eigene Lebenswirklichkeit führt dazu, dass man sich – in allen jugendlichen Lebenswelten – häufiger und teilweise intensiver über das aktuelle Geschehen informiert, nicht nur im Internet, sondern auch via TV und Printmedien. Dabei wird in erster Linie die Corona-Berichterstattung verfolgt. Die Jugendlichen haben das Gefühl, dass dieses Thema sie mehr betrifft als die „klassischen" Politikfelder. Sie möchten wissen, wie es weitergeht – für sie persönlich und für die Gesellschaft.

Marc Calmbach u. a.: SINUS-Jugendstudie 2020. Lebenswelten von Jugendlichen im Alter von 14 bis 17 Jahren in Deutschland. Bundeszentrale für politische Bildung, Bonn 2020, S. 611–612

1 Erläutere mithilfe von M 4, inwiefern die Corona-Politik allgemein Einfluss auf alle jugendlichen Lebenswelten genommen hat.
2 Beurteile für dich selbst, inwiefern politische Betroffenheit Einfluss auf dein politisches Interesse und dein politisches Engagement nimmt.
3 Diskutiert im Plenum gemeinsam die Frage: „Persönliche Betroffenheit von politischen Entscheidungen – ein Motor für mehr politisches Interesse und politisches Engagement bei Jugendlichen?" Vergleicht die Ergebnisse der Diskussion mit euren persönlichen Urteilen.

1.2 Mitmischen in der Schule – Die Schülermitverantwortung

Zu Beginn jedes Schuljahres wählt ihr in eurer Klasse eine Klassensprecherin oder einen Klassensprecher. Dieser vertritt eure Positionen und Ansichten in der Schülermitverantwortung (SMV) eurer Schule. Die SMV wird häufig als gelebte Demokratie in der Schule bezeichnet. Wie steht es um die SMV-Arbeit in eurer Schule?

M 1 Alltag eines Klassensprechers

Kaum hatte Alexander die Wahl zum Klassensprecher angenommen, da kamen in der großen Pause auch schon einige Mitschüler mit ihren Wünschen auf ihn zu. Tobias und Florian, die beim Verlassen der Klasse hinter ihm gingen, klopften ihm auf die Schulter. „Super, Alex! Du bist unser Mann", sagte Florian. „Genau", pflichtete Tobias bei, „jetzt wird endlich mal gemacht, was wir wollen. Die Sache mit dem Wandertag, da musst du dich für uns einsetzen. Dann klappt das bestimmt mit der Stadionbesichtigung." Alexander nickte nur und bog allein Richtung Pausenhalle ab. Doch bevor er sein Pausenbrot herausgeholt hatte, traf er dort schon auf seine Mitschülerinnen Annette, Dörte und Nina. „Herzlichen Glückwunsch zur Wahl", meinte Annette und grinste Alexander an. „Danke", antwortete er leicht verlegen. Dörte trat einen Schritt auf ihn zu. „Alex, aber es ist ja wohl klar, dass du dich nicht nur für Jungs einsetzt, oder? Ich hab dich ja schließlich auch gewählt." Alex nickte. Dörte redete weiter auf ihn ein: „Zum Beispiel wenn's um den Wandertag zusammen mit der 9b geht. Da können die Klassensprecher mitentscheiden. Dann sag mal was gegen diesen langweiligen Stadionbesuch, den Herr Doll da vorgeschlagen hat. Die Mehrheit ist doch sowieso dagegen." Alex nickte wieder, obwohl er selbst als Fußballfan durchaus Lust auf eine Stadionführung gehabt hätte. „Lasst uns doch lieber alle in den Freizeitpark fahren", mischte sich Nina ein. „Da haben schließlich alle was davon und für jeden ist etwas dabei." Alex nickte wieder und wandte sich dann ab, weil die Pausenglocke geläutet hatte. In der darauf folgenden Stunde flüsterte er zu seinem Sitznachbarn Florian: „Hey, Flo, die meisten wollen lieber in den Freizeitpark, glaube ich." Florian zischte zurück. „Das ist jetzt nicht dein Ernst! Du hast gesagt, du setzt dich für uns ein, und wir haben dir schließlich vertraut. Wenn ich gewusst hätte, dass du gar nicht machst, was ich will, dann hätte ich dich gar nicht erst gewählt." Als Alexander schließlich nach der Schule über den Schulhof schlenderte, ging ihm einiges durch den Kopf […].

Karl-Heinz Breier, Christian Meyer: Der politiktheoretische Ansatz, in: Carl Deichmann, Christian K. Tischner (Hrsg.): Handbuch Dimensionen und Ansätze in der politischen Bildung, Wochenschau-Verlag, Schwalbach/Ts. 2013, S. 198

GLOSSAR

SMV

Perlen im Netz

WES-116842-003

Das SMV-Portal des Staatsinstituts für Schulqualität und Bildungsforschung (ISB) bietet Unterstützung rund um das Thema Schülermitverantwortung.

1. Führt ein Rollenspiel (→ Rollenspiel, S. 191) durch, wie sich Alexander in dieser Situation verhalten könnte und welche möglichen Lösungen sich für ihn anbieten, mit den unterschiedlichen Erwartungen umzugehen.
2. Halte zunächst drei wichtige Eigenschaften einer guten Klassensprecherin/eines guten Klassensprechers fest. Einige dich dann mit einer Partnerin/einem Partner, anschließend zu viert und zuletzt zu acht auf drei wichtige Eigenschaften. Begründet eure Entscheidung.
3. Erarbeitet in der Klasse, bei welchen Aufgaben der Klassensprecherin/des Klassensprechers welche Eigenschaften nützlich sind.

M2 Klassensprecherwahl mal anders?

(1) Eine Lehrerin kommt nach den Sommerferien in die Klasse und fragt, ob jemand etwas dagegen hätte, wenn Alex und Miriam dieses Schuljahr wieder Klassensprecher wären, weil sie das so gut gemacht hätten. Keiner der anderen Schülerinnen und Schüler äußert sich dazu. Die Lehrerin ist zufrieden, dass damit das Thema Klassensprecherwahl erledigt ist.

(2) Ein Lehrer schlägt ein neues Wahlverfahren vor: Die Schülerinnen und Schüler sollen sich an jedem einzelnen der fünf Gruppentische auf eine Sprecherin oder einen Sprecher einigen. Diese fünf sollen dann wählen können, wer die Klassensprecherin oder der Klassensprecher für dieses Schuljahr wird. Dies würde ein langwieriges Auszählen überflüssig machen.

(3) Der Klassenlehrer lässt Aishe und Max bei der Klassensprecherwahl nicht mitwählen, da sie neu in der Klasse seien und nicht einschätzen könnten, wer für diesen Posten geeignet sei.

(4) In der zweiten Schulwoche lässt die neue Klassenlehrerin eine Klassensprecherwahl durchführen. Alle dürfen vier Stimmen abgeben und die Namen auf einen kleinen Zettel schreiben. Sonja erhält 21 Stimmen, Miriam 19 Stimmen, Tobias 18 Stimmen und Felix 15 Stimmen. Die Lehrerin gratuliert Sonja als neuer Klassensprecherin und Tobias als neuem stellvertretenden Klassensprecher. Die Klassenlehrerin begründet dies damit, dass immer ein Junge und ein Mädchen dieses Amt ausüben müssten.

(5) Der neue Klassenlehrer ist Mathematiklehrer. Er verkündet, dass die Schülerinnen und Schüler, die im letzten Schuljahr in Mathe eine Eins hatten, zur Belohnung bei der Klassensprecherwahl zwei Stimmen bekommen würden.

(6) Die Klassenlehrerin will die Wahlzettel von Timo, Sarah, Phillip und Aishe vor der Abgabe sehen. Sie will damit verhindern, dass die vier irgendeinen Quatsch machen.

Autorentext

1 Überprüfe, inwiefern die geschilderten Fallbeispiele den Vorgaben des BayEUG Art. 62 entsprechen (https://www.gesetze-bayern.de).
2 Begründe, welche demokratischen Wahlgrundsätze in den Fällen eingehalten bzw. verletzt werden.

M3 Direktwahl der Schülersprecherin/des Schülersprechers

Alisha (15 Jahre): Ich bin für eine Direktwahl, denn dann können alle Schülerinnen und Schüler mitbestimmen, wen sie als Schülersprecherin oder Schülersprecher wollen. Zudem fördert ein gemeinsamer Wahltag das Gemeinschaftsgefühl in der Schule.

Leander (14 Jahre): Ich bin gegen eine Direktwahl, denn wenn sich viele Schülerinnen oder Schüler aufstellen lassen, dann verteilen sich die Stimmen zu stark. Es könnte passieren, dass dann eine relativ kleine Gruppe jemand Unpassenden zur Schülersprecherin oder zum Schülersprecher wählt.

1.2 Mitmischen in der Schule – Die Schülermitverantwortung

Serhat (15 Jahre): Oft wissen viele Schülerinnen und Schüler gar nicht, wer unsere Schülersprecherin oder unser Schülersprecher ist. Sie haben eventuell mal in der Klassenversammlung den Namen gehört. Aber bei einer Direktwahl kann ich mich selber für eine Kandidatin oder einen Kandidaten entscheiden und am Ende weiß der Schülersprecher oder die Schülersprecherin auch wirklich die Mehrheit der Schülerschaft hinter sich.

Salome (15 Jahre): Ich bin dafür, dass nur die Klassensprecher/-innen aller Klassen im Schülerrat die Schülersprecherin oder den Schülersprecher und den bzw. die Stellvertreter/-innen wählen. Meistens hat man engagierte Klassensprecherinnen und Klassensprecher, die aus eigener Erfahrung die Eigenschaften derjenigen, die sich zur Wahl stellen, einordnen können. Zudem müssen die SMV-Mitglieder ja mit der Schülersprecherin oder dem Schülersprecher eng zusammenarbeiten. Da sollen die selbst entscheiden, wem sie das Ruder überlassen. Außerdem erscheint mir der Zeit- und Arbeitsaufwand für eine Direktwahl der Schülersprecherin/des Schülersprechers doch sehr übertrieben.

Schülertexte

1 Informiere dich über die Form der Wahl der Schülersprecherin bzw. des Schülersprechers an deiner Schule.

2 a) Arbeite die Argumente für oder gegen die Direktwahl der Schülersprecherin bzw. des Schülersprechers aus den Statements heraus.
b) Ergänze die Argumente durch weitere.

3 a) Diskutiert in der Klasse, ob ihr die bestehende Regelung an eurer Schule ändern wollt. Führt am Ende eine Abstimmung durch.
b) Verfasse ggf. einen Antrag an die SMV zur Änderung der Regelung an eurer Schule.

M4 Das Schulforum – Ort der Mitsprache

Auszug aus dem Bayerischen Gesetz über das Erziehungs- und Unterrichtswesen (BayEUG):

(1) An allen Schulen mit Ausnahme der Grundschulen und der Berufsschulen wird ein Schulforum eingerichtet. [...]

(2) Mitglieder des Schulforums sind die Schulleiterin oder der Schulleiter sowie drei von der Lehrerkonferenz gewählte Lehrkräfte, die oder der Elternbeiratsvorsitzende sowie zwei vom Elternbeirat gewählte Elternbeiratsmitglieder, der Schülerausschuss und ein Vertreter des Schulaufwandsträgers. [...]

(3) Das Schulforum beschließt in den Angelegenheiten, die ihm zur Entscheidung zugewiesen sind, mit bindender Wirkung für die Schule. In den übrigen Angelegenheiten gefasste Beschlüsse bedeuten Empfehlungen.

(4) Das Schulforum berät Fragen, die Schülerinnen und Schüler, Eltern und Lehrkräfte gemeinsam betreffen, und gibt Empfehlungen ab. Folgende Entscheidungen werden im Einvernehmen mit dem Schulforum getroffen:

1. die Entwicklung eines eigenen Schulprofils, das der Genehmigung der Schulaufsichtsbehörde bedarf, [...],

3. Erlass von Verhaltensregeln für den geordneten Ablauf des äußeren Schulbetriebs (Hausordnung),

4. Festlegung der Pausenordnung und Pausenverpflegung,

5. Grundsätze über die Durchführung von Veranstaltungen im Rahmen des Schullebens [...]

Kann eine einvernehmliche Entscheidung nicht in angemessener Zeit herbeigeführt werden, legt die Schulleiterin oder der Schulleiter die Angelegenheit der Schulaufsichtsbehörde vor, die eine Entscheidung trifft. Dem Schulforum ist insbesondere Gelegenheit zu einer vorherigen Stellungnahme zu geben zu

1. wesentlichen Fragen der Schulorganisation, soweit nicht eine Mitwirkung der Erziehungsberechtigten oder des Elternbeirats vorgeschrieben ist,

GLOSSAR

Schulforum

2. Fragen der Schulwegsicherung und der Unfallverhütung in Schulen,
3. Baumaßnahmen im Bereich der Schule,
4. Grundsätzen der Schulsozialarbeit,
5. der Namensgebung einer Schule. [...]
Das Schulforum kann ferner auf Antrag einer oder eines Betroffenen in Konfliktfällen vermitteln; Ordnungsmaßnahmen, bei denen die Mitwirkung des Elternbeirats vorgesehen ist, werden im Schulforum nicht behandelt.
(5) Die Schulordnung trifft die näheren Regelungen, insbesondere über Geschäftsgang, Beschlussfähigkeit und Beschlussfassung; sie kann weitere Mitwirkungsformen vorsehen.

Bayerisches Gesetz über das Erziehungs- und Unterrichtswesen (BayEUG) in der Fassung der Bekanntmachung vom 31. Mai 2000, Art. 69, in: https://www.gesetze-bayern.de/Content/Document/BayEUG-69?AspxAutoDetectCookieSupport=1, letzter Zugriff: 28.01.2021

1 Schreibe auf der Grundlage des Art. 69 des BayEUG einen kurzen Info-Text über das Schulforum.

2 Ladet eine Vertreterin/einen Vertreter des Schulforums ein und lasst euch über die Arbeit dort berichten.

3 Erstelle aus M 1 bis M 4 sowie der Perle im Netz (S. 16) ein Schaubild, wie die SMV in Bayern arbeitet (→ Einen Text in ein Schaubild verwandeln, S. 18).

ARBEITSTECHNIK

Einen Text in ein Schaubild umwandeln

Mithilfe eines Schaubilds können Informationen, zum Beispiel aus einem Text, bildlich vermittelt werden.

Schritt 1: Was willst du mit deinem Schaubild erreichen? Wie willst du dein Schaubild erstellen?
Überlege dir zunächst, was dein Schaubild genau erklären soll und wer die Zielgruppe ist. Hiervon hängt ab, wie einfach bzw. komplex dein Schaubild später sein muss. Lege zudem fest, ob du dein Schaubild von Hand oder mit dem Computer erstellen möchtest.

Schritt 2: Welche Informationen brauchst du für dein Schaubild?
Lies dir den Text gründlich durch und halte die wichtigsten Informationen für dein Schaubild schriftlich fest.

Schritt 3: Welche Elemente braucht dein Schaubild? Wie ordnest du sie an?
Überlege dir, mit welchen Elementen du die markierten Informationen am sinnvollsten vermitteln kannst und wie du sie dazu anordnen musst. Mögliche Elemente können zum Beispiel sein: Begriffe, Zahlen, Pfeile, Symbole, Sprechblasen, Bilder etc.

Schritt 4: Fertige dein Schaubild mithilfe einer Skizze an!
Lege eine Skizze von deinem Schaubild an. Überlege dir dabei, ob du einzelne Elemente hervorheben möchtest (z. B. Schriftgröße, Schriftfarbe, Farbe, Fettmarkierung, kursiv). Erstelle mithilfe der Skizze dein Schaubild.

1.3 Das Jugendparlament – Ein Garant für mehr Jugendbeteiligung?!

„Wieder überhaupt nichts los in diesem Kaff!", beschwert sich Milly. Sie wünscht sich schon lange mehr Freizeitangebote für Jugendliche in ihrer Kommune. Sie weiß aber nicht, wie sie ihren Wunsch in die kommunale Politik einbringen kann. Eine Möglichkeit hierfür ist das Jugendparlament. Gibt es in deiner Nähe ein Jugendparlament? Hast du dort schon mal einen Wunsch vorgebracht?

M 1   Jugendparlament Pfaffenhofen

Alle zwischen 14 und 21 Jahren, die in Pfaffenhofen wohnen oder hier zur Schule gehen, können als Jugendparlamentarier und -parlamentarierin kandidieren und diese wählen.
Dass Jugendliche in ihrer Stadt mitwirken und sich aktiv beteiligen können, ist eine wichtige Sache. Zu den Aufgaben des Jugendparlaments gehören unter anderem die Verwaltung des jährlichen Etats von 5 000 Euro, die Beratung des Stadtrates bei Angelegenheiten, die Jugendliche betreffen, und vor allem die Vertretung der Interessen Jugendlicher. Dazu treffen sich die Jugendparlamentsmitglieder zu regelmäßigen Sitzungen im Utopia [ein Jugendkultur- und Medienzentrum in Pfaffenhofen], gehen einmal jährlich auf ein Klausurwochenende, sprechen mit Jugendlichen, dem Bürgermeister, Stadtratsvertretern und der Verwaltung.
Welche Anliegen der Jugend in Pfaffenhofen sie unterstützen wollen, das entscheiden die Jugendparlamentarier/-innen natürlich selbst – ganz demokratisch eben. Durch das Einbringen von Vorschlägen und Anträgen in den Stadtrat bzw. die Stadtverwaltung oder auch durch eigene Aktivitäten und Projekte gestaltet das Jugendparlament das Pfaffenhofener Gemeinwesen aktiv mit. Auch alle nicht gewählten Jugendlichen können mitwirken, indem sie z. B. zu den Sitzungen kommen, mitdiskutieren und Anträge an das Jugendparlament stellen.

Jugendparlament, in: https://pfaffenhofen.de/artikel/jugendparlament/, letzter Zugriff: 28.01.2021

1 Beschreibe, wie sich Jugendliche in das Jugendparlament Pfaffenhofen einbringen können.
2 Arbeite aus M 1 die Rechte und Pflichten des Jugendparlaments Pfaffenhofen heraus.
3 Nimm, ausgehend von deinem neu erworbenen Wissen, Stellung zur Aussage: „Jugendparlament Pfaffenhofen – eine Institution mit ausreichenden Kompetenzen!"
4 Beurteile, ob das Jugendparlament Pfaffenhofen aus deiner Sicht ein geeignetes Vorbild für deine Kommune darstellt.

M 2   Satzung des Jugendparlaments Pfaffenhofen

§ 2 Zusammensetzung
1. Das Jugendparlament setzt sich zusammen aus 15 Mitgliedern (+ Überhangmandate).
2. In das Jugendparlament können Jugendliche in einem Alter zwischen 14 und einschließlich 21 Jahren gewählt werden.

Perlen im Netz

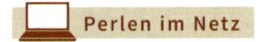

WES-116842-004
Erklärvideo und weiterführende Informationen zur Kommunalwahl in Bayern 2020 auf der Website des Bayerischen Innenministeriums.

3. Die Mitglieder des Jugendparlamentes müssen im Stadtgebiet Pfaffenhofen wohnhaft sein oder eine Pfaffenhofener Schule besuchen oder dort arbeiten oder eine Ausbildung absolvieren. […]

§ 3 Wahl

1. Die Wahl zum Jugendparlament findet alle 2 Jahre statt.
2. Wählen darf, wer seinen Wohnsitz im Stadtgebiet Pfaffenhofen hat oder eine Pfaffenhofener Schule besucht und sich vorher ins Wahlregister hat aufnehmen lassen und zum Zeitpunkt der Wahl das 14. Lebensjahr vollendet und das 22. noch nicht erreicht hat.
3. Die Wahl erfolgt im Wahllokal und erstreckt sich über den Zeitraum von zwei aufeinanderfolgenden Wochenenden.
4. Die 15 Kandidaten mit den meisten Stimmen sind gewählt. Wenn bei der Besetzung des 15. Mandats Gleichheit der Stimmen vorliegt, sind die Kandidaten mit den jeweils gleichen Stimmen gewählt. Die Anzahl der Mandate erhöht sich dementsprechend.
5. Jede/r Wahlberechtigte kann 15 Stimmen vergeben, wobei jedem/jeder Kandidaten/Kandidatin nur eine Stimme gegeben werden kann.
6. In das Jugendparlament sollten höchstens 5 auswärtige Schüler gewählt werden.

§ 4 Zusammenarbeit mit dem Stadtrat

1. Anträge des Jugendparlamentes an den Stadtrat bringt der Bürgermeister unverzüglich, spätestens nach 2 Monaten in den Stadtrat ein.
2. Zwei Vertreter/-innen des Jugendparlamentes haben das Recht, den jeweilgen Antrag in der Sitzung des Stadtrates und seiner Ausschüsse zu begründen.
3. Der Bürgermeister informiert den Vorsitzenden schriftlich über alle öffentlich zu behandelnden Punkte in Ausschüssen und Stadtrat, die die Jugendlichen der Stadt Pfaffenhofen betreffen. Die Information geschieht sofort nach Fertigstellung der Ladung und geht dem Vorsitzenden spätestens eine Woche vor der jeweiligen Sitzung zu. Die Mitglieder des Jugendparlamentes sind berechtigt, bei den jeweils zuständigen Amts- und Abteilungsleitern Informationen über Punkte einzuholen, mit denen sich das Jugendparlament befassen will. Das Jugendparlament kann zu allen Punkten eine schriftliche Stellungnahme abgeben, die vom Sitzungsleiter der Ausschuss- bzw. Stadtratssitzungen diesen in vollem Wortlaut vorgetragen wird. Der Stadtrat bzw. Ausschuss setzt sich mit der Stellungnahme des Jugendparlamentes im Zuge der Beschlussfassung auseinander.
4. Das Jugendparlament bekommt von der Stadt Pfaffenhofen einen eigenen Etat zur Verfügung gestellt, den es in eigener Verantwortung verwaltet. Die Verwendung der Gelder wird jährlich nachgewiesen. Mit diesem Etat finanziert das Jugendparlament seine Projekte und deckt die Kosten seines laufenden Geschäftsbetriebes. Darüber hinaus erforderliche Geldmittel beantragt es im Einzelfall bei der Stadt Pfaffenhofen.
5. Die Stadt Pfaffenhofen stellt dem Jugendparlament geeignete Räumlichkeiten und Ausstattung zur Verfügung. […]

Satzung des Jugendparlament Pfaffenhofen. 2012, in: https://jugendparlament-paf.de/wp-content/uploads/2020/03/Satzung.pdf, letzter Zugriff: 28.01.2021

1 Erstelle ein Schaubild (→ Einen Text in ein Schaubild umwandeln, S. 18), das erklärt, wie die Wahl des Jugendparlaments in Pfaffenhofen abläuft und welche Bedingungen Kandidatinnen/Kandidaten und Wählerinnen/Wähler erfüllen müssen.

2 Arbeite aus M 2 heraus, wie Jugendparlament und Stadtrat konkret zusammenarbeiten, und ergänze das Schaubild von Aufgabe 1 entsprechend um diese Zusammenarbeit.

3 Vergleiche mithilfe der Perle mit Netz die Wahl zum Jugendparlament in Pfaffenhofen mit der bayernweiten Wahl der Gemeinderats- bzw. Stadtratsmitglieder im März 2020: Welche Gemeinsamkeiten und Unterschiede kannst du feststellen?

1.3 Das Jugendparlament – Ein Garant für mehr Jugendbeteiligung?!

M 3 Dirt Park Pfaffenhofen

Perlen im Netz

Neue Fun Area am Kuglhof ist eröffnet
Am 12. Oktober ab 14 Uhr war es so weit und endlich können sich Bikerinnen und Biker auf dem neuen Dirt Park am Kuglhof in Pfaffenhofen austoben. Der Park bietet Dirt-, Mountain- und BMX-Biker/-innen auf seinen verschiedenen Dirtlines unterschiedlicher Schwierigkeitsgrade und seinem Pumptrack viele Möglichkeiten, Tricks und Sprünge zu üben und zu verbessern. Der Park richtet sich an große und kleine Bikerinnen und Biker sowie an Anfänger, Fortgeschrittene und Profis. Sie alle finden auf den Hügeln, Rampen und Pisten viele Möglichkeiten. […]

Lang gehegter Traum
Der Bau des etwa 1 800 Quadratmeter großen Dirt Parks an der Ledererstraße startete mit dem Spatenstich am 14. August. Den Anstoß dafür gab das Jugendparlament bereits vor zwei Jahren. Nachdem ein Antrag erarbeitet wurde, brachte die Pfaffenhofener Jungendvertretung ihr Anliegen im Juni 2018 in den Stadtrat ein. Unter Beteiligung von Dirt-Bikern, Jugendparlament, Bauamt und Stadtjugendpflege wurde die Anlage geplant. Ebenfalls beteiligt an der Planung und zuständig für die Ausführung war die Oberpfälzer Firma RadQuartier, die sich auf den Bau solcher Anlagen spezialisiert hat.

https://pfaffenhofen.de/artikel/dirt-park-pfaffenhofen/, letzter Zugriff: 28.01.2021

WES-116842-005
Auf der Website des Jugendparlaments und des Dirt Parks findet ihr weitere Informationen und einen Kurzfilm zur Entstehung des Dirt Parks.

1 Erarbeite mithilfe von M 3 und der Perle im Netz, worum es bei dem Projekt „Dirt Park Pfaffenhofen" geht und welche Rolle das Jugendparlament bei der Realisierung des Projekts gespielt hat.
2 Stellt euch gegenseitig die weiteren Projekte des Jugendparlaments Pfaffenhofen vor. Eine Auflistung der aktuellen Projekte findet ihr auf der Seite des Jugendparlaments Pfaffenhofen unter der Rubrik „Projekte" (→ Perle).
3 Diskutiert, was für ein vergleichbares Projekt in eurem Heimatort realisiert werden sollte und wie ihr es durchsetzen könntet.

M 4 Neulich im Jugendparlament …

„ZU UNSEREM ERSTEN GESCHÄFT: NACHWUCHSPROBLEM"

Beschreibe, analysiere und interpretiere die Karikatur (→ Karikaturinterpretation, S. 177).

Orlando Eisenmann

M 5 Mitreden ist gut, dabei sein ist besser

Geretsried, mit dem Jugendrat, und Penzberg, mit dem Jugendparlament (JuPa), beziehen junge Menschen aktiv in Politik mit ein. Zum Ablauf der ersten Amtsperiode ziehen die Mitglieder beider Gremien aber eine durchwachsene Bilanz.

Am Montagabend eröffnet der 16-jährige Kassier Hannes Lenk im Rathauskeller in Penzberg die Sitzung. Etwas mehr als die Hälfte der 13 Mitglieder des JuPa hat sich dort versammelt. An eine richtige Ratssitzung erinnert höchstens das Gebäude. Der Raum ist dunkel und eng, Getränke gibt es nicht. Die Stimmung ist gedrückt, nur wenige äußern sich zu den Punkten der Tagesordnung. Nach etwas mehr als zwei Jahren löst sich das JuPa in Penzberg vermutlich in der kommenden Woche auf: In zwei Anläufen waren nicht genügend Kandidaten für die nächste Wahl gefunden worden.

Dienstagabend beim Jugendrat in Geretsried sieht es anders aus. Acht von zehn Jugendlichen haben sich im kleinen Sitzungssaal des Rathauses versammelt, sie sehen zwar ein bisschen verloren aus an den großen Tischen, aber die Örtlichkeit unterstreicht die Ernsthaftigkeit ihrer Arbeit. Die Tagesordnung wurde im Voraus per Post verschickt, Saft, Wasser und Snacks stehen bereit. Die Mitglieder haben Zugang zum Serviceportal der Stadt, können dort Dokumente einsehen, müssen Protokolle ihrer Sitzungen hochladen. Der 19-jährige Sprecher Felix Leipold eröffnet die 27. Sitzung. Madlen Schubert, 17, ebenfalls Sprecherin, referiert über das Jugendforum in Wolfratshausen, das sie im Herbst besuchte. Heidi Dodenhöft, Jugendreferentin des Stadtrats, moderiert die Sitzung. Die Stimmung ist gut.

„Es ist eine gute Instanz, um etwas zu bewegen", sagt Pauline Link

Die 18-jährige Pauline Link gehörte zu den Initiatoren des JuPas, seit Anfang 2015 setzte sie sich dafür ein, dass Jugendliche in der Penzberger Lokalpolitik mitmischen können, brachte die Idee vor den Stadtrat. Im November 2015 konnte das Jugendparlament gewählt werden. Nachdem sie knapp drei Jahre daran gearbeitet hat, ist sie enttäuscht, dass das Projekt vorerst gescheitert ist. „Das ist sehr schade. Das Jugendparlament ist eine gute Instanz für Jugendliche, um was zu bewegen." Link glaubt nicht, dass Jugendliche generell politikverdrossen sind, im Gegenteil, es werde viel über Politik diskutiert. Aber in Aktion treten Jugendliche deshalb nicht unbedingt. „Viele sind zu faul, alle zwei Wochen zu einer Sitzung zu kommen. Es ist anstrengend, Sachen zu bewegen, man muss sich dahinterklemmen." Link fühlt sich aber auch von der Stadt im Stich gelassen. Die Zuständigkeiten für das JuPa hätten immer wieder gewechselt, anfangs habe sich niemand richtig verantwortlich gefühlt, es habe nicht immer einen festen Ansprechpartner gegeben. Erst seit Ende des vorigen Jahres kümmert sich Lisa Nagel vom Familienbüro im Rathaus direkt um sie. Auch bei den Wahlvorbereitungen sei einiges schiefgegangen: Briefe wurden an Jugendliche verschickt, aber viele davon seien nicht angekommen. „Wir haben daraus gelernt. Das war eine Erfahrung", sagt Nagel. Ziel sei es, im Herbst eventuell einen neuen Anlauf zu unternehmen. Vielleicht mit einigen Satzungsänderungen bezüglich des Alters, das derzeit auf zwölf bis 19 Jahre beschränkt ist, und der Anzahl der Mitglieder – bisher 13.

Felix Leipold findet: „Der Jugendrat muss politischer werden"

Der Jugendrat in Geretsried soll im Mai neu gewählt werden, die Jugendlichen versuchen, für die Wahl einen Zeitplan aufzustellen. Briefe verschicken, Infoveranstaltung, Kandidaten vorstellen – es gibt viel zu tun. Die Jugendlichen können sich dabei aber auf die Unterstützung von Dodenhöft und bald auch von einer neuen Stadtjugendpflege verlassen. Alle hoffen, dass es anders läuft als in Penzberg und dass Nachwuchs kein Problem wird. Den Geretsrieder Jugendrat gibt es seit 2015. Er ist Nachfolger eines Jugendbeirats, mit dem die Stadt schon versuchte, junge Menschen mit einzubeziehen, dieser wurde allerdings nicht gewählt, sondern berufen.

Auch die Geretsrieder haben aber das Gefühl, junge Menschen nicht richtig zu erreichen. Zu einem Open-Air-Kino und der aufwendig organisierten „Young Music Night" im Herbst kamen nur wenige Besucher. Jugendliche hät-

GLOSSAR

Partizipation

ten viel gemeckert, sich aber nicht für Verbesserung eingesetzt, sagt Schubert. Sie sei dennoch nicht enttäuscht, sie engagiere sich, „um irgendwas bewegen zu können", und sei zufrieden, was sie alles gemeistert hätten. Leipold findet allerdings: „Der Jugendrat muss politischer werden." Bisher sei er mehr Eventmanager als politische Institution.

Lisa Kuner: „Mitreden ist gut, dabeisein ist besser", SZ.de vom 25.01.2018, in: https://www.sueddeutsche.de/muenchen/wolfratshausen/jugendrat-in-geretsried-jugendparlament-in-penzberg-mitreden-ist-gut-dabeisein-ist-besser-1.3841346, letzter Zugriff: 28.01.2021

1 Fasse die Schwierigkeiten, welche die engagierten Jugendlichen in Geretsried und Penzberg in Bezug auf kommunale Jugendvertretungen wie Jugendbeirat und Jugendparlament beschreiben, in eigenen Worten zusammen.

2 Entwickelt in Kleingruppen kreative Möglichkeiten, wie die genannten Schwierigkeiten gelöst werden könnten, und stellt sie anschließend im Plenum vor.

3 Recherchiert, ob für die Schwierigkeiten in Geretsried und Penzberg mittlerweile Lösungen gefunden wurden und vergleicht diese mit euren eigenen.

4 Diskutiert auf Basis eurer Erkenntnisse aus M 1 bis M 5 im Plenum, ob das Jugendparlament aus eurer Sicht einen wirkungsvollen Beitrag zu mehr Jugendbeteiligung leisten kann oder nicht.

5 Führt für eure Kommune einen Partizipationscheck (→ Partizipationscheck in der eigenen Kommune durchführen, S. 24) durch: Wie steht es um die Partizipation von Kindern und Jugendlichen?

M 6 Jugendforum und Jugendhearing als Alternative?

Ein Jugendforum ist eine regelmäßig stattfindende Versammlung, die allen Kindern und Jugendlichen einer Gemeinde offen steht. Die freiwillige Teilnahme ist nicht an eine Wahl (wie z. B. bei den Jugendparlamenten) gebunden. Somit können sich wirklich alle interessierten Jugendlichen punktuell einbringen, ohne sich dauerhaft auf eine Arbeit in einem Gremium festlegen zu müssen. Damit wird für eine breite Meinungsbasis gesorgt. Natürlich kann die offene Struktur aber auch dazu führen, dass manche Altersstufen oder Jugendliche aus bestimmten Bezirken entweder zu wenig bzw. gar nicht oder überrepräsentiert sind. Im Jugendforum können die Jugendlichen ihre eigenen Themen, ihre Kritik und Wünsche in ihrer Gemeinde vorbringen und selbst bearbeiten. Allerdings sind die Ergebnissicherung und die tatsächliche Umsetzung der Forderung oft nicht sichergestellt. Die Arbeit im Jugendforum braucht zudem ein hohes Maß an Vor- und Nachbereitung.

Zu bestimmten Themen, wie z. B. „Jugend während Corona", werden sogenannte Jugendhearings veranstaltet. Politikerinnen und Politiker laden dazu freiwillige Jugendliche z. B. aus einer Gemeinde zu einem Gespräch ein und wollen die Sichtweisen der Jugendlichen hören. Solche Jugendhearings bieten eine gute Ergänzung zu den anderen Formaten, da sie durch eine konkrete Frage- oder Problemstellung ein strukturiertes Arbeiten ermöglichen. Allerdings finden sie nur unregelmäßig statt und sind somit nicht im Sinne einer dauerhaften Beteiligung von Jugendlichen zu sehen. Zudem ist hier die Umsetzung der Ergebnisse allein von den politischen Entscheidungsträgerinnen und -trägern abhängig.

Autorentext

1 Erarbeite eine Tabelle mit den Stärken und Schwächen der drei Formen der Jugendbeteiligung: Jugendgemeinderat, Jugendforum, Jugendhearing.

2 Recherchiere Beispiele für die konkrete Umsetzung aller drei Formen in Bayern.

ARBEITSTECHNIK

Perlen im Netz

WES-116842-006

Auf der Website des Bundesministeriums für Familie, Senioren, Frauen und Jugend finden sich allgemeine Qualitätsstandards für die Beteiligung von Kindern und Jugendlichen.

Partizipationscheck in der eigenen Kommune durchführen

Partizipation ist nicht immer gleich *wirkliche* Partizipation – aus diesem Grund hat das Bundesministerium für Familie, Senioren, Frauen und Jugend mithilfe eines Arbeitskreises von unterschiedlichen Expertinnen und Experten Qualitätsstandards für die Partizipation von Kindern und Jugendlichen entwickelt und herausgegeben. Mithilfe der Standards kann unter anderem die Qualität der Kinder- und Jugendpartizipation von Kommunen überprüft werden. Hierfür wurden allgemeine und kommunenspezifische Qualitätsstandards festgelegt.

Wie kann ein Partizipationscheck in eurer Kommune ablaufen?

Schritt 1:
Lest euch die allgemeinen und kommunenspezifischen Qualitätsstandards genau durch. Ihr findet die Qualitätsstandards für Beteiligung von Kindern und Jugendlichen hinter dem oben angegebenen Webcode (Perle im Netz).
Fasst die Standards für euch in einer anschaulichen und verständlichen Form zusammen.

Schritt 2:
Entscheidet gemeinsam, ob ihr eure Kommune im Hinblick auf alle Qualitätsstandards prüft oder ob ihr bestimmte Qualitätsstandards für die Überprüfung auswählt. Haltet eure Entscheidung fest.

Schritt 3:
Sammelt so viele Informationen über eure Kommune, wie ihr könnt, um die einzelnen Qualitätsstandards angemessen beurteilen zu können. Nutzt dazu unterschiedliche Informationskanäle wie zum Beispiel Online-Auftritte der Kommune, Informationsflyer der Kommune, Wahlprogramme, Zeitungsberichte, Interviews mit relevanten Vertreterinnen und Vertretern der Kommune oder mit Jugendlichen eurer Kommune usw. Am besten teilt ihr euch hierzu in kleine Arbeitsgruppen auf. Jede Arbeitsgruppe sucht sich einen Arbeitsschwerpunkt aus. Trotz Arbeitsteilung ist es sinnvoll, wenn ihr als gesamte Gruppe immer wieder zusammenkommt, um euch über den aktuellen Arbeitsstand zu informieren und weitere Schritte zu besprechen. Legt zudem fest, wie lange eure Informationssuche andauern soll.

Schritt 4:
Tragt die Ergebnisse der einzelnen Arbeitsgruppen abschließend zusammen. Ihr könnt zum Beispiel gemeinsam einen Abschlussbericht schreiben, in dem ihr die Ergebnisse eures Partizipationschecks zusammenfasst. Wichtig ist, dass ihr in einem solchen Bericht immer offenlegt, woher eure Informationen stammen. Ergänzend zu eurem Bericht könnt ihr auch Visionboards erstellen. Ein Visionboard ist eine Art Collage, mit der ihr eure Wünsche, Träume, Sehnsüchte und Zukunftsvisionen zum Beispiel in Bezug auf die Partizipation von Kindern und Jugendlichen in eurer Kommune mithilfe von Bildern, Zitaten, Illustrationen, Fotos und Texten zum Ausdruck bringen könnt. Wenn ihr wollt, könnt ihr die Ergebnisse eures Partizipationschecks auch an Vertreterinnen und Vertreter eurer Kommune übergeben. Das bleibt allerdings alleine eure Entscheidung.

Beispiele für die allgemeinen Qualitätsstandards (→ Perle im Netz):
- Beteiligung ist für alle Kinder und Jugendlichen möglich.
- Es gibt Klarheit über Entscheidungsspielräume.
- Die Informationen sind verständlich und die Kommunikation ist gleichberechtigt.
- Kinder und Jugendliche wählen für sie relevante Themen aus.
- Die Ergebnisse werden zeitnah umgesetzt.

1.4 „Klick deine Meinung!" – Neue Chancen für die Jugendbeteiligung durch das Internet und Social Media?

Samson ist sauer. Auf seinem Weg zur Schule durchquert er immer ein Wäldchen, das auch heute wieder die reinste Müllhalde ist. Es reicht ihm! Er macht ein Foto, postet es mit dem Hashtag „ichsehvorlauterMüllendenWaldkaum" auf seinem Social-Media-Account und verlinkt darauf den Bürgermeister. Er fragt sich: Ob ich so etwas bewegen kann?

M 1 Der Inkluencer

Luk Bornhak findet seine Behinderung eigentlich gar nicht so entscheidend. Es ist vielmehr die Welt um ihn herum, die eine große Sache daraus macht. Also schaltet er sich ein, weil er
5 will, dass seine Stimme dazu gehört wird. Wie bei vielen anderen Teenagern ist Instagram dabei das Mittel seiner Wahl, hier interagiert er am liebsten, schreibt Nachrichten und tauscht sich aus. Im Gespräch ist dem 16-jäh-
10 rigen Schüler anzumerken, dass er einiges zu sagen hat. Er spricht druckreif und weiß genau, was er rüberbringen will.
Luk ist ein Inkluencer. Der Begriff kommt von den Worten Inklusion und Influencer. Letzte-
15 res sind Personen, die auf Sozialen Medien viele Menschen erreichen und so einen enormen Einfluss (englisch „influence") entwickeln. Für Luk sind Inkluencer „berühmte und nicht berühmte Menschen, die sich für eine
20 inklusive Gesellschaft stark machen und darüber auf Social Media aufklären". Geprägt wurde dieser Begriff von einer Kampagne der Aktion Mensch. Er engagiert sich, weil er findet, dass es in Arbeit, Schule und Freizeit immer
25 noch an Berührungspunkten zwischen Menschen mit und ohne Behinderung fehlt. „Ich bin in einer inklusiven Fußballmannschaft, aber grundsätzlich ist Inklusion noch nicht überall angekommen und daher müssen wir
30 uns Gehör verschaffen."
Um deutlich zu machen, was falsch läuft, muss Luk nicht lange nach Beispielen suchen: „Gerade jetzt in der Corona-Zeit wurde viel zu wenig an die Menschen mit Behinderung ge-
35 dacht." Sie hätten einbezogen werden müssen, als es darum ging, Risikogruppen zu schützen, fordert er auf Instagram. „Bei Menschen, die wegen ihrer Behinderung in der Risikogruppe sind, gab es viele Berührungspunkte, die jetzt weg sind", stellt er fest. Auch hier sei der Grund, dass es an PolitikerInnen mit Behinde- 40 rung fehlt, die auf Fehler der Politik hätten aufmerksam machen können.
Sein Instagram-Kanal @all_inklusiv wurde am 19. Dezember [2020] genau ein Jahr alt. Er ist entstanden, weil der Schüler gemerkt habe, 45 dass auf Instagram nur wenige, die inklusiv beschult werden, von ihrem Alltag erzählen. Er wollte als positives Beispiel sichtbar werden. [...]
Auf Instagram können marginalisierte Grup- 50 pen die Darstellung ihres Lebens selbst bestimmen. Es ist ein Prozess der Selbstermächtigung. Das beobachtet auch Johanna Probst von der Servicestelle Kinder- und Jugendbeteiligung Baden-Württemberg. [...] 55
„Das Thema Inklusion beschäftigt uns, da wir bei den Beteiligungsprozessen, die es gibt, immer die ‚gleichen' Menschen finden – eine eher homogene Gruppe, was Herkunft und Bildungsstatus betrifft." Doch es gebe eben 60 nicht die Jugend. Sondern viele verschiedene Bedürfnisse und Belange verschiedenster Jugendlicher. Viele junge Menschen schalten sich über neue Medien in gesellschaftliche Diskurse ein, so Probst. „Auf Sozialen Medien 65 beobachte ich in verschiedenen Bereichen, wie zum Beispiel der Black-Lives-Matter-Bewegung, dass junge AktivistInnen sich vorher gar nicht als solche gesehen haben, sie nun

> **INFO**
>
> **marginalisiert**
> ins Abseits geschoben, zu etwas Unwichtigem oder Nebensächlichem gemacht
>
> **homogen**
> einheitlich

aber entdecken, dass sich ihre Filterblase, die sie davor vielleicht für Beautythemen genutzt haben, auch für politische Zwecke nutzen lässt." So politisiere sich die junge Generation.

Glanz- und Schattenseite sozialer Medien

Doch das Großartige ist gleichzeitig auch das Problematische an Social Media: Die Reaktionen sind unmittelbar und direkt. Die Risiken sind auch Luk bekannt. Doch er hat bisher noch „keinen Hate erlebt". Damit meint er hasserfüllte Kommentare, die Menschen im Internet leichter von der Tastatur gehen, als im direkten Zusammentreffen von der Zunge. In seinem Adventskalender thematisiert er Inklusion und Hate: „Wir haben genauso ein Recht, uns im Internet zu zeigen wie jeder andere auch!!!", postet er unter Türchen Nummer 17.

Denn dass sich Menschen exponieren, bedeutet auch, dass sie sich negativen Reaktionen aussetzen. Gerade diese Gefahr sieht der Mediensoziologe Oliver Zöllner: „Dieser Hass ist nicht zu unterschätzen." [...]

Luk ist Teil einer immer lauter und präsenter werdenden Gemeinschaft, die sich online gegenseitig unterstützt. Dennoch ist es ihm wichtig, aus der eigenen Filterblase heraus auch Menschen zu erreichen, die mit dem Thema noch keine Berührungspunkte hatten. Natürlich sei das ein Risiko, „aber mir war klar, dass ich dieses Risiko in Kauf nehme, weil das Thema wichtig ist. Mir war klar, dass ich negative Kommentare ignoriere. Bei Reaktionen auf andere Kanäle habe ich mich solidarisiert und das auf meinem Kanal gepostet." Es gibt also eine Strategie, mit der er Anfeindungen im Internet begegnet: Man steht zusammen.

Luk ist dennoch vorsichtig: Er hat entschieden, dass er sich selbst auf Instagram nicht so häufig zeigt. „Anfangs weil ich Angst vor dem Internet und seinen Reaktionen hatte, inzwischen weil es doch eine große Community ist, bei der ich nicht genau weiß, wer auf meinem Kanal vorbeikommt." Sein Kanal ist öffentlich und hat derzeit über 1.700 Abonnenten. „Für mich steht nicht das Foto, sondern der Inhalt im Vordergrund." Er lässt also meist Inhalte für sich sprechen, indem er Schrift auf bunten Hintergründen postet, das geht bei Instagram als Bild durch.

„Es ist toll, dass in unserer Mediengesellschaft auch ganz neue Akteure die Chance haben, gehört zu werden", sagt der Mediensoziologe Zöllner. Es sei eine ganz alte Idee der Medientheorie, dass die, die nur als Empfänger gedacht waren, endlich zu Sendern werden. Luk Bornhak hat das schon vor einem Jahr entdeckt.

Susanne Veil: Der Inkluencer, Kontext:Wochenzeitung online vom 23.12.2020, in: https://www.kontextwochenzeitung. de/gesellschaft/508/der-inkluencer-7198.html, letzter Zugriff: 27.11.2021

1 Beschreibe mithilfe von M 1, wie Luk sich für Inklusion einsetzt und was ihn antreibt.

2 Arbeite aus M 1 die Chancen und Risiken für Jugendbeteiligung durch Social Media heraus und stelle sie in einer Tabelle gegenüber. Ergänze diese Tabelle um eigene Ideen.

3 Führt in eurer Klasse eine Positionslinie zur Frage „Können Jugendliche wie Luk durch ihr Engagement per Social Media etwas bewegen?" durch. Die beiden Pole bilden dabei die Aussagen „Ja, sie können etwas bewegen!" und „Nein, sie können nicht wirklich etwas bewegen!"

1.4 „Klick deine Meinung!" – Neue Chancen für die Jugendbeteiligung durch das Internet und Social Media?

M2 Auszug aus der Studie „Jugend will bewegen"

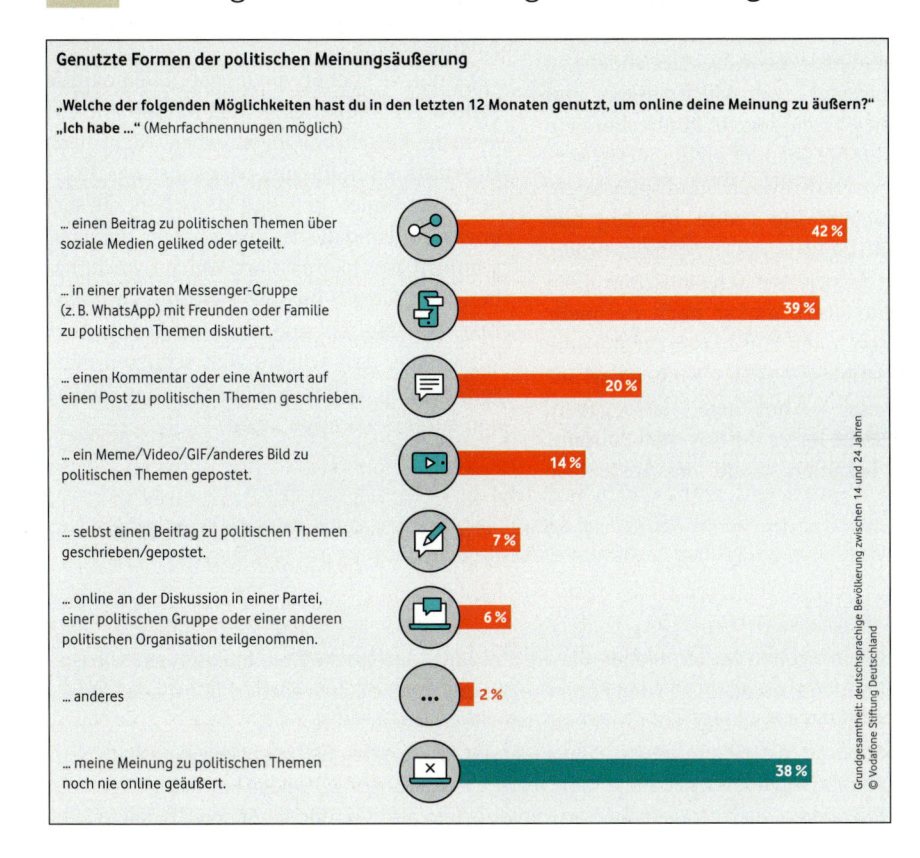

Genutzte Formen der politischen Meinungsäußerung

„Welche der folgenden Möglichkeiten hast du in den letzten 12 Monaten genutzt, um online deine Meinung zu äußern?"
„Ich habe ..." (Mehrfachnennungen möglich)

- ... einen Beitrag zu politischen Themen über soziale Medien geliked oder geteilt. **42 %**
- ... in einer privaten Messenger-Gruppe (z. B. WhatsApp) mit Freunden oder Familie zu politischen Themen diskutiert. **39 %**
- ... einen Kommentar oder eine Antwort auf einen Post zu politischen Themen geschrieben. **20 %**
- ... ein Meme/Video/GIF/anderes Bild zu politischen Themen gepostet. **14 %**
- ... selbst einen Beitrag zu politischen Themen geschrieben/gepostet. **7 %**
- ... online an der Diskussion in einer Partei, einer politischen Gruppe oder einer anderen politischen Organisation teilgenommen. **6 %**
- ... anderes **2 %**
- ... meine Meinung zu politischen Themen noch nie online geäußert. **38 %**

Grundgesamtheit: deutschsprachige Bevölkerung zwischen 14 und 24 Jahren
© Vodafone Stiftung Deutschland

Stichprobe: 2.149 Jugendliche und junge Erwachsene im Alter von 14 bis 24 Jahren; Grundgesamtheit: deutschsprachige junge Menschen im Alter von 14 bis 24 Jahren in Privathaushalten in Deutschland, die das Internet nutzen (2019).

1 Werte das Schaubild aus (→ Schaubilder auswerten, S. 178).
2 Führt selbst eine Befragung zur Fragestellung aus der Studie der Vodafone Stiftung „Jugend will bewegen" durch und vergleicht anschließend die Ergebnisse (→ Eine Befragung mit einem Fragebogen durchführen, S. 13). Welche Gemeinsamkeiten und/oder Unterschiede könnt ihr feststellen? Problematisiert dabei, dass im Gegensatz zu eurer Klasse mit ca. 30 Schülerinnen und Schülern im ungefähr gleichen Alter bei der Vodafone-Studie 2.149 Jugendliche im Alter von 14 bis 24 Jahren befragt wurden.

M3 Wie Kinder die Welt verändern würden

„Wie würdet ihr die Welt umkrempeln?" Das wollte der SPIEGEL in seiner Themenwoche zur politischen Mitbestimmung von Kindern und Jugendlichen von seinen jüngsten Lesern wissen. Darauf kamen einige E-Mails in der Redaktion an [...].

Thu, 17: „Ich finde, dass in der Schule dringend andere Kompetenzen beigebracht werden müssten, zum Beispiel: Wie baue ich mehr Selbstbewusstsein auf? Wie verbessere ich meine Rhetorik? So können schüchterne Menschen lernen, aus sich herauszukommen, denn ich als Schülerin merke, dass das vielen das Leben erleichtern könnte."

Kim, 16: [...] „Meine Ideen für eine bessere Zukunft sind:
– den Fleisch- und Milchproduktekonsum zu reduzieren. Eine gute Alternative wäre so etwas wie Lebensmittelmarken, eben nur für tierische Produkte. Heutzutage isst die Mehr-

heit der Menschen in reicheren Ländern jeden Tag Fleisch. Das ist nicht gesund und nicht gut für die Umwelt, schon gar nicht für die Tiere. Jeder bekommt pro Woche drei Fleischmarken und zum Beispiel zwei Milchmarken. Das schränkt den Fleischkonsum kontrolliert ein und verbessert die Gesundheit der Menschen.
– kostenloser Nahverkehr und günstigere Zugverbindungen: Die Preise für Zug und Bahn sind mittlerweile viel zu hoch geworden. Die Folge ist, dass die meisten Menschen allein in ihrem Auto sitzen und so noch viel mehr CO_2 pro Person in die Luft blasen. Anstatt die Steuern für sinnlose Ausbesserungen von Autobahnen oder Ähnlichem auszugeben, sollten die Städte lieber die Bus- und Bahnunternehmen bezahlen, damit das kostenlose Fahren immerhin innerhalb einer Stadt möglich ist.

Alisha, 16: [...]
„In einer wirklichen, einer echten Demokratie sollten alle Menschen gehört werden. Da darf es keine Einschränkungen geben. Nicht nach Herkunft, Alter, Bildung oder sonst was. In jeder Stadt findet ihr junge Menschen, die sich engagieren und die das Recht haben, mitzubestimmen, was hier passiert. Welches Recht haben die „Alten", uns die Welt zu zerstören? Klar, es heißt, wir sind nicht reif genug. Aber wir wissen, dass wir die Welt schützen müssen, auf der wir leben. Könnt ihr das Gleiche von eurer Generation sagen?"

Wie Kinder die Welt verändern würden (Kürzel: lmd), Spiegel online vom 07.07.2019, in: https://www.spiegel.de/lebenundlernen/schule/spiegel-umfrage-so-wuerden-kinder-die-welt-veraendern-a-1275934.html, letzter Zugriff: 10.08.2020

1 Gib in eigenen Worten wieder, wie die drei Jugendlichen die Welt umkrempeln würden.
2 Erläutere, ob du dich in den Forderungen der Jugendlichen wiederfindest oder ganz andere Vorstellungen darüber hast, wie die Welt sein sollte.
3 Entwerft in Kleingruppen für Thu, Kim oder Alisha einen Beitrag oder ein Video/Meme/GIF, mit dem sie sich online für ihre Forderungen einsetzen könnten.
4 Präsentiert euch gegenseitig eure Entwürfe und die dahinterstehenden Überlegungen.

M 4 Wer braucht schon Beteiligung?

Gerhard Mester

1 Beschreibe, analysiere und interpretiere die Karikatur (→ Karikaturinterpretation, S. 177).
2 Setze dich mit der Frage auseinander, welchen Beitrag du in der Gegenwart und in der Zukunft für das Futter der Kuh leisten möchtest und wie dieser konkret aussehen könnte. Inwiefern spielen Social Media dabei eine Rolle?

1.5 Das Grundgesetz – Warum ist es eigentlich so wichtig?

Das Grundgesetz feierte im Jahr 2019 sein 70. Jubiläum. Seit seiner Verkündung im Mai 1949 ermöglicht es uns ein friedvolles Zusammenleben in Deutschland. Doch welche Bedeutung hat das Grundgesetz eigentlich konkret für dich und deinen Alltag?

GLOSSAR

Grundgesetz
Grundrechte

M 1 Liebesbriefe an ein Land. Wie und warum wir ein Grundgesetz erhielten

Manche meinen, eine Verfassung sei auch nur „irgendein Gesetz", wie es in jedem Land Tausende gibt – Arbeitsgesetze, Schulgesetze, Strafgesetze oder etwa die Gesetze, die regeln, wann man den Führerschein machen oder heiraten darf. Doch die Verfassung ist nicht irgendein Gesetz, wie es jede Woche im Bundestag gemacht und wieder geändert werden kann. Die Verfassung ist die Grundlage für alle anderen Gesetze. Der Name der deutschen Verfassung sagt das ganz deutlich: Grundgesetz. Deswegen kann das Grundgesetz auch nicht so einfach geändert werden wie die anderen Gesetze. [...]
Die Verfassung: Da schreiben also Leute dem Land, in dem sie leben, einen Liebesbrief; darin steht, wie sie sich ihr Land wünschen und was sie und was die Regierungen für dieses Land tun wollen und tun sollen. Das Wichtigste dabei steht meist in den allerersten Sätzen, die sind daher so kurz und so knapp wie eine SMS – man nennt sie die Grundrechte: „Die Würde des Menschen ist unantastbar", lautet zum Beispiel der erste, der wichtigste Satz in der deutschen Verfassung. [...]
Als es [das Grundgesetz] geschrieben wurde, war niemandem nach Feiern und großen Worten zumute. Der Krieg war erst ein paar Jahre vorbei, und den meisten Deutschen war bewusst geworden, welchem Verbrecher sie nachgelaufen waren und welch furchtbare Verbrechen Hitler und die Nazis begangen hatten. Das Grundgesetz macht sich daher, wie ein Tagebuch beinahe, Gedanken über die zurückliegenden Jahre der Verachtung und Verfolgung von Menschen, über die Jahre, in denen Millionen von den Nazis nur deswegen umgebracht worden waren, weil sie Juden waren. Das Grundgesetz zieht seine Folgen daraus: Es gibt jedem Menschen die gleichen Rechte – „niemand darf wegen seines Geschlechtes, seiner Abstammung, seiner Rasse, seiner Sprache, seiner Heimat und Herkunft, seines Glaubens, seiner religiösen und politischen Anschauung benachteiligt oder bevorzugt werden", heißt es in Artikel 3. Und das Grundgesetz gibt den Gerichten, vor allem dem Bundesverfassungsgericht in Karlsruhe, die Aufgabe, darüber zu wachen, dass diese Rechte auch eingehalten werden. Es stellt Regeln auf, die verhindern sollen, dass Deutschland noch einmal auf die schiefe Bahn gerät, dass also ein Diktator an die Macht kommen kann.

Heribert Prantl, Liebesbrief an ein Land. Wie und warum wir ein Grundgesetz erhielten, in: Doris Schröder-Köpf, Ingke Brodersen (Hrsg.): Der Kanzler wohnt im Swimmingpool oder Wie Politik gemacht wird, Campus Verlag, Frankfurt/New York, 2001, S. 24–25

1 Lege dar, wie das Grundgesetz in M 1 charakterisiert wird.
2 Schreibe selbst einen „Liebesbrief" (Z. 15 f.) an dein Land, in dem du beschreibst, wie du dir dein Land wünschst, wie das Zusammenleben der Menschen geregelt sein soll und wie der Staat sich einbringen soll.

M2 Strukturprinzipien des Grundgesetzes

Demokratie

Das Demokratieprinzip besagt, dass alle Gewalt vom Volk ausgeht, dieses also der Souverän ist. In der repräsentativen Demokratie der Bundesrepublik werden die Interessen der Bürgerinnen und Bürger durch die gewählten Vertreter in den Parlamenten wahrgenommen, die nach dem Mehrheitsprinzip entscheiden.

Strukturprinzipien des Grundgesetzes, Bundeszentrale für politische Bildung online vom 02.11.2009, in: https://www.bpb.de/politik/grundfragen/24-deutschland/40423/grundgesetz, letzter Zugriff: 23.01.2022

Bundesstaatlichkeit

Wenn sich mehrere Staaten zu einem Gesamtstaat verbinden und dabei teilweise ihre Selbstständigkeit aufgeben, wird daraus ein Bundesstaat. Im Unterschied zum Staatenbund hat der Bundesstaat ein Staatsoberhaupt und eine Regierung. Die Bundesrepublik Deutschland ist ein solcher Bundesstaat. Der Bundespräsident und die Bundesregierung haben ihren Amtssitz in Berlin. Sie vertreten den Gesamtstaat, der auch „Bund" genannt wird. In den einzelnen Bundesstaaten, die bei uns „Bundesländer" genannt werden, gibt es Länderregierungen. Die Länderregierung von Nordrhein-Westfalen beispielsweise hat ihren Sitz in Düsseldorf. Die staatlichen Aufgaben in einem Bundesstaat, die Verwaltung und die Gesetzgebung werden zwischen der Regierung des Gesamtstaats und den Regierungen der Bundesländer aufgeteilt.

Artikel 20, Grundgesetz:

Die Bundesrepublik Deutschland ist ein demokratischer und sozialer Bundesstaat. Alle Staatsgewalt geht vom Volke aus. Sie wird vom Volke in Wahlen und Abstimmungen und durch besondere Organe der Gesetzgebung, der vollziehenden Gewalt und der Rechtsprechung ausgeübt.
Die Gesetzgebung ist an die verfassungsmäßige Ordnung, die vollziehende Gewalt und die Rechtsprechung sind an Gesetz und Recht gebunden.

Rechtsstaatlichkeit

Das ist die Bezeichnung für einen Staat, in dem alles, was der Staat tut, nach den Regeln der Verfassung und den geltenden Gesetzen erfolgen muss. In Deutschland gibt das Grundgesetz diese Regeln vor. Der Gegensatz zum Rechtsstaat ist zum Beispiel ein Polizeistaat oder eine Diktatur. Dort hält sich der Staat an keinerlei Verfassung oder Grundgesetz. In einem Rechtsstaat sollen sich die Bürgerinnen und Bürger darauf verlassen können, dass ihre Rechte vom Staat geschützt werden. In Deutschland überprüfen die unabhängigen Gerichte, ob der Staat die Gesetze einhält und die Rechte seiner Bürgerinnen und Bürger schützt.

Sozialstaatlichkeit

Der Sozialstaat verpflichtet sich auch, allen Bürgern soziale Gerechtigkeit zu gewährleisten. Der Begriff „sozial" kommt aus dem Lateinischen und heißt „allgemein". Es soll niemand allein gelassen werden, wenn er durch schwierige Umstände wie zum Beispiel Krankheit oder Arbeitslosigkeit in Not gerät. Der Staat unterstützt durch die Sozialhilfe mit dem Nötigsten. Der Staat sorgt auch für alte und kranke Menschen, wenn sie selbst oder ihre Angehörigen dazu nicht in der Lage sind.

GLOSSAR
Bundesstaat
Rechtsstaat
Sozialstaat

Gerd Schneider, Christiane Toyka-Seid, Politik-Lexikon für Kinder. Von Aufschwung bis Zivilcourage, Campus Verlag, Frankfurt/New York 2006, S. 46, S. 232–233, S. 254

1 Erkläre die Strukturprinzipien aus Artikel 20 des Grundgesetzes in eigenen Worten.

M 3 Strukturprinzipien in unserem Alltag

a) Herr Mayer ist die Treppe hinuntergestürzt und hat sich dabei beide Arme gebrochen. Deshalb kann Herr Mayer seinen Beruf als Schreiner für einige Wochen nicht ausüben. Er muss sich allerdings keine Sorgen machen, da er für die Zeit seiner Krankheit vom Staat finanzielle Unterstützung erhält.

b) Als Cecilia nach Hause kommt, steht die Haustür offen. Mit Schrecken stellt sie fest, dass ihr Haus ausgeraubt wurde. Sie verständigt die Polizei. Dank der Beobachtung eines Nachbarn kann die Diebesbande schnell aufgegriffen werden. Die Bande muss sich vor Gericht für ihre Tat verantworten.

c) Aisha steht vor dem Wahllokal und ist ganz aufgeregt. Sie darf heute zum ersten Mal in ihrem Leben bei der Bundestagswahl teilnehmen.

d) Messut zieht mit seiner Familie von Bayern nach Berlin. Er soll dort wieder die Grundschule besuchen. Er wundert sich: „Komisch, hier in Berlin dauert die Grundschule nicht vier, sondern sechs Schuljahre."

Autorentext

1 Ordne den einzelnen Fällen das dazugehörige Strukturprinzip aus M 2 zu.
2 Gestaltet in Kleingruppen weitere Fallbeispiele aus eurem Alltag und lasst eure Mitschülerinnen und Mitschüler raten, welches Strukturprinzip sich hinter den einzelnen Fällen verbirgt.

M 4 Mein Lieblingsartikel im Grundgesetz ist …

… Art. 1 GG, weil er die Menschenwürde als obersten Wert und Ausgangspunkt der freiheitlichen demokratischen Grundordnung nennt.

Horst Seehofer, Bundesminister des Innern, für Bau und Heimat

… Art. 20 GG, weil er mit dem Bekenntnis zu Demokratie, Sozial- und Rechtsstaat die Grundlage für eine freie, vielfältige und gerechte Gesellschaft schafft, Teilhabe ermöglicht und das friedliche Zusammenleben sichert.

Prälat Karl Jüsten, Leiter des Kommissariats der deutschen Bischöfe – Katholisches Büro in Berlin

… Art. 3 GG. Alle Menschen sind vor dem Gesetz gleich – niemand darf benachteiligt oder bevorzugt werden. Das ist die Grundlage für einen respektvollen Umgang miteinander.

Staatsministerin Annette Widmann-Mauz, Beauftragte der Bundesregierung für Migration, Flüchtlinge und Integration

… Art. 5 GG, weil er die Pressefreiheit garantiert. Denn das Zusammenleben von Menschen in einer Demokratie kann nur gelingen, wenn es einen aufrichtigen Diskurs gibt – unzensiert und in einer vielfältigen Medienlandschaft, die frei und unabhängig recherchieren, berichten und einordnen darf.

Frank Überall, Bundesvorsitzender des Deutschen Journalisten-Verbandes (DJV)

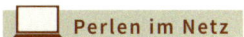

Perlen im Netz

WES-116842-007
Hier findet ihr audiovisuelle Kommentare von weiteren Personen des öffentlichen Lebens zur Präambel sowie zu den Artikeln 1–19 des Grundgesetzes (WDR).

... Art. 1 GG: „Die Würde des Menschen ist unantastbar. Sie zu achten und zu schützen ist Verpflichtung aller staatlichen Gewalt.", weil hier nicht nur die körperliche, sondern die geistige und seelische Unversehrtheit des Menschen an allererster Stelle gesetzt wird. Mit der Achtung der Menschenwürde wird die Voraussetzung für alle weiteren Menschrechte geschaffen, so beispielsweise die Gleichbehandlung unabhängig von Merkmalen wie Geschlecht, Herkunft oder Bildung. Die nicht kommentierte Einfachheit des Artikels ist zugleich beeindruckend: Würde muss nicht erläutert werden.

Susanne Keuchel, Präsidentin des Deutschen Kulturrates

Mein Lieblingsartikel im Grundgesetz ist ... Ausgewählte Statements. 27.03.2019, in: https://www.kulturrat.de/themen/demokratie-kultur/70-jahre-grundgesetz/mein-lieblingsartikel-im-grundgesetz-ist/, letzter Zugriff: 28.01.2021 (nur ausgewählte Statements abgedruckt)

1 Teilst du die Meinung von einer der Personen des öffentlichen Lebens oder ist für dich ein ganz anderer Artikel im Grundgesetz besonders wichtig?
Erläutere deine Position. Die Perle im Netz kannst du als zusätzliche Inspiration heranziehen.

2 Vergleiche deine Position mit der Position einer Mitschülerin oder eines Mitschülers.

M 5 Grundlage für gutes Zusammenleben

Maria Böhmer, ehemalige Beauftragte der Bundesregierung für Migration, Flüchtlinge und Integration:

„Grundlage [für gutes Zusammenleben] ist, neben unseren Wertvorstellungen und unserem kulturellen Selbstverständnis, unsere freiheitliche und demokratische Ordnung, wie sie sich aus der
5 deutschen und europäischen Geschichte entwickelt hat und im Grundgesetz ihre verfassungsrechtliche Ausprägung findet."

Beauftragte der Bundesregierung für Migration, Flüchtlinge und Integration: Gutes Zusammenleben – klare Regeln, 2006, zitiert nach Bundeszentrale für politische Bildung, Bonn, online vom 30.11.2007, in: https://www.bpb.de/lernen/angebote/grafstat/projekt-integration/134689/m-04-05-gemeinsame-werte-und-rechte-als-grundlage-fuer-gutes-zusammenleben/, letzter Zugriff: 07.06.2022

1 Erläutere in eigenen Worten die Bedingungen, die für Maria Böhmer, die ehemalige Beauftragte der Bundesregierung für Migration, Flüchtlinge und Integration, Grundlage für gutes Zusammenleben sind.

2 Erläutere, wie sich die freiheitlich-demokratische Grundordnung unseres Staates auf dein Leben auswirkt.

3 Gestalte ein Werbeplakat für den Erhalt der freiheitlich-demokratischen Grundordnung.

ZUR DEBATTE

1.6 Wahlrecht ab Geburt?

Es ist Wahlsonntag. Herr Janker ist, nachdem er die Wahlkabine verlassen hat, auf dem Weg zur Urne, um seinen Wahlzettel einzuwerfen. Da zupft ihn ein kleiner Junge am Hosenbein und bittet ihn, ihn hochzuheben. Er könne seinen Wahlzettel nicht in die Urne werfen, weil er zu klein sei. ... Die Idee ist schön: Wenn Kinder und Jugendliche wählen dürften, müssten Politikerinnen und Politiker sich mehr um ihre Anliegen kümmern. Das Wahlrecht erhält man in der Bundesrepublik aber erst mit 18 Jahren. Deshalb fordern manche eine Herabsenkung des Wahlalters. Manche gehen sogar so weit, ein Wahlrecht ab Geburt zu fordern. Doch ist das machbar? Und ist es sinnvoll?

M 1 Wahlrecht ab Geburt?

Panel 1: IMMER MEHR DEUTSCHE KENNEN SPITZENPOLITIKER NICHT.

Panel 2: 95% WISSEN NICHT, WER JUSTIZ- ODER UMWELTMINISTER IST.

Panel 3: JETZT DER VORSTOSS DER FAMILIENMINISTERIN: WILL KINDERWAHLRECHT – WAHLRECHT VON GEBURT AN.

Panel 4: NEUGEBORENE KENNEN SPITZENPOLITIKER NICHT NUR ZU 95% NICHT, SONDERN ZU 100%. KINDERWAHLRECHT IST DESHALB EINE GUTE IDEE. FAST GLEICHE VORAUSSETZUNGEN BEI DEUTSCHEN UND NEUGEBORENEN DEUTSCHEN.

Rattelschneck

1. Beschreibe, analysiere und interpretiere die Karikatur mithilfe der Arbeitstechnik „Karikaturinterpretation" (S. 177).
2. Positioniere dich gegenüber dem Urteil des Karikaturisten.

M 2 Wahlrecht ab Geburt: „Die Jungen brauchen eine stärkere Stimme"

Das Wahlalter könnte auch auf Bundesebene bald auf 16 gesenkt werden. Jugendinstituts-Chefin Walper fordert sogar ein Wahlrecht ab Geburt – im FR-Interview erklärt sie, wie das praktikabel wäre.

Frau Walper, die künftige Ampelkoalition will das Wahlalter für Bundestags- und Europawahl laut Sondierungspapier auf 16 Jahre senken. Wollen Grüne und FDP damit ihre Wählerschaft vergrößern?

(Lacht) Das könnte man natürlich auch vermuten, weil gerade Grüne und FDP in der jüngeren Generation stärkeren Zuspruch haben. Es geht aber darum, das politische Gewicht der unterschiedlichen Altersgruppen in der Balance zu halten. Die Entwicklung der Bevölkerungspyramide zeigt, dass die ältere Generation auch in Zukunft sehr viel stärker das Sagen haben wird. Schon jetzt ist der Anteil der Menschen, die 67 Jahre alt und älter sind, höher als der Anteil derjenigen unter 20. Kalkulationen zufolge werden im Jahr 2040 ungefähr 45 Prozent der Wählerinnen und Wähler im Seniorenalter sein. Die Jungen brauchen eine stärkere Stimme, damit sie in der Politik gesehen und berücksichtigt werden.

Bringt eine Absenkung des Wahlalters mehr Demokratie?

Ja, zumindest ein Stück weit, denn sie gibt einer Gruppe politisches Gewicht, deren Interessen sonst in der Gefahr stehen, nicht hinreichend berücksichtigt zu werden. Die vielen Veränderungen, die die Politik etwa beim Klima oder in der Wirtschaft anstößt, werden das Leben der jetzt jungen Menschen stark prägen. Deshalb sollten sie über die Zukunft mitbestimmen.

Sie selbst haben radikalere Vorstellungen – Sie sind für das Wahlalter null.

Damit bin ich natürlich nicht alleine. Der Vorschlag basiert auf der Grundlage: Nur wer wählt, der zählt. Bislang schließen wir minderjährige Kinder und Jugendliche aus. Mit dem Wahlrecht ab Geburt wäre der Teil der Bevölkerung sehr viel klarer eingeschlossen, der jetzt – auch wenn wir das Wahlalter auf 16 absenken – zum ganz großen Teil ausgeblendet bleibt.

Wie könnte das praktisch aussehen?

Natürlich erwartet niemand, dass ein Kleinkind zur Urne geht und sein Kreuzchen irgendwohin malt. Da muss man eine Stellvertreterlösung finden. Wir setzen schon jetzt an vielen Stellen voraus, dass Eltern ganz im Sinne ihrer Kinder agieren – das ist auch die Grundlage für Artikel 6 im Grundgesetz. Deshalb können wir davon ausgehen, dass Eltern auch ein stellvertretendes Stimmrecht bei Wahlen im Interesse ihrer Kinder wahrnehmen würden.

Aber wer entscheidet für das Kind – Vater oder Mutter? Die haben vielleicht unterschiedliche Positionen.

Es geht nicht darum, dass die Eltern ihre eigenen Interessen über die Kinder doppelt durchsetzen. Sie sollen im Interesse ihres Kindes wählen und stärker das berücksichtigen, was sie als wichtig für die zukünftige Generation einschätzen.

Ein hoher Anspruch. Sind Eltern damit nicht überfordert?

Wie gesagt – diesen Anspruch richten wir auch in anderen Bereichen an die Eltern, in denen sie im Interesse ihrer Kinder handeln und entscheiden sollen, deshalb ist er unserem Rechtssystem nicht völlig wesensfremd.

Wenn Eltern für ihre Kinder wählen, widerspricht dies dem Grundsatz der direkten Wahl. Deshalb wird man ein Stellvertretungswahlrecht brauchen, wie einige unserer Nachbarländer es kennen – etwa Großbritannien und Frankreich. Auch bei uns gibt es die Möglichkeit der Stimmübertragung – nicht auf der Ebene der Bundeswahlen, aber in vielen Bereichen des öffentlichen und privaten Rechts. Menschen mit starken persönlichen Einschränkungen, die für die Besorgung aller ihrer Angelegenheiten auf eine gerichtlich bestellte Betreuung angewiesen sind, können seit 2019 ihr Wahlrecht wahrnehmen und dürften hierbei vielfach auf die stellvertretende Ausübung durch andere angewiesen sein. Warum also nicht auch Kinder?

Können Sie sich die Einführung eines Wahlrechts ab Geburt in den nächsten Jahren vorstellen?

Prominente Politikerinnen und Politiker setzen sich dafür ein. Aber da wird es noch einige Diskussionen brauchen. Auch in der Bevölkerung muss die Akzeptanz wachsen. Das Wahlrecht für Frauen kam aber auch nicht über Nacht, es wurde erst mit vielen Gegenstimmen abgelehnt. Lange konnte man sich nicht vorstellen, dass Frauen von Politik überhaupt eine Ahnung haben. Der Blick zurück in die Geschichte zeigt sehr viele Besonderheiten. Früher war das Wahlrecht etwa auch an die ökonomische Ausstattung gebunden. Dann wiederum waren Soldatinnen und Soldaten im Kriegsdienst von der Wahl ausgeschlossen. Kann es sein, dass man für ein Land streitet und womöglich sein Leben gibt, aber nicht mitwählen darf? Es hat viele Veränderungen gegeben, deshalb bin ich zuversichtlich. Die Absenkung des Wahlalters auf 16 halte ich für einen guten Zwischenschritt, den wir jetzt unbedingt gehen sollten.

Auch da gibt es viele Vorbehalte. Viele Ältere halten 16-Jährige für unreif und manipulierbar, etwa durch die sozialen Medien.

Das ist das Hauptargument. Unser Recht sagt aber tatsächlich: eine Person, eine Stimme. Kein Mensch muss einen Intelligenztest machen oder einen Beweis seiner Geisteskraft vorlegen, um wählen zu können. Warum fällt die Schranke dann bei der jüngeren Generation? Wir schließen ja auch Menschen mit geistigen Beeinträchtigungen nicht vom Wahlrecht aus. Dass bei den verschiedenen Generationen unterschiedliche Maßstäbe angelegt werden, hat keine Grundlage.

ZUR DEBATTE

Sie finden 16-Jährige aufgeklärt und vernünftig genug?
Wir haben bei „Fridays for Future" gesehen, dass die jüngere Generation für politische Themen aufgeschlossen ist. Wenn man sie früher in das demokratische Geschäft einbindet, vermittelt man mit der Verantwortung auch ein stärkeres Interesse an Politik. Schon jetzt ist es so, dass dieses Interesse wächst, wenn sie dann auch wirklich ihre Stimme in die Waagschale werfen können.

Eines der wichtigsten Argumente gegen das Wählen mit 16 ist die Verknüpfung von Volljährigkeit und Wahlalter.
Dass beides auseinandergefallen ist, hatten wir für einen kurzen Zeitraum schon einmal – bevor die Volljährigkeit 1975 auf 18 gesenkt wurde. Deshalb sehe ich darin kein grundsätzliches Hindernis.

Sabine Hamacher, Frankfurter Rundschau online vom 14.11.2021, in: https://www.fr.de/politik/wahlrecht-ab-geburt-die-jungen-brauchen-eine-staerkere-stimme-91112944.html, letzter Zugriff: 16.12.2021

1 Erschließe dir den Konflikt durch das Aufstellen von Hypothesen. Beantworte dazu folgende Leitfragen:
   a) Worin besteht der Kern der Auseinandersetzung? (Problem)
   b) Welche konkreten Lösungsvorschläge liegen vor? (Lösungen)
   c) Welche Rechtslage liegt vor? (Recht)
   d) Inwieweit bin ich selbst betroffen? (Betroffenheit)
   e) Welche Interessen stehen möglicherweise hinter den einzelnen Vorschlägen? (Interessen)

M3 Für ein echtes Wahlrecht ab Geburt

Kinder und Jugendliche sollen künftig grundsätzlich von Geburt an bei Wahlen eine Stimme haben. Rund 14 Millionen Bundesbürger sind allein aufgrund ihres Alters vom Wahlrecht ausgeschlossen. Damit darf fast jeder fünfte Bundesbürger – etwa 17 Prozent – nicht wählen, denn bislang muss man in Deutschland 18 Jahre alt sein, um bei Bundes- und Landtagswahlen mitentscheiden zu dürfen. Aus Artikel 38 des Grundgesetzes sollte der Satz „Wahlberechtigt ist, wer das achtzehnte Lebensjahr vollendet hat" ersatzlos gestrichen werden. Wenn Kinder und Jugendliche sich reif für eine Wahlentscheidung fühlen, können sie sich in die Wahllisten eintragen und sind dann wahlberechtigt. Politiker/-innen würden durch ein Wahlrecht von Geburt an gezwungen, Politik auch für Kinder und Jugendliche verständlich zu erklären.

Autorentext

1 Arbeitet heraus, worin sich der Vorschlag für ein „echtes Wahlrecht ab Geburt" von den Änderungsvorschlägen in M2 unterscheidet. Teilt die vier Ecken in eurem Klassenzimmer jeweils einer Position zu (echtes Wahlrecht ab Geburt (M3), Stellvertreterwahlrecht der Eltern (M2), Herabsetzung des Wahlalters (M2), Beibehaltung der bisherigen Regelungen).
2 Positioniert euch bei dem Standpunkt, für den ihr euch jeweils einzeln entschieden habt. Begründet euch gegenseitig, warum ihr euch genau dort positioniert habt.

ZUR DEBATTE

M4 Ansatzpunkte für ein Kinderwahlrecht in der UN-Kinderrechtskonvention

Wer in der UN-Kinderrechtskonvention (UN-KRK) – dem universellen Grundgesetz für alle Kinder und Jugendlichen dieser Welt – nach einem Wahlrecht für Kinder sucht, wird zunächst enttäuscht werden. Dies kann auch nicht verwundern. Als die Generalversammlung der Vereinten Nationen 1989 einstimmig das Übereinkommen über die Rechte des Kindes beschloss, verabschiedeten die Vertreterinnen und Vertreter von rund 190 Staaten einen in zehn Jahren mühsam ausgehandelten Kompromiss. Auf Konsens angewiesen, mussten die in den 54 Artikeln enthaltenen rechtlichen Mindeststandards die Zustimmung jedes einzelnen Mitgliedsstaats finden. Gefestigte Demokratien und Staaten im Übergang zur Demokratie gehören ebenso zu den Unterzeichnerstaaten wie autoritäre Regime und Diktaturen. Ein Kinderwahlrecht hatte hier (noch) keine Chance und war vermutlich für die meisten Staatenvertreter/-innen nicht einmal vorstellbar.

Damit ist die Diskussion aber keineswegs beendet. Auch das internationale Recht entwickelt sich dynamisch fort. Allein zur UN-KRK sind seit ihrer Verabschiedung drei Zusatzprotokolle hinzugekommen und nach Vorlage einer ausreichenden Zahl von Ratifikationen in Kraft getreten. Außerdem hat der UN-Ausschuss für die Rechte des Kindes in zahlreichen Allgemeinen Bemerkungen (General Comments) zur Interpretation und Weiterentwicklung der Konvention beigetragen. Warum sollte über kurz oder lang nicht auch ein Wahlrecht für Kinder ergänzt werden? [...]

Gemäß Art. 12 Abs. 1 UN-KRK (Berücksichtigung des Kindeswillens) sichern die Vertragsstaaten „dem Kind, das fähig ist, sich eine eigene Meinung zu bilden, das Recht zu, diese Meinung in allen das Kind berührenden Angelegenheiten frei zu äußern, und berücksichtigen die Meinung des Kindes angemessen und entsprechend seinem Alter und seiner Reife". Eine Altersgrenze, ab der die Meinung des Kindes berücksichtigt werden muss, ist nicht vorgesehen. Bei jungen Kindern, die ihre Meinung entwicklungsbedingt noch nicht differenziert ausdrücken können, sind nach Art. 18 Abs. 1 UN-KRK in erster Linie die Eltern oder gegebenenfalls der Vormund gefordert, die Interessen des Kindes stellvertretend für das Kind zu formulieren. Dabei muss „das Wohl des Kindes ihr Grundanliegen" sein.

In den Artikeln 13 bis 15 UN-KRK sind zentrale bürgerliche und politische Rechte des Kindes formuliert. Hierzu gehören die Meinungs- und Informationsfreiheit (Art. 13), die Gedanken-, Gewissens- und Religionsfreiheit (Art. 14) sowie die Vereinigungs- und Versammlungsfreiheit (Art. 15).

Jörg Maywald, Wahlrecht für Kinder: Konsequenz der Demokratie, Deutscher Familienverband e. V. (Hrsg.) online: https://wahlrecht.jetzt/wahlrecht-fuer-kinder-konsequenz-der-demokratie/, letzter Zugriff: 16.12.2021

1 Arbeitet heraus, wie die UN-Kinderrechtskonvention zu einem Wahlrecht ab Geburt steht: Was spricht im Sinne der UN-Kinderrechtskonvention dafür, was dagegen?

2 Führt eine Talkshow (→ Talkshow, S. 193) mit dem Thema „Soll in der Bundesrepublik Deutschland ein Wahlrecht ab Geburt gelten?" durch. Bestimmt dazu für jede Position einen Vertreter. Die Zuschauer beobachten die Talkshow und achten besonders auf Folgendes:
  a) Welche Argumente haben besonders beeindruckt, welche haben zu einem Überdenken der eigenen Position, einer Änderung des eigenen Urteils geführt?
  b) Wie verhalten sich die Akteurinnen und Akteure in ihren vorgegebenen Rollen? Konnten die Akteure ihre Rollen überzeugend und inhaltlich fundiert darstellen?
  c) Welche wichtigen Argumente wurden in der Talkshow nicht genannt?

3 Führt nach der Talkshow erneut eine Vier-Ecken-Befragung durch. Hat jemand seinen Standpunkt geändert? Wenn ja, begründet. Wenn nein, begründet euren Standpunkt erneut. Versucht dabei neue Argumente, die ihr in der Talkshow gehört habt, in eure Begründung einzubauen.

1.7 Die Rechte von Kindern und Jugendlichen: Wie werden sie umgesetzt?

Allgemeine Erklärung der Menschenrechte, Grundgesetz … – Jeder Mensch hat Rechte. Kinder und Jugendliche haben aber besondere Bedürfnisse in Bezug auf Entwicklung, Förderung, Schutz und Mitbestimmung. Deshalb haben die Vereinten Nationen die UN-Kinderrechtskonvention verabschiedet. Was ermöglicht sie Kindern und Jugendlichen?

Perlen im Netz

WES-116842-008
Die Seite des Deutschen Kinderhilfswerks bietet neben vielen weiteren Informationen auch die Kinderrechtskonvention im Wortlaut.

M 1a Kinderrechtskonvention

Am 20. November 1989 beschloss die Vollversammlung der Vereinten Nationen die „Konvention über die Rechte des Kindes". Alle Kinder auf der Welt erhielten damit verbriefte Rechte, wie zum Beispiel auf Überleben, auf Entwicklung, auf Schutz und Beteiligung. Die Kinderrechtskonvention formuliert weltweit gültige Grundwerte im Umgang mit Kindern und Jugendlichen – das heißt mit jungen Menschen unter 18 Jahren. Diese Rechte gelten über alle sozialen, kulturellen und religiösen Unterschiede hinweg. Sie bedeuten eine neue Sicht auf Kinder als eigenständige Persönlichkeiten und Rechtssubjekte.
Die Kinderrechtskonvention beruht auf vier Prinzipien:

1. Das Recht auf Gleichbehandlung:
Kein Kind darf benachteiligt werden – sei es wegen seines Geschlechts, seiner Herkunft, seiner Staatsbürgerschaft, seiner Sprache, Religion oder Hautfarbe, einer Behinderung oder wegen seiner politischen Ansichten.

2. Wohl des Kindes hat Vorrang:
Wann immer Entscheidungen getroffen werden, die sich auf Kinder auswirken können, muss das Wohl des Kindes vorrangig berücksichtigt werden – dies gilt in der Familie genauso wie für staatliches Handeln.

3. Das Recht auf Leben und Entwicklung:
Jedes Land verpflichtet sich, in größtmöglichem Umfang die Entwicklung der Kinder zu sichern – zum Beispiel durch Zugang zu medizinischer Hilfe, Bildung und Schutz vor Ausbeutung und Missbrauch.

4. Achtung vor der Meinung des Kindes:
Alle Kinder sollen als Personen ernst genommen und respektiert und ihrem Alter und ihrer Reife gemäß in Entscheidungen einbezogen werden.

UNICEF (Hrsg.): Kinderrechte in Deutschland. Unterrichtsmaterialien, S. 4, in: http://www.unicef.de/blob/9452/9829af0a5febf7b69405c802e902942d/i0012-umaterialien---kr-klasse-7-10-2012-pdf-data.pdf, letzter Zugriff: 28.01.2021

INFO
UN-Kinderrechtskonvention
Eine UN-Konvention ist ein völkerrechtlich bindender Vertrag zwischen den Mitgliedstaaten der Vereinten Nationen.

Vollversammlung der Vereinten Nationen
Versammlung aller 193 Mitgliedstaaten der Vereinten Nationen, die Fragen von internationaler Tragweite bespricht

M 1b Kinderrechte in Kurzform

1. Gleichheit
Alle Kinder haben die gleichen Rechte. Kein Kind darf benachteiligt werden. (Artikel 2)

2. Gesundheit
Kinder haben das Recht, gesund zu leben, Geborgenheit zu finden und keine Not zu leiden. (Artikel 24)

3. Bildung
Kinder haben das Recht, zu lernen und eine Ausbildung zu machen, die ihren Bedürfnissen und Fähigkeiten entspricht. (Artikel 28)

4. Spiel und Freizeit
Kinder haben das Recht, zu spielen, sich zu erholen und künstlerisch tätig zu sein. (Artikel 31)

5. Freie Meinungsäußerung und Beteiligung
Kinder haben das Recht, bei allen Fragen, die sie betreffen, mitzubestimmen und zu sagen, was sie denken. (Artikel 12 und 13)

6. Schutz vor Gewalt
Kinder haben das Recht auf Schutz vor Gewalt, Missbrauch und Ausbeutung. (Artikel 19, 32 und 34)

GLOSSAR
Kinderrechte
Menschenrechte

7. Zugang zu Medien
Kinder haben das Recht, sich alle Informationen zu beschaffen, die sie brauchen, und ihre eigene Meinung zu verbreiten. (Artikel 17)

8. Schutz der Privatsphäre und Würde
Kinder haben das Recht, dass ihr Privatleben und ihre Würde geachtet werden. (Artikel 16)

9. Schutz im Krieg und auf der Flucht
Kinder haben das Recht, im Krieg und auf der Flucht besonders geschützt zu werden. (Artikel 22 und 38)

10. Besondere Fürsorge und Förderung bei Behinderung
Behinderte Kinder haben das Recht auf besondere Fürsorge und Förderung, damit sie aktiv am Leben teilnehmen können. (Artikel 23)

nach UN-Kinderrechtekonvention, https://www.unicef.de/informieren/ueber-uns/fuer-kinderrechte/un-kinderrechtskonvention, letzter Zugriff: 07.06.2022

1 Beschreibe in eigenen Worten, was die Kinderrechtskonvention ist und auf welchen Prinzipien sie beruht.

2 Die Kinderrechte können in die Bereiche Schutz, Förderung und Beteiligung unterteilt werden. Ordne die einzelnen Kinderrechte (M1b) je einem Bereich zu. Lege dazu eine Tabelle an.

3 Gestaltet auf der Grundlage von Aufgabe 2 in Kleingruppen Standbilder (→ Standbild, S. 38) zu Situationen, in denen Kinderrechte geachtet werden. Lasst die anderen Schülerinnen und Schüler in eurer Klasse vermuten, welches Kinderrecht in eurem Standbild dargestellt wird.

4 Recherchiert nach Beispielen, in denen Kinderrechte entweder in Deutschland oder in anderen Ländern verletzt werden. Begründet, welches Kinderrecht jeweils verletzt wird.

UNTERRICHTSMETHODE

Standbild

Ein Standbild ist wie eine Fotografie einer Personengruppe. Die Teilnehmerinnen und Teilnehmer des Standbilds stellen durch ihre Körperhaltung ihre Gefühle, ihre Gedanken und ihre Beziehung zu den anderen Personen dar. Damit kann man bestimmte Situationen besser verstehen und sich in die beteiligten Personen hineinversetzen.

Phase 1: Vorbereitung

Bildet eine Gruppe, in der sowohl Mädchen als auch Jungen vertreten sind. Die Gruppe sollte nicht mehr als acht Personen umfassen. Überlegt euch zunächst gemeinsam, was ihr darstellen wollt. Dann überlegt ihr, wie die Beziehung der auftretenden Figuren zueinander gestaltet ist. Formuliert auch eure Einfälle zu Gestik (Körperhaltung und Körpersprache) und Mimik (Gesichtsausdrücke) der einzelnen Personen.

Entsprechend eurer Überlegungen positioniert ihr euch anschließend. Ihr könnt auch einen Standbildbauer bestimmen, der euch in Position bringt und vergleichbar mit einer Knetmasse formt. Das endgültige Standbild wird „eingefroren". Jeder prägt sich seine Position, seine Gestik und seine Mimik ein, um sie den anderen Mitschülerinnen und Mitschülern in der Klasse präsentieren zu können.

Phase 2: Durchführung

Nachdem die einzelnen Mitglieder einer Gruppe ihre Position eingenommen und damit das Standbild gebaut haben, beschreiben die übrigen Mitschülerinnen und Mitschüler zunächst nur, was sie sehen. In einer zweiten Runde erzählen sie, was das Bild für sie ausdrückt. Die Darstellerinnen und Darsteller können zu ihren Empfindungen befragt werden. Erst danach erklärt die darstellende Gruppe selbst ihr Standbild.

Phase 3: Auswertung/Reflexion

Zunächst werden die darstellenden Schülerinnen und Schüler befragt, wie sie sich in ihrer Haltung im Standbild gefühlt haben und ob sie sich mit der Rolle im Standbild identifizieren konnten. Anschließend sollen die Beobachterinnen und Beobachter berichten, ob sie das Standbild ohne die Erklärung der darstellenden Gruppe ähnlich gedeutet haben und welche Varianten möglich gewesen wären. Zuletzt sprechen alle gemeinsam darüber, welche Schlussfolgerungen aus dem Standbild in Bezug auf das Thema und für die eigene Lebenspraxis gezogen werden können.

M2 Müssen Kinderrechte ins Grundgesetz aufgenommen werden?

Ich, als Mitglied im Aktionsbündnis Kinderrechte, setze mich für eine Verankerung der Kinderrechte im Grundgesetz ein. Denn dann müssten Staat und Eltern sich bei der Wahrnehmung ihrer Rechte und Pflichten gegenüber Kindern am Vorrang des Kindeswohls orientieren. Das heißt, dass bei
5 jeder Entscheidung, z. B. bei der Planung von Stadtvierteln oder beim Straßenbau, geprüft werden müsste, ob sie Kindern und Jugendlichen zugute kommt oder ihnen schadet. So würde beispielsweise dafür gesorgt werden, dass beim Bau von Wohnvierteln genügend Spielplätze und Grünflächen vorhanden sind. Oder bevor man das Rathaus renoviert, würden das Schwimmbad oder das städtische Jugendzentrum
10 saniert.

Patrick H.

Ich bin für die Verankerung der Kinderrechte im Grundgesetz. Der Staat würde mehr in die Pflicht genommen werden, wenn es z. B. um gleiche Entwicklungschancen für alle Kinder und Jugendlichen geht. Das würde bedeuten, dass Kinder und Jugendliche, die Hilfe benötigen, eine entspre-
5 chende Förderung bekommen. Außerdem könnte bei Verletzung der Kinderrechte jeder seine Rechte vor dem Bundesverfassungsgericht einklagen. Das heißt, dass die Kinderrechte dann nicht nur auf dem Papier stehen, sondern dass jede und jeder Einzelne auch für die Verwirklichung streiten könnte.

Johannes F.

Der Schutz der Kinder würde verbessert werden, wenn Kinderrechte im Grundgesetz stehen würden. Dann würden Kindern und Jugendlichen endlich entsprechende Beteiligungsmöglichkeiten eingeräumt werden. D. h. sie dürften in Fragen, die sie betreffen, mit abstimmen. Sie sind doch die
5 Experten, wenn es um ihre Angelegenheiten geht. Zudem wäre es ein Signal an alle Bürgerinnen und Bürger, dass Kinder nicht kleine Menschen sind. Sie haben eigene Rechte und sind in der Gesellschaft, z. B. im Elternhaus, in der Schule, im Gemeinderat etc., zu beteiligen. Ich bin auf jeden Fall dafür, dass Kinderrechte ins Grundgesetz aufgenommen werden.

Barbara T.

Perlen im Netz

WES-116842-009
Argumente für und gegen die Aufnahme der Kinderrechte ins Grundgesetz auf den Seiten des Kinderhilfswerks und des Bundestags

Auch mir sind Kinder und die Kinderrechte sehr wichtig. Ich habe selber zwei Kinder. Allerdings bin ich überzeugt, dass die Rechte der Kinder bereits im Grundgesetz verankert sind. Zwar nicht ausdrücklich als Kinderrechte, dafür aber in Form der Menschenrechte. Dort ist doch schon die
5 Menschenwürde verankert und das Recht auf Meinungsfreiheit. Eine Erweiterung des Grundgesetzes um weitere Bereiche wie Kinderrechte würde nicht mehr bringen. Das würden bestimmte Personen nur machen, um zu zeigen „Schaut mal, wie toll ich mich für Kinder und ihre Rechte engagiere."

Christine E.

Der Schutz von Kindern vor Gewalt und Verwahrlosung muss vor Ort geschehen. Da nützt es nichts, wenn die Rechte von Kindern und Jugendlichen in irgendeinem Gesetz stehen. Jeder Einzelne von uns muss mehr Verantwortung übernehmen und wachsamer sein. Der Staat muss Fami-
5 lien in Schwierigkeiten mehr Hilfe anbieten. Da nützen Texte in Gesetzesbüchern wenig.   Theo K.

Gesprächsaufzeichnungen des Autors

1 Arbeitet in Gruppen in einer Pro-Kontra-Tabelle heraus, welche Gründe für oder gegen die Aufnahme der Kinderrechte ins Grundgesetz entsprechend der Aussagen in M 2 sprechen.
2 Ergänze die Pro-Kontra-Tabelle durch weitere Argumente. Die bei der Perle im Netz aufgeführten Webseiten können dir dabei behilflich sein.
3 Erörtert in einer Diskussion mit Gruppenschutz (→ Diskussion mit Gruppenschutz, S. 40), ob die Kinderrechte ins Grundgesetz aufgenommen werden sollten oder nicht.

UNTERRICHTSMETHODE

Diskussion mit Gruppenschutz

Phase 1: Vorbereitung
Die Klasse wird in drei bis fünf Kleingruppen aufgeteilt. Jede Gruppe bestimmt eine Sprecherin/einen Sprecher, der zunächst an der Diskussion teilnimmt. Sammelt gemeinsam in der Gruppe Argumente, die ihr in der Diskussion zu eurer Position einbringen könnt.

Phase 2: Durchführung
Die Sprecherinnen bzw. Sprecher vertreten stellvertretend für die Gruppe einen vorher beschlossenen Standpunkt und verteidigen diesen. Die restlichen Gruppenmitglieder positionieren sich um ihre Sprecherin/ihren Sprecher. Sie bieten so eine Art Schutz während der Diskussion: Sie können ihr oder ihm Tipps und Hilfen geben, diskutieren aber selber nicht mit. In einer Pause kann jede Gruppe für sich neue Argumente sammeln und die Gruppensprecherin/den Gruppensprecher austauschen.

Phase 3: Auswertung/Reflexion
Haltet fest, welche Argumente euch besonders beeindruckt, zu einem Überdenken eurer eigenen Position oder einer Änderung des eigenen Urteils geführt haben. Überlegt außerdem, wie sich die Akteurinnen und Akteure in ihren vorgegebenen Rollen verhalten haben und ob sie ihre Rollen überzeugend und inhaltlich fundiert darstellen konnten. Was war überzeugender: Die einzelnen Argumente oder Art und Geschick des Vortrags? Sammelt des Weiteren, welche wichtigen Argumente in der Diskussion mit Gruppenschutz nicht genannt wurden.

1.8 Kinderarmut in Deutschland?

In Artikel 27 der UN-Kinderrechtskonvention ist das Recht jedes Kindes auf einen Lebensstandard festgehalten, welcher der jeweiligen körperlichen, geistigen, seelischen, sittlichen und sozialen Entwicklung angemessen ist. Dies soll ein Aufwachsen ohne Armut ermöglichen. Aber auch in Deutschland erleben viele Kinder, was es bedeutet, arm zu sein. Welche Ursachen hat Kinderarmut in einem reichen Land wie Deutschland? Und welche Folgen ergeben sich daraus?

M 1 Kinderarmut ... und manchmal muss ich heulen

Ihre Namen möchten sie nicht in der Zeitung lesen. Nennen wir sie Ronja und Valentina. „Ich will aber nicht jammern", sagt Ronja. Ihre Stimme stockt, Tränen kullern über die Wangen. „Entschuldigung", presst sie hervor, „ist sonst nicht meine Art. Aber manchmal geht's nicht anders. Da läuft mir das Wasser einfach so aus den Augen raus."

Ronja ist 46 Jahre alt, alleinerziehend; sie lebt mit ihrer Tochter in Wedding, wo die Berliner Armut ihren Hauptwohnsitz hat. Früher war Ronja ein optimistischer Typ, da war sie diejenige, die andere getröstet hat. Heute sehnt sie sich danach, selbst in die Arme genommen zu werden. „Im Moment ist mal wieder alles zu viel für mich." [...]

Ronjas erster Schritt in die Armut begann mit der Geburt ihrer Tochter Valentina vor elf Jahren. „Der Vater hat sich sofort verkrümelt und mich mit dem Kind alleine gelassen." Sie hatte damals einen Putzjob, verdiente rund 1000 Euro netto. Mit dem Verdienst des Freundes kamen sie gut über die Runden. Als der auf und davon war, musste sie von einem Tag zum anderen 580 Euro Miete selbst aufbringen.

Der Ausweg aus der Misere: ein zweiter Putzjob in einer Anwaltskanzlei im Haus nebenan und ein Babyfon. „Zweimal die Woche schnappte ich mir das Babyfon und schlich, wenn Valentina schlief, aus der Wohnung. Acht Stunden in der Woche putzte ich wild herum und verdiente mir ein schönes Taschengeld." Damals dachte sie: „Wozu brauchst du einen Mann? Du schaffst es auch alleine!"

Eines Morgens waren Ronjas Hände taub. Sie konnte nicht arbeiten. „Durch das Putzen hatten sich Wirbel verschoben und Nerven eingeklemmt. Das war das Aus. Nach drei Tagen bekam ich die Kündigung." Valentina war eineinhalb Jahre alt.

Kleines Glück im großen Unglück: Der Vermieter zeigte Verständnis für Ronjas prekäre Situation und eine gute Freundin griff ihr unter die Arme.

Dann begann, wie sie heute sagt, die Zeit des großen Schämens. „Ich mied meine Freunde, mein Bekanntenkreis schrumpfte. Ich hatte auch Angst um meine Tochter, um die Zukunft, in die sie hineinwachsen würde, und ich fragte mich oft, ob sie mich später dafür verantwortlich machen wird."

Mutter und Tochter sind inzwischen umgezogen. 55 Quadratmeter für 440 Euro warm. Das Amt zahlt Miete und 580 Euro für den Lebensunterhalt. Knapp 300 Euro gehen für Essen und Getränke drauf, dazu kommen Hygieneartikel, Strom und Gas, Telefon und Familienhaftpflichtversicherung sowie die Schülermonatskarte. [...]

Um zu sparen, teilen sich Mutter und Tochter ein Handy. „Das heißt, eigentlich ist Valentina damit mehr unterwegs als ich", gibt Ronja zu. Und rechtfertigt sich sogleich: „Soll sie etwa die Einzige in der Clique sein, die keins hat? Das bringe ich nicht übers Herz. Sie muss schon auf so viel verzichten. Und immer wieder sage ich: Süße, dafür ist kein Geld da."

Es ist einer der häufigsten Sätze, den Valentina von ihrer Mutter hört. Das betrifft Kleidung, Schuhe, sogar den Schwimmunterricht. Und die Dampferfahrt mit der Klasse. Es gab zwar einen Sozialfonds, aber Valentina traute sich nicht, den Lehrer darauf anzusprechen. [...]

Ihren elften Geburtstag wollte Valentina nicht feiern. Keine Lust. Vermutlich traute sie sich

GLOSSAR

Armut

nicht, Freunde einzuladen. Ein Freund überraschte Valentina mit der Idee, eine Party in seinem Garten zu veranstalten. Sechs Freundinnen lud sie ein. Zwischen den Apfelbäumen hingen Girlanden. Es gab Würstchen mit Kartoffelsalat. „Freunde von mir hatten zusammengelegt und ihr ein Paar Nike Air Max Thea geschenkt", erzählt Ronja. „Abends sagte sie zu mir, das wäre der glücklichste Tag in ihrem Leben gewesen."

Vor ein paar Tagen allerdings war Valentina schlecht drauf. Warum gehst du nicht arbeiten?, warf sie ihrer Mutter vor. Dann hätten wir auch keine Geldprobleme! „Da fing ich an zu heulen, obwohl ich meine Tränen vor ihr doch verbergen wollte", sagt Ronja. „Wie soll ich ihr klarmachen, dass es für mich keine Arbeit gibt? Deshalb will ich doch, dass sie fleißig in der Schule ist, einen ordentlichen Beruf lernt und es mal besser hat als jetzt."

Rolf Kremming: Armes reiches Deutschland. Kinderarmut: ... und manchmal muss ich heulen. Berliner Kurier online vom 12.10.2015, in: http://www.berliner-kurier.de/panorama/armes-reiches-deutschland-kinderarmut-----und-manchmal-muss-ich-heulen,7169224,32139924.html, letzter Zugriff: 31.3.2016

1 Beantworte selbstständig folgende Fragen:
  a) Worum geht es in dem Artikel?
  b) Wer sind die Beteiligten?
  c) In welcher Situation befinden sich die Beteiligten?

2 Beantworte selbstständig folgende Fragen aus der Sicht einer der beteiligten Personen (Ronja oder Valentina):
  a) Welche Gefühle hast du, wenn du an dein Leben denkst?
  b) Wie schilderst du einer Freundin oder einem Freund dein Leben?
  c) Welche Träume hast du?

3 Überprüft, welche Kinderrechte (M 1, S. 37) in diesem Fall verletzt werden.

M2 Kinder in Hartz-IV-Familien

GLOSSAR
Hartz IV

Kinder in Hartz-IV-Familien

So viele Kinder und Jugendliche* in Deutschland leben in Familien, die Hartz IV beziehen

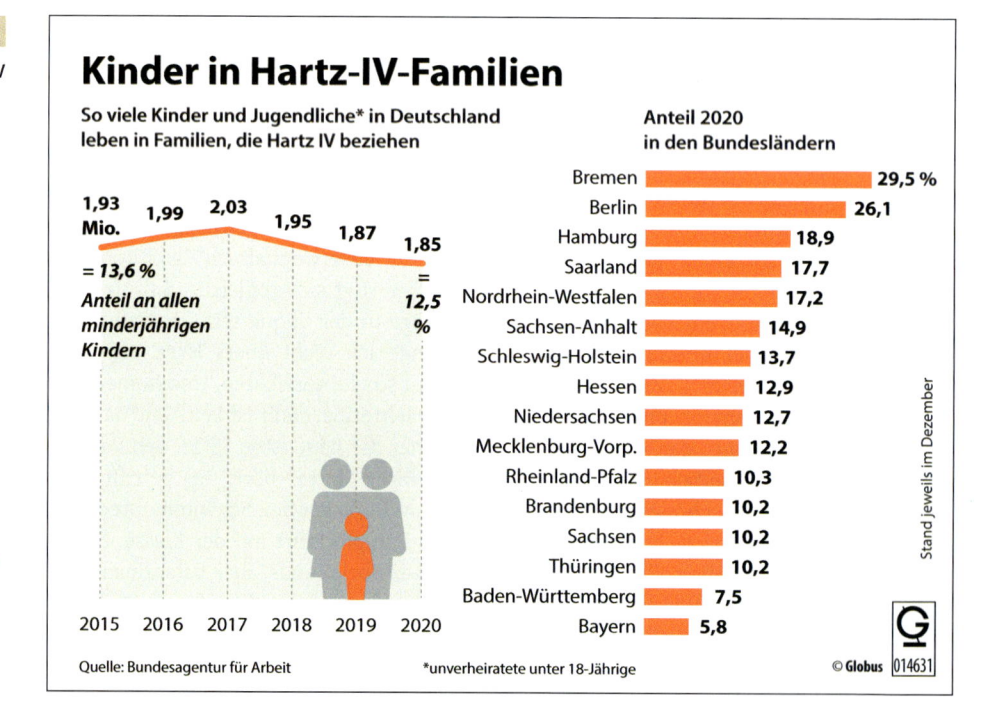

Jahr	Mio.
2015	1,93 (= 13,6 % Anteil an allen minderjährigen Kindern)
2016	1,99
2017	2,03
2018	1,95
2019	1,87
2020	1,85 (= 12,5 %)

Anteil 2020 in den Bundesländern:

Bundesland	%
Bremen	29,5
Berlin	26,1
Hamburg	18,9
Saarland	17,7
Nordrhein-Westfalen	17,2
Sachsen-Anhalt	14,9
Schleswig-Holstein	13,7
Hessen	12,9
Niedersachsen	12,7
Mecklenburg-Vorp.	12,2
Rheinland-Pfalz	10,3
Brandenburg	10,2
Sachsen	10,2
Thüringen	10,2
Baden-Württemberg	7,5
Bayern	5,8

Stand jeweils im Dezember
Quelle: Bundesagentur für Arbeit *unverheiratete unter 18-Jährige
© Globus 014631

Beschreibe, analysiere und interpretiere das Schaubild (→ Schaubilder auswerten, S. 178).

M3 Welche Folgen hat Armut für Kinder und Jugendliche?

Armut **begrenzt** bedeutet, sie

- ... haben seltener einen Rückzugsort oder ruhigen Ort zum Lernen zu Hause (13 % im Vergleich zu 0,7 % in Familien mit gesichertem Einkommen),
- ... sind in ihrer Mobilität eingeschränkt (in der Hälfte der Familien im SGB II-Bezug fehlt ein Auto aus finanziellen Gründen),
- ... haben öfter keinen Computer mit Internet (24 % im Vergleich zu 2,2 %),
- ... können selten neue Kleidung kaufen (24,5 % können aus finanziellen Gründen nicht ab und zu neue Kleidung kaufen),
- ... sind seltener Mitglied in einem Verein,
- ... können kaum etwas mit Freundinnen und Freunden unternehmen, was Geld kostet (z. B. ins Kino gehen, Eis essen),
- ... erhalten seltener von ihren Eltern Taschengeld (20 % der Eltern im SGB II-Bezug, aber nur 1,1 % der Eltern in gesicherten Einkommenslagen geben ihren Kindern aus finanziellen Gründen kein Taschengeld),
- ... können nicht mit der Familie eine Woche im Jahr in den Urlaub fahren (67,6 % der Familien im SGB II-Bezug fahren aus finanziellen Gründen nicht in den Urlaub im Vergleich zu 12,1 % aus anderen Familien),
- ... kommen aus ihrer eigenen Lebenswelt bzw. ihrem Umfeld nicht heraus,
- ... können oft nicht mit auf Klassenfahrt, keinen Schulaustausch mitmachen etc.

Armut **beschämt** bedeutet, sie

- ... können seltener Freundinnen und Freunde nach Hause einladen (28,3 % im Vergleich zu 17 %),
- ... sie schämen sich, wenn Freundinnen und Freunde zu ihnen kommen,
- ... schlagen Einladungen zum Geburtstag aus, weil sie kein Geschenk haben oder selbst keinen Geburtstag feiern können,
- ... müssen bei Lehrer/-innen oder Trainer/-innen stigmatisierende Anträge für Klassenfahrten, Freizeitangebote o. Ä. stellen – oder sie melden sich krank und fahren nicht mit,
- ... erfinden Ausreden, wenn sie nichts mit Freundinnen und Freunden machen können, weil sie kein Geld haben,
- ... werden häufiger ausgegrenzt und erleben Gewalt etc.

Armut **bestimmt** ihr Leben bedeutet, sie

- ... machen sich Sorgen um die finanzielle Situation ihrer Familie,
- ... fühlen sich in unserer Gesellschaft unsicherer als andere junge Menschen und werden häufiger ausgegrenzt, gehänselt oder erleben Gewalt,
- ... können nicht für die Zukunft sparen und haben damit weniger Handlungsperspektiven,
- ... sind häufiger von gesundheitlichen Beeinträchtigungen betroffen, neigen stärker zu riskantem Gesundheitsverhalten (Bewegungsmangel, Rauchen) und leiden häufiger unter sozialen und psychischen Belastungen,
- ... haben geringere Bildungschancen und erleben im Bildungssystem Benachteiligungen – der Schulstart verläuft seltener regelhaft, sie wiederholen häufiger eine Klasse, sie haben (außer im Fach Sport) schlechtere Noten, erhalten bei gleichen Leistungen seltener eine Empfehlung für das Gymnasium und vollziehen seltener einen gelingenden Übergang von der Sekundarstufe I in die Sekundarstufe II,
- ... ziehen sich eher von ehrenamtlichen und politischen Aktivitäten zurück, beteiligen sich weniger und fühlen sich insgesamt weniger zugehörig in der Gesellschaft,
- ... können weniger als andere Kinder und Jugendliche an kulturellen und sozialen Aktivitäten teilhaben,
- ... erleben in nahezu allen Lebensbereichen Einschränkungen aufgrund der Armut; dies kann in eine Abwärtsspirale führen und Folgen für das ganze Leben der Kinder und Jugendlichen haben – das muss aber nicht sein.

INFO

SGB II
Das zweite Sozialgesetzbuch (SGB II) regelt die Grundsicherung für Arbeitssuchende (umgangssprachlich meist Hartz IV genannt) und Teile des deutschen Arbeitsförderungsgesetzes.

Bertelsmann Stiftung (Hrsg.): FactSheet Kinderarmut, online: https://www.bertelsmann-stiftung.de/fileadmin/files/BSt/Publikationen/GrauePublikationen/291_2020_BST_Facsheet_Kinderarmut_SGB-II_Daten__ID967.pdf, letzter Zugriff: 28.01.2021

1. Politik für Jugendliche, Politik von Jugendlichen

1 Erläutere, welche der hier aufgeführten Folgen du im Fall von Valentina (M 1, S. 41 f.) erkennen kannst.

2 Prüfe, bei welchen Folgen Einzelpersonen (Freunde, Nachbarn etc.) Abhilfe schaffen können, bei welchen Folgen Kommunen, bei welchen das Bundesland und bei welchen Deutschland als Ganzes aktiv werden muss.

M 4 Bekämpfung von Kinderarmut

Bekämpfung von Kinderarmut

Kinderreport 2018 – Sehr wichtig

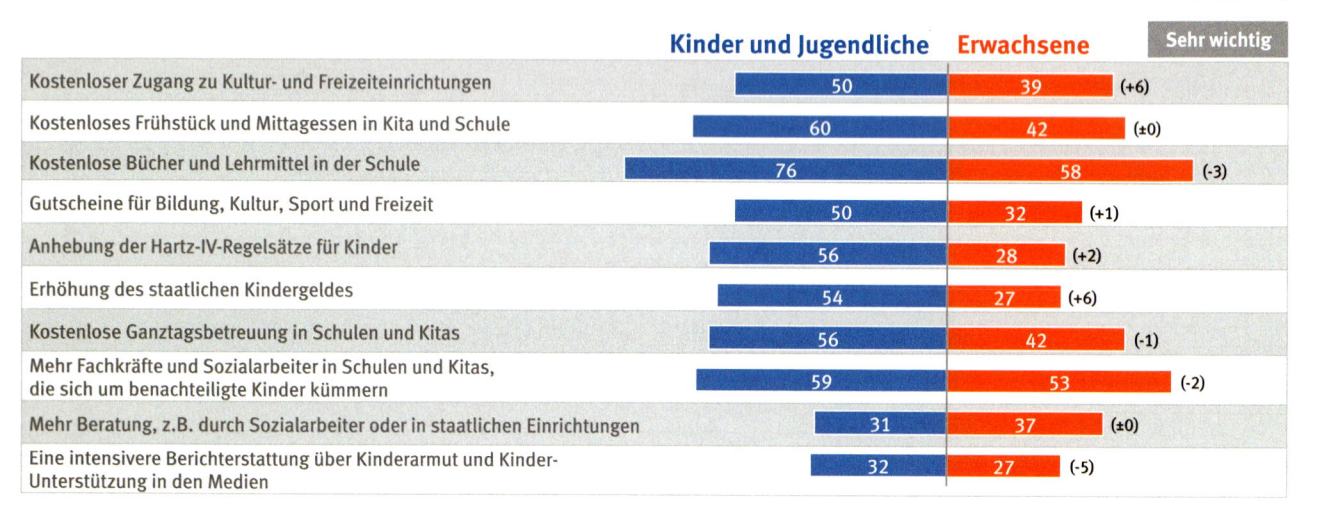

Maßnahme	Kinder und Jugendliche	Erwachsene	(Vergleich)
Kostenloser Zugang zu Kultur- und Freizeiteinrichtungen	50	39	(+6)
Kostenloses Frühstück und Mittagessen in Kita und Schule	60	42	(±0)
Kostenlose Bücher und Lehrmittel in der Schule	76	58	(-3)
Gutscheine für Bildung, Kultur, Sport und Freizeit	50	32	(+1)
Anhebung der Hartz-IV-Regelsätze für Kinder	56	28	(+2)
Erhöhung des staatlichen Kindergeldes	54	27	(+6)
Kostenlose Ganztagsbetreuung in Schulen und Kitas	56	42	(-1)
Mehr Fachkräfte und Sozialarbeiter in Schulen und Kitas, die sich um benachteiligte Kinder kümmern	59	53	(-2)
Mehr Beratung, z.B. durch Sozialarbeiter oder in staatlichen Einrichtungen	31	37	(±0)
Eine intensivere Berichterstattung über Kinderarmut und Kinder-Unterstützung in den Medien	32	27	(-5)

Frage 3: Es gibt verschiedene Ideen, wie man Familien mit wenig Geld helfen kann, um die Kinderarmut in Deutschland zu verringern. Für wie wichtig hältst du dabei die folgenden Dinge?/Frage 3: Es gibt verschiedene Möglichkeiten, um einkommensschwache Familien mit Kindern zu unterstützen. Ich lese Ihnen nun einige Punkte vor und Sie sagen mir bitte jeweils, ob Sie eine solche Maßnahme für sehr wichtig, wichtig, weniger wichtig oder gar nicht wichtig halten, um Kinderarmut in Deutschland zu bekämpfen. Wie ist das mit ...

Grundgesamtheit: Deutschsprachige Bevölkerung ab 18 Jahren/Kinder und Jugendliche im Alter von 10 bis 17 Jahren Angaben in Prozent/Werte in Klammern: Vergleich zur Studie Kinderarmut in Deutschland 2013/Fehlende Werte zu 100%: Weiß nicht/keine Angabe

KANTAR PUBLIC

© Deutsches Kinderhilfswerk e.V., Kinderreport Deutschland 2018

1 Beschreibe, analysiere und interpretiere das Schaubild mithilfe der Arbeitstechnik „Schaubilder auswerten" (S. 178).

2 Begründe, welche Maßnahmen du als „sehr wichtig" einschätzt.

3 Prüft die einzelnen Lösungsmöglichkeiten aus der Sicht von Ronja und Valentina (M 1, S. 41 f.).

4 Bereite eine Präsentation – eventuell in Form einer Nachrichtensendung für Kinder und Jugendliche – zum Thema Kinderarmut in Deutschland auf der Grundlage von M 1 bis M 4 vor.

1.9 Ausbeuterische Kinderarbeit in der Welt – Was kann getan werden?

Schokolade schmeckt sehr lecker und es gibt wohl nur wenige, die gerne darauf verzichten. Leider ist es aber so, dass oftmals die Rohstoffe durch ausbeuterische Kinderarbeit gewonnen werden. Und auch in anderen Produkten unseres Alltags kann möglicherweise ausbeuterische Kinderarbeit stecken. Was kann auf unterschiedlichen Ebenen getan werden?

M 1 Bitterer Kakao: Bericht eines 16-jährigen Jungen aus Mali über die Kakaoernte

„Wir schliefen auf dem Boden einer Hütte aus Schlamm und Stroh. Wir durften sie nur zur Arbeit auf den Feldern verlassen. Die Arbeitszeiten waren sehr hart, von Sonnenaufgang
5 bis Sonnenuntergang, und manchmal, wenn Vollmond war, sogar bis zehn Uhr abends. Uns wurde Lohn versprochen, aber sie sagten, dass wir erst die Kosten der Reise zurückzahlen müssten. Ich habe mich dort zwei Jahre lang
10 abgerackert, ohne jemals Geld zu bekommen. Kinder, die sich weigerten zu arbeiten, wurden mit dem Motorgurt des Traktors geschlagen oder mit Zigaretten verbrannt. Wir bekamen kaum etwas zu essen: mittags zwei Bananen, die wir aßen, ohne die Arbeit zu unterbre- 15 chen, und eine Maismehlsuppe am Abend. Einige Kinder sind vor Erschöpfung zusammengebrochen. Diejenigen, die krank wurden, wurden fortgeschafft. Wir haben sie nie wieder gesehen." 20

Earth Link. Kampagne gegen Kinderarbeit, in: Amnesty Journal 1/2015, S. 28.

1. Beantworte selbstständig folgende Fragen:
    a) Worum geht es in dem Text?
    b) Wer sind die Beteiligten?
    c) In welcher Situation befinden sich die Beteiligten?
2. Beantworte selbstständig folgende Fragen aus der Sicht des 16-jährigen Jungen:
    a) Welche Gefühle hast du, wenn du an dein Leben denkst?
    b) Wie schilderst du einer Freundin oder einem Freund dein Leben?
    c) Welche Träume hast du?
3. Entwerft in einer Kleingruppe verschiedene Möglichkeiten, welche Zukunftsperspektiven sich für den 16-jährigen Jungen ergeben könnten. Schreibt einen fiktiven Lebenslauf, wie sich das Leben des 16-jährigen Jungen weiterentwickelt.
4. a) Recherchiert im Internet (→ Internetrecherche, S. 176) über die aktuelle Situation von Kindern und Jugendlichen in der Kakaoernte und überarbeitet euren fiktiven Lebenslauf aus Aufgabe 3.
    b) Erstellt eine Präsentation – ggf. in Form einer Nachrichtensendung für Kinder und Jugendliche – zu ausbeuterischer Kinderarbeit auf der Welt heute.

M2 Kinderarbeit weltweit

Kinderarbeit weltweit

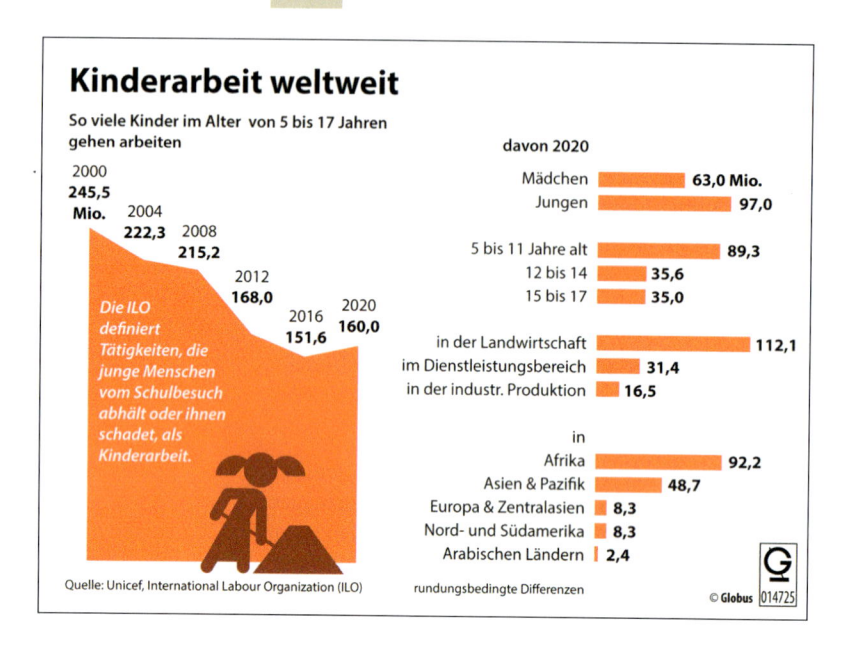

So viele Kinder im Alter von 5 bis 17 Jahren gehen arbeiten

- 2000: 245,5 Mio.
- 2004: 222,3
- 2008: 215,2
- 2012: 168,0
- 2016: 151,6
- 2020: 160,0

Die ILO definiert Tätigkeiten, die junge Menschen vom Schulbesuch abhält oder ihnen schadet, als Kinderarbeit.

davon 2020:
- Mädchen: 63,0 Mio.
- Jungen: 97,0
- 5 bis 11 Jahre alt: 89,3
- 12 bis 14: 35,6
- 15 bis 17: 35,0
- in der Landwirtschaft: 112,1
- im Dienstleistungsbereich: 31,4
- in der industr. Produktion: 16,5

in:
- Afrika: 92,2
- Asien & Pazifik: 48,7
- Europa & Zentralasien: 8,3
- Nord- und Südamerika: 8,3
- Arabischen Ländern: 2,4

rundungsbedingte Differenzen

Quelle: Unicef, International Labour Organization (ILO) © Globus 014725

1 Beschreibe, analysiere und interpretiere das Schaubild (→ Schaubilder auswerten, S. 178). Problematisiere dabei die regionale Zusammenfassung von Europa und Zentralasien.

2 Stelle Bezüge zwischen der Aussage des Schaubilds und den Kinderrechten (s. Kapitel 1.7, S. 37 ff.) her.

3 Positioniere dich begründet zu der Aussage „Ausbeuterische Kinderarbeit ist nur ein Problem in den Ländern Afrikas und Asiens. Hier ist das Problem vernachlässigbar."

M3 Was können Staaten gegen Kinderarbeit tun?

Wirksame Gesetze und politische Programme im Kampf gegen Kinderarbeit

Weltweit haben viele Regierungen Gesetzesvorhaben gegen Kinderarbeit entwickelt und ⁵ umgesetzt. Trotzdem sind längst nicht in jedem Land alle Formen der Kinderarbeit verboten. Und bessere Gesetze allein reichen nicht aus. Die Umsetzung der Gesetze muss kontinuierlich überwacht und durch zusätzliche ¹⁰ Maßnahmen begleitet werden. UNICEF unterstützt die Länder dabei, ihre Gesetzesvorhaben umzusetzen und bei allen Erwachsenen und Kindern bekannt zu machen.

Stärkung des Umfeldes der Kinder

¹⁵ Ausbeutung wird durch Armut, Diskriminierung und familiäre Probleme begünstigt. Finanzielle Unterstützungsprogramme und soziale Hilfen in den Gemeinden sind wirksame Mittel, um benachteiligten Familien zu helfen. [...] ²⁰

Ausbeutung und Gewalt bei Kinderarbeit sichtbar machen

Kinderarbeit kann nur zurückgedrängt werden, wenn Politik und Öffentlichkeit das Schicksal der betroffenen Heranwachsenden ²⁵ wahrnehmen. Doch die Ausbeutung von Kindern wird zu oft übersehen. Oder man hat sich an das Phänomen Kinderarbeit gewöhnt und hält es für selbstverständlich. Deshalb müssen gerade in benachteiligten Regionen laufend ³⁰ Informationen gesammelt und Probleme dokumentiert werden. [...]

Unicef online, in: https://www.unicef.de/informieren/projekte/einsatzbereiche-110796/kinderarbeit-111212/gegen-ausbeutung/62136, letzter Zugriff: 28.1.2022

1 Arbeite heraus, was Staaten gegen ausbeuterische Kinderarbeit tun können.

2 Recherchiere, was die Bundesrepublik Deutschland gegen ausbeuterische Kinderarbeit unternimmt, und bereite eine Präsentation aus deinen Rechercheergebnissen vor.

M 4 Beteiligung der Wirtschaft

„Es ist unmöglich, Armut ohne die aktive Beteiligung von Wirtschaftsunternehmen zu bekämpfen."
Kofi Annan († 2018), UN-Generalsekretär (1997 – 2006) und Friedensnobelpreisträger

1 Diskutiert das Zitat von Kofi Annan in Bezug auf die Rolle von Unternehmen bei der Bekämpfung von ausbeuterischer Kinderarbeit.
2 Fertigt ein Porträt eines Unternehmens an, das sich gegen ausbeuterische Kinderarbeit engagiert.

M 5 Siegel geben Auskunft

In Deutschland gibt es mittlerweile viele Siegel und Zeichen, die Produkte kennzeichnen, die z. B. ohne Kinderarbeit hergestellt sind. Das Ziel ist es, mit diesen Siegeln u. a. illegale Kinderarbeit zu verhindern und die Arbeitsbedingungen der Menschen insgesamt zu verbessern. Allerdings fällt die Orientierung bei schätzungsweise 1000 verschiedenen Zeichen und Siegeln manchmal schwer. Manche Hersteller haben eigene Siegel/Zeichen entwickelt, bei anderen Produkten wird dagegen von einer unabhängigen Organisation streng kontrolliert, ob das Produkt alle Anforderungen erfüllt.
Einige Beispiele für Siegel bei unterschiedlichen Produkten mit einer Beschreibung findest du hier:

Das XertifiX-Siegel garantiert, dass Steine, z. B. Pflastersteine für euren Dorf- oder Gemeindeplatz oder Grabsteine, aus Steinbrüchen kommen, in denen menschenwürdige Arbeitsbedingungen herrschen (keine Kinderarbeit, Mindestlöhne werden gezahlt etc.). Durch unangekündigte Kontrollen wird dafür gesorgt, dass die vorgeschriebenen Merkmale auch eingehalten werden.

Das Fairtrade-Siegel kennzeichnet Nahrungsmittel, aber auch Pflanzen oder Sportartikel. Fairtrade International gibt jedoch an, dass Kinderarbeit nicht vollständig, sondern nur „schlimmste Formen" der Kinderarbeit, also gefährliche und illegale Arbeiten ausgeschlossen werden können. Dass Kinder wenige Stunden z. B. auf dem Feld oder in der Werkstatt mithelfen, ist dagegen beim Fairtrade-Siegel erlaubt.

Die Fair Wear Foundation fördert faire und menschenwürdige Arbeitsbedingungen in der Bekleidungsindustrie. Auch einige in Deutschland sehr bekannte Bekleidungsunternehmen wie Jack Wolfskin, Schöffel, Takko Fashion oder Vaude haben sich der Fair Wear Foundation angeschlossen.
Autorentext

Perlen im Netz

WES-116842-010
Die Seite der Bundesregierung klärt über die gängigen Siegel in Deutschland auf.

GLOSSAR
Fairtrade

1 Benennt die Lebensmittel, Dinge des alltäglichen Gebrauchs und Dienstleistungen, bei deren Herstellung möglicherweise Kinderarbeit eingesetzt wird.
2 Erstellt mithilfe der Perle im Netz eine Liste der Siegel, die ausdrücklich darauf hinweisen, dass keine ausbeuterische Kinderarbeit eingesetzt wird.
3 Diskutiert, ob Siegel nicht lediglich nur als Marketinginstrument missbraucht werden.

Weiterführende Aufgabe
Sammelt in einer Tabelle Vorschläge, was jeder Einzelne, was Unternehmen und was die Politik in der Bundesrepublik gegen ausbeuterische Kinderarbeit unternehmen können.

1.10 Brauchen Kinder und Jugendliche besonderen Schutz durch den Staat?

Bonnie ist enttäuscht. Sie wollte sich heute unbedingt gemeinsam mit ihren älteren Freunden den neuen Actionfilm ansehen. Die Kassiererin wollte ihr aber kein Ticket verkaufen, weil sie für den Film noch nicht alt genug sei. Es gebe für den Film eine staatlich festgelegte Altersbegrenzung. Bonnie wusste davon allerdings nichts. Wie gut kennst du dich eigentlich mit den Regeln des Jugendschutzes in Deutschland aus?

M1 Was ist Jugendschutz in der Öffentlichkeit?

1. Welche Ziele hat das Gesetz?

Das Jugendschutzgesetz soll Kinder und Jugendliche stärken und schützen, indem es den Zugang zu gesundheitsgefährdenden Produkten, zu Kinofilmen und Medien sowie Aufenthalte an bestimmten Orten in der Öffentlichkeit an bestimmte Altersstufen bindet. Dadurch unterstützt das Gesetz Eltern bei der verantwortungsbewussten Wahrnehmung der Erziehung ihrer Kinder. Im Bereich der Medien bezweckt es neben dem Schutz vor entwicklungsbeeinträchtigenden und jugendgefährdenden Inhalten auch den Schutz vor Risiken, die sich aus der Mediennutzung für die Integrität von Kindern und Jugendlichen ergeben. Zudem soll die Orientierung von Kindern, Jugendlichen, Eltern und pädagogischen Fachkräften im Rahmen der Medienerziehung und -kompetenz gefördert werden.

Die einzelnen Regelungen des Gesetzes richten sich ausschließlich an volljährige Personen, insbesondere an Gewerbetreibende, Veranstalter*innen und deren Beschäftigte. Sie richten sich nicht an Kinder und Jugendliche, denn sie sind hier diejenigen, die es zu schützen gilt. Das Jugendschutzgesetz hat drei Schwerpunkte:

■ Jugendschutz in der Öffentlichkeit

Das Jugendschutzgesetz gilt in der Öffentlichkeit, also an Orten, die der Allgemeinheit zugänglich sind; zum Beispiel Geschäfte, Gaststätten, Kinos, Diskotheken, Spielhallen, Straßen und öffentliche Plätze. [...]

■ Jugendschutz im Hinblick auf Tabak und Alkohol

Weil der Konsum von Tabakwaren und alkoholhaltigen Getränken und Lebensmitteln gesundheitsgefährdend ist, enthält das Jugendschutzgesetz Regelungen zur Altersfreigabe dieser Waren. Inzwischen erfasst es unter bestimmten Voraussetzungen auch E-Zigaretten und E-Shishas ohne nikotinhaltige Inhaltsstoffe.

■ Jugendschutz im Bereich der Medien

Das Jugendschutzgesetz legt fest, ab welchem Alter Jugendliche Zugang zu bestimmten Medien erhalten dürfen. Das betrifft Kinofilme, darüber hinaus auch Filme und Spiele auf Bildträgern (CD, DVD, Blueray) und Bildschirmspielgeräten. Die Kennzeichnungspflichten werden auch für sogenannte Telemedien (z. B. Online-Filme oder Spiele) im Jugendschutzgesetz geregelt. Besondere Vorschriften sind für die Kennzeichnung von Online-Angeboten auf Film- und Spielplattformen enthalten. Das Gesetz unterscheidet zwischen Medien, die die Entwicklung von Kindern und Jugendlichen beeinträchtigen, und solchen, die ihre Entwicklung gefährden können. Für den Bereich von Rundfunk (Radio und Fernsehen) und Online-Medien (z. B. Internet) regelt der Jugendmedienschutz-Staatsvertrag der Länder (JMStV) ergänzend entsprechende Zugangsbeschränkungen bzw. Vorgaben für Anbieter*innen. Die Bundeszentrale für Kinder- und Jugendmedienschutz trägt als Bundesoberbehörde die Prüfstelle für jugendgefährdende Medien, die für „Indizierungen" zuständig ist und sorgt für die Weiterentwicklung des Kinder- und Jugendmedienschutzes.

2. Warum schützt der Staat Kinder und Jugendliche?

Jugendschutz hat Verfassungsrang und ist eine staatliche Pflichtaufgabe. Diese wird zuvorderst aus den Persönlichkeitsrechten der zu schützenden Kinder und Jugendlichen aus Artikel 1 Absatz 1 des Grundgesetzes in Verbindung mit Artikel 2 Absatz 1 Grundgesetz abgeleitet. Zudem unterstützt der Staat mit der Gewährleistung von Jugendschutz auch das Elternrecht auf Erziehung aus Artikel 6 Absatz 2 Grundgesetz. Ein effizienter Kinder- und Jugendschutz entspricht dem in Art. 3 Absatz 1 UN-Kinderrechtskonvention und Art. 24 Absatz 2 Charta der Grundrechte der Europäischen Union normierten Prinzip der Vorrangigkeit des Kindeswohls […].

3. Welche Vorschriften gibt es sonst noch im Bereich des Kinder- und Jugendschutzes?

Das Jugendschutzgesetz schützt Kinder und Jugendliche (Minderjährige) in der Öffentlichkeit durch Beschränkungen, Verbote und Pflichten für Gewerbetreibende vor Gefährdungen in der Öffentlichkeit. Neben diesen Vorgaben gibt es Vorschriften unter anderem im Jugendarbeitsschutzgesetz, im Strafgesetzbuch und im Waffengesetz. Im Bereich Rundfunk (Radio und Fernsehen) und Tele-Medien (z. B. Internet) ergänzend ist der Jugendschutz im Jugendmedienschutz-Staatsvertrag der Länder (JMStV) festgelegt. Der gesetzliche Kinder- und Jugendschutz wird durch den erzieherischen Kinder- und Jugendschutz des § 14 SGB VIII ergänzt. Hiernach unterstützt die Kinder- und Jugendhilfe durch Angebote zur Befähigung von Kindern und Jugendlichen, Eltern und anderen Erziehungsberechtigten die Entwicklung von Kompetenzen zum Schutz vor gefährdenden Einflüssen.

Perlen im Netz

WES-116842-011

Wörterbuch mit Erklärungen für zentrale Begriffe des Jugendschutzes von der Bundesarbeitsgemeinschaft Kinder- und Jugenschutz e.V.

Was bedeutet Jugendschutz? Bundesarbeitsgemeinschaft Kinder- und Jugendschutz e.V. (Hrsg.), in: https://www.jugendschutz-aktiv.de/das-jugendschutzgesetz/was-bedeutet-jugendschutz.html, letzter Zugriff: 05.12.2021

1 Erstellt eine Wortwolke zum Thema „Jugendschutz" (siehe unten).
2 Erschließt den Text mithilfe der Arbeitstechnik (→ Lesestrategie, S. 50) und beantwortet dabei folgende Fragen:
   a) Wen soll das Gesetz schützen?
   b) Welche Ziele verfolgt das Gesetz?
   c) An wen richtet sich das Gesetz?
   d) Welche Rolle übernimmt der Staat beim Jugendschutz und warum?
   e) Welche Vorschriften gibt es darüber hinaus?

ARBEITSTECHNIK

Eine Wortwolke erstellen

Eine Wortwolke (auch: Schlagwortwolke) ist eine grafische Sammlung von Begriffen/Antworten zu einem Thema/zu einer Fragestellung. Die Begriffe/Antworten werden dabei in der Wolke in unterschiedlichen Größen dargestellt. In der Regel gilt: Je bedeutender die Begriffe/Antworten sind, umso größer und zentraler erscheinen sie später in der Wolke. Auf diese Weise werden Schwerpunkte, Häufigkeiten oder Wichtigkeiten direkt erkennbar. Die Begriffe/Antworten für die Wortwolke können entweder alleine (z. B. Wortwolke zu einem Text) oder in einer Gruppe (z. B. Wortwolke zu themenspezifischen Assoziationen einer Gruppe) gesammelt werden. Für das Erstellen von Wortwolken gibt es spezielle Software, z. B. Wordle, Mentimeter.

Beispiel: Schule

ARBEITSTECHNIK

Lesestrategie

Es gibt eine Fülle von Leseanlässen und somit auch eine Fülle an verschiedenen Lesestrategien. Im Politik und Gesellschaft-Unterricht geht es beim Lesen von Texten vor allem darum, wesentliche Informationen und Aussagen zu bestimmten Problem- und Fragestellungen zu erkennen, diese zu verstehen sowie sie behalten und wiederholen zu können. Dazu hat der Pädagoge F. Robinson 1961 die SQ3R-Methode entwickelt. Die Buchstaben entsprechen den englischen Bezeichnungen der Schritte: S steht für Survey (Orientierung, Überblick), Q für Question (Fragen stellen), das erste R für Read (Lesen), das zweite R für Recite (Rekapitulieren) und das dritte R für Review (Wiederholen).

Schritt 1: Überblick gewinnen
Im ersten Schritt geht es darum, sich einen Überblick zu verschaffen, ohne den Text Wort für Wort zu lesen: Wie lautet die Überschrift? Gibt es Zwischenüberschriften? Sind Begriffe fett oder kursiv gedruckt, gibt es Aufzählungen und Nummerierungen? Wer hat den Text geschrieben? Von wann ist der Text? Erkenne ich Dinge, die mir bekannt sind?

Schritt 2: Fragen an den Text stellen
Bevor man mit dem Lesen beginnt, ist es hilfreich, sich schriftlich Fragen zu notieren, die man an den Text stellen will. Denn Fragen aktivieren dein Vorwissen und helfen dir bei einem aktiven, auf dein Ziel hin ausgerichtetes Lesen, z.B.: Weshalb lese ich den Text? Was will ich erfahren? Was steht in der Aufgabenstellung? Was weiß ich schon über das Thema? Ist eine Absicht der Autorin/des Autors erkennbar? Was sind zentrale Begriffe im Text? Gibt es Definitionen? Was ist die Kernaussage?

Schritt 3: Lesen des Textes
Erst im dritten Schritt fängt man an, den Text zu lesen, indem man sich auf die Suche nach Antworten auf die selbst gestellten Fragen aus Schritt 2 begibt. Dazu kann man das Lesetempo entsprechend variieren oder auch in Etappen lesen: Absatz lesen – Fremdwörter klären – Nachdenken – Notizen machen – Weiterlesen usw.

Schritt 4: Zusammenfassen
Halte am Ende des Textes in wenigen Sätzen in eigenen Worten fest, was die Antworten auf deine Fragen sind. Es kann hilfreich sein, einen Satz zu formulieren, den man sich dauerhaft merken will.

Schritt 5: Zusammengefasstes wiederholen
In regelmäßigen Abständen sollte man die Zusammenfassung aus Schritt 4 wiederholen, damit man nichts vergisst. Außerdem kann man es einer Mitschülerin oder einem Mitschüler erzählen. Das hilft beim Wiederholen und dauerhaften Merken. Zudem können Rückfragen der Mitschülerin oder des Mitschülers deutlich machen, wo du vielleicht etwas noch nicht genau verstanden hast. Alternativ kann dir auch das Anfertigen eines Spickzettels helfen, auch wenn du ihn in Prüfungen natürlich nicht benutzen darfst.

M2 Erlaubt oder nicht erlaubt? Das ist hier die Frage!

1. Fallbeispiel: Gaststätten (§ 4)
Leila ist 13 Jahre alt. Sie möchte gemeinsam mit ihrer Mutter gegen 21 Uhr im Gasthaus „Goldener Bogen" Pommes und Burger essen gehen. Das Gasthaus ist keine Nachtbar und kein Nachtclub.

2. Fallbeispiel: Tanzveranstaltungen (§ 5)
Sita ist 16 Jahre alt. Sie ist mit ihrer Schwester Rama, 18 Jahre alt, auf einer Party der freiwilligen Feuerwehr in ihrem Heimatort. Die Party soll um 02:30 Uhr nachts enden. Rama möchte auf jeden Fall bis zum Ende bleiben, Sita auch. Ihre Eltern wissen nichts von den Plänen der Schwestern.

3. Fallbeispiel: Spielhallen, Glücksspiele (§ 6)
Tom ist 14 Jahre alt. Sein Opa geht ab und zu in die kleine Spielhalle im Ort. Er liebt es, als Zeitvertreib dort an den bunten Automaten zu spielen. Tom würde ihn so gerne dorthin begleiten. Eines Tages folgt er ihm heimlich. Er möchte auch an den Automaten spielen.

4. Fallbeispiel: Jugendgefährdende Veranstaltungen, Betriebe, Orte (§ 7, 8)
Jerome und Kai sind beide 15 Jahre alt. Sie müssen übermorgen ein Referat im Deutschunterricht halten. Um fertig zu werden, arbeiten beiden fleißig und vergessen dabei vollkommen die Zeit. Als Kai sich auf den Weg nach Hause macht, ist es bereits dunkel, als er den Busbahnhof erreicht. „Unheimlich hier", denkt er sich. Als er auf den Bus wartet, wird er unfreiwillig Zeuge, wie ein Mann einem anderen in einer dunklen Ecke des Bahnhofs Drogen verkauft. Zum Glück kommt jetzt endlich der Bus!

5. Fallbeispiel: Alkoholische Getränke (§ 9)
Fabian hatte gestern Geburtstag. Er ist 16 Jahre alt geworden. Für heute plant er eine kleine Feier mit seinen engsten Freunden. Er möchte für die Jungs Bier und für die Mädels Weißwein im Getränkemarkt kaufen.

6. Fallbeispiel: Rauchen in der Öffentlichkeit, Tabakwaren (§ 10)
Zlatko ist 17 Jahre alt. Er will heute mit seinem besten Freund Pascal etwas Neues ausprobieren. Sie gehen zusammen in die Shisha-Bar, die gerade erst eröffnet hat. Pascal ist ein Jahr älter. Er bestellt deshalb eine Shisha für sich und Zlatko. Zlatko möchte gerne mitrauchen.

Autorentext

Perlen im Netz

WES-116842-012
Informationen über den Jugendschutz in der Europäischen Union und in Großbritannien von der Bundesarbeitsgemeinschaft Kinder- und Jugendschutz e. V.

1 Überprüft in Partnerarbeit für jeweils ein Fallbeispiel, ob das beschriebene Verhalten der Jugendlichen nach den Bestimmungen des Jugendschutzgesetzes erlaubt ist oder nicht. Begründet jeweils euer Urteil. Konsultiert hierfür die einzelnen Paragraphen des Jugendschutzgesetzes (→ Perle).

2 Der Jugendschutz wird in den einzelnen Mitgliedsstaaten der Europäischen Union und in Großbritannien nicht immer gleich geregelt. Erstellt mithilfe der Perle im Netz eine Karte von Europa, die einen Überblick über die länderspezifischen Jugendschutzbestimmungen zum jeweiligen Schwerpunkt eures Fallbeispiels vermittelt.

3 Stellt euch gegenseitig die entstandenen Europakarten vor.

4 Das Jugendschutzgesetz und der Jugendmedienschutz-Staatsvertrag der Länder regeln gemeinsam den Schutz von Kindern und Jugendlichen im Bereich der Medien. Erstellt eine Tabelle, die die Bestimmungen im Gesetz (§ 11 – § 16) und im Vertrag (§ 8 – § 12) für Trägermedien (z. B. CD, DVD), Rundfunk (z. B. Radio, Fernsehen) und Telemedien (z. B. Internet) bündelt. Jede Spalte kann dabei durch eine andere Gruppe gefüllt werden.

	Trägermedien	Rundfunk	Telemedien
Jugendschutzgesetz			
Jugendmedienschutz-Staatsvertrag			

Perlen im Netz

WES-116842-013
Hier findet ihr den Gesetzes- und den Vertragstext der Kommission für Jugendmedienschutz.

M 3 Neulich im Supermarkt…

Lass uns zur Selbstbedienungskasse gehen, die fragt nicht danach, wie alt wir sind.

Daniel Fuhr

1. Beschreibe, analysiere und interpretiere die Karikatur mithilfe der Arbeitstechnik „Karikaturinterpretation" (S. 177).
2. Überprüfe für dich selbst, ob du dich in der Vergangenheit bereits schon einmal über die Bestimmungen des Jugendschutzes hinweggesetzt hast, und falls ja, ob du deine damalige Entscheidung aus heutiger Sicht wieder so oder anders treffen würdest.

M 4 Kennzeichen für den Jugendmedienschutz

Kennzeichen der Unterhaltungssoftware Selbstkontrolle (USK):

USK ab 0 | USK ab 6 | USK ab 12 | USK ab 16 | USK ab 18

Kennzeichen der Freiwilligen Selbstkontrolle der Filmwirtschaft (FSK):

FSK ab 0 freigegeben | FSK ab 6 freigegeben | FSK ab 12 freigegeben | FSK ab 16 freigegeben | FSK ab 18 freigegeben

1. Informiere dich auf den Webseiten der USK und der FSK über deren Zusammensetzung und Aufgaben sowie über die Bedeutung der einzelnen Kennzeichen.
2. Erstellt jeweils ein Erklärvideo zur USK und FSK, in denen ihr die beiden Institutionen und die Kennzeichen vorstellt.

1.10 Brauchen Kinder und Jugendliche besonderen Schutz durch den Staat?

3 Diskutiert, ob die Kennzeichen der USK und FSK einen wirklichen Beitrag zu mehr Jugendmedienschutz leisten oder nicht.

Weiterführende Aufgabe
„Erwachsene treten in Kinderspielen an, der Verlierer muss sterben. Darum geht es in der weltweit gehypten Netflix-Serie ‚Squid Game'. Nun zeigt sich: Schüler spielen die Serie nach – in Augsburg mit Ohrfeigen und Beleidigungen."
Recherchiert, was sich genau auf den Augsburger Schulhöfen ereignet hat und in welchem Zusammenhang die Geschehnisse mit der Serie Squid Game stehen. Diskutiert in Form einer Fishbowl-Diskussion folgende Frage: „Wie können Kinder und Jugendliche vor Serien wie Squid Game effektiver geschützt werden?" (→ Fischbowl, S. 184)

Zitat: Andreas Herz, Ohrfeigen auf Augsburger Schulhöfen wegen „Squid-Game"-Hype. Bayerischer Rundfunk online vom 26.10.2021, in: https://www.br.de/nachrichten/bayern/ohrfeigen-auf-augsburger-schulhoefen-wegen-squid-game-hype,SmxUM4o, letzter Zugriff: 07.01.2022

M5 FSK 12

Angst
Wie bedrohlich dürfen einzelne Szenen bzw. Sendungen wirken? Durch welche Inhalte wird bei ab 12-Jährigen übermäßig Angst erzeugt? […]

Gewalt
Wie viel Gewalt ist für Zuschauer ab 12 Jahren verkraftbar? Wie intensiv sind die Gewaltdarstellungen? Wird Gewaltanwendung befürwortet? […]

Desorientierung
Werden Werte vermittelt, die gegen unsere gesellschaftliche Grundordnung verstoßen? Werden problematische Verhaltensvorbilder gezeigt? Was muss bei möglicherweise sozial-ethisch desorientierenden Inhalten für Zuschauer ab 12 Jahren berücksichtigt werden? […]

Sex
Welches Maß an sexuellen Darstellungen ist für ein Publikum ab 12 Jahren verkraftbar? Wie deutlich können sexuelle Handlungen gezeigt werden? […]

Sprache
Wie derb darf der Sprachgebrauch für ein Publikum ab 12 Jahren sein? Welches Maß an vulgären Ausdrücken ist vertretbar? […]

Freiwillige Selbstkontrolle Fernsehen online, in: https://fsf.de/programmpruefung/fsf-altersfreigaben/kriterien/, letzter Zugriff: 28.01.2022

1 Diskutiert, ob die aufgestellten Kriterien zur Prüfung im Sinne des Jugendmedienschutzes ausreichen. Sammelt Kriterien, die ggf. hinzugefügt werden müssten.
2 a) Überprüft eine selbstgewählte Sendung/einen selbstgewählten Film mit FSK 12 anhand einzelner Kriterien der Freiwilligen Selbstkontrolle Fernsehen. Lest dazu auch noch einmal die Beschreibungen der einzelnen Kriterien für FSK 12 im Internet (→ Perle).
b) Begründet, warum ihr zur selben oder einer anderen Einschätzung als die Prüfstelle kommt.

Perlen im Netz

WES-116842-014
Internetseite der FSK Fernsehen

Jugend und Politik

Das Verhältnis von Jugendlichen zur Politik

Das Verhältnis von Jugendlichen zur Politik wird in wissenschaftlichen Studien regelmäßig untersucht. Vor allem das politische Interesse und das politische Engagement bilden dabei häufig Schwerpunkte. Ein mittlerweile mehrfach belegtes Ergebnis besagt dabei, dass das politische Interesse von Jugendlichen durch unterschiedliche Faktoren, beispielsweise das Alter oder den Bildungsstatus, beeinflusst wird. Beispiele für aktuelle Jugendstudien sind die Shell-Jugendstudie, die SINUS-Jugendstudie sowie die Studie „Zukunft? Jugend fragen!". Die Ergebnisse der Studien werden zumeist medienwirksam der Öffentlichkeit präsentiert. Studien müssen aber immer kritisch im Hinblick auf ihre Auftraggeber, Zielsetzungen und Methodik betrachtet werden, um den Aussagegehalt der Ergebnisse richtig einschätzen zu können.

Mitbestimmung in der Schule

Sowohl in der Klasse als auch im Schulleben im Allgemeinen sollen die Schülerinnen und Schüler mitbestimmen dürfen. Dies wird als **Schülermitverantwortung (SMV)** bezeichnet. Die Klassensprecherinnen und Klassensprecher einer Schule schließen sich zusammen und bilden die SMV, die auch manchmal als **Schülerrat** bezeichnet wird. Die Schülersprecher/-innen können direkt (unmittelbar) von allen Schülerinnen und Schülern einer Schule oder nur von der SMV gewählt werden. In der Schule wird die SMV durch die Verbindungslehrerinnen und Verbindungslehrer unterstützt. Vertreten sind die Schülerinnen und Schüler auch im **Schulforum**. Es ist das wichtigste Beteiligungsgremium der Schule. Das Schulforum bespricht Angelegenheiten, die Schülerinnen und Schüler, Eltern und Lehrkräfte gemeinsam betreffen. Es fasst in den Angelegenheiten, die ihm nach dem Bayerischen Gesetz zum Erziehungs- und Unterrichtswesen (BayEUG) zur Entscheidung zugewiesen sind, verbindliche Beschlüsse. Außerdem gibt das Schulforum Empfehlungen und Stellungnahmen ab. Die Schülersprecher/-innen hat wie jedes andere Mitglied auch das Recht, einen Antrag einzubringen, über den zu beraten und zu entscheiden ist. Über die Ebene der einzelnen Schule hinaus organisieren sich die Schülerinnen und Schüler auf Bezirks- und Landesebene. Das höchste Gremium ist der **Landesschülerrat**. Er hat bei wichtigen allgemeinen Anliegen des Schulwesens ein Informations- und Anhörungsrecht, etwa bei Änderungen des Bayerischen Gesetzes zum Erziehungs- und Unterrichtswesen (BayEUG) oder der Schulordnungen.

Mitbestimmung in der Kommune

Das **Jugendparlament** stellt eine bekannte Möglichkeit dar, wie Kinder und Jugendliche in der kommunalen Politik mitmischen können. Mitglieder des Jugendparlaments sind Kinder und Jugendliche in einem bestimmten Alter, die zuvor von den wahlberechtigten Kindern und Jugendlichen nach einem festgeschriebenen Verfahren gewählt wurden. Sie vertreten für einen bestimmten Zeitraum die Interessen ihrer Wählerinnen und Wähler auf kommunaler Ebene. Sie **arbeiten dazu mit den kommunalen Institutionen der Erwachsenen zusammen**. Sie verfügen, je nach Kommune, über unterschiedliche Rechte und Pflichten. Das Jugendparlament kann dazu beitragen, die Interessen der Kinder und Jugendlichen, z. B. Freizeitangebot, Nahverkehrsmittel, auf kommunaler Ebene zu realisieren. In der Praxis stoßen die Abgeordneten der Jugendparlamente aber auch häufig auf Probleme wie mangelnde Mitgliederzahlen oder zu wenig Unterstützung durch die Erwachsenen bei ihren Vorhaben.

Neue Formen der Beteiligung im Internet und über Social Media

Das Internet und Social Media eröffnen Jugendlichen neue Formen der Beteiligung, z. B. das Schreiben politischer Beiträge, das Liken von Beiträgen, das Teilnehmen an Online-Diskussionen. Ein Vorteil der neuen Formen besteht beispielsweise darin, dass die Beteiligung durch Social Media für alle Akteure vielfältiger und leichter zugänglich geworden ist. Ein Nachteil besteht darin, dass sich die politisch Aktiven im Web mit Hasskommentaren und Ähnlichem auseinandersetzen müssen.

Die Bedeutung des Grundgesetzes

Das Grundgesetz aus dem Jahr 1949 ist die **Verfassung der Bundesrepublik Deutschland**. Es ermöglicht unser friedliches Zusammenleben. Es enthält dazu unter anderem die sogenannten **„Grundrechte"**. Sie schützen den Einzelnen vor Ansprüchen und Übergriffen der Staatsgewalt und sichern so auch die Ordnung der Gesellschaft in einem Staat. In Deutschland werden die ersten 19 Artikel des Grundgesetzes als Grundrechte bezeichnet. Sie werden durch Artikel 79 Absatz 3 des Grundgesetzes besonders geschützt. Das Grundgesetz enthält in Artikel 20 die wichtigsten Strukturprinzipien der Bundesrepublik Deutschland. Dazu zählen: **Demokratie, Bundesstaatlichkeit, Rechtsstaatlichkeit** und **Sozialstaatlichkeit**. Demokratie bedeutet, dass alle Gewalt vom Volk ausgeht. Bundesstaatlichkeit heißt, dass der Gesamtstaat (Bund) in einzelne Länder (Bundesländer) untergliedert ist. Bund und Bundesländer verfügen über eigene, aber auch geteilte Kompetenzen. Ein Rechtsstaat ist ein Staat, der nur das tun darf, was Verfassung und Gesetze vorgeben. Ein Sozialstaat sorgt dafür, dass soziale Gerechtigkeit für die Bürgerinnen und Bürger stets gewährleistet wird. Bei Krankheit sorgt der Staat beispielsweise für Unterstützung. Auch die Strukturprinzipien fallen unter den besonderen Schutz von Artikel 79 Absatz 3 des Grundgesetzes und gelten damit als unveränderlich.

Die UN-Kinderrechtskonvention

Am 20. November 1989 haben die Vereinten Nationen das „Übereinkommen über die Rechte des Kindes", die sogenannte UN-Kinderrechtskonvention, beschlossen. Die zentrale Botschaft dieser Konvention, die von fast allen Staaten anerkannt wurde, lautet, dass Kinder und Jugendliche eigenständige Persönlichkeiten sind, die **von Geburt an eigene Rechte** haben. Die Erwachsenen sind dafür verantwortlich, dass Kinder ihre Rechte kennenlernen und entsprechend leben können. Die UN-Kinderrechtskonvention enthält 54 Artikel, die sich den drei Säulen **Schutz, Förderung und Beteiligung** zuordnen lassen. Verstöße gegen die UN-Konvention sind beispielsweise Kinderarmut und Kinderarbeit.

Jugendschutz von Kindern und Jugendlichen

Der Schutz von Kindern und Jugendlichen, insbesondere in sensiblen Bereichen, hat für den Staat einen besonderen Stellenwert. Kinder und Jugendliche sollen in ihrer Entwicklung durch staatliche Vorgaben geschützt werden. In der Bundesrepublik Deutschland gibt es deshalb das **Jugendschutzgesetz**. Es richtet sich nicht an Kinder und Jugendliche, sondern an volljährige Personen. Gemeint sind damit vor allem Gewerbetreibende, Veranstalterinnen und Veranstalter sowie deren Angestellte. Das Jugendschutzgesetz beinhaltet **altersspezifische Vorgaben in Bezug auf gesundheitsgefährdende Produkte, Kinofilme, spezifische Medienformate sowie in Bezug auf bestimmte Orte** für Kinder und Jugendliche. Neben dem Jugendschutzgesetz gibt es unter anderem auch den **Jugendmedienschutz-Staatsvertrag** der Länder. Dieser ergänzt die Vorgaben des Jugendschutzgesetzes im Bereich der Medien. Mithilfe der Kennzeichen USK (Unterhaltungssoftware Selbstkontrolle) und der FSK (Freiwillige Selbstkontrolle der Filmwirtschaft) werden Computerspiele und Filme im Hinblick auf ihre Altersfreigabe zusätzlich markiert.

KOMPETENT?

Überprüfe, ob du folgende Kompetenzen erworben hast. Du solltest …
- konkrete Auswirkungen politischer Entscheidungen auf Kinder und Jugendliche sowie das Interesse von Jugendlichen an Politik untersuchen können. (K 1, K 4, K 5)
- Mitwirkungsmöglichkeiten Jugendlicher im demokratischen Staat analysieren können, um eigene politische Handlungsspielräume zu erkennen. (K 4)
- Methoden politischer Konfliktaustragung und deren Chancen und Grenzen bei der Lösung politischer und gesellschaftlicher Herausforderungen verstehen können. (K 1, K 2)
- die Strukturprinzipien des Grundgesetzes kennen und dessen Wert als unverzichtbare Basis für das Zusammenleben in unserer Demokratie erfassen können. (K 1, K 2)
- dich über Einhaltung und Umsetzung der UN-Kinderrechte in verschiedenen Staaten der Welt informieren und die Ergebnisse in einer Präsentation vorstellen können. (K 3)
- die Notwendigkeit von rechtlichen Regelungen zum Jugendschutz, u. a. im Bereich der Medien, untersuchen und vor diesem Hintergrund eigenes Handeln reflektieren können. (K 4)
- aktuelle Herausforderungen der lokalen Jugendpolitik ermitteln können. (K 5)

K1 Spickzettel schreiben

Demokratie · Menschenwürde · Rechtsstaatlichkeit · Grundgesetz · Jugendschutz · UN-Kinderrechtskonvention

Formuliere zu den zentralen Begrifflichkeiten in diesem Kapitel jeweils einen Spickzettel.

K2 Was bedeutet das Grundgesetz den Menschen in Deutschland? – Fünf Statements

„Ob Kinder oder Erwachsene – alle haben in Deutschland die gleichen Rechte. In vielen anderen Ländern der Welt ist das nicht so und ich bin froh, dass das Grundgesetz Kinder in Deutschland schützt. Ich denke, dass gerade das Grundgesetz dazu beigetragen hat, dass Kinder mehr Rechte bekommen haben."

Jana Schlonsok (15)
Schülerin, Geldern

„Die Würde des Menschen ist unantastbar" – diese Worte empfinde ich als enorm wichtig. Für jeden sollten sie eine Leitlinie im Miteinander sein. Das klingt so selbstverständlich und einfach, ist es aber leider eben zu oft nicht."

Gerald Asamoah (40)
FC Schalke 04, Gelsenkirchen

„Ich denke, eine der wichtigsten Errungenschaften des Grundgesetzes ist der Sozialstaat. Trotzdem müssten meiner Ansicht nach vor allem ältere Menschen noch mehr unterstützt werden. Sie sollten nicht für alle Leistungen hunderte Anträge schreiben müssen und Angst davor haben, dass sie mittellos dastehen."

Anne Weipert
Fleisch- und Wurstfachverkäuferin, Geldern

„Unser Grundgesetz ist großartig, aber ich wäre froh, es würde uns Homosexuelle und Bi-, Trans- und Intersexuelle besser schützen. In Artikel 3 heißt es, niemand darf wegen seiner Herkunft, Rasse, Religion und vielen anderen Dingen benachteiligt werden. Nur die sexuelle Identität fehlt. Das ist sehr schade."

Thomas Tillmann (50)
Lehrer, Krefeld

„Das Grundgesetz ist das Schicksalsbuch der Bundesrepublik. Ich sehe es als eine Art Gebrauchsanweisung für Bürger, die in Freiheit und Rechtssicherheit leben wollen."

Marietta Slomka (50)
Journalistin, Köln

Henning Rasche: Was uns das Grundgesetz bedeutet, in: https://interaktiv.rp-online.de/grundgesetz-spezialausgabe/70-jahre-grundgesetz-was-uns-das-grundgesetz-bedeutet, letzter Zugriff: 28.01.2021 (nur ausgewählte Statements abgedruckt)

Nimm Stellung zu den fünf Statements: Inwiefern entsprechen diese deinem eigenen Standpunkt? Inwiefern vertrittst du einen anderen Standpunkt?

K 3 Die Kinderrechte werden in allen Staaten verletzt – auch in Deutschland

Interview mit Sofía García García, Repräsentantin der SOS-Kinderdörfer bei den UN in New York

Wie steht es derzeit um die Kinderrechte weltweit?
Trotz großem Fortschritt in einigen Bereichen hat die Lage der Kinderrechte leider in den letzten Jahren in vielen Ländern Rückschritte erfahren. Trotz weiträumiger Ratifizierung der Konvention werden die Rechte der Kinder in vielen Staaten weiter missachtet: Überall auf der Welt beeinträchtigt Armut Kinder überproportional. Wir beobachten schwere Kinderrechtsverletzungen oder ausbeuterische und gesundheitsgefährdende Kinderarbeit. Nach wie vor können weltweit Millionen Mädchen und Jungen nicht in die Schule gehen. Sie leiden besonders unter Kriegen, Flucht und Vertreibung, die in den vergangenen Jahren noch einmal zugenommen haben.
Sehen Sie auch in Industrieländern Verletzungen der Kinderrechte?
Leider ja, wir beobachten sie in jedem Land – sei es noch so arm oder noch so reich. In vielen Ländern erodiert die Gesellschaft. In Deutschland beispielsweise ist die Kinderarmut weit verbreitet. Kinder aus benachteiligten Familien haben geringere Bildungschancen oder leiden unter Ausgrenzung. Dabei ist Unterstützung für diese Familien essenziell, damit sie sich ausreichend um ihre Kinder kümmern können. Die SOS-Kinderdörfer setzen sich bei den Vereinten Nationen dafür ein, dass internationale Regelwerke Richtlinien zu einer solchen Unterstützung vorgeben. Diese können dann in nationale Regelwerke übernommen werden. Unser Einsatz gilt auch für staatliches Handeln im Falle einer Trennung des Kindes von den Eltern.
Sie streben einen besonderen Schutz für Kinder ohne elterliche Fürsorge an?
Sie sind die schwächsten Mitglieder der Gesellschaft. Sie wachsen ohne Erziehung, ohne Bildung, ohne finanziellen Halt und ohne Zuneigung auf. Daher brauchen sie unsere ganze

Aufmerksamkeit. Kinder ohne elterliche Fürsorge haben Rechte und den Anspruch darauf, diese erfüllt zu bekommen. Wenn ein Kind seine elterliche Fürsorge verliert, ist das Risiko höher, dass seine Rechte nicht beachtet werden. Daher müssen wir uns mit aller Kraft für die Verabschiedung von Gesetzen einsetzen, die diese Kinder schützen.

Was haben die Regierungen der einzelnen Länder denn davon, wenn sie die Rechte der elternlosen Kinder stärken?

Es ist nicht nur moralisch richtig, die Kinderrechte zu achten – es ist auch sehr klug. Denn jedes Land profitiert langfristig davon, wenn es in die Zukunft der Kinder investiert: Impft man ein Kind, rettet man sein Leben. Gibt man dem Kind ein behütetes Zuhause, dann pflanzt man den Samen für seine Entwicklung. Ein Kind, das gut erzogen, behütet und glücklich aufwächst, hat faire Chancen im Leben und wird wahrscheinlich auch seine eigenen Kinder gut erziehen. So beeinflusst man die gesamte Gesellschaft.

SOS Kinderdörfer online: https://www.sos-kinderdoerfer.de/informieren/wie-wir-helfen/kinderrechte/30-jahre-kinderrechte/interview-kinderrechte-weltweit-verletzt, letzter Zugriff: 16.12.2021

1 Arbeite die Beurteilung der Situation der Umsetzung der Kinderrechte weltweit durch Sofía García García, Repräsentantin der SOS-Kinderdörfer bei den UN in New York, heraus.

2 Gestalte ein Lernplakat zur UN-Kinderrechtskonvention und zur Situation von Kindern und Jugendlichen.

K4 Alkohol und Jugendschutz in Deutschland

Stefan Roth

KOMPETENT? 59

1 Beschreibe, analysiere und interpretiere die Karikatur (→ Karikaturinterpretation, S. 177).

2 Erörtere, inwiefern durch den Jugendschutz in Deutschland eine solche Situation, wie sie in der Karikatur dargestellt wird, vermieden werden soll.

K5 Stella sitzt mal wieder an der Bushaltestelle ...

„Jetzt muss ich mich aber beeilen, sonst verpass ich noch meinen Bus ... Oh je! Er steht schon an der Bushaltestelle. Vielleicht schaffe ich es noch, wenn ich jetzt renne ... Mist! Der Busfahrer hat schon die Türen geschlossen ... und wusch, da war er weg! Ich habe tatsächlich den Bus verpasst. Hoffentlich fährt bald der nächste. Ich checke mal den Busfahrplan ... Eine Stunde warten. Was für ein Albtraum! Es nervt so, dass der Bus bei uns auf dem Land nur so selten fährt. Da müsste man echt mal etwas dagegen tun. Aber an wen in unserer Gemeinde könnte ich mich denn damit wenden? Gibt es denn niemanden, der meine Anliegen als Jugendliche vertritt?"

Stell dir vor, Stella sei eine gute Freundin von dir. Du triffst sie auf deinem Heimweg und sie erzählt dir von ihrem Frust in Bezug auf den öffentlichen Nahverkehr. Schreibe einen Dialog, in dem du Stella erklärst, an wen sie sich mit ihrem Anliegen in der Gemeinde wenden könnte.

2.

Menschen ändern sich, Gesellschaften auch. Das zeigt sich am Freizeitverhalten, am Familienleben, dem Umgang mit und der Einstellung zu Fremden. Eben an allen Aspekten unseres Zusammenlebens. Aus dem sozialen Wandel entstehen aber neue Herausforderungen, denen sich die Politik stellen muss: Wie gestalten wir Integration? Wie gehen wir mit der Vielfalt sexueller Orientierung um? Diese Herausforderungen behandeln unsere Identität und unser Zusammenleben. Wir sollten den sozialen Wandel verstehen – für unser Zusammenleben morgen!

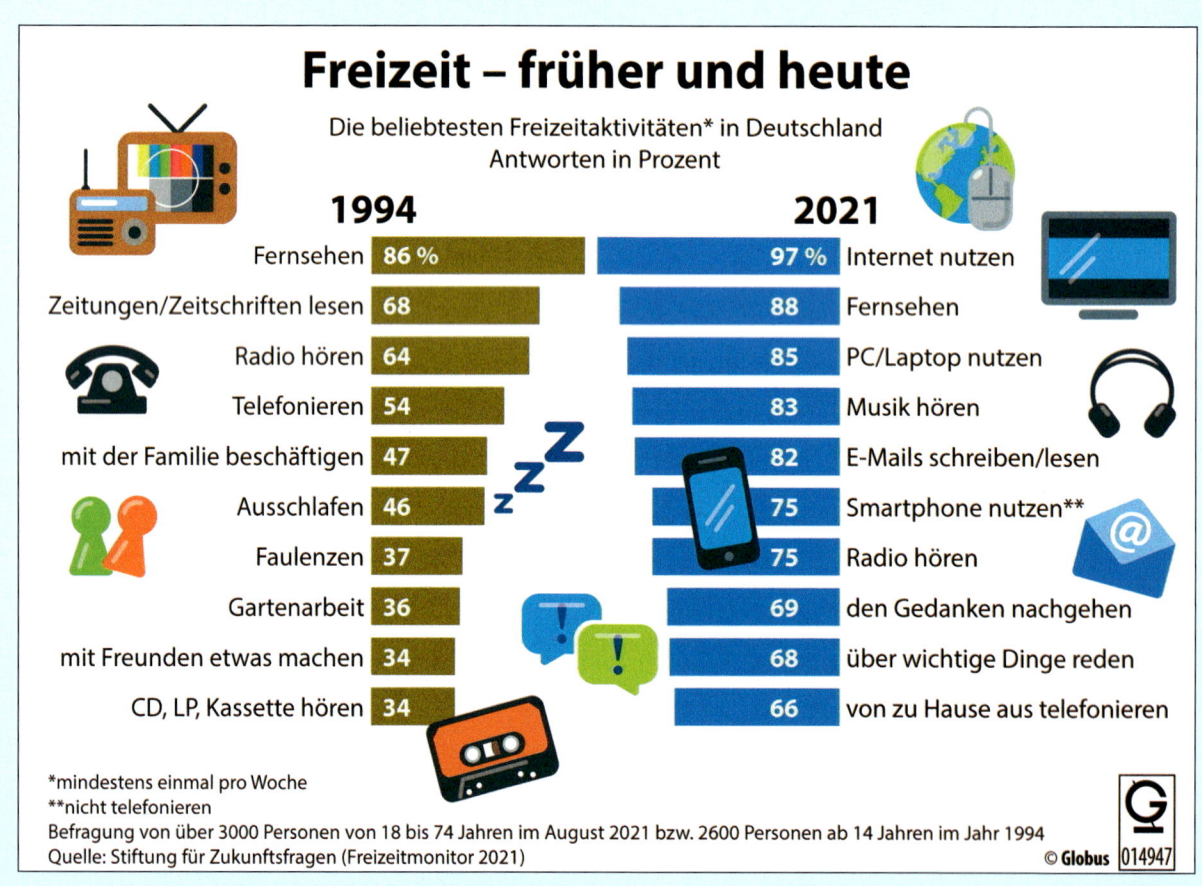

Freizeit – früher und heute

Die beliebtesten Freizeitaktivitäten* in Deutschland
Antworten in Prozent

1994

Aktivität	%
Fernsehen	86 %
Zeitungen/Zeitschriften lesen	68
Radio hören	64
Telefonieren	54
mit der Familie beschäftigen	47
Ausschlafen	46
Faulenzen	37
Gartenarbeit	36
mit Freunden etwas machen	34
CD, LP, Kassette hören	34

2021

%	Aktivität
97 %	Internet nutzen
88	Fernsehen
85	PC/Laptop nutzen
83	Musik hören
82	E-Mails schreiben/lesen
75	Smartphone nutzen**
75	Radio hören
69	den Gedanken nachgehen
68	über wichtige Dinge reden
66	von zu Hause aus telefonieren

*mindestens einmal pro Woche
**nicht telefonieren
Befragung von über 3000 Personen von 18 bis 74 Jahren im August 2021 bzw. 2600 Personen ab 14 Jahren im Jahr 1994
Quelle: Stiftung für Zukunftsfragen (Freizeitmonitor 2021)

© Globus 014947

Zusammenhalten! Gesellschaftlichen Wandel verstehen

Serpil Midyatli, Stellvertretende Fraktionsvorsitzende der SPD im schleswig-holsteinischen Landtag (2016), mit ihrem deutschen und türkischen Pass.

PROJEKTVORSCHLAG

Beschreibt und veranschaulicht gesellschaftlichen Wandel. Erstellt dazu einzeln, in Gruppen oder im Klassenverband einen Zeitstrahl, der verschiedene Bereiche gesellschaftlicher Veränderungen zeigt.
- Wählt geeignete Kategorien aus, beispielsweise Schule und Erziehung, Geschlechterverhältnisse, Trendsportarten, Musik und Mode, Umgang mit Minderheiten oder Ähnliches.
- Verteilt die Bereiche in der Klasse.
- Überlegt euch eine passende, wirkungsvolle Präsentationsform, digital oder analog. Setzt verschiedene Medien ein: Verbindet Texte, Bilder und Töne.
- Stellt euch eure Ergebnisse vor und gestaltet abschließend einen gemeinsamen Zeitstrahl der Klasse, in dem ihr Zusammenhänge zwischen den verschiedenen Kategorien herstellt.

2.1 Früher – später – jetzt: Gesellschaftliche Rollen im Wandel

Sozialer Wandel ist eine Sammelbezeichnung für langfristige soziale Veränderungen, beispielsweise auch, was gesellschaftliche Rollenbilder betrifft. Betrachtet man zum Beispiel das Verhältnis der Geschlechter oder Vorstellungen von Familie von den 1950er-Jahren bis heute, stellt man ein verändertes Rollenverständnis fest. So hat eine Frau in Deutschland Ende des 19. Jahrhunderts durchschnittlich 4,7 Kinder bekommen – heute sind es etwa 1,5 Kinder. Wo beobachtest du außerdem sozialen Wandel?

M 1 So leb(t)en wir

1 Beschreibe die Bilder in M 1 und versuche sie zeitlich einzuordnen.
2 Sammelt Kategorien, die auf den Bildern zu erkennen sind, und beschreibt die Veränderungen. Legt dazu eine Tabelle an.
3 Leite aus den Bildern Aussagen über die jeweilige Gesellschaft ab.

2.1 Früher – später – jetzt: Gesellschaftliche Rollen im Wandel 63

M2 Mutter und Tochter: Geschichten aus zwei Generationen

Familie Lienert: Heute ist Helga 73 Jahre alt. Sie hat drei Kinder und vier Enkelkinder. Welche Träume und Pläne hatte sie früher? Was denkt ihre Tochter über ihre Rolle als Mutter? Wie blickt ihre Enkelin Lisa (M 3) in die Zukunft?

a) Helga (*1947), Erzieherin, Hausfrau und Mutter, berichtet aus ihrem Leben:

Als ich 1947 geboren wurde, war mein Vater aus der Gefangenschaft nach dem Zweiten Weltkrieg erst seit einem Jahr zurück in München. Lange Zeit wusste meine Mutter gar
5 nicht, ob er noch lebt oder ob er unversehrt nach Hause kommen würde. Obwohl sich die Zukunft anfangs wohl recht düster und ungewiss für meine jungen Eltern zeigte, konnten sie in den 1950er-Jahren vom wirtschaftlichen
10 Aufschwung in Westdeutschland profitieren: Aus der kleinen Werkstatt meines Vaters entwickelte sich im Laufe der Zeit ein gutgehender KFZ-Betrieb mit mehreren Filialen in München und Umgebung. Während mein Va-
15 ter tagsüber außer Haus beschäftigt war, kümmerte sich meine Mama um meine beiden jüngeren Brüder und mich. Da ich die Älteste und ein Mädchen war, half ich ihr, so gut ich konnte, im Haushalt: Wir wuschen Wäsche, putzten
20 und kochten, kauften ein und kümmerten uns um meine Oma, die in der Nähe wohnte. Nach der Grundschule ging ich auf eine Realschule, obwohl ich gute Noten in meinem Übertrittszeugnis hatte: Eine lange Schulzeit hielt mein
25 Vater für Verschwendung, da ich doch ohnehin heiraten und Kinder bekommen würde. Ein bisschen traurig war ich da schon. Meine beiden Brüder dagegen besuchten das nahegelegene Gymnasium, auf das auch schon eini-
30 ge Mädchen gingen. Recht behalten hat er ja: Nach meiner Ausbildung zur Erzieherin lernte ich mit 19 meinen Mann, einen Ingenieur, kennen: Kurz darauf waren wir schon verheiratet und haben drei Kinder bekommen – was für glückliche Jahre! Als 1968 viele Studieren- 35 de für die Gleichberechtigung und gegen das Spießertum demonstrierten, habe ich schon manchmal überlegt, ob das alles so gerecht ist. Aber uns ging es ja allen gut und mein Mann war stolz darauf, uns alle ernähren zu können. 40 Als auch meine Jüngste ausgezogen ist, half ich stundenweise bei einem Kinderhort aus, habe aber nie mehr richtig angefangen zu arbeiten. Heute passe ich häufig auf meine Enkelkinder auf und freue mich, dass zumindest 45 eines meiner Kinder in München geblieben ist.

b) Christine (*1970), Anwältin und Mutter, erzählt von ihrem Alltag:

Meine Mama ist eine hingebungsvolle, liebe Ehefrau und Mutter – mit den 68ern, geschweige denn der Emanzipation der Frau konnte sie wohl recht wenig anfangen. Keine Ahnung, ob sie überhaupt einmal anderer Meinung war als 5 mein Vater. Aber die beiden wirkten trotzdem immer recht glücklich. Richtig Streit hatte ich mit meinem Vater, als ich meinen Ex-Mann kennenlernte – den Sohn italienischer Einwanderer, der bei ihm im Betrieb aushalf. Was 10 für eine stürmische Liebe! Allerdings kannten wir uns noch kaum, als ich mit meiner Tochter schwanger wurde und wir geheiratet haben. Gefreut haben wir uns schon sehr, aber nur zu Hause bleiben und für das Kind da sein, so wie 15

INFO

Die 68er-Bewegung
Protestbewegung vor allem junger Menschen in den 1960er-Jahren, die sich für Frieden, Freiheit und mehr Mitbestimmung in der Politik einsetzte. Zudem wurden strenge Regeln und Werte der Elterngeneration hinterfragt und eine Auseinandersetzung mit der NS-Zeit gefordert.

GLOSSAR

Emanzipation

meine Mutter, das war mir zu wenig! Deswegen bin ich trotzdem weiter zur Uni gegangen, um Jura zu studieren. Aber die Doppelbelastung war einfach zu viel – Kitas gab es ja noch nicht, also habe ich unsere Tochter bei meiner Mutter gelassen, wenn ich zur Uni musste. Aber dauernd lernen und mich danach um die Kleine und den Haushalt kümmern, das hat mich geschafft! Sandro musste ja viele Extra-Schichten arbeiten, um unsere kleine Familie zu ernähren. Irgendwann haben wir nur noch gestritten und uns schließlich scheiden lassen. Eine Katastrophe für meine Eltern, obwohl sie meinen Exmann erst nicht akzeptieren wollten! Erst mal wieder zu Hause einzuziehen, war für mich dennoch die einzige Möglichkeit: So konnte ich mein Studium abschließen und als ich halbtags in einer Kanzlei anfing, ging Lisa schon in die Grundschule. So konnte ich nach und nach mehr arbeiten. Allerdings merkt man als alleinerziehende Mutter schnell, wo die beruflichen Grenzen sind: Einfach so mal Überstunden einlegen, mal ein paar Tage wegfliegen, um wichtige Mandanten im Ausland zu betreuen ... das ging leider nicht! Mein Alltag war streng durchgeplant. Zum Glück half die Oma manchmal aus, wenn Lisa krank war oder was dazwischenkam. Manchmal war das echt frustrierend, denn befördert wurde ich so nicht! Nachdem ich meinen zweiten Mann kennengelernt habe, ist aber vieles wieder einfacher geworden: Er hat einen Sohn aus erster Ehe, der mit bei uns aufgewachsen ist. Paolo und Lisa verstehen sich ganz gut und sind wie Bruder und Schwester. Den bzw. die Ex einzubinden, macht's zwar manchmal kompliziert, aber insgesamt funktioniert unser Familienleben ganz harmonisch!

Gesprächsaufzeichnung der Autorinnen

1 Vergleiche die beiden Biografien in M 2 und arbeite die Veränderungen heraus, die sich im Laufe der Zeit ergeben haben. Stelle fest, in welchen Bereichen sie sich vollziehen und vervollständige dazu folgende Tabelle:

Bereiche des sozialen Verhaltens	Konkretes Beispiel	Auswirkungen
Wandel der Arbeitswelt Bedeutung einer eigenen Familie	Ende der Erwerbsarbeit mit Geburt des ersten Kindes bei Helga, minimale Wiederaufnahme bei Volljährigkeit des jüngsten Kindes Teilzeitarbeit bei Christine	Geringe Planbarkeit, hohe Arbeitsbelastung …

2 Die Welt in zehn Jahren? Überlege dir mithilfe der folgenden Aufgabe, wie du gerne leben möchtest, und wage einen Blick in die Zukunft: Letzte Woche hast du deinen 25. Geburtstag gefeiert. Beschreibe, angelehnt an den Aufbau der Biografien Helgas und Christines, deinen Alltag in einem Tagebucheintrag. Bist du z. B. Single, mit Partner/-in, mit Familie, mit Beruf? Wo und wie wohnst du? Wie verbringst du deine Freizeit und was ist dir wichtig?

M 3 Lisa Lienert (* 1992), Unternehmensberaterin und Single, spricht über ihre Zukunft

In meinem Alter waren meine Mama und meine Oma schon verheiratet und hatten Kinder! Für mich ist das unvorstellbar! Vielleicht will ich auch irgendwann mal Kinder, aber bestimmt nicht in den nächsten Jahren. Ich kann mir auch gar nicht vorstellen, wie das in meinen Alltag passen soll! Seit ich vor drei Jahren mein BWL-Studium abgeschlossen habe, bin ich bei einer großen Unternehmensberatung tätig und quasi ständig unterwegs. Fast jede Woche in einer anderen Stadt! Das ist aufregend und macht Spaß, aber es bleibt ja auch kaum Zeit für Freunde oder eine feste Partnerschaft. Momentan stört mich das aber ganz und gar nicht: Ich gehe am Wochenende gerne feiern und ab und zu nehme ich mal jemanden mit nach Hause – auch mal eine andere Frau. Nicht mal bei meiner Sexualität will ich mich gerade festlegen. Also keine Ahnung, was die Zukunft da bringt ... Aber egal was – ich würde auf jeden Fall weiterarbeiten und mir die Aufgaben als Mutter gleichberechtigt teilen wollen. Ich strenge mich doch jetzt nicht so an, um nachher meine Karriere aufzugeben! Außerdem, Kinder bei meinen Arbeitszeiten? Ich wüsste gar nicht, wie das gehen soll. Wenn ich bis spätabends arbeite, hat doch die Kita schon längst geschlossen! Was mir aber auch noch wichtig ist, ist meine ehrenamtliche Tätigkeit bei einer Geflüchtetenunterkunft. Schon seit meinem Studium gebe ich dort jeden zweiten Sonntag einen Deutschkurs und habe bereits einige Leute kennengelernt, die mich beeindruckt haben und die echt was aus ihrem Leben hier gemacht haben. Menschen, die oft Schlimmes erlebt haben, dabei zu unterstützen, wieder einen guten Weg im Leben zu finden, erfüllt mich und gibt dem allen einen Sinn. Es ist einfach wichtig, über den eigenen Tellerrand zu schauen: Beruflich bin ich ja auch oft im Ausland – andere Länder und Kulturen empfinde ich als große Bereicherung ... vielleicht gehe ich auch einmal ein paar Jahre in ein anderes Land.

Gesprächsaufzeichnung der Autorinnen

1 Vervollständige die Tabelle aus Aufgabe 1 zu M 2 mit den Informationen aus Lisas Biografie.

2 Erkläre mithilfe von M 2 und M 3, welche Rollenvorstellungen für Frauen und Männer in den 50er- und 60er-Jahren gegolten haben, und arbeite die Veränderungen bis heute heraus. Inwiefern spiegelt auch das Äußere den Wandel wider? Beziehe auch die Fotos auf S. 62 in deine Überlegungen ein.

3 Erschließe – auch mithilfe des Ausschnitts aus Lisas Biografie – die Ursachen, warum junge Menschen in Deutschland ihre Familiengründung aufschieben. Welche Folgen ergeben sich daraus für das Individuum und welche für die Gesellschaft?

M 4 Wie wir leben

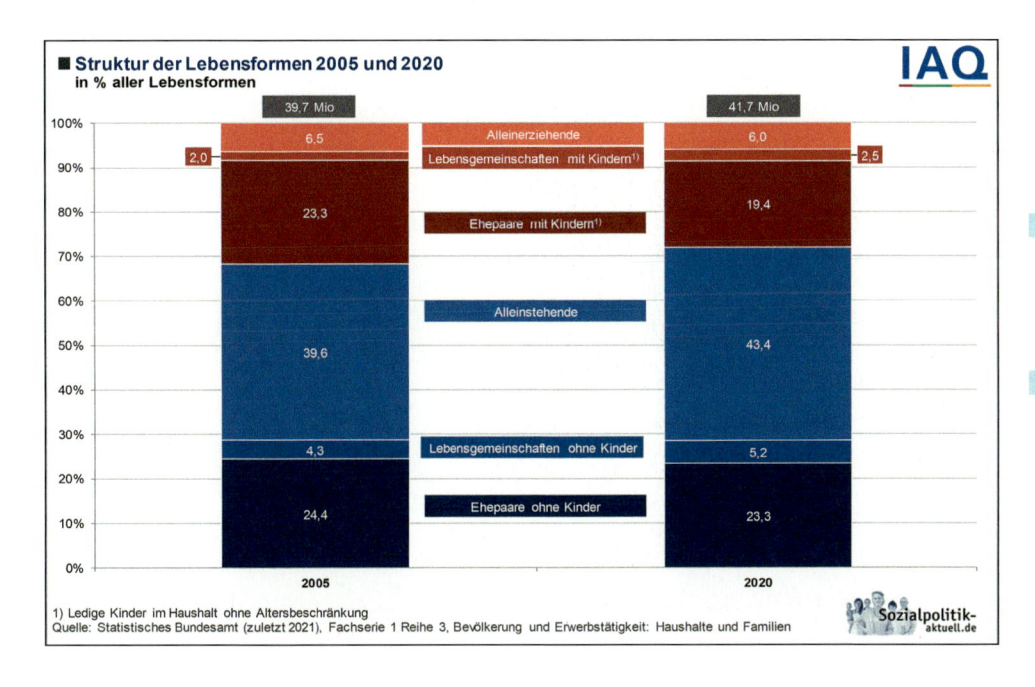

Struktur der Lebensformen 2005 und 2020
in % aller Lebensformen

Lebensform	2005 (39,7 Mio)	2020 (41,7 Mio)
Alleinerziehende	6,5	6,0
Lebensgemeinschaften mit Kindern¹⁾	2,0	2,5
Ehepaare mit Kindern¹⁾	23,3	19,4
Alleinstehende	39,6	43,4
Lebensgemeinschaften ohne Kinder	4,3	5,2
Ehepaare ohne Kinder	24,4	23,3

1) Ledige Kinder im Haushalt ohne Altersbeschränkung
Quelle: Statistisches Bundesamt (zuletzt 2021), Fachserie 1 Reihe 3, Bevölkerung und Erwerbstätigkeit: Haushalte und Familien

1 Erschließe das Diagramm (→ Diagramme auswerten, S. 174).

2 Stelle eine Verbindung zu M 3 her und bewerte die Entwicklung der Lebensformen hinsichtlich ihrer Ursachen und Folgen.

Eine sozialwissenschaftliche Erhebung durchführen

Um gesellschaftliche Entwicklungen zu erfassen, führen Sozialwissenschaftler Erhebungen, zum Beispiel in Form von Interviews, durch. Hierbei unterscheidet man zwei Formen:
Bei der **qualitativen Befragung** geht es darum, Einzelfälle ausführlich zu untersuchen und diese interpretativ auszuwerten. Hier wird oft mit offenen Fragestellungen gearbeitet, d. h. die befragte Person antwortet individuell; es stehen keine Antwortmöglichkeiten zur Auswahl.
Dagegen ist die **quantitative Befragung** auf die Sammlung möglichst vieler Ergebnisse ausgerichtet, um diese statistisch auszuwerten. Bei quantitativen Forschungsmethoden werden häufig geschlossene und Multiple-Choice-Fragen verwendet, d. h. die Antwortmöglichkeiten sind vorgegeben und die befragte Person wählt eine Möglichkeit aus.

Vorgehensweise bei der Planung, Durchführung und Auswertung:

Schritt 1:
Thema bestimmen und geeignete Personen auswählen (z. B. Eignung wegen Alter, Geschlecht, Beruf, …)

Schritt 2:
Offene bzw. geschlossene Fragen formulieren: gegebenenfalls Anzahl und Skala festlegen, knapp halten

Schritt 3:
Erfassung und Auswertung der erhobenen Daten mit geeignetem Tool, z. B. Grafstat (http://www.grafstat.de/)

Schritt 4:
Überprüfen der Ergebnisse auf Objektivität (= Unabhängigkeit von äußeren Einflüssen), Reliabilität (Zuverlässigkeit = Reproduzierbarkeit von Ergebnissen unter gleichen Bedingungen) und Validität (Gültigkeit = Grad an Genauigkeit, mit der dasjenige Merkmal tatsächlich gemessen wird, das gemessen werden soll)

M5 Jugendstudien: Traditionelle Rollenbilder im Trend?

In einer Partnerschaft mit Kind sollte die Frau beruflich kürzertreten, nicht der Mann. Diese Ansicht vertritt laut der neuen Shell-Studie eine Mehrheit der Jugendlichen. Gleichzeitig schneiden Mädchen in der Bildung besser ab, engagieren sich stärker gesellschafts- und umweltpolitisch, und junge Männer wollen „aktive Väter" sein. Wie passt das zusammen? [...] Mehr als die Hälfte der befragten Jugendlichen sprachen sich dafür aus, dass die Frau in einer Partnerschaft mit Kind beruflich kürzertreten solle. Dabei zeigen sich allerdings große Unterschiede zwischen Ost und West.

Im Osten sehen laut Shell-Studie nur 38 Prozent der jungen Männer und 31 Prozent der jungen Frauen den Vater als Haupt- oder Alleinversorger, im Westen 58 Prozent der Männer und 56 Prozent der Frauen. Gründe für diese Unterschiede könnten in den unterschiedlichen Erfahrungen mit der Vereinbarkeit von Familie und Beruf liegen: In Westdeutschland wurde von Beginn an das „männliche Ernährermodell" (später das Ernährer-Zuverdiener-Modell über Teilzeitbeschäftigung von Frauen) propagiert und mithilfe von Maßnahmen der Sozial-, Arbeitsmarkt- und Steuerpolitik verfestigt [...].

Im Osten gab es, wie die sozialwissenschaftliche Untersuchung „25 Jahre Deutsche Wiedervereinigung", herausgegeben vom Bundesministerium für Familie, Senioren, Frauen und Jugend, belegt, in Sachen Chancen(un)gleichheit durchaus Parallelen zur BRD: Teilzeit- sowie Familien- und Sorgearbeit war Frauensache; der Arbeitsmarkt war auch in der DDR in Frauen- und Männerberufe eingeteilt [...]. Doch anders als in der BRD wurde in der DDR die Gleichheit der Geschlechter von staatlicher Seite proklamiert. Die Vollerwerbstätigkeit war daher auch für Frauen die Regel und selbst für Mütter selbstverständlich. Unterstützt von einer guten Infrastruktur der Kinderbetreuung waren Frauen mit und ohne Kinder wirtschaftlich unabhängig. [...]

Und heute? Die kulturellen Unterschiede von Ost und West wirken bis heute nach und prägen gängige Rollenvorstellungen mit. Auch spielt sicherlich eine Rolle, wie die Jugendlichen Vereinbarkeit von Beruf und Familie persönlich erfahren (haben). So gibt es in Ostdeutschland mehr Betreuungsmöglichkeiten als in Westdeutschland und auch bei der Erwerbstätigkeit von Frauen mit und ohne Kinder hat der Osten die Nase vorn. Zudem ist der

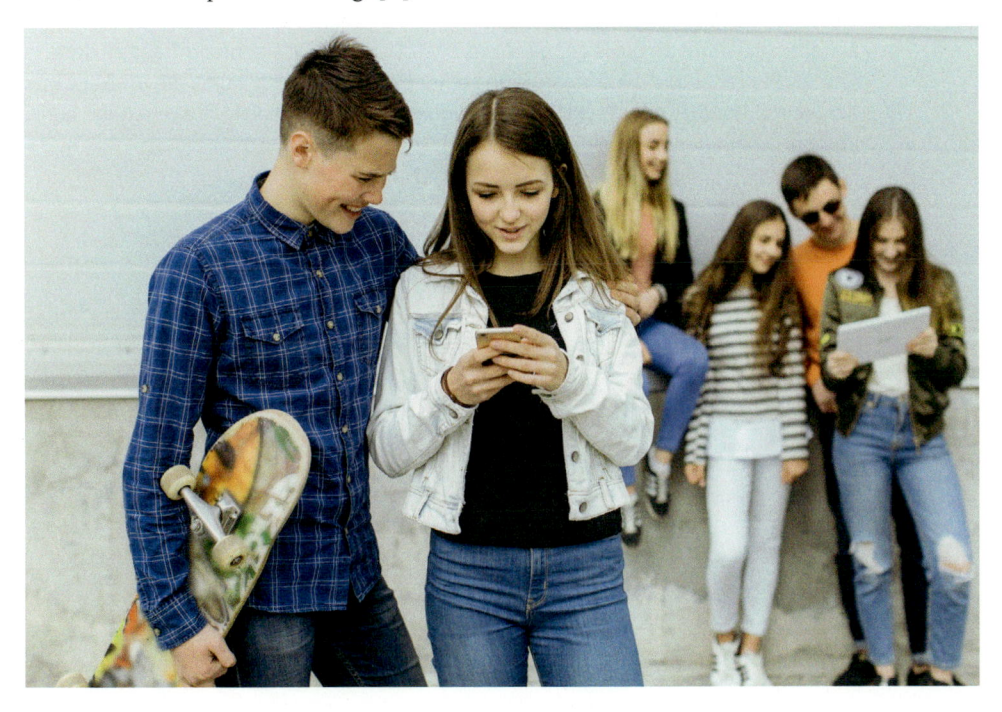

INFO

Gender Pay Gap
Unterschied in der durchschnittlichen Bezahlung zwischen Männern und Frauen.

Diversität
Einsicht, dass sich Menschen aufgrund verschiedener individueller Persönlichkeitsmerkmale ähneln und unterscheiden. Dies wird mit dem Diversitätsbegriff positiv betrachtet und wertgeschätzt.

Stereotyp
Die Überzeugung, dass bestimmte Eigenschaften oder Verhaltensweisen für eine Gruppe von Personen charakteristisch ist.

Gender Pay Gap im Osten geringer als im Westen, Ost-Männer beteiligen sich mehr am Haushalt als West-Männer, und Ostfrauen wagen sich eher, auch typische „Männerberufe" zu ergreifen.

Wie wirken Instagram & Co.?
Die Shell-Studie zeigt, dass die befragten Jugendlichen (im Alter von 12 bis 25) das Internet und soziale Medien teilweise sehr intensiv nutzen. [...] Je intensiver sie soziale Medien nutzen, desto stereotyper sind ihre Vorstellungen. Soziale Medien erwecken zwar den Anschein, dass dort Vielfalt und Diversität herrsche. Doch wie die Studien der MaLisa-Stiftung zeigen, werden nicht nur in Film und Fernsehen, sondern auch auf den modernen Kanälen YouTube, Instagram und Co. erstaunlich traditionelle Rollenklischees propagiert.

Fazit: Die Studien zeigen, wie sich Jugendliche zwischen Moderne und Tradition bewegen, und welche Faktoren sie beeinflussen. Sie sind in Bewegung, wollen sich einbringen und sind auf der Suche nach Orientierung. Angebote, die ihnen die Vielfalt ihrer Möglichkeiten frei von einengenden Klischees zeigen, sind wesentlich, um sie auf ihrem jeweils individuellen Weg zu unterstützen. [...]

Klischeefrei. Initiative zur Berufs- und Studienwahl online vom 28.10.2019, in: https://www.klischee-frei.de/de/klischeefrei_97004.php, letzter Zugriff: 13.12.2021

1 Erarbeite die Entwicklung der Vereinbarkeit von Familie und Beruf in Deutschland und berücksichtige dabei auch die unterschiedliche Entwicklung in Ostdeutschland und Westdeutschland bis 1990.

2 „Doch anders als in der BRD wurde in der DDR die Gleichheit der Geschlechter von staatlicher Seite proklamiert." (Z. 37 ff.) Überprüfe mithilfe eigener Recherchen (z. B. Internet, Geschichtsbuch), inwiefern der Anspruch, die Gleichheit der Geschlechter durch Vollerwerbstätigkeit der Frau und guter Infrastruktur der Kinderbetreuung zu fördern, in der ehemaligen DDR der Wirklichkeit entsprach.

3 Ermittle die zentralen Aussagen zu den Vorstellungen der Jugendlichen bezüglich der Rollenbilder und berücksichtige dabei auch die Rolle der sozialen Medien. Beziehe Stellung.

Weiterführende Aufgabe
Erstellt, angelehnt an die Ergebnisse der Shell Studie, eure eigene Umfrage zu dem Thema „Rollenbilder" (→ Durchführung einer Umfrage, S. 180). Führt die Umfrage in der Jahrgangsstufe oder im Klassenverband durch und vergleicht abschließend eure Ergebnisse mit denen der Shell Studie.

2.2 Früher – später – jetzt: Erziehung im Wandel

Von autoritärer Erziehung über die Reformpädagogik bis hin zu gleichberechtigten Verhältnissen zwischen Erwachsenen und Kindern – Ziele und Stile der Erziehung sind einem steten Wandel unterworfen. Was heute modern ist, kann morgen schon als völlig unmöglich gelten. Welchen Erziehungsstil würdest du bevorzugen?

M 1 So was Unerzogenes!

„Die Kinder von heute sind Tyrannen. Sie widersprechen ihren Eltern, kleckern mit dem Essen und ärgern ihre Lehrer!"

1. Überlege dir, wer das wann gesagt haben könnte.
2. Erschließe dir, welche Vorstellung davon, wie ein Kind zu sein hat, dahintersteckt. Beziehe dazu Stellung.

M 2 Sozialer Wandel am Beispiel „Erziehung"

a) „Wer sein Kind liebt, der züchtigt es!" Großwerden im Kaiserreich

Aus dem Liederbuch „Feststunden mit unseren Kleinen" (1905):

Ihr Knaben alle, groß und klein,
wir wollen rechte Deutsche sein,
marschieren nach Soldatenbrauch,
dann freut sich unser Kaiser auch.
5 Lieb' Vaterland, magst ruhig sein,
einst schützen wir den deutschen Rhein, den deutschen Rhein!

Wenn Gott uns freudig schenkt den Sieg,
wir froh heimkehren aus dem Krieg,
dann kann sich uns're Mutter freu'n
10 und stolz auf ihre Jungen sein!
Treu schützen wir den deutschen Rhein, den deutschen Rhein!

Anna Borchers: Feststunden mit unseren Kleinen. Gedichte und Lieder für Kleinkinderschulen und Horte, Bleyl & Kaemerer, Dresden 1905, S. 22

GLOSSAR

Erziehungsstil

1. Erarbeite das Idealbild des „Knaben", welches im Kaiserreich (1871 – 1918) wirksam war. Beziehe auch das Bild mit ein.
2. Erschließe dir mithilfe des Materials, welche Eigenschaften und Tugenden vermutlich von Jungen und jungen Männern erwartet wurden.

b) Mädchen im Kaiserreich

Hannelore Schweig (Jahrgang 1896) erinnerte sich an ihre Schulzeit in Berlin:

In die Schule ging ich sehr gern; vielleicht weil mir zu Hause nicht wohl war oder weil ich im-
5 mer zu den besten Schülerinnen gehörte. Zu lernen gab's da nicht viel: Laut der Ansichten, die damals vorherrschten, war der Zweck der weiblichen Erziehung nicht die Entwicklung der Intelligenz, sondern der praktischen Fähig-
10 keiten als Hausfrau und Mutter. Wissenswertes wurde nur in den minimalsten Dosen verabreicht. Stattdessen lehrte man uns, wie man aus wenigen Zutaten schmackhafte Gerichte zubereitete, verschiedene Strickmuster und
15 Nähen, einfaches Wirtschaften mit dem Haushaltsgeld und sinnige Sprüche zum Umgang mit dem Ehegatten. *Aufzeichnung der Autorinnen*

> **1** Leite ab, welche Ziele bei der Schulbildung der Mädchen im Mittelpunkt standen. Welches Frauenbild steht hinter diesem Bildungsziel?
> **2** Erschließe dir mithilfe von M 2a) und b), welche Eigenschaften und Tugenden vermutlich von Mädchen und jungen Frauen erwartet wurden.

c) „Nicht mehr zum Gleichschritt soll erzogen werden, sondern zum aufrechten Gang": Alternative Erziehungsstile in Westdeutschland

In Westdeutschland erlangte die antiautoritäre Erziehung der 1960er-Jahre besondere Aufmerksamkeit und spaltete die Gesellschaft. Nach Jahren von Drill und Disziplin wollte die
5 68er-Bewegung für ein Kontrastprogramm sorgen: In freien Schulen und sogenannten Kinderläden sollten die Kinder bewusst zu Ungehorsam und Kritikfähigkeit erzogen werden. Aus dem Gründungsprogramm eines Kinder-
10 ladens:

Das Kind muss sein Bedürfnis frei äußern und selbst regulieren können.
Die Kinder müssen ohne Schuldgefühle aufwachsen können, also sind Strafen und Vor-
15 träge über falsch und richtig unangemessen. Das Lernen muss primär von den Fragen des Kindes ausgehen und nicht auf einem für das Kind notwendig erscheinenden Programm beruhen.

Monika Seifert: Zur Theorie der antiautoritären Kindergärten. In: konkret 3/1969, KVV konkret Vertriebsgesellschaft, S. 42-43

> **1** Arbeite die Ziele der antiautoritären Erziehung heraus. Welche Folgen ergeben sich für die sozialen Rollenbilder (Junge/Mädchen)?
> **2** Können zu viele Freiheiten ein Kind überfordern? Diskutiert die Vor- und Nachteile der antiautoritären Erziehung.
> **3** 1973 wurde die Prügelstrafe an deutschen Schulen (in Bayern erst 1980) abgeschafft und 1989 die gewaltfreie Erziehung als Recht des Kindes festgeschrieben. Erkläre, weshalb dies als Erfolg der antiautoritären Reformbewegung gesehen werden kann.

d) Erziehung zur Demokratie? Wie sieht Erziehung heute aus?

Aus der Empfehlung der Kultusministerkonferenz für die Schulen:

Erziehung für die Demokratie ist eine zentrale Aufgabe für Schule und Jugendbildung – Demo-
5 kratie und demokratisches Handeln können und müssen gelernt werden. Kinder und Jugendliche sollen bereits in jungen Jahren Vorzüge, Leistungen und Chancen der Demokratie erfahren und erkennen, dass demokratische
10 Grundwerte wie Freiheit, Gerechtigkeit und Solidarität sowie Toleranz niemals zur Disposition stehen dürfen – auch nicht in Zeiten eines

2.2 Früher – später – jetzt: Erziehung im Wandel

tiefgreifenden gesellschaftlichen Wandels. [...] Partizipation und Selbstverantwortung müssen früh und in möglichst allen Lebenszusammenhängen erlernt und erfahren werden – auch und gerade in Familie und Schule.

Bundeszentrale für politische Bildung online vom 19.09.2019, in: https://www.bpb.de/gesellschaft/bildung/zukunft-bildung/192243/kultusministerkonferenz-staerkung-der-demokratieerziehung, letzter Zugriff: 28.01.2021

1. Beziehe Stellung zur heutigen Auffassung von Erziehung: In welchen Bereichen fühlst du dich gleichberechtigt und wo ist dir mehr Mitbestimmung wichtig?
2. Überprüfe in deinem eigenen Schulalltag, ob und wo die Empfehlungen der Kultusminister/-innen umgesetzt werden: Wo darfst du demokratisch mitentscheiden und wo nicht? Überlege dir Begründungen, warum Schüler/-innen in manchen Bereichen nicht miteinbezogen werden und wo mehr Mitbestimmung möglich wäre.
3. Bei der Neugründung einer Schule dürfen die Schüler/-innen drei Regeln für den Schulalltag mitbestimmen, die dann auch wirklich für das Schulleben gelten sollen: Einigt euch im Klassenverbund, zum Beispiel durch ein Abstimmungsverfahren.

M3 Geschlechtsneutrale Erziehung

Bei der geschlechtsneutralen Erziehung geht es darum, Kinder ohne die typischen Rollenklischees großzuziehen. Was viele jedoch verwechseln: Es geht nicht darum, die Geschlechter, also Junge und Mädchen, abzuschaffen, sondern den Kindern den Freiraum zu geben, sich unabhängig von diesen traditionellen Vorstellungen zu entwickeln.

„Chancengleichheit und keine Gleichmacherei" ist also das Motto der geschlechtsneutralen Erziehung. So sollen Kinder vorerst fernab gängiger Klischees erzogen werden. Anschließend wird ihnen die Wahl gelassen, ob und wo sie sich zuordnen wollen. [...] Dabei betonen Befürworter, dass Kinder, insbesondere Mädchen, von diesem Ansatz profitieren würden.

Durch die Verinnerlichung und unterbewusste Anwendung der gängigen Geschlechterrollen komme es dazu, dass wir Mädchen grundlegend weniger zutrauen. Folgt man dieser Argumentation, würde sich demnach die geschlechtsneutrale Erziehung im Kindergarten und zu Hause positiv auf die Entwicklung und das Selbstbewusstsein ausüben. [...] Nicht jeder unterstützt den Ansatz der geschlechtsneutralen Erziehung. Von Kritikern wird befürchtet, dass sich diese Erziehungsmethode sogar negativ auf die Kinder auswirkt. Es heißt, dass die Geschlechterzuordnung elementar für ein späteres gesellschaftliches Zugehörigkeitsgefühl sei. Außerdem wird darauf aufmerksam gemacht, dass Jungs im Tütü und Mädchen, die Fußball spielen, den Mobbingattacken anderer Kinder ausgesetzt werden könnten. Auch die Eltern müssten mit harscher Kritik sogar innerhalb der eigenen Familie rechnen. Ob eine generelle Anpassung an gängige Konfessionen über einer Form der unabhängigen Entfaltung abseits dieser stehen sollte, muss ein Jeder für sich selbst abschätzen.

Amelie S., Kita.de vom 12.11.2021, in: https://www.kita.de/wissen/geschlechtsneutrale-erziehung/, letzter Zugriff: 13.12.2021

Perlen im Netz

WES-116842-015
Sind stereotype Spielsachen ein Problem? (Pinkstinks, gefördert vom Bundesministerium für Familie)

1 Arbeite die Ziele, Chancen und Bedenken gegenüber einer geschlechtsneutralen Erziehung heraus.

2 **a)** Erstelle anschließend eine Übersicht, wie sich die gesellschaftlichen Rollenbilder im Laufe der Zeit geändert haben.

b) Reflektiere deine eigenen Erfahrungen und tauscht euch in Kleingruppen aus: Was habt ihr an bewussten und unbewussten Rollenklischees in der eigenen Sozialisation erfahren (Kindergarten, Schule, Kinder- und Jugendliteratur, Zuhause, …).

3 Diskutiert in der Klasse, welches Menschenbild hinter den jeweiligen Erziehungsstilen steht.

Weiterführende Aufgabe
Besonders auch in Büchern werden Rollenklischees bewusst oder unbewusst vermittelt und angelernt. Untersucht verschiedene Kinderbücher oder Schulbücher daraufhin, inwiefern sie Rollenklischees verstärken oder eine geschlechtsneutrale Erziehung verfolgen.

M 4 Schulische Erziehung damals und heute – ein Interviewprojekt

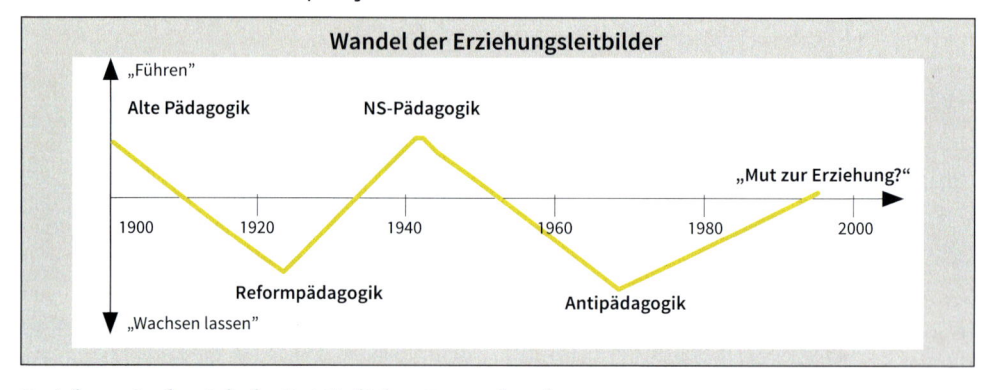

Wandel der Erziehungsleitbilder

„Führen"
- Alte Pädagogik (um 1900)
- NS-Pädagogik (um 1940)
- „Mut zur Erziehung?" (um 2000)

„Wachsen lassen"
- Reformpädagogik (um 1920)
- Antipädagogik (um 1970)

Erziehung in der Schulzeit: Möglicher Fragenkatalog

Interviewpartner: Großelterngeneration, Elterngeneration oder Gleichaltrige

1. Von wann bis wann besuchten Sie die Schule (circa)?
2. Welche Schulart besuchten Sie? Grundschule, weiterführende Schule?
3. Haben Sie eher schöne oder eher negative Erinnerungen an Ihre Schulzeit? Warum?
4. Welche Regeln galten während Ihrer Schulzeit
   - für das Verhalten im Unterricht und gegenüber den Lehrerinnen und Lehrern?
   - bezüglich der Kleidung?
   - weitere Besonderheiten
5. Gab es Strafen bei Regelverstoß (z. B. vergessene Hausaufgaben, Zuspätkommen, Schwätzen)? Auch körperliche Bestrafung? Wenn ja, welche?
9. Welche Strafen empfanden Sie als besonders demütigend?
10. Gab es auch Belohnungen für besonders brave oder gute Schüler/-innen?
11. Wie würden Sie Ihr Verhältnis zu den Lehrkräften beschreiben?
12. Welche Unterschiede sehen Sie zwischen Ihrer eigenen Schulzeit und der heutigen?
13. Lassen sich Erziehungsleitbilder ausmachen? Welche?

Autorentext

Führt ein Interview durch, um die schulische Erziehung in eurer Generation, aber auch zur Zeit eurer Eltern und Großeltern zu erfragen. Der Fragenkatalog kann euch dabei helfen.

2.3 Arbeitswelt und Rollenwandel der Geschlechter

Wie der Wandel von Frauen- und Männerrollen sich vollzieht, hängt u. a. auch mit der Stellung der Geschlechter in der Gesellschaft ab. Welche Rolle spielen hierbei die Rahmenbedingungen in der Arbeitswelt?

M 1 Sand in die Augen

Szenenbild aus dem Song „Sand in die Augen" von Danger Dan

Beim ersten Spielplatzbesuch übten wir „Sand in die Augen schmeißen"
Und ganz egal, was andre Kinder sagen, drauf zu scheißen
Abrakadabra, dreimal schwarzer Kater
Spielen Mutter, Mutter, Kind oder Vater, Vater, Vater
5 Gar nicht so leicht, aufzuwachsen in 'ner Lebenswelt
In der man Jungs, die rosa Kleidung tragen, gleich für Mädchen hält
Und selbst, wenn man dagegen hält, es fängt schon beim Geburtstag an
Die Sprechstundenhilfe eine Frau, der Oberarzt ein Mann
Und so weiter
10 Ganz egal, wohin man sieht
Der Kindergartenleiter leitet, die Erzieherin erzieht
Jungs spielen Batman, Mädchen spielen Eisprinzessin
Eigentlich ist die Welt nicht gemacht, um Kinder reinzusetzen
Wie soll ich ihr erklären, es gibt da ein paar Unterschiede
15 Die sich nicht erklären lassen, aber sie soll unterliegen
Ob sie studiert oder ackert auf'm Bau
Sie wird weniger verdienen, denn sie ist eine Frau

Wie soll ich ihr erklären, wo liegt da der Unterschied?
Der die einen oben hält und die andern runterzieht
20 Wie soll ich ihr erklären, wo liegt da der Unterschied?
Man redet nicht darüber, denn man macht sich unbeliebt
Wie soll ich ihr erklären, wo liegt da der Unterschied?
Man muss nicht auf Wunder warten, weil es keine Wunder gibt
Wie soll ich ihr erklären, wo liegt da der Unterschied?
25 Wo liegt da der Unterschied? Wo liegt der Unterschied? […]

Text: Kolja Podgowik/Danger Dan, Rechte bei den Urhebern

1 Erarbeite die in dem Song thematisierten Unterschiede und ergänze diese um weitere, die dir bekannt sind.

2 Analysiere und interpretiere das Video zum Song (Internetrecherche). Gehe dabei insbesondere auf das Verhältnis zwischen den Bildern und den dazu gehörigen Textstellen ein.

3 „Wie soll ich ihr erklären, wo liegt da der Unterschied?" (Z. 18) Erläutert in Partnerarbeit mögliche Gründe hierfür und besprecht eure Ergebnisse im Plenum. Beachtet bei euren Überlegungen auch den Songtitel.

4 Diskutiert über den Songinhalt. Trifft es zu, was Danger Dan über vorherrschende Rollenbilder sagt?

M2 Girls' und Boys'Day

Die meisten Eltern bemühen sich heutzutage, ihre Kinder frei von Geschlechterklischees zu erziehen. Auch an Schulen werden Mädchen und Jungs in der Regel gleich behandelt. Doch
5 eine Schule in Australien hält davon offensichtlich wenig: Die Dubbo West Public School nordöstlich von Sidney schickte am „Girls' and Boys'Day" die Mädchen der sechsten Jahrgangsstufe zum Schminken und Haare stylen
10 in die Bibliothek, während die Jungs in den Baumarkt fahren durften. Als Stephen Callaghan, Vater der zwölfjährigen Ruby, davon erfuhr, platzte ihm der Kragen. Er schrieb dem Direktor der Schule einen wütenden Brief, in
15 dem er sich fragte, ob die Schule wieder zurück in der Vergangenheit gereist sei: „Als Ruby gestern zur Schule ging, war es 2017, doch als sie nachmittags wieder nach Hause kam, war es 1968."

Andrea Stettner, Schule schickt Mädchen zum Schminken – so grandios reagiert ein Vater, merkur.de vom 15.12.2017, in: https://www.merkur.de/leben/karriere/schule-schickt-maedchen-schminken-vater-reagiert-mit-grandiosem-brief-zr-9445707.html, letzter Zugriff: 12.11.2021

1 Bewertet die Reaktion des Vaters, der die Schule trotz deren Beteuerung, Schülerinnen und Schülern freie Wahlmöglichkeit eingeräumt zu haben, kritisiert hat. Bezieht in eure Überlegungen auch M 1 ein.

2 Neben dem Girls'Day gehört an weiterführenden Schulen in Bayern inzwischen der Boys'Day ebenso zum festen Jahresprogramm bereits ab der Jahrgangsstufe 5. Berichtet über eure Erfahrungen und beurteilt dieses Programm in Bezug auf dessen Beitrag zum Rollenverständnis von Frauen und Männern hinsichtlich der Berufswahl.

M3 Frauen- und Männerberufe?

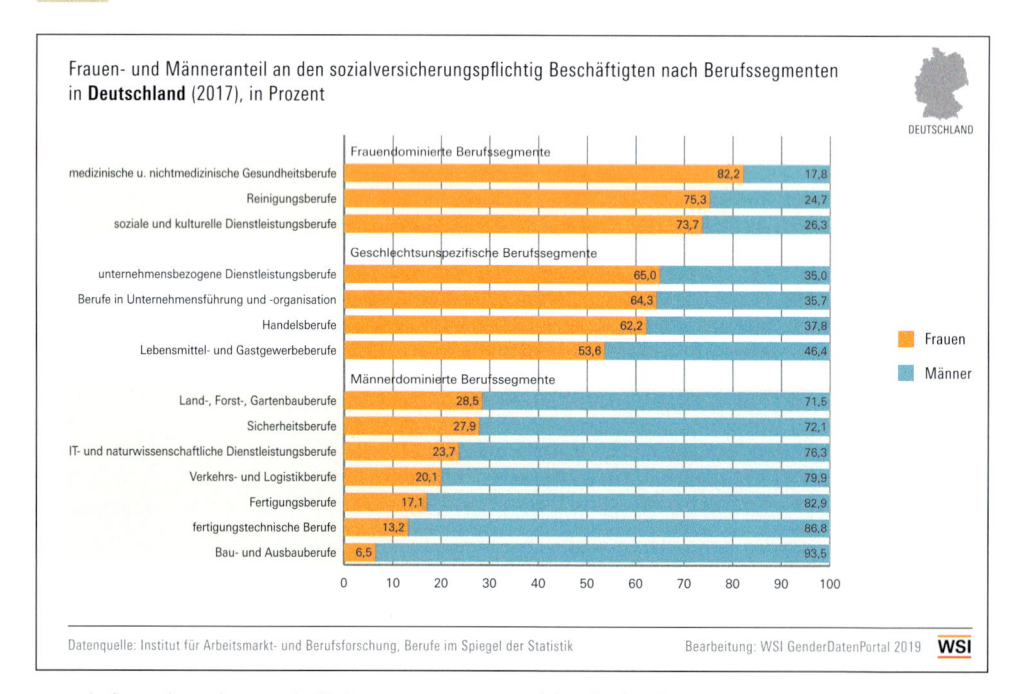

Frauen- und Männeranteil an den sozialversicherungspflichtig Beschäftigten nach Berufssegmenten in **Deutschland** (2017), in Prozent

Berufssegment	Frauen	Männer
Frauendominierte Berufssegmente		
medizinische u. nichtmedizinische Gesundheitsberufe	82,2	17,8
Reinigungsberufe	75,3	24,7
soziale und kulturelle Dienstleistungsberufe	73,7	26,3
Geschlechtsunspezifische Berufssegmente		
unternehmensbezogene Dienstleistungsberufe	65,0	35,0
Berufe in Unternehmensführung und -organisation	64,3	35,7
Handelsberufe	62,2	37,8
Lebensmittel- und Gastgewerbeberufe	53,6	46,4
Männerdominierte Berufssegmente		
Land-, Forst-, Gartenbauberufe	28,5	71,5
Sicherheitsberufe	27,9	72,1
IT- und naturwissenschaftliche Dienstleistungsberufe	23,7	76,3
Verkehrs- und Logistikberufe	20,1	79,9
Fertigungsberufe	17,1	82,9
fertigungstechnische Berufe	13,2	86,8
Bau- und Ausbauberufe	6,5	93,5

Datenquelle: Institut für Arbeitsmarkt- und Berufsforschung, Berufe im Spiegel der Statistik — Bearbeitung: WSI GenderDatenPortal 2019 — WSI

Wirtschafts- und Sozialwissenschaftliches Institut (WSI): Stand der Gleichstellung von Frauen und Männern in Deutschland. Report Nr. 56, Februar 2020, Abbildung 18 (Frauen- und Männeranteil an den sozialversicherungspflichtig Beschäftigten nach Berufssegmenten in Deutschland (2017), in Prozent), S. 27, online unter: https://www.boeckler.de/pdf/p_wsi_report_56_2020.pdf, letzter Zugriff: 28.01.2021

2.3 Arbeitswelt und Rollenwandel der Geschlechter

1 Arbeitet die zentralen Aussagen des Diagramms in eigenen Worten heraus.
2 Erläutert, warum bestimmte Berufssegmente von Männern bzw. Frauen dominiert werden, und beurteilt kritisch, inwiefern das problematisch sein kann.
3 Sammelt Möglichkeiten, einer geschlechtertypischen Berufswahl entgegenzuwirken.

M4 Ehrt und bezahlt die Putzfrauen!

Im „Kölner Treff" war neulich Samantha Cristoforetti zu Gast. Sie ist Kampfpilotin, Luft- und Raumfahrttechnikerin und Astronautin und erzählte von ihrem Aufenthalt auf der ISS und ihrer Arbeit (Bordingenieurin) und dem Leben dort – dass es einen Putzplan gibt zum Beispiel, wie in einer WG. Zeitweise war sie die einzige Frau an Bord, sie habe aber keine Sonderrolle deswegen gehabt, erzählte sie. In der Runde saß auch Geiger André Rieu und fragte sie [...]: „*Und wer putzt da jetzt, wo Sie jetzt hier sind?*" Es war nur ein Witz, schob Rieu nach, als Cristoforetti sagte, es gebe ja den Putzplan. Der eigentliche Witz ist aber natürlich, dass es 2020 immer noch Menschen auf der Welt gibt, die glauben, es sei lustig, so zu tun, als seien Frauen überall fürs Putzen zuständig, selbst im All. Ach, die kleine, erholsame Abwertung zwischendurch. „Der Name Fatma bedeutet ins Deutsche übersetzt Putzfrau", schrieb Fatma Aydemir vor Kurzem in der „taz". „Das lernte ich im Alter von acht Jahren vom Nachbarsjungen Jonas." Sie erzählt, wie sie zu ihrer Mutter rennt und weint, und die Mutter fragt: „Aber was ist schlimm daran, eine Putzfrau zu sein?" Es ist natürlich eigentlich nichts schlimm daran, eine Putzfrau zu sein, außer die Umstände. Putzen an sich ist keine demütigendere Tätigkeit als Kochen, Einkaufen oder Duschen, es zählt zu den lebenserhaltenden Maßnahmen des Alltags. [...] Erniedrigend wird Putzen erst durch die Bedingungen, unter denen es stattfindet. Dabei wird Putzen interessanterweise gleichermaßen verachtet und fetischisiert. Einerseits gilt Putzen als einer der Scheißjobs schlechthin, gleichzeitig wird über Frauen, die in Privathaushalten putzen, oft auffällig lieblich gesprochen, sie sind „eine Perle", ein „Engel" und ohne sie „ginge es nicht". Wenn man Leute fragt, warum sie die Wohnung verlassen, während ihre Putzfrau für sie putzt, dann sagen sie oft „aus Respekt" und „damit sie ihre Ruhe hat". Die Leute betonen immer, wie gut sie mit „ihren" Putzfrauen umgehen, und ich will gar nicht sagen, dass sie lügen, aber es scheint eine gewisse Diskrepanz zu geben zwischen der Wertschätzung für einzelne, bestimmte Putzfrauen und dem Image des Jobs im Allgemeinen. Das schlechte Image des Jobs hat sicher auch damit zu tun, dass die Arbeit dahinter unterschätzt wird. Putzen kann nicht jeder, manche machen es wahnsinnig schlecht. Nicht, weil sie es prinzipiell nicht lernen können, sondern weil sie unterschätzen, dass Putzen eine Arbeit ist, die man gut oder schlecht machen kann. [...] Na ja. Ein Jammer ist es eher, dass Putzen als schlecht angesehener Job für Frauen und Menschen mit sogenanntem Migrationshintergrund gilt, die man dafür mies bezahlt und unter schlechten Bedingungen arbeiten lässt, obwohl es sich um eine Arbeit handelt, die nicht nur einen Haufen Fähigkeiten erfordert, sondern auch lebensnotwendig ist. Wir würden alle sterben, wenn Leute nicht beruflich für uns putzen würden: die Bahnen, die Krankenhäuser, die Supermärkte, alles. Es ist eine Arbeit, für die selten von Balkonen geklatscht wird, und eine, die oft unsichtbar bleibt, wie die meiste Reproduktionsarbeit. [...] Wenn man vom Putzen redet und davon, dass es oft von Frauen erledigt wird, kommt natürlich immer jemand, der auf Müllmänner verweist, allerdings haben die, soweit ich sehe, gar kein so schlechtes Gehalt, einen Arbeitsvertrag, Versicherungen und eine Rente, während sehr viele Frauen, die putzen, all das nicht haben. [...]

Margarete Stokowski: „Ehrt und bezahlt die Putzfrauen!" SPIEGEL.de vom 26.05.2020, in: https://www.spiegel.de/kultur/ehrt-und-bezahlt-die-putzfrauen-kolumne-a-656a6903-438f-41db-b81e-38d3a68ede22?utm_source=pocket-newtab-global-de-DE, letzter Zugriff: 28.01.2021

INFO

vertraglich abgesichert
schriftliche Vereinbarung zwischen Arbeitgebern und Arbeitnehmern, in der u. a. die Höhe der Entlohnung und die Arbeitszeiten verbindlich geregelt sind.

sozialversicherungspflichtige Tätigkeit
In Deutschland sind in der Regel alle teilzeit- und vollzeitbeschäftigten Arbeitnehmer/-innen und Arbeitgeber/-innen dazu verpflichtet, eine bestimmte Summe des monatlichen Bruttolohns jeweils zur Hälfte an verschiedene soziale Versicherungen wie z. B. die Kranken- und Rentenversicherung abzuführen, um für den Fall einer Erkrankung oder Verrentung entsprechende Unterstützung zu erhalten.

Diskrepanz
Widersprüchlichkeit

fetischisieren
etwas zum Fetisch bzw. zum Abgott machen

1 Erarbeite die Ursachen für mangelnde Wertschätzung der Putztätigkeit.
2 Problematisiert die Unterschiede zwischen den Frauen und Männern in Reinigungsberufen. Berücksichtigt dabei auch M 3.

M 5 Unterschiede im Gehalt

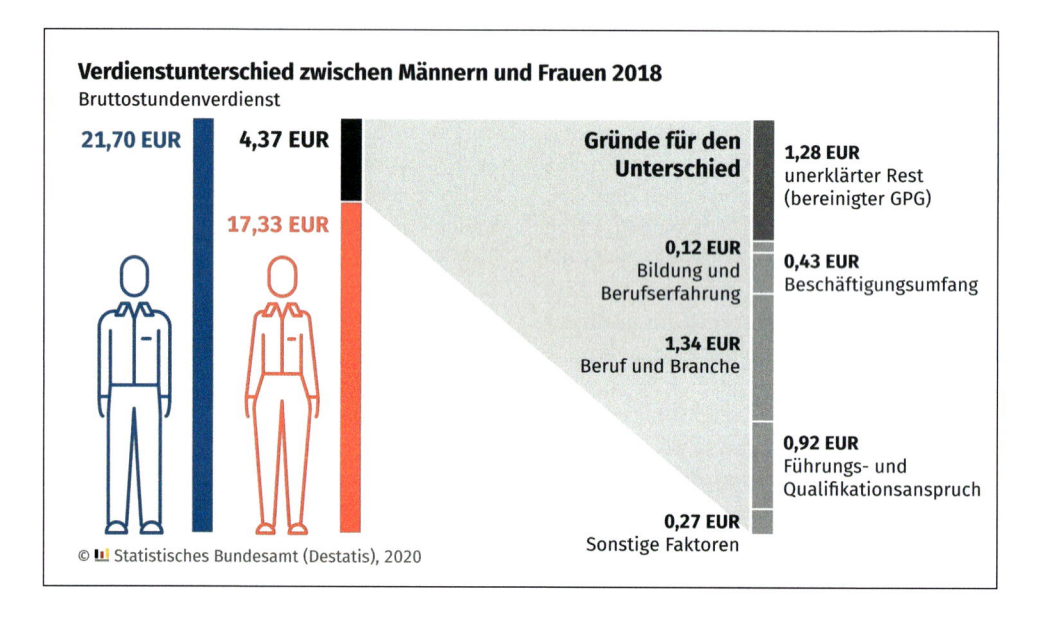

Verdienstunterschied zwischen Männern und Frauen 2018
Bruttostundenverdienst

21,70 EUR   4,37 EUR

17,33 EUR

Gründe für den Unterschied

- 0,12 EUR Bildung und Berufserfahrung
- 1,34 EUR Beruf und Branche
- 0,92 EUR Führungs- und Qualifikationsanspruch
- 0,27 EUR Sonstige Faktoren
- 1,28 EUR unerklärter Rest (bereinigter GPG)
- 0,43 EUR Beschäftigungsumfang

© Statistisches Bundesamt (Destatis), 2020

1 Erkläre mithilfe der Darstellung (M5), was unter dem „Gender Pay Gap" zu verstehen ist, und arbeite die Gründe dafür heraus. Finde für die Gründe jeweils passende Beispiele.
2 Diskutiert die Bedeutung und Auswirkungen der vorherrschenden Rollenbilder auf den „Gender Pay Gap".

2.3 Arbeitswelt und Rollenwandel der Geschlechter

M 6 Alte Rollenbilder, neues Zukunftsmodell?

Gewünschtes Modell der Aufteilung der Erwerbstätigkeit
Jugendliche im Alter von 12 bis 25 Jahren (in %)

Stell dir einmal vor, du wärst 30 Jahre alt und hast mit deiner Partnerin/ deinem Partner ein zweijähriges Kind. Wie viele Stunden würdest du dann am liebsten durchschnittlich pro Woche arbeiten gehen, um Geld zu verdienen? Und wie viele Stunden möchtest du, dass deine Partnerin/dein Partner durchschnittlich pro Woche arbeiten geht, um Geld zu verdienen?

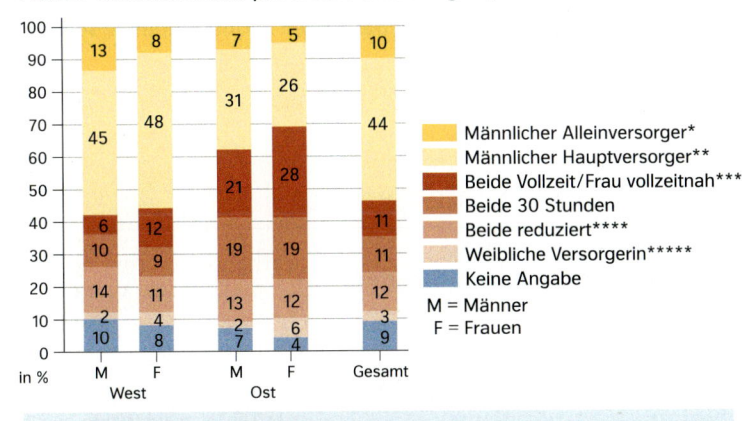

	M West	F West	M Ost	F Ost	Gesamt
Männlicher Alleinversorger*	13	8	7	5	10
Männlicher Hauptversorger**	45	48	31	26	44
Beide Vollzeit/Frau vollzeitnah***	6	12	21	28	11
Beide 30 Stunden	10	9	19	19	11
Beide reduziert****	14	11	13	12	12
Weibliche Versorgerin*****	2	4	2	6	3
Keine Angabe	10	8	7	4	9

M = Männer
F = Frauen

* Mann 30 oder 40 Stunden, Frau gar nicht
** Mann 30 oder 40 Stunden, Frau 10 oder 20 Stunden
*** Mann 40 Stunden, Frau 30 oder 40 Stunden
**** Beide zwischen 0 und 20 Stunden
***** Frau 30-40 Std. und Mann 0-20 Std./Frau 40 und Mann 30 Std.

Quelle: Shell Jugendstudie 2019

1 Beschreibe, analysiere und interpretiere das Schaubild (→ Schaubilder auswerten, S. 178).

2 Die vorliegende Studie zeigt, dass die traditionellen Rollenbilder von Mann und Frau trotz sozialen Wandels und damit einhergehender Veränderungen der Geschlechterverhältnisse immer noch die attraktivsten sind. Diskutiert diese These im Plenum.

3 Nun seid ihr an der Reihe, eine Erhebung zum Thema Rollen und gesellschaftliche Stellung der Geschlechter durchzuführen (→ Eine sozialwissenschaftliche Erhebung durchführen, S. 66). Recherchiert in Gruppen folgende Informationen und präsentiert anschließend eure Ergebnisse im Plenum (z. B. in Diagramm-Form):
a) Gesamtanzahl der Lehrerinnen und Lehrer an eurer Schule,
b) Verteilung der Lehrerinnen und Lehrer auf die Schulfächer,
c) Anzahl der Lehrerinnen bzw. Lehrer, die sog. Funktionsstellen innehaben (z. B. Schulleitung, Fachschaftsleitung usw.),
d) Anzahl der Lehrerinnen und Lehrer, die an eurer Schule in Teilzeit beschäftigt sind.

4 Diskutiert über die Ergebnisse eurer Erhebung sowie darüber, ob es bei vorliegender Über- bzw. Unterrepräsentation eines Geschlechts sinnvoll ist, gesetzliche Maßnahmen zur entsprechenden Angleichung zu unternehmen (z. B. Einstellungsstopp für Personen des überrepräsentierten Geschlechts).

ZUR DEBATTE

2.4 Ohne Frauenquote keine Gleichberechtigung der Geschlechter?

Angela Merkel leitete 16 Jahre die Geschicke der Bundesrepublik Deutschland als Bundeskanzlerin an der Spitze der Bundesregierung. Doch heißt es, die Bundesrepublik brauche zur Verwirklichung der Gleichberechtigung von Frauen und Männern nicht nur eine verbindliche Frauenquote bei Besetzung von Führungspositionen in Unternehmen, sondern insgesamt in Wirtschaft und in Politik.

M 1 Ist die Frauenquote gerecht?

Führungspositionen
Deutschland ist Schlusslicht bei der Frauenquote

Arbeitsmarkt
Frauen sind in Führungspositionen weiterhin unterrepräsentiert

In Art. 3, GG, wird der Staat ausdrücklich in die Pflicht genommen, die Gleichberechtigung von Frauen und Männern durchzusetzen und bestehende Nachteile zu beseitigen. Um z. B. den Anteil von Frauen in Führungspositionen zu erhöhen, trat am 1. Mai 2015 das „Gesetz für die gleichberechtigte Teilhabe von Frauen und Männern an Führungspositionen" (FüPoG) in Kraft. Dort ist u. a. geregelt, dass Aufsichtsratsposten in bestimmten Unternehmen einen Anteil von mindestens je 30 Prozent Männer und Frauen haben müssen. Solange diese Quote nicht erreicht wird, müssen neu zu besetzende Posten mit Angehörigen der unterrepräsentierten Gruppe – in der Realität Frauen – besetzt werden oder unbesetzt bleiben.

Autorentext

M 2 Gleich ist gerecht!

a) Geschlechterverhältnis im Deutschen Bundestag

Am 21. September 2021 wurde der Deutsche Bundestag neu gewählt. Wahlberechtigt sind laut Schätzungen des Bundeswahlleiters insgesamt 60,4 Millionen Deutsche gewesen, davon 31,2 Millionen Frauen und 29,2 Millionen Männer. Der 736 Abgeordnete zählende 20. Deutsche Bundestag setzt sich zu 65,08 % aus männlichen und 34,92 % weiblichen Parlamentariern und Parlamentarierinnen zusammen. Wie die Verteilung der weiblichen und männlichen Abgeordneten nach Parteien aussieht, thematisiert die nachstehende Grafik.

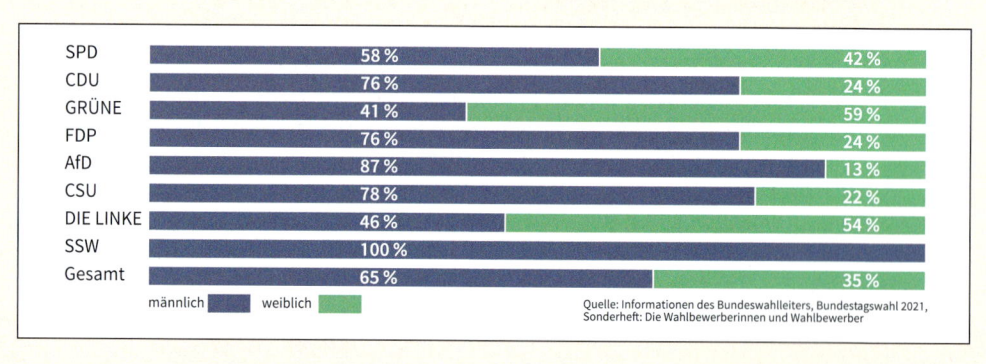

Partei	männlich	weiblich
SPD	58 %	42 %
CDU	76 %	24 %
GRÜNE	41 %	59 %
FDP	76 %	24 %
AfD	87 %	13 %
CSU	78 %	22 %
DIE LINKE	46 %	54 %
SSW	100 %	
Gesamt	65 %	35 %

Quelle: Informationen des Bundeswahlleiters, Bundestagswahl 2021, Sonderheft: Die Wahlbewerberinnen und Wahlbewerber

ZUR DEBATTE

b) Mehr Frauen in den Bundestag

[...] Im Grundgesetz ist die Gleichberechtigung von Frauen und Männern verankert. Doch ausgerechnet bei einer der wichtigsten Aufgaben überhaupt, nämlich der Repräsentation der Gesellschaft durch den Deutschen Bundestag, wird deutlich, dass Gleichberechtigung noch lange nicht verwirklicht ist. Gleichberechtigung fängt da an, wo genau so viele Frauen wie Männer mitbestimmen, welche Politik gemacht wird. Und sie hört da auf, wo Politikerinnen sich immer noch Fragen anhören müssen, die Männern erst gar nicht gestellt werden. Oder könnte sich ernsthaft jemand vorstellen, dass ein Mann, gar ein Kanzlerkandidat gefragt wird, wie er Karriere und Kinder unter einen Hut bringt? Klassische Rollenbilder sind in Politik und Gesellschaft immer noch viel zu tief verankert. Wie haben es die Grünen also geschafft, sogar mehr Frauen als Männer in ihre Fraktion zu bekommen? Ganz einfach: Sie besetzen unter anderem ihre Wahllisten paritätisch, also mit ebenso vielen Männern wie Frauen. Die anderen Parteien sollten sich ein Beispiel daran nehmen. Ich sag es ganz offen: Ich bin für die Frauenquote, und zwar auch im Bundestag. Warum? Weil es ohne sie keine Gleichberechtigung geben kann. Das zeigen ja die vergangenen Jahre. Ich kann das Argument, dass dann ja Frauen in Positionen kämen, für die sie nicht gut genug seien, nicht mehr hören. Denn in einem bin ich mir sicher: Es gibt definitiv genügend top qualifizierte Frauen! Nur wird es ihnen immer noch viel zu schwer gemacht, die erforderlichen Schritte auch zu gehen. Noch immer erleben Frauen Benachteiligung, wenn es um die Vereinbarkeit von Familie und Beruf geht. Am Ende müssen sie viel zu oft zurückstecken. [...] Es gibt eine Studie, die schätzt, dass wir erst in 100 Jahren bei der vollkommenen Gleichberechtigung angekommen sein werden. Das wundert mich nicht, wenn ich mir den neugewählten Deutschen Bundestag anschaue.

Melina Grundmann, Meinung: Mehr Frauen in den Bundestag! Deutsche Welle online vom 01.10.2021, in: https://www.dw.com/de/meinung-mehr-frauen-in-den-bundestag/a-59367299, letzter Zugriff: 13.11.2021

> Deutschland ist eine repräsentative Demokratie, d. h. Bürgerinnen und Bürger wählen Abgeordnete, damit diese sie und ihre Interessen z. B. im Deutschen Bundestag vertreten. Beurteilt, ob die gegenwärtige Zusammensetzung des Bundestags nach Geschlecht dem Anspruch der repräsentativen Demokratie gerecht wird.

M 3 Gleichstellung bedeutet schlicht Gleichmacherei

Quotenregelungen sind reine Symptombekämpfung, sie untergraben echte Gleichberechtigung. [...] Gleichstellung und Gleichberechtigung sind eben nicht dasselbe. Längst haben sich beide Begriffe im gängigen Sprachgebrauch vermischt, was nicht darüber hinwegtäuschen kann, dass sie Gegensätzliches beschreiben. Gleichberechtigung bedeutet Gleichheit vor dem Gesetz. Tatsächliche Ungleichheiten der Positionen sind hinzunehmen, da Individuen ungleich sind – das macht sie aus. Das Ideal der Gleichstellung geht hingegen davon aus, dass eine absolute Verteilung der Geschlechter, also 50:50, notwendig ist. Diese Annahme ist nicht haltbar, denn weder sind alle Frauen noch alle Männer gleich. Was nicht der Tatsache widerspricht, dass Männer und Frauen grundsätzlich gleich gut und gleich geeignet sind, also gleich repräsentiert sein sollten. Nur lässt sich diese Repräsentation nicht mit einer Quote herstellen, denn eine Quote ist viel zu pauschal, um in jedem Fall, der auch immer nur eine Momentaufnahme von Angebot und Nachfrage ist, zu einem gerechten Ergebnis zu kommen. Kurz: Gleichberechtigung bedeutet Freiheit, weil sie Ungleichheiten zulässt. Gleichstellung hingegen ist Gleichmacherei, die Individualismus negiert, da sie den Menschen nur mehr als Vertreter einer bestimmten Gruppe wahrnimmt. Dass in der Realität, insbesondere in großen Unternehmen, oft Machtstrukturen

INFO
Patriarchat
von Männern dominiertes gesellschaftliches System
perpetuieren
bewirken, dass etwas sich fortsetzt

bestehen, die Frauen diskriminieren – geschenkt. Um diese zu durchbrechen, ist es notwendig, Frauen zu ermächtigen und zu unterstützen. Das beginnt in der Schule und setzt sich im Studium oder in der Ausbildung fort: Frauen haben die gleichen Chancen und Möglichkeiten wie Männer, und das sollte man ihnen auch bewusst machen. Eine Quote ist dafür ein zu plumpes Instrument, da es alle Frauen über einen Kamm schert. Statt talentierte Individuen zu fördern, begünstigen derartige Regelungen pauschal nur aufgrund des Geschlechts. Das schadet dem Anliegen an sich. Frauenquoten schaffen Quotenfrauen, was Frauen nicht hilft, Männern auf Augenhöhe zu begegnen. Interessant ist in dieser Diskussion auch, dass diejenigen, die sich für eine Quote starkmachen, oft auch die sind, die gegen die Zwänge des Patriarchats auftreten. Dabei ist es die Frauenquote, die althergebrachte Rollenbilder perpetuiert: Anstatt Frauen zuzutrauen, dass sie sich trotz Diskriminierungen auf dem freien Markt behaupten können, werden sie als hilflose Wesen stigmatisiert, denen mit gesetzlichem Zwang geholfen werden muss. [...]

Anna Schneider, Brauchen wir eine Frauenquote? Fluter online vom 31.03.2021, in: https://www.fluter.de/frauenquote-pro-contra-streit, letzter Zugriff: 13.11.2021

Erläutere, warum Anna Schneider in der Frauenquote kein Mittel zur Lösung der Benachteiligung von Frauen sieht.

M4 Die Quotenfrau

Miriam Wurster

Beschreibe, analysiere und interpretiere die Karikatur (→ Karikaturinterpretation, S. 177).

Weiterführende Aufgabe
Führt eine Debatte im Tübinger-Stil (→ S. 81) über die Frage „Ohne Frauenquote keine Gleichberechtigung in der Demokratie?"

UNTERRICHTSMETHODE

Tübinger Debatte

Ähnlich wie bei der Debatte im Oxfordstil geht es bei der Tübinger Debatte darum, Vertreter gegenseitiger Positionen im Rahmen eines strukturierten und kontroversen Gesprächs in einen argumentativen Austausch miteinander und vor dem Publikum treten zu lassen.

Vorbereitung
Im ersten Schritt sind die Präsidentin bzw. der Präsident (Debattenleiter bzw. Debattenleiterin) sowie zwei Vertreter/-innen der Pro- und Kontraseite als Redner zu bestimmen. Die anderen Debattenteilnehmer nehmen in der Rolle des Publikums, also der Sitzungsteilnehmer, an dieser teil.

Durchführung
Phase 1: Der Präsident bzw. die Präsidentin eröffnet die Debatte durch die Vorstellung der Rednerin bzw. des Redners. Dann stellt sie bzw. er die Debattenregel vor: Sitzungsteilnehmer/-innen, die das Wort ergreifen wollen, müssen mit Handzeichen auf sich aufmerksam machen und dürfen erst nach Worterteilung durch die Präsidentin bzw. den Präsidenten sprechen. Sitzungsteilnehmer/-innen sollten bei ihrer ersten Meldung zunächst ihren Namen nennen, bevor sie inhaltliche Sachverhalte vorbringen. Die zeitliche Beschränkung der Redebeiträge des Publikums gilt es zu achten. Wird die Redezeit von einer Sitzungsteilnehmerin bzw. einem Sitzungsteilnehmer wiederholt überschritten, entzieht die Präsidentin bzw. der Präsident dieser bzw. diesem das Wort. Zur Entziehung des Worts kommt es außerdem auch dann, wenn eine Sitzungsteilnehmerin bzw. ein Sitzungsteilnehmer während der Aussprache entweder dreimal dazu aufgerufen wurde, nicht abzuschweifen, sondern sich zur Sache zu äußern; oder wenn sie bzw. er dreimal zur Ordnung gerufen wurde. Die Präsidentin bzw. der Präsident ist bei entsprechenden Störungen zudem befugt, Sitzungsteilnehmer/-innen aus dem Raum zu verweisen. Zwischenrufe aus dem Publikum sind aber während der Aussprache erlaubt. Sie gelten nicht als Unterbrechung. Sowohl Redner/-innen als auch Sitzungsteilnehmer/-innen sprechen stehend von ihrem Platz aus. Im Anschluss an die Regelerläuterung präsentiert die Präsidentin bzw. der Präsident die zu debattierende Frage dem Publikum und stellt sie diesem gleichzeitig zur geheimen Abstimmung.

Phase 2: Wenn die Abstimmung beendet ist, erteilt die Präsidentin bzw. der Präsident den Rednern das Wort. Diese tragen abwechselnd ihre Eingangsstatements vor. Jeder Seite stehen hierfür drei Minuten zur Verfügung. Auf die Einhaltung der Redezeit achtet die Präsidentin bzw. der Präsident.

Phase 3: Auf die höchstens dreiminütigen Eingangsstatements folgt die offene Aussprache, in deren Rahmen Sitzungsteilnehmer/-innen aus dem Publikum die Gelegenheit erhalten, sich zur Sache entweder ergänzend zu äußern oder direkte Fragen an die Rederinnen und Redner zu stellen. Im Verlauf der höchstens sechzigminütigen Aussprache sind sowohl die Redner als auch Sitzungsteilnehmer von der Präsidentin bzw. vom Präsidenten dazu anzuhalten, sich an die Redezeit zu halten. Die Redezeit für die Wortbeiträge der Sitzungsteilnehmer/-innen beträgt eine, für die der Redner/-innen höchstens zwei Minuten. Am Ende der Aussprache tragen die Redner ihre höchstens dreiminütigen Schlussstatements vor.

Phase 4: Nach Beendigung der Aussprache stellt die Präsidentin bzw. der Präsident die debattierte Frage erneut, dieses Mal jedoch offen zur Abstimmung (etwa per Handzeichen). Anschließend wird zunächst das Ergebnis der geheimen und dann der offenen Abstimmung verkündet. Gewonnen hat jene Seite, zu deren Gunsten eine Verschiebung in der offenen Abstimmung stattgefunden hat. Falls keine Stimmenverschiebung vorliegt, wird auf der Grundlage der einfachen Mehrheit die Siegerseite ermittelt, mit deren Verkündung auch die Sitzung beendet wird.

2.5 Wie viel Unterschied darf sein?

Jeder Mensch sollte die gleichen Lebenschancen haben und nicht aufgrund von sozialer Herkunft, Geschlecht, Religion oder Alter benachteiligt werden. Doch wie sieht die Realität aus?

M 1 Chancengleichheit?

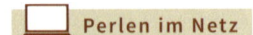

Perlen im Netz

WES-116842-016
Hier kommt ihr zum Grundgesetz.

Sprechblase: „Zum Ziele einer gerechten Leistungsbewertung lautet die Prüfungsaufgabe für alle gleich: Klettern Sie auf die Leiter!"

Bettina Kumpe

1 Beschreibe, analysiere und interpretiere die Karikatur M 1 (→ Karikaturinterpretation, S. 177): Auf welches Problem möchte die Karikaturistin aufmerksam machen?
2 Beziehe auch mit Bezug auf Artikel 3 GG Stellung zu der Prüfungsaufgabe (→ Perle im Netz und Seite 85). Benennt Schwierigkeiten bei der Umsetzung des Artikels in unserer Gesellschaft.

M 2 So ist es, ich zu sein: Fallbeispiele

Tom (16) hatte mit 11 einen Skiunfall und sitzt seitdem im Rollstuhl. Eigentlich wollte er Flugbegleiter werden, aber jetzt muss er sich einen Job im Büro suchen. Seine Freunde nehmen ihn manchmal abends mit oder er sieht ihnen beim Fußballspielen zu, aber so richtig wohl fühlt er sich dabei nicht.
Erdem (17) ist Sohn türkischer Einwanderer. Er wurde in Deutschland geboren und besucht ein Gymnasium. Später möchte er BWL studieren. Sein Taschengeld bessert sich der fleißige Schüler mit Nachhilfe auf – nur wird er viel seltener gebucht als seine deutschen Kollegen.
Samira (17) ist das einzige Kind einer erfolgreichen Anwältin und eines wohlhabenden Unternehmers. Die lebenslustige Gymnasiastin geht gerne mit ihren Freundinnen shoppen und tanzen. Außerdem hat sie zwei eigene Pferde und reitet am Wochenende gerne aus. Später soll sie die Firma des Vaters übernehmen.
Sonja (14) und ihre drei Geschwister haben Eltern, die seit längerer Zeit arbeitslos sind. Ihre Mutter hat deshalb immer wieder auch mit psychischen Problemen zu kämpfen. Als Älteste schmeißt sie nach der Schule den Haushalt und übernimmt Verantwortung für ihre kleineren Geschwister. Außerdem trägt sie Zeitungen aus, um etwas Taschengeld zu haben. Für ein Hobby fehlen ihr die Zeit und das Geld.

Aufzeichnungen der Autorinnen

1 Lies dir die Kurzbiografien durch und stelle dir vor, wie der Alltag der Jugendlichen aussieht, zum Beispiel in der Schule, im Freundeskreis. Beschreibe: Wie ist ihre berufliche Perspektive, wie die Wahrnehmung der Gesellschaft?

2 Erläutere ausgehend von Artikel 3 GG, inwiefern du die Unterschiede zwischen den Jugendlichen, die sich in der Lösung zu Aufgabe 1 zeigen, als ungerecht empfindest. Entscheide, in welchen Fällen der Staat tätig werden sollte.

M 3 Diskriminierung im Alltag: „Mitleid bringt uns nichts"

Nicht nur Benachteiligung und offene Ablehnung können als diskriminierend empfunden werden. Im Alltag beginnt Diskriminierung für viele Betroffene schon früher – manchmal auch bei einem Kompliment. Drei Erfahrungsberichte.

Hautfarbe, Religion, Behinderung – wer aus der vermeintlichen Norm fällt, hat es in Deutschland oft schwerer. Bei der Antidiskriminierungsstelle des Bundes sind im vergangenen Jahr erneut mehr Meldungen wegen Diskriminierung eingegangen als im Jahr davor. Doch nicht nur offene Ablehnung oder Benachteiligung wird von vielen als diskriminierend empfunden. Wo beginnt im Alltag Diskriminierung?

Die Journalistin Judyta Smykowski, Jahrgang 1989, leitet das Projekt Leidmedien.de, das sich für klischeefreie Sprache und Bildsprache über Behinderung in den Medien und der Gesellschaft einsetzt. Außerdem verantwortet sie das Magazin „Die Neue Norm". In ihren Artikeln schreibt sie auch über das Leben mit dem Rollstuhl.

„Natürlich können Worte diskriminierend wirken, Schimpfworte vor allem. Was im Leben von Menschen mit Behinderung aber oft auch eine große Rolle spielt, sind Mitleid und Bewunderung – das Unterschätztwerden und das ständige Hervorheben der vermeintlichen Unterschiede. Sätze wie ‚Toll, wie du das meisterst' etwa – darauf antworte ich meistens: Nein, das ist ganz normal für mich. Oder auch der Satz ‚Ich könnte das nicht'. Das meinen die Leute nicht böse. Aber das bringt nichts, weil einem ja nichts anderes übrig bleibt und man die Behinderung zumeist akzeptiert hat. Das Problem ist, bei behinderten wie auch bei schwarzen Menschen: Sie sollen immer von ihren Diskriminierungen erzählen, um Einblicke zu gewähren. Daraufhin folgt aber meist nur wieder das Mitleid, und Mitleid bringt uns nichts. Mehr Maßnahmen für Barrierefreiheit würden uns etwas bringen. Man muss bei den Strukturen ansetzen.

Es ist in Deutschland zum Beispiel Glückssache, ob man mit Behinderung auf die Regelschule geht oder auf die Förderschule. Wenn man mit Behinderung auf eine Förderschule geht, dann landet man danach nicht auf dem ersten Arbeitsmarkt, sondern in einer Werkstatt, wo man nur ein Taschengeld verdient. Menschen mit Behinderungen kommen in unseren Strukturen und auf dem ersten Arbeitsmarkt kaum vor. Dadurch entstehen auch Unsicherheiten im Umgang mit ihnen. [...]"

Alice Hasters wurde 1989 in Köln geboren. Sie arbeitet als freie Journalistin unter anderem für die Tagesschau und den RBB. Im September 2019 erschien ihr Buch: „Was weiße Menschen nicht über Rassismus hören wollen, aber wissen sollten".

„Diskriminierung beginnt nicht erst mit der Beleidigung oder Abwertung. Rassismus ist eine teilweise unbewusste, internalisierte Denkweise – der Grundgedanke, dass wir von Natur aus verschieden seien, dass bestimmten Menschengruppen bestimmte Eigenschaften vorliegen würden. Das kann sich auch in positiven Bemerkungen äußern, das können auch

GLOSSAR
Diskriminierung

INFO
internalisiert = verinnerlicht

vermeintliche Komplimente sein. Wie etwa: Ich hätte Rhythmus im Blut, ich könne gut tanzen oder singen oder könne gut Basketball spielen – das sind alles Dinge, die mir aufgrund meines Schwarzseins unterstellt wurden.

[...]. Aber auch Fragen wie, ob ich eigentlich einen Sonnenbrand bekommen könne oder ob ich mich wohler fühle bei Hitze. Durch diese Fragen verrät man, dass man meint, ich sei von Geburt aus anders und würde als Mensch grundlegend anders funktionieren.

Diese Dinge kommen häufig und völlig unbedacht. Viele Leute wollen das „Anderssein" thematisieren, weil es für sie sehr präsent ist, und es dann aber in einem Witz verpacken. Sie erwarten von mir, dass es für mich selbstverständlich ist, mich und meine Existenz zu erklären – und das wird von weißen Menschen zum Beispiel nie erwartet. Wenn ich dann sage, dass etwas rassistisch ist, wird das im seltensten Fall angenommen. [...] Rassismus kann auch sein, dass ich aufgewachsen bin in einem Land, in dem ich mich nie repräsentiert gesehen habe. Dass nicht-weiße Menschen überproportional oft in prekären Verhältnissen leben. Wir werden rassistisch sozialisiert, kurz gesagt. Man kann also gar nicht fragen: Wann beginnt das? Es ist quasi schon da."

Tagesschau online vom 09.06.2020, in: https://www.tagesschau.de/inland/diskriminierung-125.html, letzter Zugriff: 13.12.2021

Merve ist 27 Jahre alt, studiert Politikwissenschaft und ist in Deutschland geboren und aufgewachsen. Trotzdem starren sie fast täglich Menschen in der U-Bahn an oder beschimpfen sie auf der Straße. Weil Merve gläubige Muslima ist und aus Überzeugung ein Kopftuch trägt.

„In der sechsten Klasse habe ich angefangen, das Kopftuch zu tragen. Plötzlich wurde ich ganz anders wahrgenommen: Ich war nicht mehr Merve, sondern das Mädchen mit dem Kopftuch. Und dann musste ich mich ständig mit diesen Fragen auseinandersetzen: Wie ist denn der Islam? Warum trägst du das Kopftuch? Vorher war das überhaupt kein Thema, da war ich nur das türkische Mädchen. Plötzlich war ich das türkische, muslimische Mädchen – mit nochmal ganz neuen Vorurteilen, die auf mir lasten. [...] Die Leute haben erst mal meinen Vater angesprochen und gefragt, ob er mich dazu zwingt. Er musste sich rechtfertigen. Dabei war er eher dagegen, dass ich das Kopftuch trage. Er meinte zu mir: „Willst du das Kopftuch nicht ablegen? Wäre das nicht leichter für dich?" [...] Die Leute assoziieren einfach: Die Frau mit Kopftuch wird ja sowieso von ihrem Vater oder Ehemann unterdrückt. Wenn ich die jetzt anstarre oder beschimpfe, passiert sowieso nichts. Die ist das ja gewöhnt. [...] Ich sage auch nicht, dass jede Muslima ein Kopftuch tragen soll, da bin ich dagegen. Das soll jede für sich selbst entscheiden. Aber ich würde mich ohne Kopftuch fremd und verloren fühlen. Es gehört zu meiner Identität. Natürlich wäre es ohne das Kopftuch leichter. Aber soll ich deshalb meine Identität abgeben? Weil das Kopftuch meine Identität ist, ich habe mich dafür entschieden. [...] [Ich wünsche mir, dass] ich einfach als normaler Mensch angesehen werde. Als ein Mitglied der Gesellschaft, das sich nicht jedes Mal rechtfertigen muss für sein Aussehen. Als ein Mensch, der auch die deutsche Sprache beherrschen kann, unabhängig, emanzipiert und selbstbewusst ist. Ich hoffe, wir werden irgendwann eine Gesellschaft, die alle vielfältigen Menschen akzeptiert und respektiert."

Robin Köhler, Wie es sich als junge Muslima in Bayern lebt, Bayerischer Rundfunk online vom 19.11.2018, in: https://www.br.de/puls/themen/welt/diskriminierung-muslima-in-bayern-100.html, letzter Zugriff: 13.12.2021

---

1 Lies Artikel 3 des Grundgesetzes. Besprecht in Kleingruppen, was mit den genannten Merkmalen gemeint ist, und stellt anhand der Beispiele aus M 3 heraus, wie dieses Grundrecht verletzt wird. Legt dazu eine Übersicht nach folgendem Schema an.

Ergänzt die Tabelle um die fehlenden Merkmale mit eigenen Beispielen oder gegebenenfalls eigenen Erfahrungen von Diskriminierung.

Merkmal	Wer ist gemeint?	Beispiel für Diskriminierung
Heimat und Herkunft	…	…

2 Wählt ein Beispiel für eine Diskriminierung aus und gebt eine Möglichkeit an, wie der Staat für mehr Gerechtigkeit sorgen kann.

3 Überprüft kritisch, inwiefern der Anspruch auf Gleichberechtigung nach Art. 3 GG in eurem Schulalltag umgesetzt wird. Stellt eure Ergebnisse in der Klasse vor.

M 4 Historischer Vergleich – Das Grundgesetz im Wandel

[24. Mai 1949]

Artikel 3
(1) Alle Menschen sind vor dem Gesetz gleich.

(2) Männer und Frauen sind gleichberechtigt.

(3) Niemand darf wegen seines Geschlechtes, seiner Abstammung, seiner Rasse, seiner Sprache, seiner Heimat und Herkunft, seines Glaubens, seiner religiösen oder politischen Anschauungen benachteiligt oder bevorzugt werden.

[15. November 1994]

Artikel 3
(1) Alle Menschen sind vor dem Gesetz gleich.

(2) *[1]* Männer und Frauen sind gleichberechtigt. *[2] Der Staat fördert die tatsächliche Durchsetzung der Gleichberechtigung von Frauen und Männern und wirkt auf die Beseitigung bestehender Nachteile hin.*

(3) *[1]* Niemand darf wegen seines Geschlechtes, seiner Abstammung, seiner Rasse, seiner Sprache, seiner Heimat und Herkunft, seines Glaubens, seiner religiösen oder politischen Anschauungen benachteiligt oder bevorzugt werden. *[2] Niemand darf wegen seiner Behinderung benachteiligt werden.*

1 Die blau gedruckten Zusätze wurden jeweils 1994 ergänzt. Erschließe dir, warum dies nötig war und was es bewirken sollte.

2 Immer wieder steht zur Debatte, ob der Artikel noch um weitere Personengruppen ergänzt werden sollte. Welche könnten das deiner Meinung nach sein?

M5 Innocent racism

Die in Nürnberg geborene Victoria B. Robinson ist Journalistin, Moderatorin und Autorin.

Wann immer ich meine Texte lese,
wann immer ich keine Lust habe,
Fragen nach meiner „Herkunft" zu beantworten.
Wann immer ich meine Meinung zu Worten wie Negerküssen, Mohrenköpfen und „Mulatten in
5 gelben Sesseln" sagen soll.
Höre ich von euch, dass das alles kein Rassismus ist, dass ich zu empfindlich bin, wenn sich mir der Atem zuschnürt,
dass all das in der Vergangenheit liegt und heute in DEUTSCHLAND keine Bedeutung mehr hat,
dass ich froh sein kann über meinen Exoten-Bonus und all die Türen, die sich deswegen für mich
10 öffnen.
Ich bin drei, als ich auf gut fränkisch höre „du darfst fei net mitspielen"
Ich bin sechs, als man mir einredet, dass ich wie ein Affe aussehe und lieber im Busch Bananen pflücken soll.
Ich bin acht, als man meiner Mutter auf der Straße „Negerhure" hinterherschreit.
15 Noch immer acht, als eine alte Frau in der Straßenbahn meinen Bruder und mich auffordert, doch endlich nach Hause zu gehen. Wie wären ja schließlich lang genug hier gewesen. [...]
Ich bin 15, als ich auf einer Party zum ersten Mal Bekanntschaft mit einem Springerstiefel in meinem Gesicht mache. [...]
Ich bin verdammte 25 und fremde Menschen fassen noch immer ohne zu fragen meine Haare an
20 und erzählen mir, wie süß doch „Schokokinder" sind und dass sie soooo gern selbst eins hätten.
Freunde von mir tun das auch und denken, das wär ein Kompliment. [...]
Und wie könnte ich euch böse sein?
Ich bin schließlich noch am Leben
wurde nicht halbtot geprügelt, während man mich dreckiger Nigger genannt hat
25 wurde nicht an Händen und Füßen gefesselt und auf der Polizeiwache verbrannt [...]
Und euer Rassismus ist so unschuldig
weil ihr weder Böses wollt, meint, noch tut
und einfach nicht versteht,
was ihr Tag für Tag, Spruch für Spruch und Frage für Frage
30 anrichtet.
Aber ich bin genauso unschuldig wie ihr.
Und ich war unschuldig mit 3, 6, 8, 13, 15 und 18
und bin und war trotzdem
ständig konfrontiert
35 mit eurem
innocent racism.

Noah Sow: Deutschland Schwarz Weiß: Der alltägliche Rassismus, books on demand, 2018

INFO

Rassismus
Rassismus lässt sich als ein Diskriminierungsmuster und Ausdruck gesellschaftlicher Machtverhältnisse beschreiben. In modernen Gesellschaften sind es vor allem kulturelle Merkmale, über die Menschen abgewertet und ausgeschlossen werden. Das hat Auswirkungen auf die Wahrnehmung von Chancen und die Möglichkeiten der gesellschaftlichen Integration der Betroffenen.

Mulatte
Mulatte ist eine Bezeichnung für einen Menschen, dessen Vorfahren teils zur schwarzen, teils zur weißen Rasse gerechnet wurde. Das Wort beruht damit auf einer rassentheoretischen Einteilung. Es gilt heute als diskriminierend und kolonialistisch.

---

1. Erläutere, was die Künstlerin mit „innocent racism" meint, und nenne eigene Beispiele dafür.
2. Unterscheide im Text die Beispiele für Rassismus und „innocent racism". Wer sind jeweils die Akteure? Beurteilt den Begriff „innocent racism" kritisch.
3. a) Informiert euch arbeitsteilig zu folgenden Initiativen und Möglichkeiten, um gegen Rassismus aktiv zu werden. Ergänze um Initiativen in deinem Wohnort:
   - Antidiskriminierungsstelle des Bundes
   - Gesicht zeigen
   - Black lives matter

- Bunt kickt gut
- Schule ohne Rassismus – Schule mit Courage
- AktivistInnen, zum Beispiel in sozialen Medien

b) Bewertet die Wirksamkeit der behandelten Initiativen beispielsweise nach folgenden Kriterien: Reichweite, Finanzierung, Anzahl der Unterstützer/-innen, Sichtbarkeit in den Medien, Nachhaltigkeit, konkrete Erfolge.

Weiterführende Aufgabe
Ihr wollt an eurer Schule einen Projekttag zum Thema „Wir gegen Rassismus" veranstalten. Überlegt, welche Initiativen, Personen usw. eingeladen bzw. welche Workshops angeboten werden sollten, um eine möglichst nachhaltige Wirkung zu erzielen.

Perlen im Netz

WES-116842-017
Hier kommt ihr auf die Websites der genannten Initiativen.

M 6 Aachener Friedenspreis für Initiativen gegen Rassismus

Opferangehörige der rechtsextremen Mordserie in Hanau vom Februar 2020 kämpfen gegen Rassismus. Jetzt wurden sie mit dem Aachener Friedenspreis geehrt.

Der 19. Februar 2020 ist ein Tag, der nie vorübergeht. Nicht für die Angehörigen von Gökhan Gültekin, Ferhat Unvar, Hamza Kurtović, Mercedes Kierpacz, Sedat Gürbüz, Kaloyan Welkov, Vili Viorel Păun, Fatih Saraçoğlu und Said Nesar Hashemi.

Es ist kein Zufall, dass diese neun Namen für deutsche Ohren fremd klingen: Der 43-jährige Attentäter hatte an diesem Schicksalsabend in der Hanauer Innenstadt ausschließlich auf Menschen gezielt, die er als Ausländer eingestuft hatte, wie Generalbundesanwalt Peter Frank wenige Tage nach dem Anschlag im Bundestag erklärte.

In zwölf Minuten hatte der psychisch kranke Mann mindestens 52-mal abgedrückt. Es war der schwerste rassistisch und rechtsextremistisch motivierte Anschlag in Deutschland seit dem Ende des Zweiten Weltkriegs.

Es kamen die Kameras, es kamen Politiker. Es gab Mahnwachen, Kundgebungen – und Beerdigungen. Die Angehörigen der rassistischen Morde aber wussten: Die Politiker und die Kameras würden wieder gehen, sie selbst würden bleiben. […]

Sie gründeten mit weiteren Unterstützern die „Initiative 19. Februar Hanau". Ihre Forderungen fasst diese in vier Begriffen zusammen: „Erinnerung, Gerechtigkeit, Aufklärung, Konsequenzen." […]

Sie sind überzeugt: Die Gefahr von rechts wurde in Deutschland jahrzehntelang unterschätzt. Dagegen wenden sie sich, konsequent und unbequem. Auch wegen ihres Engagements befasst sich ein Untersuchungsausschuss des hessischen Landtags mit möglichem Behördenversagen rund um das Attentat. […]

Ferhat Unvar kam ebenfalls […] ums Leben […]. Ferhat Unvars Mutter hat kurz nach dem Attentat einen offenen Brief an Bundeskanzlerin Angela Merkel geschrieben. Darin hatte sie unter anderem die Einrichtung einer staatlich geförderten Stiftung gefordert. Sie selbst und andere Angehörige der Opfer sollten die führenden Akteure sein. Diese Stiftung solle „Aufklärungsarbeit gegen Hass und Rassismus leisten und das gemeinsame, friedliche Zusammenleben aller Einwohner dieses Landes" fördern.

Matthias von Hein, Aachener Friedenspreis für Initiativen gegen Rassismus, Deutsche Welle online vom 13.11.2021, in: https://www.dw.com/de/aachener-friedenspreis-f%C3%BCr-initiativen-gegen-rassismus/a-59799778, letzter Zugriff: 13.12.2021

1 Erarbeite Hintergründe, Zielsetzung und Erfolge der „Initiative 19. Februar Hanau".
2 Diskutiert, welche Möglichkeiten der Staat hat, an konkreten Initiativen gegen Rassismus mitzuwirken, und wo diese Möglichkeiten der Einflussnahme enden.

2.6 Inklusion als Menschenrecht und als Weg zur Gerechtigkeit

GLOSSAR
Inklusion

In einer Demokratie und einer liberalen Gesellschaft sollen alle zusammenhalten und eine relevante Rolle spielen. Bei allen Einstellungen, Interessen und Unterschieden ist das aber häufig nicht so einfach. Was braucht es, damit in unserer Gesellschaft alle integriert sind?

M1 Exklusion als Gefahr für die Gesellschaft

INFO
prejudice
Vorurteil

inequity
Ungerechtigkeit

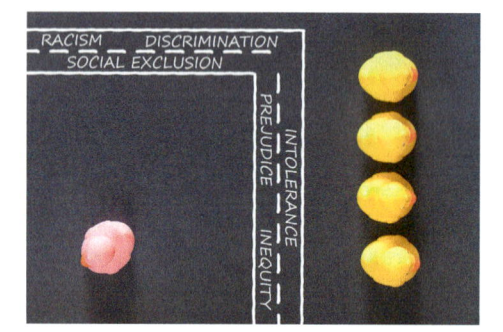

1. Beschreibt das Bild (→ Bildanalyse, S. 174) und erläutert seine Aussage im Zusammenhang mit politischer und gesellschaftlicher Teilhabe.
2. Beurteilt, inwieweit das Bild die Situation in eurem Lebensbereich, z. B. der Schule, richtig widerspiegelt.
3. Entwerft Konzepte, die den Zusammenhalt der Gesellschaft stärken können.

M2 Inklusion: Barrieren weg!

Die einzige Form zu lernen, besteht in der Begegnung. Das ist der Grundgedanke der Inklusion. Inklusion ist das Miteinander von Menschen mit und ohne Behinderung. Es geht dabei nicht um Modisches, sondern um Wichtiges, um Demokratisches: um die Eingliederung von Menschen mit Behinderung in die Alltags- und Arbeitswelt, so gut es nur geht. Inklusion heißt Abbau von Barrieren, Inklusion heißt Zugänglichkeit – aber nicht nur zu Gebäuden und Verkehrsmitteln. Inklusion ist nämlich kein bautechnisches, sondern ein gesellschaftspolitisches Prinzip. Gemeint sind nicht einfach Auffahrtsrampen, gemeint ist die Zugänglichkeit insgesamt, gemeint ist die Integration im Arbeits- und Freizeitleben. Inklusion verlangt Anerkennung und Respekt. Integrare heißt zusammenschließen. Inclusio bedeutet Einbeziehung. Das ist das Ziel von Inklusion. [...]

2.6 Inklusion als Menschenrecht und als Weg zur Gerechtigkeit

Der Abbau von Barrieren ist eine demokratische Aufgabe

Inklusion ruft daher zuvorderst nach einem Bewusstseinswandel. [...] Gehörlose und hochgradig schwerhörige Menschen sind ohne Hilfsmittel von lautsprachlicher Kommunikation ausgeschlossen. Blinde Menschen erleben ihre Barrieren im Straßenverkehr, beim Einkaufen, oder im Kino. Für Menschen mit psychischen Beeinträchtigungen stellen starre Regelungen oder Fristen eine Barriere dar. Für Menschen mit kognitiven Einschränkungen ist die Komplexität der Laut- und Schriftsprache eine Barriere. Der Abbau dieser Barrieren ist eine gesellschaftliche, eine demokratische Aufgabe. Davon profitieren Menschen mit Behinderungen, davon profitieren auch Kinder, davon profitieren Menschen mit Migrationshintergrund, davon profitiert die ganze Gesellschaft. Inklusion ist die gute Devise für eine alternde Gesellschaft. Nicht der Mensch mit Behinderung passt sich an, sondern die Gemeinschaft sorgt dafür, dass ihre Angebote für alle zugänglich sind. Das ist Inklusion. Inklusion an der Schule ist es übrigens nicht, einfach die Förderschulen zu schließen und die Schüler mit Behinderungen in Regelschulen zu stecken, ohne diese mit deutlich mehr Geld und mehr Personal auszustatten.

Holger Appenzeller

Inklusion verlangt eine Zeitenwende. Sie wird viel Geld kosten. Aber [...] sie wird die Gesellschaft zum Besseren verändern. Die Förderung der Kinder, die Förderung der Menschen mit Behinderung, die die Pflege der Alten vorbereitet und einschließt – es geht bei alledem um die gute Zukunft der Gesellschaft.

Heribert Prantl, in: Süddeutsche Zeitung online vom 08.10.2021, in: https://www.sueddeutsche.de/meinung/inklusion-kolumne-von-heribert-prantl-behinderung-1.5433972, letzter Zugriff: 10.11.2021

1 Beschreibt anhand des Textes mit eigenen Worten, was Inklusion bedeutet und was nicht.

2 Stellt einen Zusammenhang zwischen Inklusion, Demokratie und Gesellschaft her. Bezieht die Aussage der Karikatur mit ein.

M3 Demokratie und Inklusion immer zusammendenken

Aus einem Gespräch über Inklusion und die aktuelle Situation von Menschen mit Behinderungen in der Corona-Krise mit Jürgen Dusel, Beauftragter der Bundesregierung für die Belange von Menschen mit Behinderung.

Ihr Motto lautet „Demokratie braucht Inklusion": Inwiefern ist dieses Motto gerade in der Corona-Krise von Bedeutung?

Jürgen Dusel: „Demokratie braucht Inklusion" ist für mich ein ganz wichtiger Satz. Wie schon Ihr von mir sehr geschätzter Kollege, Heribert Prantl, sagte, ist Inklusion das „Betriebssystem" unserer Demokratie. Menschen mit Behinderungen sind Bürgerinnen und

Bürger dieses Landes mit den gleichen Rechten wie alle anderen auch. Es ist unsere Aufgabe, darauf zu achten, dass selbstverständlich auch in der Corona-Krise ihre Teilhaberrechte nicht geopfert werden.

Wir befinden uns ja gerade in einem permanenten Aushandlungs- und Diskussionsprozess zwischen Sicherheit und Freiheit. Das betrifft letztlich auch Menschen mit Behinderungen. Hier zeigt sich, dass das Motto „Demokratie braucht Inklusion", das letztlich auf unserem Grundgesetz gründet, richtig gewählt ist. Das Grundgesetz ist für den Ernstfall gemacht. In unserem Grundgesetz steht das Recht auf die Entfaltung der Persönlichkeit und das Recht auf gleiche Behandlung. Das gilt auch in der aktuellen Situation. Deswegen ist es sehr wichtig, die Demokratie und Inklusion immer zusammenzudenken.

Mittendrin online vom 07.05.2021, in: https://mittendrin.fdst.de/demokratie-und-inklusion-immer-zusammendenken/#, letzter Zugriff: 11.11.2021

1 Erläutert das Motto: „Demokratie braucht Inklusion" und bezieht Stellung zu der Aussage.

2 Diskutiert, inwiefern „Inklusion das ‚Betriebssystem' unserer Demokratie" (Z. 7 f.) ist.

Weiterführende Aufgabe

Die Schule ist der Ort, an dem wir Zusammenleben lernen und erproben. Sie ist daher auch der zentrale Ort für das Lernen von Demokratie.

Informiert euch über Inklusion in der Schule (Perle im Netz) und sammelt Möglichkeiten, an eurer Schule oder in eurer Gemeinde Inklusion zu fördern. Stellt die Möglichkeiten in einer Ausstellung oder an einem Projekttag, beispielsweise am Internationalen Tag der Menschen mit Behinderungen, vor.

2.7 Gerecht ist … Was eigentlich?

Nicht mitmachen dürfen ist bitter. Niemand wird gerne ausgeschlossen, man fühlt sich dann schnell ungerecht behandelt. Genauso, wenn wir nicht bekommen, was wir uns wünschen oder was jemand anderes hat. Aber geht es hier wirklich um Gerechtigkeit?

M 1 Gerecht – Ungerecht

Im Unterricht wurden Schülerinnen einer sechsten Klasse gefragt, was für sie gerecht ist:
Gerecht ist, wenn …
- es allen gut geht.
- man viele Sachen hat und mit armen Leuten teilt.
- ich Max genauso behandele wie Hazel.
- wenn ich Lena ein Stück Schokolade gebe und Hazel nicht, nur weil Hazel kurze Haare hat, ist das nicht gerecht.
- es keinen Krieg gibt, keinen Streit, wenn niemand sich gegenseitig auf die Nerven geht.
- jeder Rechte hat, Recht auf eine gute Arbeit.
- jeder eine Chance bekommt.
- für den einen gilt, was auch für die anderen gilt.
- jeder die Musik so laut aufdrehen kann, wie er will.
- meine Mutter mir ein Geschenk mitbringt und meinem Bruder nicht, weil er fies zu mir war.

Aussagen von Schülerinnen und Schülern

1. Wähle einen Satz aus, der deine Ansicht von Gerechtigkeit besonders gut trifft, oder formuliere eine eigene Stellungnahme. Gestalte dazu ein Bild, eine Geschichte oder eine Collage.
2. Vergleicht und diskutiert eure Ergebnisse bzw. eure Ansichten zu Gerechtigkeit.
3. Führt ein Schreibgespräch zum Thema Gerecht – Ungerecht durch (→ Schreibgespräch, S. 94). Ihr könnt als Impulse eigene Situationen oder die aus M 1 verwenden.

M 2 Gedankenexperiment: Der Schleier des Nichtwissens

Um eine gerechte Gesellschaft zu schaffen, überlegte sich der Philosoph John Rawls in den Siebzigerjahren des 20. Jahrhunderts ein Gedankenexperiment: den Schleier des Nichtwissens.
Damit meinte Rawls, dass wir politische und soziale Strukturen immer so gestalten sollten, als wüssten wir nicht, an welcher Stelle wir später selbst in dem geschaffenen System stehen. Werden wir reich oder arm sein, alt oder jung, Mann oder Frau, werden wir in der Stadt oder auf dem Land leben.

Wenn zwischen uns und der Antwort auf diese Fragen der Schleier des Nichtwissens liegt, so glaubte Rawls, werden wir gerechtere Pläne schmieden und bessere Gesellschaften planen. Hinter dem Schleier sind erst mal alle gleich. Und nur wer von dieser abstrakten Gleichheit ausgeht, kann gesellschaftliche Entscheidungen unparteiisch treffen.

Autorentext

Führt ein solches Gedankenexperiment z. B. für Armut in Deutschland oder Kinderrechte (→ 1.7 und 1.8) weltweit durch. Bewertet euer Ergebnis (→ Gedankenexperiment, S. 185).

M3 Gerechtigkeitsbereiche

INFO

soziokulturelles Existenzminimum
Das s. E. umfasst den materiellen Bedarf, der benötigt wird, um am gesellschaftlichen Leben angemessen teilhaben zu können.

GLOSSAR

Gerechtigkeit

Kaum ein Wort wird in der politischen Auseinandersetzung so strapaziert wie Gerechtigkeit. Aber was heißt Gerechtigkeit denn eigentlich, oder kann man sich so hervorragend darüber streiten, weil jeder etwas anderes darunter versteht? Was meinen wir eigentlich, wenn wir von Gerechtigkeit sprechen?

Bedarfsgerechtigkeit herrscht, wenn die Grundbedürfnisse der Menschen gedeckt sind, also das soziokulturelle Existenzminimum.

Leistungsgerechtigkeit heißt: Jeder Einzelne soll in dem Maß vom gesellschaftlichen Wohlstand profitieren, in dem er auch dazu beigetragen hat. Wer mehr leistet, soll auch mehr bekommen.

Einkommens- oder Verteilungsgerechtigkeit zielt darauf ab, dass die Einkommen und Vermögen möglichst gleichmäßig verteilt sein sollen.

Chancengerechtigkeit erfordert, dass alle Menschen die Möglichkeit haben, ihre Lebenssituation durch eigene Anstrengung zu gestalten und zu verbessern.

Regelgerechtigkeit besagt, dass gleiches Recht für alle gelten soll. Gesetze sollen nachvollziehbar sein und nachvollziehbar angewendet werden.

Generationengerechtigkeit besagt, dass politische Entscheidungen künftige Generationen nicht gegenüber den heute lebenden Menschen benachteiligen dürfen.

Autorentext

1 Beschreibe die verschiedenen Dimensionen von Gerechtigkeit, indem du ihnen die Aussagen aus M 1 zuordnest.
2 Erstelle eine persönliche Rangfolge der Dimensionen. Begründe deine Entscheidung.
3 Legt für die ganze Klasse eine Rangfolge fest. Beobachtet dabei, welche Schwierigkeiten dabei auftreten, und reflektiert, wie ihr zu einer Lösung gekommen seid.
4 Recherchiere aktuelle Themen zu den einzelnen Dimensionen und erstelle dazu ein Schaubild.

M4 Die erste Frage der Gerechtigkeit

Gerechtigkeit ist eine Qualität von sozialen Verhältnissen und Institutionen, sie betrifft nicht allein das, was man hat, sondern wie man behandelt wird: ob als eigenständiger und gleichberechtigter Teil einer [...] [O]rdnung oder nicht. Die größte Ungerechtigkeit ist das Übergangenwerden, das legitimatorische „Luftsein" der „Unsichtbaren" oder Sprachlosen. Das ist der tiefere Zusammenhang von Gerechtigkeit, von Inklusion und Partizipation [...]: Die gerechte Gesellschaft bezieht nicht Einzelne als nur passive Empfänger von Gütern ein, sondern als aktive Bürgerinnen und Bürger, die an der Gestaltung der allen zugänglichen Institutionen als Freie und Gleiche mitwirken. Das ist ein anspruchsvolles Verständnis von Inklusion, das auf Partizipation, kritische Partizipation, hinausläuft. Anders gesagt: Wer an distributiver Gerechtigkeit interessiert ist, der blickt nicht nur darauf, was Einzelne an Gütern haben oder nicht haben, sondern wo und wie darüber befunden wird, wer was hat oder worauf einen Anspruch hat. Das ist die erste Frage der Gerechtigkeit,

ZUR DEBATTE

die politische Frage der Beteiligung und der Macht.

Machen wir uns das an einem Beispiel klar. Wie ein Kuchen aufgeteilt werden soll, das mag zwischen den Kindern einer Familie umstritten sein. Ein Kind hat beim Backen geholfen und beansprucht mehr, ein anderes hat länger nichts gegessen, ein drittes plädiert für strenge Gleichverteilung. Die Gerechtigkeit, reflexiv verstanden, fordert ein faires Abwägen dieser Ansprüche, und man muss dabei beachten, dass Menschen sich unter Umständen mit Lösungen einverstanden erklären können, die sie, ohne an ihrem Zustandekommen beteiligt gewesen zu sein, niemals akzeptieren würden – aber wenn sie angemessen beteiligt wurden und auf die Ansprüche anderer reagieren konnten, sind sie viel häufiger zu Einigungen, auch zu Einbußen bereit. Der erste Anspruch der Gerechtigkeit ist somit nicht einer, der abstrakt gesehen auf Aspekte von Verdienst, Bedürfnis oder materialer Gleichheit beruht, sondern der, bei einer Entscheidung über das Gerechte als Gleiche(r) fair beteiligt zu sein. Aber mehr noch. Dies richtig durchdacht warnt uns davor, diesem (beliebten) Beispiel nicht auf den Leim zu gehen. Denn häufig erscheint darin die Mutter der Familie als unhinterfragte Verteilungsinstanz. Dabei wird oft vergessen, dass die eigentliche Gerechtigkeitsfrage die ist, wer im politischen Kontext eigentlich Mutter (oder Vater) spielen darf. Allzu oft verbleibt nämlich unser Gerechtigkeitsdenken noch dem Absolutismus verhaftet – als ob wir Kinder wären, die an übergeordnete Autoritäten Ansprüche auf Güter stellen, in der Hoffnung, gehört zu werden. Aber diese Mutter gibt es im Politischen so nicht; hier gibt es keine vorgeordnete natürliche Autorität, und wir sind nicht Empfänger von Gaben, sondern selbst die Autorität, politische und ökonomische Verhältnisse zu bestimmen – zumindest der Idee der Gerechtigkeit nach.

Rainer Forst: Die erste Frage der Gerechtigkeit, in: Heinrich-Böll-Stiftung (Hrsg.): Inklusion: Wege in die Teilhabegesellschaft, Campus-Verlag, Frankfurt am Main 2015, S. 45 f.

INFO

Distributiv meint eine verteilende Gerechtigkeit.

Verteilungsinstanz meint hier, wer für die Verteilung zuständig ist.

1. Lest den Text konzentriert, markiert unklare und schwer verständliche Stellen und klärt diese im Klassenverband.
2. Erläutere an einem Beispiel die erste Frage der Gerechtigkeit.
3. Beurteile an einer von dir selbst erlebten Ungerechtigkeit, ob die Aussage in Zeile 36–43 zutrifft.
4. *Gerechtigkeit ist der Grundsatz unseres Zusammenlebens. Deswegen kann sie nicht in verschiedene Aspekte (Leistungsgerechtigkeit, Chancengerechtigkeit, Generationengerechtigkeit, …) geteilt werden.* Reflektiert die Aussage vor den Ergebnissen aus Aufgabe 2. Beziehet auch M 3 mit ein.

Weiterführende Aufgabe
Recherchiert, was man früher in Deutschland für gerecht und für ungerecht hielt. Vergleicht eure Ergebnisse mit heute und weist daran den sozialen Wandel nach. Ihr könnt auch Interviews dazu führen (→ Expertenbefragung, S. 176).

Schreibgespräch

Bei einem Schreibgespräch kommt es darauf an, schweigend auf die Aussagen anderer zu reagieren. Dabei kommuniziert ihr schriftlich miteinander. Es kann in Gruppen, in der ganzen Klasse oder auch digital durchgeführt werden.

Phase 1: Plakate auslegen
Auf verschiedenen Tischen werden Plakate mit jeweils einem Schreibimpuls ausgelegt. Dieser sollte groß in der Mitte stehen, damit er dann kommentiert werden kann. Ein Schreibimpuls kann zum Beispiel lauten: „Wenn Jungen größere Portionen bekommen, ist das nur gerecht".

Phase 2: Kommentare schreiben
Die Schülerinnen und Schüler bearbeiten entweder in Gruppen je ein Plakat oder gehen durch das Klassenzimmer und suchen auf den verschiedenen Plakaten nach Themen, auf die sie reagieren möchten. Sie formulieren das, was ihnen zu diesem Thema einfällt, abwechselnd und in absoluter Stille. Dabei nehmen sie aufeinander Bezug und erstellen einen gemeinsamen Text. So können ganze Geschichten entstehen oder auch nur eine Sammlung von Stichwörtern.

Phase 3: Kommentare auswerten
Nun haben alle noch einmal Zeit, sich die Ergebnisse anzuschauen, Fragen zu stellen und sich zu verständigen. Im Plenum können die wichtigsten Erkenntnisse noch einmal besprochen werden oder es werden per Punktebewertung die besten Kommentare ausgewählt.

2.8 Können Regeln Gerechtigkeit herstellen?

Recht sollte gleich Gerechtigkeit sein. Allerdings kommt es uns häufig nicht so vor. Warum verdienen Männer mehr und warum darf eine Politikerin nicht unbedingt wissen, wer sie im Netz beleidigt? Das Spannungsfeld zwischen Recht und Gerechtigkeit ist ein Prüfstein für den Zusammenhalt in der Gesellschaft. Wie viel Unrecht erträgst du, damit gleiches Recht für alle herrscht?

M 1 Jeder ein Stück – Gleich ist Fair!?

1. Beschreibe, analysiere und interpretiere die Karikatur (→ Karikaturinterpretation, S. 177).
2. Vergleicht die Karikatur mit der Situation bei euch zu Hause: Nach welchen Regeln wird dort (gerecht) geteilt? Tauscht euch in der Klasse aus, welche Regeln ihr für gerecht haltet.
3. Problematisiere die Formel Gleichheit = Gerechtigkeit.

Schwarwel

M 2 Drei Kinder und eine Flöte

Stellen Sie sich vor, Sie müssten entscheiden, welches der drei Kinder Anne, Bob und Carla die Flöte haben soll, um die sie sich streiten. Anne verlangt das Instrument für sich, da sie
5 als Einzige von den Dreien Flöte spielen könne (die anderen bestreiten dies nicht) und da es ungerecht wäre, die Flöte dem einzigen Kind zu verweigern, das tatsächlich auf ihr spielen kann. Wenn das alles ist, was Sie wissen, hät-
10 ten Sie gute Gründe, dem ersten Kind die Flöte zu geben.
In einem alternativen Szenario meldet sich Bob und verteidigt seinen Anspruch auf die Flöte mit dem Hinweis, er als Einziger von den
15 Dreien sei so arm, dass er keine eigenen Spielzeuge besitze, bekäme er die Flöte, hätte er etwas zum Spielen (die beiden anderen räumen ein, dass sie reicher und wohlversehen sind mit hübschen Dingen zum Zeitvertreib).
Wenn Sie nur Bob und keins der beiden ande- 20
ren Kinder gehört hätten, würde Sie sein Argument überzeugen.
In einem zweiten alternativen Szenario kommt Clara zu Wort und erklärt, dass sie viele Monate lang fleißig gearbeitet hat, um die 25
Flöte selbst zu bauen (die anderen bestätigen dies), und als sie gerade mit der Arbeit fertig gewesen sei, „genau in dem Moment", klagt sie, „sind diese Ausbeuter gekommen und wollten mir die Flöte wegnehmen." Wenn Sie 30
nur Claras Erklärung gehört hätten, wären Sie vielleicht geneigt, ihren verständlichen Anspruch auf etwas, das sie selbst gemacht hat, anzuerkennen und ihr die Flöte zu geben.
Da Sie aber alle drei Kinder und ihre unter- 35
schiedlichen Argumente gehört haben, müssen Sie eine schwierige Entscheidung treffen.

Amartya Sen. Die Idee der Gerechtigkeit, dtv Verlagsgesellschaft, München 2017, S. 41 f.

1. Triff die schwierige Entscheidung (Z. 35 ff.): Welches Kind soll die Flöte erhalten? Begründe deine Meinung. Stelle dazu auch einen Bezug zu M 3 auf S. 96 her.

2 Solche Situationen, in denen nicht alle Bedürfnisse befriedigt werden können, sind dir sicherlich vertraut. Formuliere eine Regel, die eine gerechte Entscheidung, ermöglicht. Vergleicht und diskutiert eure Ergebnisse.

3 Beurteile, ob es möglich ist, mit Normen ein gerechtes, allgemeingültiges Vorgehen zu bestimmen.

M 3 Wie gerecht ist das Recht?

Vor Gericht, so lautet ein Sprichwort, bekomme man keine Gerechtigkeit, sondern ein Urteil. Richterliche Entscheidungen können dem persönlichen Rechtsempfinden zutiefst wi-
5 dersprechen, insbesondere Strafzumessungen sorgen häufig für Unverständnis. [...]

Florian Jeßberger [Strafrechtler]: [...] Recht ist nicht dasselbe wie Gerechtigkeit. Es kann auch ungerechtes Recht geben – und doch
10 bleibt es Recht. Der durch die Herrschaft des Rechts gekennzeichnete Staat kann nicht in allen Details von allen Beteiligten als gerecht empfundene Ergebnisse produzieren.

Reinhard Merkel [Strafrechtler]: Wir haben
15 keine verbindlichen Kriterien für alle denkbaren Fragen. Vielmehr haben wir Prozeduren geschaffen, Verfahren der Auseinandersetzung, damit unsere Rechtsordnung akzeptabel, nämlich hinreichend gerecht ist. Man
20 schaue sich Unrechtsregime an: Irgendwann organisieren sich die Leute und versuchen mit Gewalt, die Umstände zu ändern. Das ist in einer rechtsstaatlichen zivilisierten Ordnung wie der unseren nicht der Fall, auch wenn es
25 nicht selten Protest gibt. [...]

Florian Jeßberger: Der Aspekt der Gerechtigkeit kann in der Rechtsanwendung als ein mögliches Argument eine Rolle spielen. Gustav Radbruch hat dazu folgende Formel ge-
30 prägt: Wenn der Widerspruch des Rechts zur Gerechtigkeit so unerträglich ist, dass dieses Recht unrichtiges Recht ist, darf es nicht mehr zur Anwendung kommen. Deutsche Richter haben diesen Grundsatz etwa in den Verfahren wegen der Tötungen an der innerdeut-
35 schen Grenze angewandt. Der Bundesgerichtshof hat dabei argumentiert, dass das DDR-Grenzgesetz, das Tötungen erlaubte, in so unerträglichem Widerspruch zum Gedanken der Gerechtigkeit stehe, dass es die Tötun-
40 gen in einem strafrechtlichen Sinne nicht rechtfertigen könne.

Wie wird Gerechtigkeit am besten umgesetzt?

Reinhard Merkel: Positiv bestimmen lässt sich das nicht eindeutig. Es gibt aber Schmerz-
45 grenzen, jenseits derer man sagen kann: Hier ist etwas eindeutig ungerecht. Stellen Sie sich mal ein Strafgerichtsurteil vor, das etwa so lautet: Der Angeklagte wird zu zehn Jahren Haft verurteilt, wiewohl es dafür keinerlei gu-
50 te Gründe gibt. Das ist so offensichtlich ungerecht, dass wir sagen würden: Dieses Urteil ist überhaupt kein Recht, sondern blanke Willkür.

Marc Hasse, Hamburger Abendblatt online vom 21.04.2018, in: https://www.abendblatt.de/vermischtes/journal/thema/article 214080399/Wie-gerecht-ist-das-Recht.html, letzter Zugriff: 28.01.2021

1 Sammle Beispiele aus deinem Lebensumfeld, die du für ungerechtes Recht hältst.

2 Erkläre, wie der Gerechtigkeitsaspekt dennoch in der Rechtsprechung Bedeutung erhält.

3 Diskutiert, welche „Prozeduren" (Z. 28) in eurer Schule dafür sorgen (könnten), dass die Regeln „hinreichend gerecht sind" (Z. 31).

4 Diskutiert die Rolle, die eine einheitliche Regel für ein friedliches Zusammenleben spielt. Bezieht euch dabei auch auf eure Ergebnisse aus M 4 S. 92.

5 „Wenn Recht als ungerecht wahrgenommen wird, zerbricht die Gesellschaft."
Erläutere diese Aussage und beziehe Stellung dazu.

2.9 Gemeinschaft braucht Toleranz

Ein Teil der Klasse trägt neuerdings Shirts mit politischen Slogans zu fleischfreiem Essen. Andere in der Klasse reagieren mit deftigen bayerischen Brotzeiten. Darauf die Unterstützer/-innen vegetarischer Ernährung: „Geht gar nicht!" Der Konflikt ist vorprogrammiert. Wie viel Provokation muss man ertragen, wie tolerant kann man sein, wenn die eigenen Ideale infrage gestellt werden? Wo verlaufen deine roten Linien?

M1 Eine Frage der Toleranz

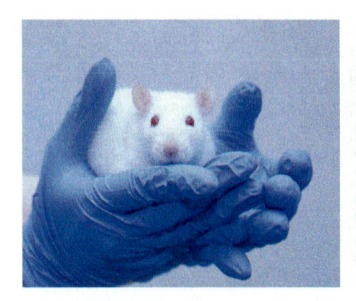

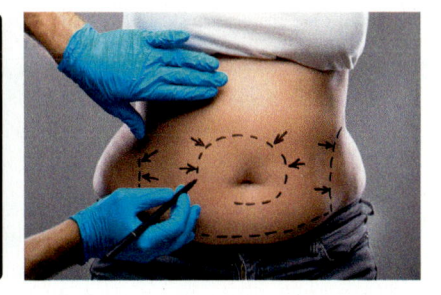

1. Beschreibe, was auf den jeweiligen Bildern gezeigt wird und was die Thematik des Bildes mit Toleranz und Konflikt zu tun hat.
2. Diskutiert vor dem Hintergrund der Bildbeschreibungen die Bedeutung von Toleranz für unsere Gesellschaft.
3. Erstellt Memes zum Thema „Toleranz" (→ Memes interpretieren und erstellen, S. 101) und stellt sie im Schulhaus oder auf der Homepage der Schule aus.

GLOSSAR
Toleranz

M2 Das bedeutet für mich Toleranz

Toleranz ist nicht nur eine Haltung, wie mir ein Besuch im Supermarkt vor Augen führt. Auch wenn es zuweilen schwerfallen mag: Die Tugend der Toleranz muss alltäglich eingeübt werden.
In Zeiten der Corona-Pandemie ist körperliche Distanz ein wichtiges Gebot, das das Risiko einer Ansteckung verringern soll. Deshalb ärgere ich mich über den Mann, der mir im Supermarkt auffällt: Er drängt sich mit seinem Einkaufswagen dicht an mir vorbei, sucht wiederholt die Nähe zu anderen Kunden und hält in der Schlange an der Käsetheke nicht den Abstand ein, den die Bodenmarkierungen nahelegen. Warum kann sich dieser Mann nicht an die Abstandsregel halten, die dem Schutz von uns allen dient? Warum diese Rücksichtslosigkeit? An der Kasse schließlich kommt mir der Mann unnötig nahe. Trotz meines Ärgers gelingt es mir, ihn ruhig und höflich darum zu bitten, Abstand zu wahren. Ohne eine weitere Reaktion tritt er zwei Schritte zurück.
Auf dem Weg nach Hause läuft mir die Situation im Supermarkt gedanklich und emotional nach. Mein Ärger, so stelle ich fest, basiert auf der Unterstellung von Rücksichtslosigkeit. Welche anderen Gründe aber könnten den Mann zu einem Verhalten veranlasst haben, mit dem er andere und auch sich selbst gefährdet? War es Unwissenheit? Hatte der Mann eine kognitive Einschränkung? Oder war es Einsamkeit, die ihn die Nähe zu anderen Kunden hat suchen lassen? Im Nachhinein werde ich keine Antwort auf diese Fragen fin-

den können, muss aber selbstkritisch feststellen, dass mir die Tugend der Toleranz in dieser Situation im Supermarkt weitgehend abhandengekommen ist.

Toleranz soll dem Menschen helfen, Vorurteile zu überwinden und den anderen in seinen Eigenheiten zu akzeptieren. In enger Verbindung zur Toleranz stehen die Tugenden der Dialogfähigkeit und des Friedens. Gemessen daran habe ich mich im Supermarkt nicht gerade tugendhaft verhalten. Auch wenn das distanzlose Verhalten des Mannes angesichts der Corona-Pandemie falsch war, habe ich ihn darüber hinaus als rücksichtslos vorverurteilt, ohne andere mögliche Beweggründe für sein Verhalten in Betracht gezogen zu haben. Immerhin habe ich ihn an der Kasse friedlich um die Einhaltung von Abstand gebeten, ein Dialog aber ist aus dieser Situation nicht entstanden. Das bedaure ich – am meisten für den Fall, dass das Verhalten des Mannes durch Einsamkeit verursacht worden sein könnte.

Toleranz, so wird mir deutlich, ist keine leichte Tugend. Auch wenn ich mich selbst für einen prinzipiell offenen und toleranten Menschen halte, wird Toleranz doch zu einer schwierigen Tugend, wenn sie mich etwas kostet – in diesem Fall das Eingeständnis, einen Menschen vorverurteilt zu haben.

Mark Brülls, Caritasverband für das Bistum Aachen e. V. online, in: https://www.caritas-ac.de/unser-verband/die-caritas-jahreskampagne-im-verband/tugend-neu-denken/tugend-toleranz/tugend-toleranz, letzter Zugriff: 10.05.2022

1 Arbeite aus M 2 heraus, inwiefern Toleranz eine alltägliche Herausforderung ist und alltäglich eingeübt werden muss.
2 Was bedeutet für euch Toleranz? Tauscht euch über eigene Erfahrungen aus und diskutiert, wann sich Toleranz zeigt.

M 3 Toleranz, Gemeinschaft, Zusammenhalt – wie zeigt sich das bei uns?

Nachdem sich eine Klasse an einem Gymnasium mit dem Themenbereich „Toleranz", „Gemeinschaft" und „Zusammenhalt" beschäftigt hatte, sollten die Erkenntnisse von den Schülerinnen und Schülern visualisiert werden. Weil es den meisten Schülern nicht schwerfiel, andere zu beleidigen, abzuwerten oder auszugrenzen, waren positive Impulse gefragt. Mit selbst erstellten Fotografien, Zeichnungen oder lizenzfreien Bildern aus dem Internet in Verbindung mit Sprüchen zeigten die Schülerinnen und Schüler, dass man mit guten Beispielen zu Toleranz als Basis für Zusammenhalt in der Gemeinschaft anderen Mut machen kann, sie selbst zu sein und einen schönen bunten Haufen zu bilden. Jeder hat seine besonderen Eigenschaften und Eigenheiten. Es ist nur notwendig, dass wir uns gegenseitig mit unseren Unterschieden akzeptieren und unterstützen, um friedlich zusammenzuleben.

Autorentext

1 Greift die Idee aus dem Unterrichtsprojekt auf und gestaltet selbst eine (digitale) Pinnwand, eine Ausstellung oder eine Wandzeitung zum Thema „Toleranz, Gemeinschaft, Zusammenhalt – wie zeigt sich das bei uns?".

2 Erstellt selbst Fotografien und verseht sie mit Sprüchen oder lasst euch von den Bildern auf der Seite inspirieren (→ Memes erstellen, S. 101).

M 4 Ohne Toleranz keine Demokratie

Forst: Toleranz ist etwas anderes als Indifferenz. Das ist ein weitverbreitetes Missverständnis. Wem alles egal ist, der ist nicht tolerant, sondern gleichgültig. Toleranz bringt man gegenüber Überzeugungen und Handlungen auf, die man eigentlich ablehnt. [...]
Die erste Frage der Toleranz ist: Was stört mich an bestimmten Überzeugungen oder Handlungen? Diese Frage weist immer auch auf mich selbst zurück. Wenn mich religiöse oder sexuelle Orientierungen, fremde Lebensstile, politische Überzeugungen stören, kann das auch an meiner Engstirnigkeit liegen. Jemand, der Vorurteile gegenüber Homosexuellen oder Menschen mit anderer Hautfarbe hat, fühlt sich tolerant, wenn er sein Handeln nicht von diesen Vorurteilen bestimmen lässt. Das ist sicher besser als offene Aggression, aber es ist auch weit entfernt von demokratischer Toleranz.
Goethe bringt das auf die Formel: „Dulden heißt beleidigen." Die Geste der Toleranz funktioniert dabei als subtile Abwertung und Bestätigung des Ressentiments, bei der man auch noch auf die eigene Großzügigkeit stolz ist. In der Geschichte der Toleranz ist sie oft hierarchisch: Die Mehrheit duldet die Minderheit, der Monarch gewährt Religionsfreiheit. Das sind keine einklagbaren Rechte, sondern Gnadenakte, die jederzeit widerrufen werden können. [...]
Es gibt auch eine demokratische, gegenseitige Toleranz. Sie geht davon aus, dass wir in pluralistischen Gesellschaften mit Unterschieden in Lebensstilen und Wertvorstellungen zurechtkommen müssen – auf der Basis von

INFO

Indifferenz
eine Geisteshaltung, die die Dinge hinnimmt, ohne zu werten und ohne sich ein Urteil darüber zu bilden.

subtil
unterschwellig

Ressentiments
Ablehnung aufgrund von Vorurteilen

Volksverhetzung
Wer zu Hass oder zu Gewalttaten aufruft, wer gegen Fremde, gegen Menschen anderer Hautfarbe oder solche, die eine andere politische Meinung haben, aufhetzt, macht sich strafbar. Er stört den öffentlichen Frieden.

GLOSSAR

Pluralismus
Toleranz

Prinzipien wie Menschenrechten, die für alle gelten. Dann kann mich eine religiöse Kopfbedeckung immer noch stören, da ich sie als frauenfeindlich ansehe, aber ich habe nicht das Recht, sie zu verbieten, weil dies ein zu großer Eingriff in die Lebensentscheidungen von Personen wäre – auch wenn ich diese Entscheidungen für falsch halte. Toleranz ist eine Voraussetzung dafür, dass Kommunikation und Zusammenleben in Konflikten gelingt, also gerade da, wo kommunikative Verständigung besonders notwendig ist.

Laudenbach: Ohne Toleranz und Verständigung keine funktionierende Demokratie?

Demokratie braucht faire Kommunikation. Oder etwas akademischer und genauer: Demokratie ist eine institutionalisierte Praxis der Rechtfertigung dessen, wie wir unser gemeinsames Leben organisieren. Dabei muss man die anderen als Argumentationspartner anerkennen. Diese Dialogfähigkeit hat viel mit der Fähigkeit zur Toleranz im Konflikt zu tun. Das widerspricht einer autoritären Auslegung von Demokratie, bei der von Mehrheiten gewählte Regierungen die Grundrechte von Minderheiten verletzen. [...]

Wenn Demokratie den Austausch von Argumenten braucht: Sollte man mit Feinden der Demokratie diskutieren?

Diskutieren muss man immer. Aber Toleranz und das, was in einer Demokratie akzeptabel ist, haben Grenzen. Diese Grenzen müssen in derartigen Auseinandersetzungen, etwa mit Rechtsextremen, deutlich markiert werden. Auf verschiedene Weise.

Bei Straftatbeständen wie Volksverhetzung und Morddrohungen ist nicht die demokratische Debatte gefragt, sondern die Justiz. Es gibt kein Recht darauf, Frauen, die ein Kopftuch, oder Männer, die eine Kippa tragen, zu beleidigen, oder Migranten als „Messermänner" zu diskriminieren. [...] Wir haben gar keine andere Wahl, als uns mit solchen Positionen auseinanderzusetzen, wenn sie gesellschaftliche Relevanz beanspruchen. Das nicht zu tun, kommt einer diskursiven Kapitulation gleich.

Rainer Forst im Interview mit Peter Laudenbach, in: https://www.brandeins.de/magazine/brand-eins-wirtschaftsmagazin/2020/kommunikation/wir-schulden-einander-vernuenftige-gruende, letzter Zugriff: 28.01.2021

1 Erschließe dir den Text, indem du die folgenden Aussagen mit eigenen Worten erklärst: „Toleranz ist etwas anderes als Gleichgültigkeit", „Toleranz ist, wenn die Mehrheit die Minderheit duldet", „Toleranz ist die Voraussetzung für Kommunikation in Konflikten", „Toleranz hat Grenzen".

2 Erläutere den Zusammenhang von Demokratie, Toleranz und Konflikt.

3 Problematisiere die Feststellung, dass Toleranz Grenzen hat. Gehe dabei von deinen eigenen Grenzen aus.

ARBEITSTECHNIK

Memes interpretieren und erstellen

Bei „Memes", Singularform „Meme", handelt es sich um kleine Medieninhalte mit einer kurzen prägnanten Aussage (Text-Bild-, Video- oder Audiosequenz), die über das Internet verbreitet werden. Sie stellen Kommentare zu bestimmten Themen und Diskussionen dar, die sie in der Regel humoristisch und aufheiternd, manchmal auch satirisch und entsprechend kritisch kommentieren. Verbreitet werden die Memes über soziale Netzwerke oder Messenger-Dienste. Häufig üben Memes auf ihre Weise auch Gesellschaftskritik und werden so Teil der politischen Meinungsäußerung, was sie mit der Karikatur verbindet. Damit ist auch der Umgang mit der Karikaturinterpretation vergleichbar.

Schritt 1: Beschreibung
Die beliebteste Form eines Memes ist die Kombination aus einem Bild und einem Text. Daher muss auch beides getrennt beschrieben werden. Du beschreibst ein Meme, indem du, möglichst ohne zu deuten und zu werten, nur das Dargestellte einschließlich des Textes genau zusammenfasst. Auch der Kontext, also die Seite, auf der das Meme veröffentlicht wurde, und falls bekannt der oder die Urheber/-in kann wichtig sein und müssen erwähnt werden. Dabei helfen dir folgende Fragen: Kennt man das Bild/das Video/den Text etc. schon aus anderen Zusammenhängen? Wird dadurch eine neue oder besondere Bedeutung hergestellt? Gibt es Rahmeninformationen, die Hinweise auf Deutungszusammenhänge geben (z. B. zum Erscheinungsdatum oder -ort, zur Autorin oder zum Autor, zum Zusammenhang der Veröffentlichung)?

Schritt 2: Analyse
In der Regel liefert das verwendete Bild den Kontext dazu, wie die textliche Information verstanden werden soll. Um ein Meme richtig zu verstehen, ist daher die Kenntnis der Bedeutung der zugrundeliegenden Bilder notwendig. Daher solltest du es zunächst mithilfe der W-Fragen genau untersuchen. Unterscheide dabei Bild- und Textelemente.
Um ein Meme allerdings vollständig zu verstehen, musst du dich über den Hintergrund des Memes informieren, da du manchmal zusätzliche Informationen benötigst.

Schritt 3: Interpretation
Fasse deine Beobachtungen zusammen und erstellen eine schlüssige Gesamtaussage.

Für das Erstellen von Memes sind folgende Schritte hilfreich:

Schritt 1: Thema finden
Kläre den gedanklichen Hintergrund: Welches Thema soll das Meme kommentieren und welchen Standpunkt bezieht es? Ob das Meme humorvoll oder ernst angelegt wird, liegt an der Zielgruppe, für die es bestimmt ist. Davon hängt dann auch ab, wo das Meme veröffentlicht wird.

Schritt 2: Konstruieren
Wähle ein passendes Bild aus. Das Bild kann im Gegensatz zur Aussage stehen oder diese unterstreichen. Du kannst Bilder mit einem Aktualitätsbezug suchen oder auch welche, die das Thema historisch aufgreifen. Anschließend suchst du einen prägnanten Text im Stil einer Zeitungsschlagzeile oder ein Zitat zu dem behandelten Thema, der deine Position kurz und knapp auf den Punkt bringt. Hier gilt: weniger ist mehr.

Schritt 3: Generieren und veröffentlichen
Jetzt kannst du das Meme zusammenstellen. Dafür gibt es Werkzeuge im Netz (→ Perle). Du kannst auch mit der Grundausstattung eines PCs, z. B. einem Text- oder Grafikprogramm, sehr gute Ergebnisse erzielen. Anschließend kannst du das Meme veröffentlichen (lassen). Beispielsweise auf der Internetseite der Schule oder ausgedruckt im Klassenzimmer oder einem Schaukasten der Schule.

Perlen im Netz

WES-116842-018
Auf der Seite www.drmemes.com, wie auf einigen anderen, kannst du Memes erzeugen. Hier werden keine Wasserzeichen eingefügt.

Zusammenhalten früher und heute

Gesellschaftlicher Wandel
Sozialer Wandel ist ein Sammelbegriff für Veränderungen in einer Gesellschaft. Dieser kann sowohl die Entwicklung der Arbeitswelt, **die soziale Mobilität, Rollen- und Familienbilder sowie soziale Normen und Traditionen betreffen**. Auf soziale Veränderungen folgen in der Regel auch politische Handlungen, wie zum Beispiel neue Gesetze, die auf den Wandel reagieren.

Geschlecht – eine Rolle im gesellschaftlichen Wandel?
Geschlechterrollen beschreiben gesellschaftlich akzeptierte Erwartungen an das Verhalten von Frauen und Männern in Lebenssituationen wie zum Beispiel Familie und Beruf, im sozialen und politischen Handeln. Rollenbilder kommen alltäglich in Familie, Beruf und Gesellschaft zum Ausdruck. **Zwischen der erwarteten Erfüllung einer Geschlechterrolle und der gelebten Geschlechterrolle zeigen sich häufig Unterschiede**, die sowohl in gesellschaftlichen Rahmenbedingungen als auch in persönlichen Wertvorstellungen des Individuums begründet sein können.
Auch **Geschlechterrollen unterliegen dem gesellschaftlichen Wandel** von Einstellungen, Werten und Normen. Dieser Wandel wird getragen durch neues Wissen, durch den Einblick in andere Lebenszusammenhänge (z. B. Frauenerwerbstätigkeit in der DDR und alten BRD) oder veränderte gesellschaftliche Rahmenbedingungen (z. B. Förderung der Vereinbarkeit von Familie und Beruf).
Um Geschlechterrollen zu beschreiben, wird zwischen **einer traditionellen und einer egalitären Auffassung unterschieden**:
– **Traditionell** ist ein Geschlechterrollenverständnis dann, wenn der Frau die familiären Belange, also Kinder und Haushalt, zugeordnet werden, dem Mann hingegen die finanzielle Versorgung der Familie. Die Frau ist im traditionellen Geschlechterrollenverständnis vom Mann finanziell abhängig.
– **Egalitär** meint eine Gleichberechtigung, bei der die Zuordnung der Aufgabenbereiche zwischen Frau und Mann keine Rolle spielt. Beide Geschlechter sind finanziell weitestgehend unabhängig voneinander. Hier wird von einem emanzipierten Bild von der Rolle der Frau ausgegangen.
Die Einführung von **Geschlechterquoten** wurde politisch immer wieder gefordert und diskutiert, um auf die Benachteiligung von Frauen im Beruf zu reagieren. Somit soll geregelt werden, dass ein vorgegebener Prozentsatz an Stellen mit Frauen bei gleicher Qualifikation besetzt wird. Seit 2015 sind große Wirtschaftsunternehmen gesetzlich dazu verpflichtet, Aufsichtsräte zu 30 Prozent mit Frauen zu besetzen.

Weiterhin Geschlechterungleichheiten
Auch wenn Männer- und Frauenrollen inzwischen nicht mehr nur traditionellen gesellschaftlichen Vorstellungen folgen, weil heute auch andere Werte gelten und die Vielfalt an Lebensformen deutlich größer ist, sind Geschlechterungleichheiten weiterhin präsent. Als Ursachen für diese vorhandenen **Geschlechterungleichheiten** gelten u. a. **gesellschaftlich bedingte Zuschreibungen von typologisierten Männer- und Fraueneigenschaften (Gender)**, die zunächst nichts mit biologischer Beschaffenheit von Männern und Frauen zu tun haben.

Das Grundgesetz sorgt für Gleichheit
Artikel 3 im Grundgesetz beinhaltet den **Gleichheitsgrundsatz**, d. h. den Schutz aller Menschen vor Diskriminierung und auch die Gleichheit vor dem Gesetz. Dadurch wird zuerst das staatliche Handeln gebunden: Somit darf niemand bevorzugt oder benachteiligt werden.
Dadurch soll eine größtmögliche **Chancengleichheit** geschaffen werden, sodass alle Mitglieder einer Gesellschaft sich frei entfalten können und gleichen Zugang zu Lebenschancen haben. Dazu gehört insbesondere das Verbot von Diskriminierung beispielsweise aufgrund des Geschlechtes, des Alters, der Religion, der kulturellen Zugehörigkeit, einer Behinderung oder der sozialen Herkunft. Das bedeutet aber nicht, dass alle Menschen gleichbehandelt werden sollen, sondern dass auch auf Ungleiches ungleich reagiert werden darf, um Chancengleichheit herzustellen oder bestimmte Personen zu schützen, z. B. Minderjährige durch den Jugendschutz.

Mitmachen statt zuschauen

Nicht in allen Fällen kann der Staat eingreifen und helfen: Um Gleichberechtigung und Toleranz zu erreichen, sind alle Mitglieder der Gesellschaft gefragt. Da Werte vor allem über die Erziehung und die Ausbildung in Schule sowie Beruf vermittelt werden, ist es auch Aufgabe aller Bildungseinrichtungen, zu **demokratischer Teilhabe** zu befähigen und die **Mitbestimmung** aller zu fördern: Durch diese Erziehung zur Demokratie lernen Kinder und Jugendliche, Verantwortung zu übernehmen, gleichberechtigt ihre Meinung zu äußern, **Respekt und Toleranz gegenüber Andersdenkenden** sowie die Fähigkeit, Kompromisse auszuhandeln, die für die Mehrheit tragbar sind. Somit wird das Zusammenleben in der Gesellschaft als gemeinsame Leistung verstanden, für die das Grundgesetz die Rahmenbedingungen bietet, die aber der Einzelne ausgestaltet.

Recht oder/und Gerechtigkeit?

Die Suche nach einer gerechten Gesellschaft ist schon seit der Antike eine der zentralen Fragen der Ethik. Moderne politische Philosophen wie John Rawls haben Gerechtigkeit als Fairness bezeichnet und den Weg zu einer gerechten Gesellschaft mithilfe eines „Schleiers des Nichtwissens" gesucht. Alle sozialen Werte – Freiheit, Chancen, Einkommen, Vermögen und die sozialen Grundlagen der Selbstachtung – sind gleichmäßig zu verteilen, soweit nicht eine ungleiche Verteilung jedermann zum Vorteil gereicht. Amartya Sen betrachtet Gerechtigkeit anders, er geht von Verwirklichungschancen aus, die Menschen erreichen können, nicht allein von fairen Regeln. Entscheidend für die Qualität des Lebens sei nicht immer das Einkommen, denn auch bei einem guten Einkommen können Unterdrückung und Unfreiheit bestehen. Sen widerstrebt der Gedanke, Gerechtigkeit durch Gesetze herzustellen, deren Befolgung der Staat mit seinem Monopol der legitimen Gewalt durchsetzt. Das weist schon auf das **Spannungsfeld zwischen Recht und Gerechtigkeit** in einer demokratischen Gesellschaft hin.

Dass die beiden Bereiche – **Recht und Gerechtigkeit** – gerne durcheinandergeworfen werden, hat zunächst sprachliche Gründe. Wir sprechen nicht nur unter juristischen, sondern auch unter ethischen Gesichtspunkten von „Recht", „Unrecht" und „Gerechtigkeit". Dazu kommt natürlich, dass es enge Wechselbezüge zwischen beiden Bereichen gibt. Wenn Politiker Gesetze erlassen, lassen sie sich schon von dem leiten, was sie für „gerecht" halten. Dennoch sind Recht und Moral, Ethik oder Gerechtigkeit zwei völlig unterschiedliche Bereiche. **Recht ist etwas, was durch Gesetze, Verordnungen und Gerichtsurteile bestimmt wird.** Ein **Verständnis von Gerechtigkeit entsteht in der Gesellschaft**. Recht ist häufig sehr abstrakt, schwer auf den Einzelfall zu übertragen und im Extremfall daher sogar „ungerecht". Allerdings schützt die Radbruch'sche Formel gegen die Anwendung dieses Rechts: Wenn der Widerspruch des Rechts zur Gerechtigkeit so unerträglich ist, dass dieses Recht unrichtiges Recht ist, darf es nicht mehr zur Anwendung kommen.

Toleranz

In einer Gesellschaft zu leben heißt, mit vielen Menschen in Verbindung zu stehen, auch wenn man deren Einstellungen und Verhaltensweisen nicht teilt oder gut findet. Man muss sie aber trotzdem aushalten oder ertragen. Das ist auch die Grundbedeutung von **Toleranz**. Allerdings geht es bei Toleranz im weiteren Sinne nicht nur um eine Koexistenz, ein Nebeneinander, sondern darum, **sich auf andere einzulassen, ihre Sichtweisen und Einstellungen zu verstehen und zu respektieren**. Daher sprechen wir hier auch von einer **Toleranz des Respekts**. Das heißt aber nicht, dass man problematische Einstellungen, gerade wenn es demokratie- oder menschenrechtsfeindliche Positionen sind, unwidersprochen lässt. Dadurch entstehen Konflikte, in denen tolerantes Verhalten relevant wird. **Respektvolle Toleranz hilft hier den Konflikt friedlich zu lösen, Intoleranz führt in der Regel zu einer gewaltsamen Auseinandersetzung** und das Ertragen von Konflikten wird als Scheintoleranz bezeichnet.

KOMPETENT?

Überprüfe, ob du folgende Kompetenzen erworben hast. Du solltest …

- nachvollziehen, dass sich aus dem Wandel der Gesellschaft politische Handlungsfelder ergeben. (K 1)
- Faktoren für die Veränderung sozialen Verhaltens anhand unterschiedlicher Lebensläufe und -entwürfe erkennen und bewerten. (K 2)
- differenziert Stellung zur grundsätzlichen Umsetzung des Gleichheitsgrundsatzes in unserer Gesellschaft an Fallbeispielen beziehen. (K 1)
- anhand von Beispielen das Spannungsfeld zwischen Recht und Gerechtigkeit in einer demokratischen Gesellschaft erkennen. (K 1, 2)
- tolerante und partnerschaftliche Verhaltensweisen als grundlegend für gesamtgesellschaftlichen Zusammenhalt verstehen und dich daran orientieren. (K 3)
- eine einfache sozialwissenschaftliche Erhebung gestalten und dafür geeignete Medien und Darstellungsformen nutzen.

K 1 Gendergerechte Sprache hat ein Imageproblem

Liebe*r Leser*in,
diese Anrede gefällt dir nicht, zumindest rein statistisch gesehen. Denn gegenderte Sprache ist nichts für die Deutschen: Kaum jemand
5 nutzt sie, die allermeisten halten sie für Unfug und die Debatte dazu für übertrieben. Das zeigt nicht nur eine repräsentative Umfrage, die vom Verein Deutsche Sprache in Auftrag gegeben wurde. Das merkt man auch, wenn
10 man sich in Deutschland umhört: Da braucht man „einen neuen Hausarzt" oder muss noch „zum Fotografen", bildet Plurale wie „Sieger", „Autofahrer" und „Studenten" – unabhängig welchen Geschlechts diese Menschen tatsäch-
15 lich sind. Gegenderte Sprache ist hierzulande aber nicht nur unbeliebt. Sie ist in einigen Kreisen zum Feindbild geworden, wird als „Genderwahn" bezeichnet. [...]
Die Psychologin Anelis Kaiser ist Professorin
20 für Gender Studies in Freiburg, forschte zuvor in Bern, unter anderem zum Thema „Geschlecht und Sprache". Sie sagt: „Geschlechtergerechte Sprache klingt holpriger und umständlicher, wird länger. Sie bedeutet für viele
25 also vor allem Arbeit, Einsatz und Energie. So wird das Gendern oft als störend empfunden." [...]
Wer gendergerechte Sprache verwenden will, muss sich also aus seiner eigenen Komfortzo-
30 ne quälen. Dafür braucht es Motivation. „Aber viele Leute empfinden die Debatte als überflüssig. Sie gehen davon aus, dass es kein Problem gibt, weil Frauen eh immer mitgemeint sind", erklärt Kaiser. „Das wurde zwar aus wissenschaftlicher Sicht schon vor etwa 30 Jahren 35 als falsch erwiesen. Die Mühe erscheint ihnen dann aber trotzdem oft als Verschwendung." [...]
Aber es sind ja nicht nur Männer, die gegenderte Sprache für überflüssig halten. Auch 40 viele Frauen stellen sich vehement als „Student", „Lehrer" oder „Sachbearbeiter" vor. [...]
Anelis Kaiser sagt: „Viele Menschen erleiden durch den Hinweis, dass geschlechtergerechte 45 Sprache angebracht wäre, einen regelrechten Schock. Sie fassen die Kritik als persönlichen Angriff auf." Der verletze sie besonders. „Denn die Leute haben die Sprache ja nicht erfunden, sie beteiligen sich lediglich daran und fühlen 50 sich nicht verantwortlich für die Ausdrücke, die sie gelernt haben."
Automatisch entsteht das Gefühl, dass eine*r überlegen, der/die andere unterlegen wäre. Ein weiteres Problem ist auch die Machtver- 55 teilung in solchen Diskussionen: Eine*r belehrt – und der/die andere wird belehrt. Automatisch entsteht ein Gefühl von Über- und Unterlegenheit. Und Letzteres will man natürlich nicht einfach so akzeptieren. 60
Was folgt, ist: Abwehr. Die Schotten sind dicht, kein Argument wird mehr durchdringen zu dem Menschen, der politische Korrektheit inzwischen eh für übertrieben hält. [...]

Lara Thiede, jetzt online vom 19.04.2019, in: https://www.jetzt.de/hauptsache-gendern/gendern-warum-ist-geschlechtergerechte-sprache-so-verhasst, letzter Zugriff: 13.12.2021

KOMPETENT? 105

1 Erläutere die Gründe, die laut K 1 dazu führen, dass die gendergerechte Sprache im Alltag wenig Anwendung findet.
2 Führe Gründe an, die für die Verwendung gendergerechter Sprache angeführt werden können. Diskutiert im Klassenverband und erarbeitet gemeinsam Vorschläge, wie eures Erachtens gesprochen werden sollte.
3 Überprüft, wie gendergerecht in eurem Umfeld (Schule, Freundeskreis, Familie, Verein, …) gesprochen wird. Beurteilt das Ergebnis.

K2 Bezahlung nach Geschlecht

1 Beschreibe, analysiere und interpretiere die Karikatur (→ Karikaturinterpretation, S. 177).
2 Nimm ausgehend von der Karikatur differenziert Stellung zur Umsetzung des Artikels 3 Grundgesetz.
3 Gestaltet zu geschlechterungleicher Bezahlung (Gender Pay Gap) eine Erhebung in der Klasse. Bezieht auch erwachsene Verwandte in den Kreis der Befragten mit ein. Achtet hier ganz besonders auf die Anonymität der Befragten (→ Eine sozialwissenschaftliche Erhebung durchführen, S. 66).

Thomas Plaßmann

K3 Toleranzkriterien

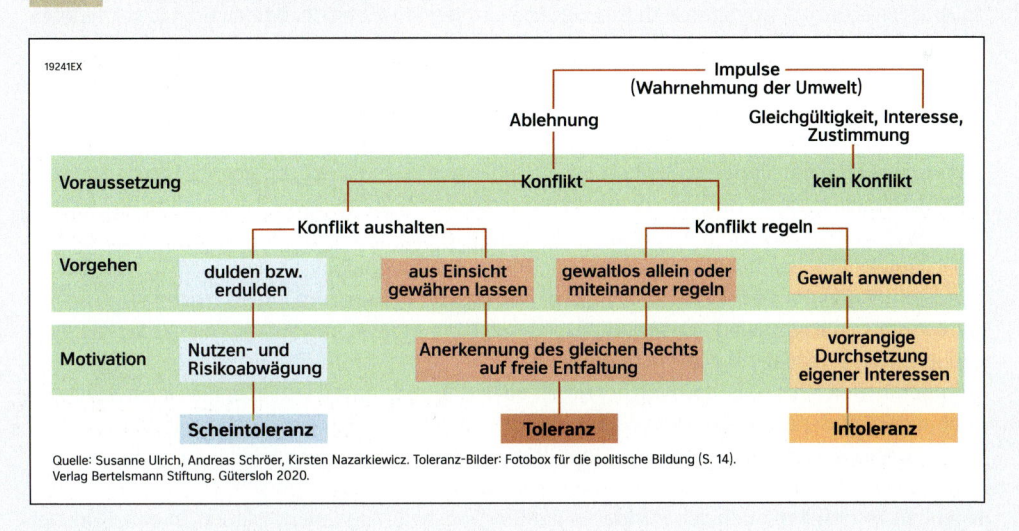

Quelle: Susanne Ulrich, Andreas Schröer, Kirsten Nazarkiewicz. Toleranz-Bilder: Fotobox für die politische Bildung (S. 14). Verlag Bertelsmann Stiftung. Gütersloh 2020.

1 Beschreibe das Schaubild in eigenen Worten und stelle einen Bezug zu den Konflikten in M 1 auf S. 101 her.
2 Gib den Zusammenhang von Konflikten und Toleranz wieder. Veranschauliche mit geeigneten Beispielen und leite daraus die Bedeutung toleranter Verhaltensweisen für den gesamtgesellschaftlichen Zusammenhalt ab.
3 Recherchiere einen aktuellen Konflikt aus dem gesellschaftlichen oder politischen Bereich und zeige, welche Rolle Toleranz in diesem Konflikt spielt.

3.

Auf dem Weg vom wöchentlichen Schwimmtraining wird Thomas heftig ausgebremst, weil ein Rüstwagen der Feuerwehr den Radweg blockiert. „Muss eigentlich jede Gemeinde eine Feuerwehr haben?", fragt er sich, als er sich mühsam den Weg auf die Fahrbahn der viel befahrenen Straße bahnt. Allerdings kommt er gar nicht dazu, nach einer Antwort zu suchen. Er kann sich nach dem Hindernis gerade noch auf den Radweg retten, als der Stadtbus, mit dem er im Winter täglich in die Schule fährt, eng an ihm vorbeibraust. Die Freude über den freien Radweg hält nicht lange an. Einige hundert Meter weiter ziehen zwei Müllwerker die Biotonnen über den Radweg, um sie vor die Eingänge einer Reihenhauszeile zurückzustellen. „Eigentlich toll, dass die Müllabfuhr bei uns so zuverlässig arbeitet", tröstet sich Thomas und bewundert die Arbeit der beiden orange gekleideten Männer.

Als Thomas zu Hause ankommt, hört er seine Mutter noch am Telefon sagen: „Also dann bis morgen, Serhat." Thomas Freund Serhat war in den letzten Sommerferien nach Hamburg gezogen. „Serhat kommt? Aber es ist doch Schule?", ruft Thomas erstaunt seiner Mutter zu. „In Hamburg haben sie aber schon Ferien! Er kommt uns für eine Woche besuchen", entgegnet Thomas Mutter. Thomas denkt an die letzten Telefonate mit seinem Freund. Serhat erzählte von anderen Fächern und der SMV, in der sich beide engagiert hatten, die in Hamburg aber anders organisiert ist. Auch in der Landespolitik ist einiges anders. Während es in Hamburg einen Regierenden Bürgermeister gibt, steht in Bayern dem Land ein Ministerpräsident vor. In Hamburg finden regelmäßig Senatswahlen statt, in Bayern heißt das Landtagswahlen. Thomas freut sich auf die Zeit mit Serhat, vielleicht kommt er ja mal mit in die Schule.

Währenddessen fährt sein Vater von der Arbeit nach Hause. Er ärgert sich über die vielen Schlaglöcher in der Straße, die nach jedem Winter breiter und tiefer werden. Auch die veralteten Toiletten in der Schule seines Sohnes bringen ihn in Wut. Da fällt ihm plötzlich wieder ein, dass er beim Landratsamt den Antrag für den Motorradführerschein seiner Tochter abgeben wollte. Bei der Gelegenheit kommt ihm auch der Ständer in der Eingangshalle des Landratsamtes in den Sinn, auf dem unter anderem Broschüren zur Kommunalwahl, Landtagswahl und den Aufgaben des Bezirks Unterfranken ausliegen.

So wie Thomas und seine Familie kommen wir alle tagtäglich mit unserer Gemeinde, dem Landkreis und dem Freistaat in Berührung – oft ohne uns darüber bewusst zu sein. Welchen Aufgaben müssen Gemeinde, Landkreis und Freistaat eigentlich nachkommen? Was fällt eigentlich in wessen Verantwortung?

Politik mitgestalten in der Kommune und im Freistaat Bayern

Greser und Lenz

> „Herr" Bürgermeister, Ihnen gehören die Fingernägel einzeln ausgerissen und dann gehören Sie geviertelt und über den Landkreis verteilt den Waldameisen zum Fraß vorgeworfen für diese idiotische Ampelschaltung…

Kommunalpolitik im Brennpunkt der Kritik

PROJEKTVORSCHLAG

Immer nur Texte lesen, um Neues zu lernen, kann manchmal auch ganz schön anstrengend sein. Entwickelt ein spannendes Lernspiel zur Politik in Bayern. Ihr könntet z. B. ein Spielfeld in den Umrissen von Bayern zeichnen, das mit typischen Gegenständen/Symbolen oder Bildern von Städten oder Regionen verziert ist. Die Spielfelder könnten verschiedene Städte in Bayern sein, sodass man eine Reise durch Bayern macht. Den Spielfeldern könnt ihr unterschiedliche Kategorien (z. B. Wissen, Urteilen, Handeln) zuweisen, auf denen man dann eine Aktionskarte mit entsprechenden Anweisungen ziehen muss. Dafür sammelt ihr zentrale Begriffe aus diesem Kapitel und lasst euch dazu Aufgaben einfallen. Beispielsweise sollen diese entweder zeichnerisch, pantomimisch oder mit eignen Worten erklärt (natürlich ohne das Wort oder irgendwelche Bestandteile zu benutzen!) und dann erraten werden.
Fordert eure Parallelklasse zu einem Duell bei diesem Spiel heraus.

# 3.1 Lebensort Dorf: Gemeinsam Probleme angehen

Menschen sind auf Gemeinschaften angewiesen. Allein oder auch als Familien können Sicherheit und Wohlstand nicht gewährleistet werden. Daher schließen sie sich in Gemeinden, Städten und auch Großstädten zusammen. Große Städte gliedern sich dabei aber auch wieder in überschaubare Stadtviertel, die häufig ein eigenes Gemeinschaftsgefühl hervorrufen. Was bedeutet deine Kommune oder dein Stadtviertel für dich? Welche Probleme lassen sich am ehesten im Dorf oder im Stadtviertel lösen – mit deinem Beitrag?

M1 Herausforderungen für unser Zusammenleben

In Städten rund um die Welt leben bald mehr als zwei Drittel der Menschen. Viele Städte und deren Agglomerationen verzeichnen ein enormes Wachstum – insbesondere im globa-
5 len Süden – und stehen vor riesigen Herausforderungen. Für eine nachhaltige Zukunft und zur Steigerung der Lebensqualität müssen sie vielfältige Probleme lösen: Dazu gehören neben der Versorgung der zunehmenden
10 Bevölkerung mit Lebensmitteln, Wasser und Energie sowie der Entsorgung von Abfällen insbesondere auch die Verkehrsprobleme. Die gleichen Aufgaben stellen sich auch in Dörfern, allerdings für eine oft schwindende Bevölkerungszahl, was mit finanzieller Belas- 15 tung verbunden ist. Das Gleiche gilt für Städte, welche in Folge der Deindustrialisierung mit wirtschaftlichen Problemen und Bevölkerungsschwund kämpfen.
Eine Vision besteht darin, die Stadt der Zu- 20 kunft durch die räumliche Mischung von Wohnen, Arbeiten und Freizeit zu einer Stadt der kurzen Wege zu machen – eine Eigenschaft, die auch das traditionelle Dorf auszeichnet.

Stiftung éducation21 online vom 27.08.2019, in: https://www.education21.ch/de/themendosssier/Lebensort-Stadt-Dorf, letzter Zugriff: 31.10.2021

1 Arbeitet aus dem Text die Herausforderungen für Städte und Dörfer heraus und zeigt, inwiefern „das traditionelle Dorf" im Sinne des Textes (Z. 20ff.) eine positive Vision sein könnte.

2 Erkundet euer eigenes Umfeld, das Dorf, die Kleinstadt oder den Stadtteil (→ Erkundung S. 128). Stellt euch dazu folgende Fragen, die ihr auch auf Gruppen aufteilen könnt:
- Was bietet die Gemeinde zur Versorgung der Bevölkerung?
- Welche Verkehrsmöglichkeiten gibt es?
- Gibt es Möglichkeiten zur Freizeitgestaltung, zum Erleben von Gemeinschaft?
- Welche Probleme müssen bewältigt werden?

Präsentiert eure Ergebnisse auf Plakaten.

M2 Lebenswerte Städte als Orte der offenen Gesellschaft

Die Frage, was Städte lebenswert macht, wurde im Laufe der Geschichte unterschiedlich beantwortet. Debatten der Gegenwart weisen auf aktuelle Probleme und Faktoren wie günstigen
5 Wohnraum und ausreichend Arbeitsplätze, sie fordern aber auch Integration, um soziale Segregation und die Bildung von Parallelgesellschaften zu verhindern. Soziale Fragen wie Wohnungsnot, Unterversorgung und Chancenungleichheit beschäftigten bereits die [...] Ar- 10 chitekten [...]. Heute erhalten Freizeitangebote und die Qualität öffentlicher Räume viel Auf-

merksamkeit. Gezielte städtebauliche und architektonische Eingriffe können soziale Prozesse auslösen und Integration fördern. Was Menschen in Stadtzentren frei und kostenlos tun können, macht eine Stadt lebenswert. Deshalb haben öffentliche Plätze, Parks und Freizeitgelände eine Umverteilungsfunktion, sie korrigieren soziale Ungleichheiten. Teilhabe verbessert die Lebensqualität: Städte brauchen niedrigschwellige Orte der Begegnung, die allen zugänglich und leicht erreichbar sind. Gerade diese Orte der Begegnung in der „offenen Gesellschaft" sind in den letzten Jahren zu Zielen des Terrors geworden. Wenn aber dauerhaft hohe Sicherheitsvorkehrungen das städtische Leben behindern, gerät der freie Fluss von Personen, Waren und Ideen ins Stocken und „die Stadt droht sich selbst abzuschaffen".

Monica Rüthers: Städte im Wandel, Bundeszentrale für politische Bildung online vom 09.07.2018, in: https://www.bpb.de/politik/innenpolitik/stadt-und-gesellschaft/216894/geschichte-der-stadtentwicklung, letzter Zugriff: 28.01.2021

> **INFO**
> **Segregation**
> Teilung der Stadtviertel nach Kultur, Abstammung, Vermögen oder anderem statt Durchmischung. Daraus können sich im schlimmsten Fall Parallelgesellschaften ergeben, die Austausch, Zusammenleben und gemeinsame Problemlösung verhindern.

1 Diskutiert, was eine Stadt für euch lebenswert macht und welche Probleme und Chancen sich daraus ergeben.
2 Beurteile die Bedeutung der Kommune als Ort der Teilhabe und offenen Begegnung.
3 Eure Vision vom Ort des Zusammenlebens ist gefragt: Entwerft Zukunftsszenarien zu einem idealen Dorf und einer idealen Stadt in Form von Geschichten, Zeichnungen, Kunstwerken oder digitalen Produkten wie Podcasts.

M 3 Wenn Bürgermeister die Welt regieren

Es ist an der Zeit, ernsthaft zu fragen: Können Städte die Welt retten? Ich glaube, sie können es. […] In der Polis, der Bürgergemeinde, begann der Weg der Menschheit zu Politik und Zivilisation. […] Dennoch setzten wir jahrtausendelang unser Vertrauen in Monarchien, Weltreiche und schließlich die neu erfundenen Nationalstaaten, um sie die Bürden von Zivilisation und Demokratie tragen zu lassen. Heute, zum Abschluss einer langen Geschichte von Erfolgen auf regionaler Ebene, lässt uns der Nationalstaat im globalen Maßstab im Stich. Er war das perfekte politische Rezept, um die Freiheit und Unabhängigkeit eigenständiger Völker und Nationen zu wahren. Doch für eine Welt voller wechselseitiger Abhängigkeiten ist er nicht geeignet. Und so ist die Stadt – seit jeher erste Wahl unter den menschlichen Lebensräumen – heute erneut zur besten Hoffnung für Demokratie in unserer globalisierten Welt geworden. Urbanität mag nicht in unserer Natur liegen, doch sie liegt in unserer Geschichte. Ob gut oder schlecht, ob aus Zufall oder durch Vorsehung: Sie bestimmt, wie wir leben, arbeiten, spielen und miteinander umgehen. Mehr als die Hälfte der Weltbevölkerung lebt heute in Städten. In den Entwicklungsländern sind es sogar mehr als 78 Prozent. So wie die Stadt einst unser Ursprung war, so scheint sie jetzt unsere Bestimmung zu sein. In den Städten wird Kreativität entfesselt, die Gemeinschaft gefestigt, die Bürgerschaft errungen.

Benjamin Barber, in: IP • November/Dezember 2017, S. 112 f., online: https://internationalepolitik.de/de/wenn-buergermeister-die-welt-regieren, letzter Zugriff: 28.01.2021

1 Gib den Inhalt des Textes in eigenen Worten wieder.
2 Erkläre, welche Chancen Städte und Kommunen bei der Lösung von Zukunftsaufgaben haben. Bezieht eure Lösungen aus M 2, Aufgaben 2 und 3 mit ein.

3.2 Aufgaben in der Kommune

Ohne es zu merken oder sich allzu viele Gedanken zu machen, sind wir in unserem Alltag immer wieder mit Angelegenheiten der Gemeinde konfrontiert. Die Gemeinde übernimmt viele Aufgaben. Aber welche sind das?

M 1 Verwaltungsgliederungsplan der Stadt Weiden in der Oberpfalz (Auszüge)

	Oberbürgermeister	
Dezernat 1 **Zentrale Steuerung, Kultur, Schulen und Sport**	**Dezernat 3** **Recht, Umwelt, Sicherheit und Ordnung**	**Dezernat 5** **Familie und Soziales**
41: Amt für Kultur, Stadtgeschichte und Tourismus	31: Umweltamt	50: Amt für wirtschaftliche Hilfen
4141: Abteilung für Stadtgeschichte und Tourismus	32: Amt für öffentliche Ordnung	5050: Abteilung Soziale Sicherung
4141.1: Kultur- und Eventmanagement	3232: Abteilung für Ordnungsaufgaben und Gewerbewesen	5051: Abteilung Jugend
4141.2: Stadtarchiv und Museum	3232.1: Ordnungs- und Gewerbewesen	**51: Amt für soziale Dienste**
4141.3: Tourist-Information	3232.2: Feuerwehr und Katastrophenschutz	5150: Abteilung Besonderer Sozialdienst
4142: Regionalbibliothek und Keramikmuseum	3233: Abteilung f. Melde-, Pass- und Ausländerwesen	5150.1: Betreuung und Beratungsstelle für Senioren und Menschen mit Behinderungen
4142.1: Regionalbibliothek	3233.1: Einwohnermelde- und Passwesen	5150.2: Asyl und Obdachlosigkeit
4142.2: Keramikmuseum	3233.2: Ausländerwesen	5150.3: Sozialpädagogen an Schulen
44: Franz-Grothe-Schule	3234: Standesamt und Friedhofswesen	5151: Abteilung Allgemeiner Sozialdienst
	3236: Verkehrsbehörde	5151.1: Allgemeiner Sozialdienst
	3236.1: Straßenverkehr	5151.2: Koki-koordinierende Kinderschutzstelle/ Netzwerk frühe Hilfen
	3236.2: Kfz-Zulassung	5152: Abteilung Kindertagesstätten und Jugendpflege
	3236.3: Führerscheinwesen	
	3271: Abteilung für Veterinärwesen und Verbraucherschutz	

Verändert nach: Stadt Weiden online, in: https://www.weiden.de/stadt/rathaus/organisation/-behoerdenstruktur, letzter Zugriff: 10.05.2022

Perlen im Netz

WES-116842-019
Organigramm der Stadt Weiden auf deren Homepage

1. Arbeitet aus M 1 Aufgaben der Kommune Weiden in der Oberpfalz heraus.
2. Ergänzt die Liste mit weiteren Aufgaben, die hier fehlen (→ Perle im Netz).
3. Recherchiert den Verwaltungsgliederungsplan eurer Kommune und vergleicht ihn mit dem vollständigen von Weiden in der Oberpfalz. Begründet Unterschiede und Gemeinsamkeiten zwischen den Aufgaben der Kommunen.

M 2 Kommunale Aufgaben

Die Kommunen dürfen ihre Angelegenheiten selbst verwalten. Deshalb haben sie ein sogenanntes „Aufgabenfindungsrecht": Eine Kommune kann alles Mögliche zur kommunalen Aufgabe machen – den Verleih von Regenschirmen beispielsweise, die kostenlose Ausgabe von Verhütungsmitteln oder auch die Bereitstellung öffentlicher Duschen. Aber umsonst sind diese Sachen nicht zu haben: Alles muss bezahlt werden. Und viele Kommunen haben schon mit den nicht selbst erfundenen Aufgaben genug zu tun.

In der Bundesrepublik werden viele Bundes- und Landesgesetze von den Kommunen ausgeführt […].
Grob unterscheidet man in Pflichtaufgaben (also von Bund und Land vorgeschriebene) und freiwillige Aufgaben (also selbst gestellte). Bei den Pflichtaufgaben haben die Kommunen relativ wenig Spielräume. Oft ist nicht nur vorgegeben, ob die Aufgabe erledigt werden muss […], sondern auch, wie sie ausgeführt werden soll […]. Wenn „Ob" und „Wie" festgelegt sind, spricht man von Auftragsan-

gelegenheiten. Stehen „Ob" und „Wie" der Kommune völlig frei, so handelt es sich um eine freiwillige Aufgabe. Die freiwilligen Aufgaben sind das Herzstück der Kommunalpolitik. Hier geht es um Lebensqualität: Um Parks, Grünflächen und Bauvorhaben, um Theater, Museen und Orchester, um Kinderkrippen und Jugendeinrichtungen, um Sportplätze, Schwimmhallen und Freibäder, um den Öffentlichen Nahverkehr, um Bibliotheken und Freizeitangebote. Je knapper das Geld, desto mehr geraten diese freiwilligen Aufgaben in Bedrängnis, denn vor der Kür kommt die Pflicht.

GLOSSAR

Kommunale Aufgaben

Kommune/ Gemeinde

Daniela Saaro, Sabine Friedel: Kommunalpolitik verstehen. Für junges Politikverständnis, hrsg. von der Friedrich-Ebert-Stiftung Forum Politik und Gesellschaft, Berlin 2014, S. 7, in: https://library.fes.de/pdf-files/dialog/10667.pdf, letzter Zugriff: 28.01.2021

1 Vergleicht die hier genannten Aufgaben mit euren Erwartungen (M 1, 2 und Unterkapitel 3.1).

2 Erstelle ein Schaubild zu kommunalen Aufgaben (→ Einen Text in ein Schaubild umwandeln, S 18). Beziehe dich auf M 2 und die Ergebnisse aus Aufgabe 1 sowie den Ergebnissen aus M 1 (→ Perle, S. 110).

3 Beurteile, inwiefern Kommunen die Wünsche und Bedürfnisse ihrer Bürgerinnen und Bürger erfüllen können. Nimm deine Kommune als Beispiel.

M 3 Wer anschafft, zahlt

In einem Volksentscheid sprachen sich Bayerns Bürger für die Einführung des Konnexitätsprinzips aus. Wer anschafft, zahlt! So lässt sich in Kurzform dieses Prinzip definieren, das zum 1. Januar 2004 in Bayern nicht nur Gesetzeskraft, sondern sogar Verfassungsrang erlangte. In Artikel 83 Absatz 3 der Verfassung des Freistaats Bayern heißt es: „Überträgt der Staat den Gemeinden Aufgaben, verpflichtet er sie zur Erfüllung von Aufgaben im eigenen Wirkungskreis oder stellt er besondere Anforderungen an die Erfüllung bestehender oder neuer Aufgaben, hat er gleichzeitig Bestimmungen über die Deckung der Kosten zu stellen. Führt die Wahrnehmung dieser Aufgaben zu einer Mehrbelastung der Gemeinden, ist ein entsprechender finanzieller Ausgleich zu schaffen."
Also kurz gesagt: Wird der absolut sinnvolle und notwendige Rechtsanspruch auf Kindergarten- und Kinderkrippenplätze eingeführt, müssen Bund und Land auch dafür sorgen, dass die Kommunen in der Lage sind, ihn umzusetzen. Da reichen Investitionszuschüsse für den Bau neuer Tagesstätten nicht aus, wenn die Gemeinden auf den stetig wachsenden Folgekosten sitzen bleiben. Auf 6,3 Millionen Euro ist das jährliche Defizit für die Kinderbetreuung in Karlsfeld 2018 angestiegen [...]. [Kinderbetreuung ist] eine äußerst wichtige und zukunftsweisende Maßnahme, deren Finanzierung aber nicht an den Kommunen hängen bleiben darf. Schließlich sollte Artikel 83 der Bayerischen Verfassung gelten: Wer anschafft, zahlt!

INFO

Gemeindekämmerer betreuen die Finanzen einer Kommune. Sie erstellen dazu die Finanzplanung der Gemeinde.

Rechtsanspruch bedeutet, dass man von Rechts wegen einen Anspruch gegenüber jemandem hat. Z. B. hat eine Kommune Anspruch auf finanzielle Unterstützung, wenn eine Landes- oder die Bundesregierung sie zur Erfüllung bestimmter Aufgaben verpflichtet (Konnexitätsprinzip).

Walter Gierlich: „Wer anschafft, zahlt", SZ.de vom 25.03.2018, in: https://www.sueddeutsche.de/muenchen/dachau/kommentar-wer-anschafft-zahlt-1.3920920, letzter Zugriff: 28.01.2021

1 Zeige anhand von M 3, wie Bund, Länder und Kommunen verbunden sind, und welche Probleme das bringt. Gehe dazu auch auf die Pflichtaufgaben aus M 2 ein.

2 Erkläre den Begriff „Konnexitätsprinzip" und leite daraus Folgen für die Zusammenarbeit von Land und Kommunen ab. Gehe insbesondere darauf ein, dass die Kommune die größte Bürgernähe aufweist.

3 Weise an geeigneten Belegen aus M 3 nach, dass es sich um einen meinungsbildenden Text, beispielsweise einen Kommentar, handelt, und formuliere die zentrale Forderung des Verfassers.

# 3.3 Wer ist „die Gemeinde"?

Wen ruft man an, wenn man die Gemeinde sprechen will? Na klar, das Rathaus. Oder besser gleich den Bürgermeister? Aber bei speziellen Fragen braucht man dann Fachleute, die sich beispielsweise mit der Reinigung des Skaterparks auskennen. Dabei sind wir doch alle zusammen die Gemeinde. Wäre dann nicht eine Gruppe „Gemeinde" mit allen Bürgerinnen und Bürgern im Messenger besser?

M1 Die süddeutsche Ratsverfassung

Die Süddeutsche Ratsverfassung

- Gemeinderat — leitet → Bürgermeister/-in, Vorsitzende/-r des Gemeinderates und Leiter/-in der Verwaltung
- kontrolliert
- besetzt → Ausschüsse
- leitet → Verwaltung
- wählen ↑ Bürgerinnen und Bürger ↑ wählen

Gemeinderat und Bürgermeister/-in werden in diesem Modell von den Bürgern und Bürgerinnen direkt gewählt. Dem/Der Bürgermeister/-in kommt dabei eine starke Schlüsselposition zu. Er/Sie führt den Vorsitz im Gemeinderat und leitet gleichzeitig die Verwaltung. Zudem ist er/sie Vertreter/-in der Gemeinde nach außen.

Quelle: Horst Pötzsch, Die Deutsche Demokratie, hrsg. von der Bundeszentrale für politische Bildung. 5. überarbeitete und aktualisierte Auflage, Bonn 2009.

Perlen im Netz

WES-116842-020
Materialien der Bayerischen Landeszentrale für politische Bildungsarbeit: Wie kann man in der Gemeinde etwas erreichen, beispielsweise in Pfaffenhofen?

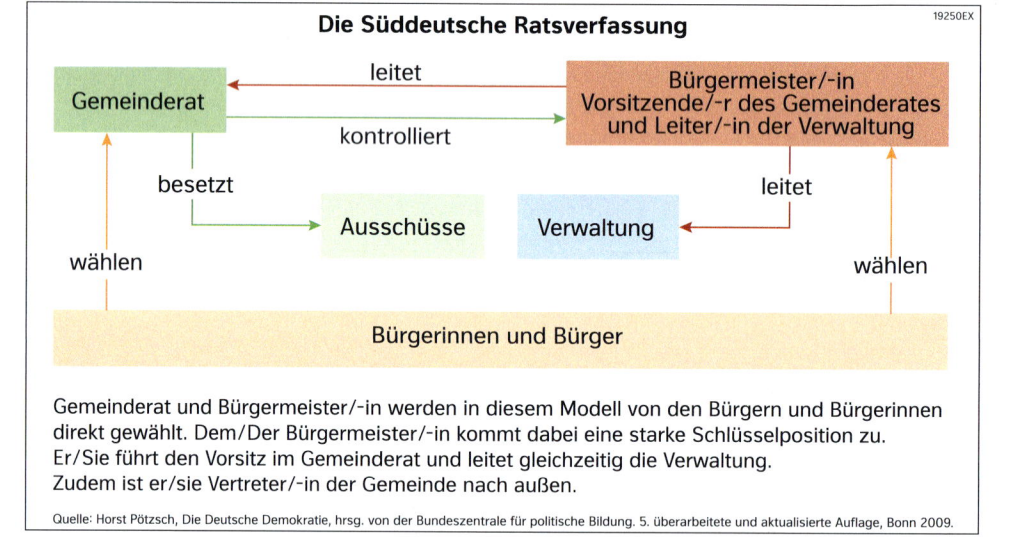

1 Analysiere das Schaubild (→ Schaubilder auswerten, S. 178). Gib im Anschluss die gegenseitigen Abhängigkeiten wieder und beschreibe die Machtverhältnisse.

2 Erläutere anhand eines Beispiels aus der Kommunalpolitik, am besten aus deiner Gemeinde, wie eine Entscheidung zustande kommt (→ Perle im Netz).

Bürgermeister mit Amtskette

M2 Das kommunale Who is Who

a) An der Spitze: Der/die Bürgermeister/-in wird nach Ablauf der sechsjährigen Amtszeit oder wegen des vorzeitigen Ausscheidens aus dem Amt von den Bürgerinnen und Bürgern der Kommune direkt gewählt. Wählen lassen kann sich, wer auch wahlberechtigt ist. In Bayern liegen die Altersgrenzen bei 18 bzw. 67 Jahren. Kandidatinnen und Kandidaten für das Bürgermeisteramt müssen keiner Partei angehören, dürfen dies aber natürlich. In größeren Städten wird der Bürgermeister/-in als „Oberbürgermeister/-in" bezeichnet.

Ihm/Ihr sind „Beigeordnete" (auch „Dezernenten") unterstellt, die für bestimmte Aufgabenbereiche zuständig sind. In kleineren Gemeinden arbeitet ein/-e Bürgermeister/-in ehrenamtlich und erhält eine Aufwandsentschädigung für die Tätigkeit. In den größeren Kommunen arbeiten die Bürgermeister/-innen hauptamtlich. Sie sind Verwaltungsbeamte auf Zeit – sogenannte Wahlbeamte, denn natürlich können sie wieder abgewählt werden. Bürgermeister/-innen sind Chef/-innen der Ver-

3.3 Wer ist „die Gemeinde"? 113

waltung und auch Vorsitzende/-r des Gemeinderates und der Ausschüsse.

Die Aufgabenpalette des Amtes ist dementsprechend vielfältig: Das Rathauspersonal führen, Gemeinderatsentscheidungen vorbereiten und umsetzen, die Gemeinde nach außen repräsentieren, mit anderen Politikern Kontakt halten und die Interessen der Kommune auf Bezirks- und Landesebene vertreten gehört ebenso dazu wie die Aufsichtsräte kommunaler Unternehmen zu leiten. Bürgermeister/-innen sind die Schnittstelle für die Bürgerinnen und Bürger, den Gemeinderat, die Verwaltung, die lokale Gesellschaft und die Medien.

b) Der Gemeinderat (in Städten: der „Stadtrat")

ist das Hauptorgan der kommunalen Selbstverwaltung und entscheidet über die Angelegenheiten der Kommune. Das heißt: Der Gemeinderat hat das letzte Wort. Er wird von den Einwohnerinnen und Einwohnern alle vier bis sechs Jahre in direkter Wahl gewählt. Die Mitglieder des Gemeinderats arbeiten ehrenamtlich, egal, wie groß die Kommune ist. Sie erhalten eine Aufwandsentschädigung für ihre Tätigkeit. Damit sollen Telefon- und Portokosten, der Arbeitsausfall und Fahrtkosten abgedeckt werden. Wählen lassen kann sich in der Regel, wer auch wahlberechtigt ist. Die meisten Gemeinderäte gehören einer bestimmten Partei oder einer Wählerinitiative an, die sie bei der Wahl unterstützen. Aber natürlich gibt es auch parteilose Gemeinderäte. Die Gemeinderäte können im Gemeinderat Fraktionen bilden und dadurch ihren Einfluss stärken. Denn in Fraktionen können die Gemeinderäte die Arbeit auf mehrere Schultern verteilen und sich auf Fachgebiete spezialisieren. Die Fraktionen erhalten für ihre Arbeit Räumlichkeiten, Materialien und in größeren Städten auch Personalkosten.

Aufgabe des Gemeinderates ist es, Vorlagen der Verwaltung und Anträge der Fraktionen zu beraten und zu beschließen. Außerdem kontrolliert der Gemeinderat die Verwaltung – zum Beispiel durch Anfragen. Der Höhepunkt im Jahr ist der Beschluss des Haushaltsplans. In ihm wird festgelegt, für welche Aufgaben im kommenden Jahr wie viel Geld zur Verfügung steht. Die Arbeitsweise des Gemeinderates, z. B. wie die Sitzung abläuft oder wer wann Anträge stellen darf, sind in der Geschäftsordnung des Gemeinderates festgeschrieben. Gemeinderatssitzungen sind grundsätzlich öffentlich und müssen vom Bürgermeister bzw. von der Bürgermeisterin in regelmäßigen Abständen einberufen werden. Wenn es dringende Angelegenheiten zu beraten und zu beschließen gibt, können die Gemeinderäte zusätzlich auch außerhalb der regulären Fristen Sitzungen abhalten.

c) Die Ausschüsse

Nicht alle kommunalen Angelegenheiten können im Gemeinderat ausführlich beraten und diskutiert werden, da dies zu viel Zeit in Anspruch nehmen würde und weil die ehrenamtlichen Gemeinderäte häufig den Rat von Sachverständigen brauchen. Daher finden vorbereitende Beratungen statt und werden Vorentscheidungen getroffen. Diese Vorarbeit geschieht in den Ausschüssen. Sie haben also eine beratende Wirkung im Gemeinderat und sind zusammengesetzt aus Vertretern des Gemeinderates und sachkundigen Bürgerinnen und Bürgern. In der Besetzung der Ausschüsse sollen sich die Mehrheitsverhältnisse des Gemeinderates widerspiegeln. In den Ausschusssitzungen sind Mitarbeiter der Verwaltung anwesend. Außerdem können zu den Ausschusssitzungen Experten eingeladen werden, um mit ihrem Sachverstand die Beratungen zu unterstützen. Manche Ausschüsse können auch allein (beschließend) zuständig sein, das heißt, dass ihre Entscheidung zu einem Thema verbindlich ist und von der Verwaltung umgesetzt wird.

> **GLOSSAR**
> Anfragen
> Anträge
> Bürgermeister/-in
> Fraktion

links:
Ausschusssitzung
rechts:
Gemeinderatssitzung

d) Die Verwaltung

Bürgermeister und Gemeinderatsmitglieder sind gewählte Vertreter der Einwohnerinnen und Einwohner. In der Verwaltung jedoch arbeiten Angestellte der Stadt. Ihr Chef oder ihre Chefin ist der oder die Bürgermeister/-in. Da sich die Verwaltungsangestellten im Gegensatz zum Gemeinderat hauptberuflich mit den Angelegenheiten der Kommune befassen, sind sie Spezialisten, die in ihrem Arbeitsalltag am ehesten bemerken, wo kommunaler Handlungsbedarf besteht. Daher gehen die meisten Initiativen im kommunalen Entscheidungsprozess von der Verwaltung aus und werden vom Bürgermeister oder von der Bürgermeisterin eingebracht. Die Verwaltung erledigt also ihre laufenden Verwaltungsgeschäfte, führt staatliche Auftragsangelegenheiten durch, erarbeitet Beschlussvorlagen für den Gemeinderat und setzt die im Gemeinderat getroffenen Beschlüsse um. In erster Linie ist die Verwaltung Dienstleister für die Einwohnerinnen und Einwohner.

Verwaltungsbüro

Verändert nach: Daniela Saaro, Sabine Friedel, Kommunalpolitik verstehen. Für junges Politikverständnis, hrsg. von der Friedrich-Ebert-Stiftung, Berlin 2014, in: http://library.fes.de/pdf-files/dialog/10667.pdf, S. 9 ff., letzter Zugriff: 17.12.2021

---

1 Das kommunale Who is Who
  a) Erstellt einen Steckbrief zu jedem der Akteure mit Bezug zu eurer Kommune
  b) Gestaltet dann ein Schaubild (→ Einen Text in ein Schaubild verwandeln, S. 18), das die gegenseitigen Beziehungen zwischen den Akteuren deutlich macht.
  c) Wählt ein politisches Handlungsfeld (Bildung, Sport, Jugend, Umwelt, …), an dem ihr das Schaubild mit Beispielen aus eurer Kommune veranschaulicht.

2 Erkläre, warum hauptberufliche und ehrenamtliche Akteure sich die Arbeit in der Gemeinde teilen.

3 Der/die Bürgermeister/-in erscheint sehr mächtig. Erschließe, woraus sich diese starke Stellung ergibt und wodurch sie eingeschränkt werden kann.

M 3 Zwischen den Wahlen – Wer hört auf wen?

Idealtypisch lässt sich die Beziehung zwischen Politik, Verwaltung und Zivilgesellschaft, also der Selbstorganisation von Bürgerinnen und Bürgern, in unterschiedliche Modelle gliedern. Das Modell der **hierarchischen Verwaltung** sieht in der Gemeindevertretung die kommunale Leitungsinstanz, deren Entscheidungen von der Verwaltung fair und neutral umzusetzen sind. [...]

Das Modell der **kooperativen Verwaltung** nimmt den Wunsch vieler Bürgerinnen und Bürger auf, aktiv an der Lösung gegenwärtiger Entwicklungen und Probleme in der Kommune teilzuhaben und Entscheidungen mitgestalten zu wollen. Die Verwaltung ist in diesem Modell vor allem ein [...] [Vermittler] zwischen der Gemeindevertretung und den Bürgerinnen und Bürgern. Sie hat die Aufgabe, die politischen Entscheidungen der Vertretung für die Bürgerschaft aufzubereiten und verständlich zu machen sowie die Wünsche, Bedürfnisse und Interessen der Bürgerschaft durch entsprechende Beteiligungsmöglichkeiten in die Willensbildung einfließen zu lassen.

Im Rahmen der Verwaltungsmodernisierung hat sich neuerdings der „Konzern" als weiteres Leitbild etabliert. Im **Konzernmodell** wird die öffentliche Verwaltung zu einem Dienstleistungsunternehmen, das effizientes, wirksames und wirtschaftliches Verwaltungshandeln zum zentralen Kriterium erfolgreicher Kommunalpolitik macht. In diesem Modell hat die Gemeindevertretung vor allem eine Kontroll- und Aufsichtsfunktion und formuliert die langfristigen Ziele des „Konzerns" Stadt, vergleichbar mit dem Aufsichtsrat einer Aktiengesellschaft.

Informationen zur politischen Bildung Nr. 333: Kommunalpolitik, hrsg. von der Bundeszentrale für politische Bildung, Bonn 2017, S. 38

1. Erstellt zu jedem der Modelle ein Schaubild und bewertet sie hinsichtlich von Effektivität, Transparenz und Partizipation.
2. Diskutiert, welches Modell ihr euch für eure Gemeinde wünschen würdet und welche Folgen die Umsetzung hätte.

M 4 Zick-Zack-Kurs soll bald vorbei sein

Schliersee – Ein bisschen wie im falschen Film kam sich Anna-Maria Martin bei ihrem Besuch im Schlierseer Gemeinderat vor. Die Architektin des Planungsverbands Äußerer Wirtschaftsraum München war gekommen, um dem Gremium die Entwürfe für zwei Bebauungspläne im Bereich der Waldschmidtstraße in Neuhaus vorzustellen. Vom früheren Gemeinderat habe sie als Arbeitsauftrag mitgenommen, auf den Grundstücken eine maßvolle Nachverdichtung bei gleichzeitigem Erhalt eines Grünzugs und der bestehenden Baulinie zu ermöglichen, rief Martin in Erinnerung. Doch die Wortmeldungen im jetzigen Gremium – vor allem die der Neulinge – gingen plötzlich in eine ganz andere Stoßrichtung.

„Der Grünzug ist teilweise nur Gestrüpp", meinte etwa Horst Teckhaus (PWG). Und eine gerade Baulinie sei im Ortsbild eher „langweilig". [...] [S]ogar Babette Wehrmann und Gerhard Waas (Grüne) regten an, die Baufenster näher an den Grünstreifen heranzurücken. Die Pflanzen am Dürnbach dürften jedoch nicht angetastet werden, betonte Waas.

Martin wirkte irritiert. Bisher sei es Wille des Gremiums gewesen, eine zweite Baureihe zu verhindern und mehr Grünland zu erhalten. Daran konnte sich auch Jürgen Höltschl (CSU) erinnern. „Erst schimpfen wir, dass alles zubetoniert wird, und jetzt reden wir auf einmal ganz anders." [...]

Die Expertin nahm die Kontroversen zur Kenntnis und gab ihrerseits einen Auftrag an das Gremium zurück. „Sie müssen sich über Ihre Ziele klar werden. Dann versuche ich, sie umzusetzen." [...] Krogoll sprach gar von einem „Ziele-Wirr-Warr".

Genau deshalb habe man ja mit der Aufstellung von Bebauungsplänen begonnen, verteidigte Bürgermeister Franz Schnitzenbaumer (CSU) das Vorgehen. [...] Eine Vorgehensweise, die auch Martin für gut befand. „Mit so einem Leitfaden in der Hinterhand stehen Sie auf jeden Fall gut da."

Der Planungsverband selbst hatte das Instrument Rahmenplan bereits im Juni 2019 vorgestellt. Es erlaubt einer Gemeinde, städteplanerische Ziele zu formulieren, ohne aufwendige Verfahren anstoßen zu müssen. Eigentlich sollte der Gemeinderat entscheiden, ob er einen solchen Plan erarbeiten will. Das ist offenbar nicht passiert. Bis übergeordnete Ziele formuliert sind, muss sich Martin erneut an der Stimmungslage des Gremiums orientieren. [...]

Dass man den erneuten Meinungsaustausch auch als Chance sehen kann, das stellte Florian Zeindl (CSU) heraus. „Ich finde es gut, dass wir eine konstruktive Diskussion führen", sagte er. „Denn ich bin selbst noch hin- und hergerissen."

Sebastian Grauvogl: Wird Neuhaus bald dichter bebaut? Gemeinderat Schliersee will Strategie entwickeln, Merkur.de vom 25.09.2020, in: https://www.merkur.de/lokales/region-miesbach/schliersee-ort29415/wird-neuhaus-bald-dichter-bebaut-gemeinderat-schliersee-will-strategie-entwickeln-90053899.html, letzter Zugriff: 28.01.2021

1. Arbeite aus dem Text die beteiligten Gruppen mit ihren Interessen heraus. Zeige die vorhandenen Konfliktlinien auf.
2. Bewerte das Vorgehen zur Entscheidungsfindung in M 4 unter den Aspekten Bürgernähe, Partizipation und Pluralismus. Mache Verbesserungsvorschläge.

3.4 Warum passiert, was passiert? Die Rolle von Bürger/-innen, Rat und Bürgermeister/-in

Manchmal ist ja ganz verwunderlich, was in einer Gemeinde entschieden wird und was nicht. Warum wird die Straßenbeleuchtung erneuert, die Schule hat aber kein W-Lan? Blickst du durch, wie bei euch entschieden wird?

M 1 Die Gemeinde Gilching setzt auf Fotovoltaik

Gilchings Gemeinderäte haben das Projekt Fotovoltaik-Freianlage entlang der Autobahn München-Lindau abgesegnet. Dafür musste ein aufwendiges Bebauungsplanverfahren auf den Weg gebracht werden.

Gilching – Das Thema stand bereits im September vorigen Jahres auf der Tagesordnung. Schon damals fanden Gilchings Gemeinderäte, dass mit der Erzeugung von Solarenergie ein wichtiger Beitrag zum Klima- und Umweltschutz geleistet werde. Ein Ingenieurbüro in Landsberg wurde mit der Durchführung einer Potenzialermittlung beauftragt. Das Büro untersuchte das gesamte Gemeindegebiet und ermittelte schließlich [F]lächen im Südosten von Geisenbrunn entlang der Autobahn. Der raschen Umsetzung einer Fotovoltaik-Freianlage jedoch stand im Wege, dass es sich bei dem rund 21 Hektar großen Areal derzeit um rein landwirtschaftliche Flächen handelt. [...]

„Ohne Anpassung des Flächennutzungsplanes und der Aufstellung eines Bebauungsplanes geht da nichts", sagte Bauamtsleiter Max Huber in der Gemeinderatssitzung am Dienstagabend. Er wies zudem darauf hin, dass die Anlage nicht von der Gemeinde, sondern von privater Hand betrieben werde. Wünschenswert aber sei eine rege Bürgerbeteiligung, unter anderem wäre dies durch ein sogenanntes Bürger-Solarkraftwerk umsetzbar. Bürgermeister Manfred Walter ergänzte, dass mit der wohl größten Solaranlage im Landkreis Starnberg „ein wichtiger Schritt in die gewünschte Richtung" getan werde. Mit Aufstellung des Bebauungsplans und dem parallel dazu laufenden Verfahren Flächennutzungsplan Sondergebiet „Freiflächenfotovoltaik" ist die rechtliche Grundlage für eine Bauleitplanung für insgesamt acht Projektflächen gegeben. Gestartet werden soll mit drei Anlagen. Die Projektflächen eins bis drei befinden sich unmittelbar an der Autobahn. Der Abstand zum nächsten zusammenhängenden Wohngebiet beträgt rund 580 Meter. [...]

Huber betonte, dass durch die optimale Anbindung „nur wenige zusätzliche Eingriffe in Natur und Landschaft durch Leitungstrassen oder Erschließungsmaßnahmen" notwendig würden. Gegen Rosmarie Brosig (BfG) wurde die Aufstellung eines Bebauungsplanes „Sondergebiet Freiflächenfotovoltaik südlich der BAB" – vorerst für die drei favorisierten Flächen – beschlossen. Dieser geht nun in die frühzeitige Auslegung. Im zweiten Schritt werden die eingehenden Anregungen beteiligter Behörden wie auch betroffener Bürger entsprechend gewürdigt und berücksichtigt, bevor der Bebauungsplan in die zweite Auslegung geht.

Uli Singer, Merkur.de vom 24.09.2020, in: https://www.merkur.de/lokales/starnberg/gilching-ort28732/bahn-frei-fuer-fotovoltaik-an-der-autobahn-90052590.html#idAnchComments, letzter Zugriff: 28.01.2021

> **INFO**
> **Potenzialermittlung** meint die Ermittlung der Leistungsfähigkeit einer Fotovoltaikanlage, das heißt, wie viel Strom sie in welcher Zeit erzeugen kann.

1 Erstelle einen Ablaufplan der Entscheidung, der die Inhalte, die beteiligten Akteure und die Ergebnisse enthält (→ M 2).

2 Diskutiert, ob das Vorgehen in M 1 ausreichend demokratisch ist. Geht dabei auch auf nicht beteiligte Gruppen (z. B. Umweltschutzgruppen, Jugendliche) ein.

3.4 Warum passiert, was passiert? Die Rolle von Bürger/-innen, Rat und Bürgermeister/-in

M2 Von der Idee zur Umsetzung

Entscheidungsvorschlag des/der (Ober-) Bürgermeister_in (also der Verwaltung):

„Vorlage"

Entscheidungsvorschlag eines Gemeinderates, einer Gruppe von Gemeinderät_innen oder einer Fraktion:

„Antrag"

Entscheidungsvorschlag der Einwohner_innen (bestimmte Unterschriftenzahl nötig):

„Bürger_innenbegehren"

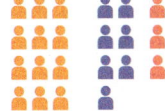

Die Vorlagen und Anträge werden an die Fraktionen gegeben. Dort bilden die Gemeinderät_innen auf der Fraktionssitzung eine gemeinsame Position.

Die Vorlagen und Anträge werden in den fachlich zuständigen Ausschüssen vorberaten. Hier können Gemeinderät_innen Änderungsanträge stellen.

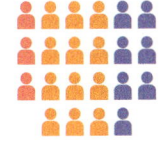

Die Beschlussempfehlung des federführenden Ausschusses wird in der Gemeinderatssitzung debattiert. Findet der Vorschlag (oder ein Änderungsantrag) eine Mehrheit, dann ist er beschlossen.

Lehnt der Gemeinderat ein Bürger_innenbegehren ab, gibt es einen Bürger_innenentscheid. Alle Wahlberechtigten stimmen über den Vorschlag ab. Findet der Vorschlag eine Mehrheit, dann ist er beschlossen.

Nun ist die Gemeindeverwaltung dafür zuständig, die gefassten Beschlüsse umzusetzen. Die Gemeinderäte können durch Anfragen die Umsetzung kontrollieren.

In jeder Phase des Entscheidungsprozesses können Vereine, Initiativen, Expert_innen, Interessengruppen, Einwohner_innen, Unternehmen, Medien – kurz: jede und jeder, der und die sich für die Entscheidung interessiert, Einfluss nehmen. Dies geschieht über Gespräche mit den Gemeinderäten, durch Briefe und Stellungnahmen, öffentliche Äußerungen, Demonstrationen und Medienberichte.

Aus: Daniela Saaro, Sabine Friedel: Kommunalpolitik verstehen. Für junges Politikverständnis, hrsg. von der Friedrich-Ebert-Stiftung Forum Politik und Gesellschaft, Berlin 2014, S. 14, in: https://library.fes.de/pdf-files/dialog/10667.pdf, letzter Zugriff: 28.01.2021

GLOSSAR

Demonstrationen

1 Wähle ein Problem aus eurer Gemeinde, das gelöst werden sollte. Ermittle anhand von M 2, wie du dieses Ziel erreichen kannst und welche Partner/-innen du dazu brauchst.

2 Recherchiere Entscheidungen in deiner Gemeinde und passe den Entscheidungsprozess in das Schaubild aus M 2 ein. Beurteile den demokratischen Prozess: Wurden die betroffenen Gruppen ausreichend berücksichtigt? War das Verfahren transparent? Wurden Gegenargumente beachtet und widerlegt?
Führt dazu Expertengespräche mit Bürgermeister/in, Mitgliedern des Gemeinderats und der Verwaltung. Vielleicht finden sich auch Mitglieder aus Bürgerinitiativen oder Stimmen aus einer Bürgerversammlung. (→ Expertenbefragung, S. 176)

3.5 Politik lebt vom Mitmachen!

Kommunen regeln viele grundlegende Dinge des Alltags und in unserem direkten Umfeld: Stadtentwicklung, Digitalisierung, Umweltschutz, Verkehr, letztlich werden alle Entscheidungen in der Kommune wirksam und erlebbar. Dennoch interessieren sich vergleichsweise wenige Bürgerinnen und Bürger für politische Entscheidungen und Wahlen auf lokaler Ebene. Gilt das auch für Jugendliche? Wie können Jugendliche sich mit ihren Anliegen einbringen und warum tun das nicht mehr von ihnen? Beispielsweise, wenn es um die Gestaltung ihrer Kommune geht.

M 1 Hofer Innenstadt Böhm fordert Leitbild für Stadtentwicklung

Der Hofer Piraten-Stadtrat Michael Böhm möchte die mit dem Thema Stadtentwicklung beauftragten Stellen neu ausrichten. Einen diesbezüglichen Antrag hat er jüngst an die Verwaltung gestellt.

Insbesondere fordert Böhm für diese Stellen (Stadtplanung, Leerstandsmanagement, Stadtmarketing, Wirtschaftsförderung und Citymanagement durch die Agentur „Stadt und Handel") ein gemeinsames, übergeordnetes Leitbild. Dieses solle zusammen mit den Bürgerinnen und Bürgern erstellt werden und „für die kommenden Jahrzehnte strategische Entwicklungsziele definieren". In Böhms Antragsschreiben heißt es: „Diese Ziele sollen quantifizierbar sein, um eine fortlaufende Erfolgskontrolle zu gewährleisten. In längeren Abständen soll das Leitbild erneut diskutiert werden und gegebenenfalls an veränderte Rahmenbedingungen angepasst werden."

Darüber hinaus fordert Böhm „eine Koordination aller Aktivitäten von einer zentralen Stelle". Auch sollen künftig alle durch die Akteure erstellten Erhebungen, Analysen und andere Daten von allen Beteiligten genutzt werden können.

Begründung: „Städte – insbesondere ihre Innenstädte – verändern sich rapide. Die Digitalisierung verändert die Einkaufs-, aber auch die Lebensgewohnheiten der Menschen." Alle Städte stünden vor der Verödung ihrer Innenstädte, die Leerstände der Gewerbeimmobilien würden dies hier und andernorts deutlich zeigen. „Moderne Kommunen haben erkannt, dass Innenstädte in Zonen des Wohnens und Lebens umgewandelt werden müssen, die Fokussierung auf den Einzelhandel ist nicht mehr vertretbar. Auch aus ökologischer Sicht ist die Nutzung des Bestandes deutlich besser als ein Neubau. Die Hofer Kernstadt bietet eine Unmenge an Quadratmetern Wohnflächen, die aktuell nicht als solche genutzt werden können. Hier müssen die im Antrag genannten Akteure handeln." Zudem müssten etwa moderne ÖPNV-Angebote und Möglichkeiten der Kinderbetreuung geschaffen werden.

Ein Leitbild helfe in einem solchen Wandlungsprozess – vor allem dann, wenn man Bürgerinnen und Bürger dieses Leitbild mitgestalten lasse und es anhand von Kennzahlen auswerte.

red, Frankenpost online vom 13.08.2021, in: https://www.frankenpost.de/inhalt.hofer-innenstadt-boehm-fordert-leitbild-fuer-stadtentwicklung.f5d25a9a-5a19-404d-9a86-09bf7854f3ce.html, letzter Zugriff: 09.06.2022

1 Formuliere in eigenen Worten die Forderung des Stadtrats Böhm.
2 Böhm stellt fest, dass sich Städte rapide verändern (Z. 32). Überprüft diese Aussage für eure Kommune, nennt konkrete Beispiele und zeigt, inwiefern sie euch betreffen.
3 Erstellt ein Leitbild für die Entwicklung eurer Kommune, in dem ihr die Ziele hierarchisiert, also der Wichtigkeit und Dringlichkeit nach aufzählt.

M2 Stadtentwicklung in Hof als kommunale Aufgabe

a) Ziel: Die nachhaltige städtebauliche Entwicklung der Stadt Hof bzw. deren Stadtteile

Hierfür sind die sozialen, wirtschaftlichen und ökologischen sowie energetischen Anforderungen miteinander in Einklang zu bringen. Eine menschenwürdige Umwelt muss gesichert und die natürlichen Lebensgrundlagen nachhaltig geschützt und entwickelt werden. Darüber hinaus soll die städtebauliche Gestalt und das Orts- und Landschaftsbild baukulturell erhalten und entwickelt werden. Grünordnung, Landschaftsplanung und energetische Anforderungen erhalten eine zunehmende Bedeutung im Rahmen der Stadt- und Ortsplanung und des Stadtumbaus.

www.hof.de © 2022 Stadt Hof, in: https://www.hof.de/hof/hof_deu/planen-bauen/stadtplanung.html, letzter Zugriff: 09.06.2022

b) Hofs Herzstück soll schöner werden

Mit der öffentlichen Auftaktveranstaltung am 17. März 2010 im Großen Rathaussaal der Stadt Hof begann das Projekt „Aufwertung der Innenstadt" aus dem Integrierten Stadtentwicklungskonzept mit der Erarbeitung des Rahmenplans – Stadtteilkonzept Kernstadt. Die Ziele, Kerngedanken sowie die erarbeiteten ca. 60 Einzelprojekte wurden bei mehreren Terminen mit den Bürgern, den Akteuren, Interessengruppen, den Fachleuten in der Verwaltung und mit den Stadträten diskutiert. Es sind in einem gemeinschaftlichen Arbeitsprozess von ca. 8 Monaten tragfähige Strategien und Ansätze in den Bereichen Städtebau und Stadtmarketing erarbeitet worden, um das Angebotsniveau der Kernstadt Hofs zu halten und um unvermeidliche Prozesse der Konzentration und Umstrukturierung planerisch sinnvoll zu steuern.

www.hof.de © 2022 Stadt Hof, in: https://www.hof.de/hof/hof_deu/planen-bauen/rahmenplan-stadtteilkonzept-kernstadt.html, letzter Zugriff: 09.06.2022

1. Erarbeitet aus M 2 politische Schwierigkeiten bei der Stadtentwicklung und wie in Hof versucht wurde, diese Schwierigkeiten zu überwinden.
2. Diskutiert, inwiefern ihr euch bei der Gestaltung des Zentrums eurer Kommune einbringen würdet und aus welchen Gründen.

M3 Richtung Zukunft!

Karikatur: Rainer Demattio

Perlen im Netz

WES-116842-021

Stärken stärken – junge Menschen beteiligen: Film zur Initiative „mitWirkung!" Die Initiative **„mitWirkung!"** der Bertelsmann Stiftung möchte mit dem Film deutlich machen, dass gesellschaftliches Engagement junger Menschen wichtig ist.

Auf seiner Seite stellt der **Bundesjugendring** Materialien zur Jugendbeteiligung zur Verfügung.

1 Beschreibe, analysiere und interpretiere die Karikatur (→ Karikaturinterpretation, S. 177).
2 Sammelt Möglichkeiten, wie Jugendliche die Richtung der Kommunalpolitik beeinflussen können (→ Perle).
3 Diskutiert Lösungsansätze für ein drängendes Problem in eurer Kommune und reflektiert verschiedene Möglichkeiten persönlichen Engagements in diesem Zusammenhang (z. B. Verfassen eines Aufrufs in sozialen Netzwerken oder Mithilfe bei der Organisation einer Informationsveranstaltung).

M4 Die Rolle Bayerns bei der Stadtentwicklung

a) Landesentwicklung Bayern

Viele Aspekte des menschlichen Lebens beanspruchen Raum. So werden Flächen etwa für neue Gewerbegebiete, die Errichtung von Einkaufszentren, den Ausbau des Straßen- und Eisenbahnnetzes, für Windenergie- und Solaranlagen oder Vorhaben des Tourismus benötigt. Aber alles auf einmal und überall ist nicht möglich. Die Landesentwicklung trägt entscheidend dazu bei, die vielfältigen Nutzungsansprüche an den Raum möglichst optimal zu koordinieren und auftretende Konflikte zu lösen. Sie hat dabei immer auch die Bedürfnisse nachfolgender Generationen im Blick.

Bayerisches Staatsministerium für Wirtschaft, Landesentwicklung und Energie, München, online: https://www.landesentwicklung-bayern.de/, letzter Zugriff: 09.06.2022

b) Fitnessprogramm Starke Zentren

Abschlussveranstaltung zum Fitnessprogramm „Starke Zentren": Modellkommunen haben vielfältige Maßnahmen zur Stärkung zentraler Lagen entwickelt – „Nachahmung" erwünscht!

Im vom Bayerischen Wirtschaftsministerium aufgelegten Fitnessprogramm „Starke Zentren" haben fünf repräsentativ ausgewählte Modellkommunen mit Unterstützung von Planungsbüros innovative Konzepte und konkrete Maßnahmen zur Stärkung ihrer zentralen Lagen entwickelt. Am 24. März 2022 konnten die Städte Beilngries, Coburg, Kempten, Rothenburg o. d. Tauber und Schwandorf auf der Abschlussveranstaltung im Wirtschaftsministerium ihre im Programmverlauf gesammelten Erfahrungen und jeweils ein ausgewähltes Modellprojekt präsentieren. Im parallel veröffentlichten Handbuch „Starke Zentren Bayern" werden das Programm, die Vorgehensweise und die erarbeiteten Projekte ausführlich vorgestellt […]. Gemeinsamer Wunsch der teilnehmenden Städte und des Ministeriums ist es, dass sich eine große Zahl bayerischer Kommunen davon inspirieren lässt, selbst Konzepte zur Stärkung ihrer Zentren zu entwickeln und umzusetzen. […]

Alle fünf teilnehmenden Städte sehen Handlungsbedarf. Ihnen geht es darum, in den Zentren die Funktionsvielfalt und -mischung und die Aufenthaltsqualität zu erhöhen, damit sie auch in Zukunft attraktiv bleiben und ihre Versorgungsfunktion für Stadt und Umland erfüllen können.

Im Dialog mit Bürgerinnen und Bürgern, Vereinen und der Wirtschaft wurden die Projekte entwickelt. In Beilngries soll u. a. eine Immobilien-Qualifizierungsoffensive mit Wettbewerb die Eigentümer leerstehender oder ungenutzter Innenstadtimmobilien ansprechen. Die Verantwortlichen in Kempten planen beispielsweise, den Illerstrand im Bereich des Skateparks zu einem weitgehend von Ver- und Geboten freien, aber sicheren und ansprechenden Treffpunkt für Jugendliche umzugestalten. In einem Ladenlokal der Coburger Innenstadt soll ein offenes Atelier für bildende Künstlerinnen und Künstler und für Kreativpädagogik entstehen. In Rothenburg ob der Tauber wollen die städtischen Akteure das RothenburgMuseum zu einem MuseumsLab umgestalten. Und in Schwandorf soll das analoge Leerstandsmanagement in eine digitale Version überführt werden.

Bayerisches Staatsministerium für Wirtschaft, Landesentwicklung und Energie, München, online: https://www.landesentwicklung-bayern.de/fitnessprogramm-starke-zentren/, letzter Zugriff: 09.06.2022

1. Erläutert ausgehend von M 4a) Gründe für die zentrale Steuerung der Landesentwicklung in Bayern.
2. Erklärt unter Bezug auf M 2 S. 119, warum die Stadtentwicklung nicht konkret von der Staatsregierung gesteuert werden kann und soll.
3. Beurteilt das in M 4b) beschriebene „Fitnessprogramm" hinsichtlich seiner Einflussnahme auf die kommunale Selbstverwaltung. Vergleicht dazu die hier geschilderten Ziele mit denen der Stadt Hof.

M 5 Zeichen von Vielfalt und Einheit: Das bayerische Staatswappen

Die einzelnen [...] Elemente des „großen bayerischen Staatswappens" haben folgende Bedeutung:

Der goldene Löwe: im schwarzen Feld war ursprünglich das Symbol der Pfalzgrafen bei Rhein. Nach der Belehnung des bayerischen Herzogs Ludwig im Jahre 1214 mit der Pfalzgrafschaft diente es jahrhundertelang als gemeinsames Kennzeichen der altbayerischen und pfälzischen Wittelsbacher. Heute steht der aufgerichtete, goldene und rotbewehrte Pfälzer Löwe im linken oberen Feld für den Regierungsbezirk Oberpfalz.

Der „Fränkische Rechen": Das zweite Feld ist von Rot und Weiß (Silber) mit drei aus dem Weiß aufsteigenden Spitzen geteilt. Dieser „Rechen" erschien um 1350 als Wappen einiger Orte des Hochstifts Würzburg und seit 1410 auch in den Siegeln der Fürstbischöfe. Heute steht der Fränkische Rechen für die Regierungsbezirke Oberfranken, Mittelfranken und Unterfranken.

Der blaue Panther: Links unten im dritten Feld zeigt sich ein aufgerichteter, blauer, goldbewehrter Panther (Pantier) auf weißem (silbernem) Grund. Ursprünglich wurde er im Wappen der in Niederbayern ansässigen Pfalzgrafen von Ortenburg geführt. Später übernahmen ihn die Wittelsbacher. Heute vertritt der blaue Panther die altbayerischen Regierungsbezirke Niederbayern und Oberbayern.

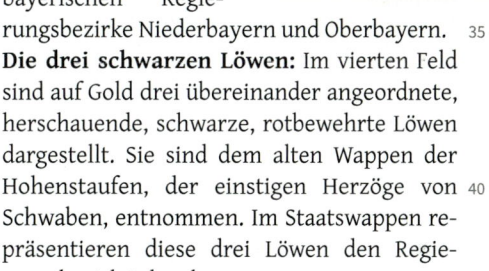

Die drei schwarzen Löwen: Im vierten Feld sind auf Gold drei übereinander angeordnete, herschauende, schwarze, rotbewehrte Löwen dargestellt. Sie sind dem alten Wappen der Hohenstaufen, der einstigen Herzöge von Schwaben, entnommen. Im Staatswappen repräsentieren diese drei Löwen den Regierungsbezirk Schwaben.

Der weiß-blaue Herzschild: ist in Weiß (Silber) und Blau schräg gerautet. Früher das Wappen der Grafen von Bogen, wurde er 1242 von den Wittelsbachern als Stammwappen übernommen. Die weiß-blauen Rauten gelten heute als bayerisches Wahrzeichen und werden auch offiziell als „Kleines Staatswappen" verwendet. [...]

Bayerischer Landtag online, in: https://www.bayern.landtag.de/parlament/staatssymbole/bayerisches-staatswappen/, letzter Zugriff: 10.06.2022

1. Erläutert, wie sich in dem bayerischen Staatswappen das Motto „Einheit in Vielfalt" widerspiegelt.
2. „Bayerns Streben nach Selbstständigkeit nach außen ist die andere Seite von Vielfalt und kleinräumiger Kultur im Inneren. Gerade in dieser Vielfalt liegt wohl Bayerns Stärke begründet." Erläutert diese Aussage und diskutiert konkrete Folgen für die Kommunal- und Landespolitik in Bayern.

3.6 Was regelt die bayerische Verfassung?

In verschiedenen Dokumenten ist festgehalten, wie die Politik in Bayern auf der kommunalen, aber auch auf der Landesebene funktioniert. Das entscheidendste Dokument ist jedoch die Landesverfassung. Was ist da eigentlich alles geregelt?

GLOSSAR
Bayerische Verfassung
Freistaat
Rechtsstaat
Sozialstaat

M 1 Die Bayerische Verfassung

Artikel 1
(1) Bayern ist ein Freistaat.
(2) Die Landesfarben sind Weiß und Blau.
[…]

Artikel 2
(1) Bayern ist ein Volksstaat. Träger der Staatsgewalt ist das Volk.
(2) Das Volk tut seinen Willen durch Wahlen und Abstimmungen kund. Mehrheit entscheidet.

Artikel 3
(1) Bayern ist ein Rechts-, Kultur- und Sozialstaat. Er dient dem Gemeinwohl.
(2) Der Staat schützt die natürlichen Lebensgrundlagen und die kulturelle Überlieferung. Er fördert und sichert gleichwertige Lebensverhältnisse und Arbeitsbedingungen in ganz Bayern, in Stadt und Land.
[…]

Artikel 5
(1) Die gesetzgebende Gewalt steht ausschließlich dem Volk und der Volksvertretung zu.
(2) Die vollziehende Gewalt liegt in den Händen der Staatsregierung und der nachgeordneten Vollzugsbehörden.
(3) Die richterliche Gewalt wird durch unabhängige Richter ausgeübt.

Aus der Verfassung des Freistaates Bayern in der Fassung der Bekanntmachung vom 15. Dezember 1998, in: https://www.gesetze-bayern.de/Content/Document/BayVerf-G1_1, letzter Zugriff: 28.01.2021

1 Gib den Inhalt der einzelnen Artikel in eigenen Worten wieder. Nutze dazu die Arbeitstechnik „Gesetzes- und Verfassungstexte lesen und verstehen" (→ S. 123).
2 a) Erläutere Artikel 3 (1) „Bayern ist ein Rechts-, Kultur- und Sozialstaat. Er dient dem Gemeinwohl." ggf. mithilfe des Glossars.
  b) Vergleiche den Artikel 3 (1) mit dem Artikel 20 (1) des Grundgesetzes. Welche Unterschiede stellst du fest?
3 Erörtert im Klassenverband, wo ihr ggf. Unterschiede zwischen Verfassungstext und der Wirklichkeit seht.

Gesetzes- und Verfassungstexte lesen und verstehen

In einem Staat wird das geltende Recht in Gesetzen und Rechtsverordnungen festgehalten. Verfassungs- und Gesetzestexte werden von Juristinnen und Juristen, das sind Menschen, die Rechtswissenschaften studiert haben, geschrieben. Sie verwenden dabei besondere Formulierungen, die oft schwer zu lesen und zu verstehen sind. Scherzhaft wird ihre besondere Sprache als „Juristendeutsch" bezeichnet. Sie wird verwendet, weil die Gesetze so allgemein formuliert sein sollten, dass sie für möglichst viele Fälle zutreffen. Um „Juristendeutsch" möglichst gut zu verstehen, kannst du die unten stehende Vier-Schritt-Technik beim Lesen von Gesetzestexten anwenden.

Schritt 1: Frage festhalten
Bevor du den Gesetzestext liest, überlege, welche rechtliche Frage du beantwortet haben möchtest. So fällt es dir beim späteren Lesen leichter, die entscheidende Stelle in dem Text zu entdecken.

Schritt 2: Genaues Lesen
Lies den Text genau und überlege, was in dem Gesetz oder in dem Auszug aus der Verfassung in Bezug auf deine Fragestellung geregelt wird. Markiere wichtige Stellen oder halte sie schriftlich fest. Notiere Wörter, die du nicht verstehst, und schlage deren Bedeutung in einem Lexikon nach.

So „übersetzt" du beim Lesen mögliche Abkürzungen:
- § = Paragraph
- (1) oder Abs. 1 = Absatz 1
- BGB = Bürgerliches Gesetzbuch
- StGb = Strafgesetzbuch
- SchG = Schulgesetz
- Art. = Artikel
- GG = Grundgesetz
- BayVerf = Bayerische Verfassung
- JuSchG = Jugendschutzgesetz

Zum Beispiel „Art. 5 (2) BayVerf" wird folgendermaßen vorgelesen: „Artikel 5, Absatz 2, Bayerische Verfassung"

Schritt 3: Regelung notieren
Halte die Regelung, die in Bezug auf deine Frage getroffen wird, möglichst in wenigen Sätzen und eigenen Worten fest. Achte darauf, dass du Zahlen und wichtige Ausnahmeregelungen berücksichtigst.

Schritt 4: Gesetz auf einen Fall anwenden
Versuche nun, die im Gesetzestext enthaltenen Informationen in einer allgemein verständlichen Sprache auszudrücken. Du kannst überprüfen, ob du alles verstanden hast, indem du den Inhalt einer anderen Person berichtest und das Gesagte auf ein geeignetes Fallbeispiel beziehst.

GLOSSAR
Gewaltenteilung

INFO
Gewaltenverschränkung
Die Gewaltenteilung wird nicht immer strikt durchgehalten, wie man sich das in der Theorie vorstellt. Wenn es zu Überschneidungen oder Abhängigkeiten zwischen Institutionen kommt, die die Gewalten repräsentieren, spricht man von Gewaltenverschränkung.

M2 Gewaltenteilung auf Landesebene

Die Verfassung des Freistaates Bayern

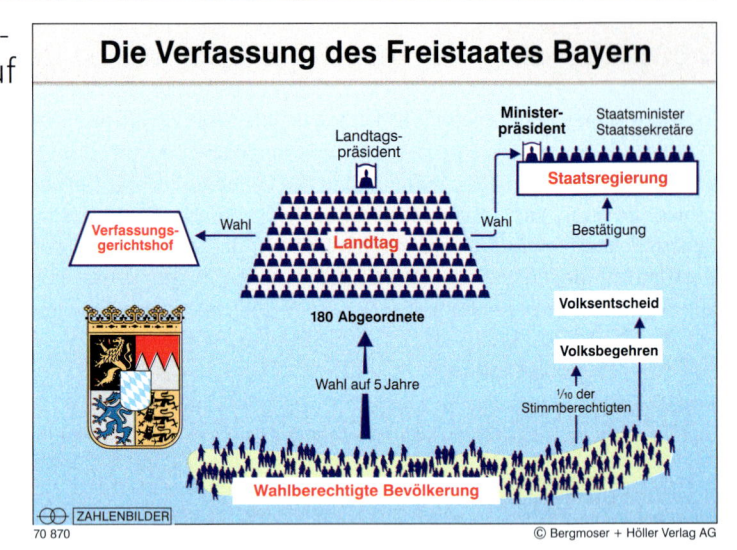

- Landtagspräsident
- Ministerpräsident – Staatsminister, Staatssekretäre
- Staatsregierung
- Verfassungsgerichtshof ← Wahl — Landtag — Wahl → Bestätigung
- 180 Abgeordnete
- Wahl auf 5 Jahre
- Volksentscheid
- Volksbegehren
- 1/10 der Stimmberechtigten
- Wahlberechtigte Bevölkerung

1. Beschreibe das Verfassungsschaubild des Freistaates Bayern in eigenen Worten. Nimm dabei Bezug auf M1 (Art. 5. BayVerf.). (→ Schaubilder auswerten, S. 178)
2. Erläutere, wie in dem Schaubild die Gewaltenverschränkung erkennbar wird.
3. Erläutere mithilfe des Schaubilds die Aufgaben des Landtags und des Ministerpräsidenten.

M3 Bundesrecht bricht Landesrecht

Die Bundesrepublik Deutschland ist ein Bundesstaat, der aus dem Bund und 16 Bundesländern besteht. Sowohl der Bund als auch die Länder besitzen eine eigene Staatsgewalt und können deshalb Gesetze erlassen. Man spricht dann von Bundes- bzw. Landesrecht. Laut Grundgesetz wird zwischen der ausschließlichen und der konkurrierenden Gesetzgebungszuständigkeit unterschieden. Ausschließliche Gesetzgebungszuständigkeit meint, dass nur der Bund Gesetze erlassen kann. Zu diesen Bereichen gehört z. B. das Staatsangehörigkeitsrecht, das Waffen- und Sprengstoffrecht oder die Erzeugung und Nutzung der Kernenergie zu friedlichen Zwecken. Im Bereich der konkurrierenden Gesetzgebungszuständigkeit des Bundes dürfen die Länder nur dann Gesetze erlassen, wenn der Bund keine eigenen Gesetze erlassen hat. Ansonsten gilt der Grundsatz „Bundesrecht bricht Landesrecht", d. h. dass die Gesetze, die durch den Bundestag verabschiedet wurden, den Gesetzen, die die Landesparlamente verabschiedet haben, übergeordnet sind. Gebiete der konkurrierenden Gesetzgebung sind z. B. das Straf- oder das Arbeitsrecht. Allerdings wird somit der größte Teil der Gesetze vom Deutschen Bundestag und damit vom Bund beschlossen. Dabei sind jedoch die Bundesländer über den Bundesrat am Zustandekommen von Bundesgesetzen beteiligt. In der alleinigen Zuständigkeit der Länder verbleiben nur noch einzelne Bereiche, wie zum Beispiel die Bildung, die Kultur und das Polizei- und Ordnungsrecht. In diesen Bereichen kann der Bayerische Landtag eigene Gesetze für Bayern erlassen.

Autorentext

GLOSSAR
Bundesstaat

1. Erkläre den Unterschied zwischen ausschließlicher und konkurrierender Gesetzgebungszuständigkeit in eigenen Worten.
2. Erläutere den Grundsatz „Bundesrecht bricht Landesrecht".

3.7 Wie wird der Bayerische Landtag gewählt? Welche Aufgaben haben die Abgeordneten?

Alle fünf Jahre wird in Bayern ein neuer Landtag gewählt. Ungefähr 9,5 Millionen Bürgerinnen und Bürger sind dann aufgerufen, ihre Stimme abzugeben. Doch wie funktioniert die Wahl? Und was machen die Abgeordneten, wenn sie gewählt sind?

M1 Fakten zur Landtagswahl

Wer wird gewählt?
Die 180 Abgeordneten des Bayerischen Landtages. [...]

Wie oft wird gewählt?
Die Wahlperiode beträgt fünf Jahre.

Wer darf wählen?
Stimmberechtigt bei den Wahlen zum Bayerischen Landtag sind alle Bürgerinnen und Bürger, welche die deutsche Staatsangehörigkeit besitzen, mindestens 18 Jahre sind, ihren Wohnsitz seit mindestens drei Monaten im Freistaat Bayern und ihr Wahlrecht nicht durch einen Richterspruch verloren haben.

Wer ist wählbar?
Wählbar ist jede stimmberechtigte Person, die am Wahltag das 18. Lebensjahr vollendet hat und nicht vom Wahlrecht ausgeschlossen ist. Das passive Wahlrecht kann durch Richterspruch aberkannt werden.

Was ist ein Wahlkreis?
Für die Landtagswahl ist Bayern in sieben Wahlkreise aufgeteilt worden, je einer pro Regierungsbezirk. Bezogen auf die Wahlkreise entfallen 61 Sitze im Landtag auf Oberbayern, 18 Sitze auf Niederbayern, jeweils 16 Sitze auf die Oberpfalz und auf Oberfranken, 24 Sitze auf Mittelfranken, 19 Sitze auf Unterfranken und 26 Sitze auf Schwaben.

Was ist ein Stimmkreis?
Die sieben Bezirke sind wiederum in insgesamt 91 Stimmkreise eingeteilt. Stimmkreise sind die Landkreise und kreisfreien Städte bzw., davon abweichend, „räumlich zusammenhängende Stimmkreise". Ein Stimmkreis umfasst zur Landtagswahl 2018 im Durchschnitt rund 142 000 Einwohner (Einwohnerstand Ende 2016) und 104 000 Stimmberechtigte.

Wie viele Stimmen habe ich?
Die Wählerinnen und Wähler verfügen bei der Landtagswahl 2018 über zwei Stimmen: Die Erststimme dient der Wahl eines Stimmkreisabgeordneten, die Zweitstimme der Wahl einer Wahlkreisliste.

Was ist die Erststimme?
Mit der Erststimme votieren die Wähler für einen Kandidaten oder eine Kandidatin in ihrem Stimmkreis. Es gewinnt der Kandidat, der die meisten Stimmen erhalten hat (relative Mehrheit).

Was ist die Zweitstimme?
Mit der Zweitstimme wird eine Wahlkreisliste gewählt. Es handelt sich dabei um „offene" Listen. Das bedeutet, dass die Reihenfolge der Kandidaten darauf veränderbar ist. Die Zweitstimme wird also auf einen bestimmten Kandidaten abgegeben und damit gleichzeitig seine Liste bzw. seine Partei gewählt. Die Stimme kann jedoch auch nur an eine Wahlkreisliste vergeben werden, ohne dabei einen bestimmten Kandidaten auszuwählen. [...]

Wer ist gewählt?
In den Stimmkreisen ist der Kandidat mit den meisten Stimmen direkt in den Landtag gewählt, es sei denn, seine Partei scheitert landesweit an der Fünfprozenthürde.
In den Wahlkreisen werden die gesamten Erst- und Zweitstimmen zusammengezählt und in Mandate für die einzelnen Parteien umgerechnet. Von dieser Zahl wird die Summe der in den Stimmkreisen direkt gewonnenen Mandate abgezogen. Die verbleibenden Sitze

---

GLOSSAR

Landtagswahl

INFO

Fünfprozenthürde
Die Fünfprozenthürde sieht vor, dass die Abgeordneten mind. 5 % der abgegebenen Stimmen erhalten müssen, um in den Landtag einzuziehen.

Offene Listen der Bezirke
Die Parteien stellen für jeden Regierungsbezirk Listen mit ihren Kandidatinnen und Kandidaten auf. Diese Listen sind unterschiedlich lang, denn die Regierungsbezirke erhalten je nach Einwohnerzahl unterschiedlich viele Sitze im Bayerischen Landtag. Mit ihrer Zweitstimme wählen die Bürgerinnen und Bürger eine Kandidatin oder einen Kandidaten auf diesen Listen – und bestimmen somit, wer außer den Direktkandidaten in den Landtag einzieht.

Perlen im Netz

WES-116842-022

Der Bayerische Landtag informiert auf seiner Seite über Sitzungstermine, aktuelle Entscheidungen und Hintergründe der parlamentarischen Arbeit. Außerdem werden Plenarsitzungen hier live übertragen. Zudem gibt es die Möglichkeit einer virtuellen Führung.

werden an die Bewerber auf den Wahlkreislisten entsprechend ihrer Stimmenzahl verteilt. Dabei werden die Stimmen, die ein Stimmkreisbewerber in seinem Stimmkreis und jene, die er auf der Wahlkreisliste erhalten hat, zusammengezählt.

Wie erfolgt die Sitzverteilung im Bayerischen Landtag?

91 Sitze entfallen auf die Gewinner der Einpersonenwahlkreise, die in Bayern „Stimmkreise" genannt werden. Gewonnen hat hier der Kandidat mit den meisten Stimmen (relative Mehrheit). Die übrigen 89 Sitze werden auf die offenen Listen der sieben bayerischen Bezirke verteilt. Dafür ist Bayern in sieben Wahlkreise aufgeteilt. Die Verteilung erfolgt abhängig von der Bevölkerungsgröße der jeweiligen Bezirke zueinander.

Fakten zur Wahl des Landtags in Bayern 2018, Bundeszentrale für politische Bildung online vom 20.09.2018, in: https://www.bpb.de/politik/wahlen/wahl-o-mat/275715/fakten-zur-wahl, letzter Zugriff: 28.01.2021

1 Erstelle auf der Grundlage von M 1 das Drehbuch für einen Erklärfilm zum Wahlsystem in Bayern.

2 a) Informiere dich im Internet auf der Internetseite des Bayerischen Landtags (→ Perle im Netz) über die aktuelle Zusammensetzung des Bayerischen Landtags (Wahlergebnis, Anzahl der Abgeordneten, Anzahl der Fraktionen) und finde heraus, welche Abgeordneten deinen Wahlkreis im Bayerischen Landtag vertreten.

b) Erstelle auf der Grundlage deiner Rechercheergebnisse ein Schaubild zur Zusammensetzung des Landtags.

3 Führt eine Erkundung im Landtag (alternativ in der Gemeinde) durch (→ Erkundung, S. 128). Eventuell ist für euch auch eine virtuelle Führung auf den Seiten des Landtages (→ Perle) interessant.

GLOSSAR

Fraktion

INFO

Ausschusssitzungen
Zur Vorbereitung seiner Verhandlungen und Beschlüsse setzt der Landtag Ausschüsse ein. Ein Großteil der parlamentarischen Arbeit spielt sich in den 14 ständigen Ausschüssen ab. Die Abgeordneten konzentrieren sich in jedem Ausschuss auf ein bestimmtes Politikfeld (Fachausschussprinzip) und beraten in der Regel öffentlich Gesetzesentwürfe und Anträge und geben Empfehlungen für Beschlüsse an die Vollversammlung ab.

Verband
Zusammenschluss, um bestimmte gesellschaftliche oder politische Ziele durchzusetzen

M2 Die Tätigkeit der Abgeordneten

An durchschnittlich drei Tagen in der Woche (meist Dienstag bis Donnerstag) befinden sich die Abgeordneten in München und gehen ihren vielfältigen Aufgaben im Landtag nach: Fraktionssitzungen, Ausschusssitzungen, Arbeitskreise und Sitzungen der Vollversammlung sind typische Tätigkeiten und geben den einzelnen Abgeordneten fast schon so etwas wie einen Stundenplan vor. Hinzu kommen Diskussionen mit Besuchergruppen, Informationsveranstaltungen und Einladungen von Interessengruppen, Pressegespräche und viele weitere Termine, die sich über den ganzen Tag und in den Abend hinein erstrecken. Nebenher gilt es noch, sich selbst über die Medien zu informieren, denn als Mitglied des Bayerischen Landtags sollte man stets auf dem Laufenden sein.

An den übrigen Tagen der Woche und insbesondere auch am Wochenende sind die Abgeordneten mit der Arbeit in ihren Stimm- und Wahlkreisen beschäftigt. Hier haben sie nicht nur in den Sprechstunden vielfältige Kontakte zu Bürgerinnen und Bürgern, Verbänden, Vereinen und Interessengruppen. Sie informieren sich umfassend über aktuelle Probleme und Vorhaben in der Region, die von ganz persönlichen Anliegen einzelner Bürgerinnen und Bürger bis hin zu Wünschen und Forderungen von Verbänden und Wirtschaftsbetrieben reichen.

Einladungen auf Feste und Veranstaltungen gehören zum Alltag, und immer steht dabei eines im Vordergrund: die Abgeordneten zu treffen, mit ihnen zu sprechen und zu diskutieren, ihnen Vorschläge zu unterbreiten, aber auch persönliche Sorgen, Nöte und Wünsche zu äußern. Diese direkte Beziehung zu den Bürgerinnen und Bürgern und die Möglichkeit, sich für die Menschen vor Ort einzusetzen, empfinden viele Abgeordnete als eine ihrer Hauptaufgaben.

Aus: Bayerischer Landtag (Hrsg.): Der Bayerische Landtag. Schülerheft, online: https://www.bayern.landtag.de/fileadmin/Internet_Dokumente/Sonstiges_P/Schuelerheft.pdf, S. 48, letzter Zugriff: 28.01.2021

3.7 Wie wird der Bayerische Landtag gewählt? Welche Aufgaben haben die Abgeordneten?

1 Erstelle anhand der Informationen eine Übersicht über die Aufgaben einer bzw. eines Abgeordneten. Notiere sie in Form einer Stellenanzeige.
2 Führe eine Expertenbefragung (→ S. 176) mit einem oder einer Abgeordneten durch.

M 3 Zwischen Wahlkreis und Landtag

Beschreibe, analysiere und interpretiere die Karikatur (→ Karikaturinterpretation, S. 177).

Gerhard Straeter

M 4 (K)ein Spiegelbild der Gesellschaft

Frauen im Bayerischen Landtag
Im 18. Bayerischen Landtag sind 55 Frauen unter den insgesamt 205 Abgeordneten vertreten: CSU 18 Frauen (von 84), GRÜNE 17 (von 38), FREIE WÄHLER 6 (von 27), AfD 2 (von 18), SPD 11 (von 22) und FDP 1 (von 11). Die fünf derzeit fraktionslosen Abgeordneten sind Männer.

Bayerischer Landtag online vom 02.12.2021, in: https://www.bayern.landtag.de/parlament/landtag-von-a-z/#frauenimlandtag, letzter Zugriff: 28.01.2022

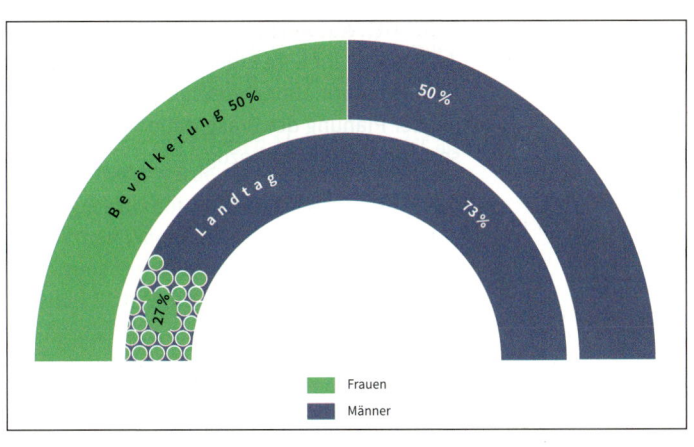

1 Beschreibe, analysiere und interpretiere das Schaubild (→ Schaubilder auswerten, S. 178).
2 Frauen sind im Landtag und in der Politik im Vergleich zur Verteilung in der Bevölkerung immer noch unterrepräsentiert. Findet Erklärungen für diese Erscheinung. Diskutiert Möglichkeiten, die Zahl weiblicher Abgeordneter zu erhöhen.
3 Recherchiert die Zusammensetzung des Landtags im Hinblick auf das Alter, den Beruf, den Wohnort (Land, Stadt) sowie den Migrationshintergrund und vergleicht sie mit der Verteilung in der Bevölkerung.
4 Diskutiert vor dem Hintergrund eurer Ergebnisse aus Aufgabe 3, inwiefern es wünschenswert ist, dass die Zusammensetzung der Abgeordneten im Landtag die bayerische Gesellschaft repräsentiert.

1 Erarbeite die wesentlichen Aussagen aus den aufgeführten Artikeln der Bayerischen Verfassung mithilfe der Arbeitstechnik „Gesetzes- und Verfassungstexte lesen und verstehen" (→ S. 123).

2 Erstelle in Partnerarbeit ein Schaubild zu den Aufgaben der Ministerpräsidentin/des Ministerpräsidenten (→ Einen Text in ein Schaubild umwandeln, S. 18).

M2 Ordne zu!

[1] Richtlinienkompetenz   [2] Ressortprinzip   [3] Kollegialprinzip

A Die Regierung beschließt und berät gemeinsam über alle Gesetzesvorhaben und entscheidet bei Streitigkeiten zwischen einzelnen Ministerinnen und Ministern.

B Die Ministerpräsidentin/der Ministerpräsident bestimmt die Ausrichtung der Politik und trägt die Verantwortung.

C Innerhalb der Ausrichtung der Politik durch die Ministerpräsidentin/den Ministerpräsidenten leitet jede Ministerin/jeder Minister sein Ressort, d. h. seinen Bereich, eigenständig.

1 Ordne die richtige Beschreibung den Fachbegriffen Richtlinienkompetenz, Ressortprinzip und Kollegialprinzip auch unter Zuhilfenahme von M1 zu.

2 Erläutere, wie die drei Prinzipien zueinander im Verhältnis stehen.

3 Der Ministerpräsident/die Ministerpräsidentin erscheint gerade durch die Richtlinienkompetenz sehr mächtig zu sein. Zeige auf, inwiefern diese Vermutung falsch ist und wie die Macht in Bayern begrenzt wird. Beziehe die Ergebnisse aus Kapitel 3.7 in deine Überlegungen mit ein.

M3 Die Richtlinienkompetenz der Ministerpräsidentin/des Ministerpräsidenten

Die Richtlinienkompetenz „bedeutet zunächst, dass die Minister dem Regierungschef auch durch einen mehrheitlichen Beschluss keine von ihm nicht gebilligte Änderung der
5 politischen Zielsetzungen der Regierung aufzwingen können. Allerdings impliziert diese verfassungsrechtliche Kompetenz nicht automatisch politische Macht. Im Gegenteil: Sieht sich ein Regierungschef gezwungen, sich zur
10 Durchsetzung seiner Positionen formal auf seine Richtlinienkompetenz zu beziehen, ist dies ein deutliches Zeichen, dass seine Stellung gegenüber den Ministern seiner Regierung geschwächt ist. [...] Dabei ist generell zu beachten, dass der Regierungschef in der par- 15 lamentarischen Parteiendemokratie nicht mit einem Deutungsmonopol über die von seiner Regierung angestrebten Ziele ausgestattet sein kann: Er ist dabei zumindest von den führenden Mitgliedern seiner Partei, häufig aber 20 vor allem auch von anderen Parteien (Koalitionsregierungen!) abhängig."

Aus: Sven Leunig: Regierungssysteme der deutschen Länder, VS Verlag für Sozialwissenschaften, 2. Aufl. Wiesbaden 2012, S. 162

Beurteile die Machtbefugnis, die sich aus der Richtlinienkompetenz ergibt. Erläutere dazu den Satz: „Allerdings impliziert diese verfassungsrechtliche Kompetenz nicht automatisch politische Macht" (Z. 6–8).

3.9 Wie kommen in Bayern Gesetze zustande?

Landesgesetze können in Bayern auf zwei verschiedenen Wegen zustande kommen. Ein Weg ist die parlamentarische Gesetzgebung. Doch wie genau wirken dabei Landesregierung und Landtag zusammen? Ein anderer Weg ist die sogenannte Volksgesetzgebung über Volksbegehren und Volksentscheide. Aber wie funktioniert das?

M 1 Die Gesetzgebung in Bayern

Artikel 70
(1) Die für alle verbindlichen Gebote und Verbote bedürfen der Gesetzesform.
(2) Auch der Staatshaushalt muss vom Landtag durch formelles Gesetz festgestellt werden.
(3) Das Recht der Gesetzgebung kann vom Landtag nicht übertragen werden, auch nicht auf seine Ausschüsse.
[...]

Artikel 71
Die Gesetzesvorlagen werden vom Ministerpräsidenten namens der Staatsregierung, aus der Mitte des Landtags oder vom Volk (Volksbegehren) eingebracht.

Artikel 72
(1) Die Gesetze werden vom Landtag oder vom Volk (Volksentscheid) beschlossen.
[...]

Artikel 75
(1) Die Verfassung kann nur im Wege der Gesetzgebung geändert werden. Anträge auf Verfassungsänderungen, die den demokratischen Grundgedanken der Verfassung widersprechen, sind unzulässig.
(2) Beschlüsse des Landtags auf Änderung der Verfassung bedürfen einer Zweidrittelmehrheit der Mitgliederzahl. Sie müssen dem Volk zur Entscheidung vorgelegt werden.
(3) Meinungsverschiedenheiten darüber, ob durch ein Gesetz die Verfassung geändert wird oder ob ein Antrag auf unzulässige Verfassungsänderung vorliegt, entscheidet der Bayerische Verfassungsgerichtshof.
[...]

Artikel 76
(1) Die verfassungsmäßig zustande gekommenen Gesetze werden vom Ministerpräsidenten ausgefertigt und auf seine Anordnung binnen Wochenfrist im Bayerischen Gesetz- und Verordnungsblatt bekanntgemacht.
(2) In jedem Gesetz muss der Tag bestimmt sein, an dem es in Kraft tritt.

Aus der Verfassung des Freistaates Bayern in der Fassung der Bekanntmachung vom 15. Dezember 1998, in: https://www.gesetze-bayern.de/Content/Document/BayVerf-G1_6, letzter Zugriff: 28.01.2021

1. Arbeite aus den Artikeln der Bayerischen Verfassung mithilfe der Arbeitstechnik „Gesetzes- und Verfassungstexte lesen und verstehen" (S. 123) heraus, welche Aufgaben der bayerische Ministerpräsident und welche Aufgaben der Bayerische Landtag im Gesetzgebungsverfahren übernimmt.
2. Analysiere den Artikel 75 zu Verfassungsänderungen. Begründe, ob du die getroffenen Regelungen für angemessen hältst.
3. Recherchiere im Internet die weiteren Aufgaben des Bayerischen Verfassungsgerichtshofs und erstelle einen eigenen Lexikoneintrag zum Stichwort „Bayerisches Verfassungsgericht".

3. Politik mitgestalten in der Kommune und im Freistaat Bayern

INFO

Ständige Ausschüsse

Zur Vorbereitung seiner Verhandlungen und Beschlüsse setzt der Landtag Ausschüsse ein. Ein Großteil der parlamentarischen Arbeit spielt sich in den 14 ständigen Ausschüssen ab. Die Abgeordneten konzentrieren sich in jedem Ausschuss auf ein bestimmtes Politikfeld (Fachausschussprinzip) und beraten in der Regel öffentlich Gesetzesentwürfe und Anträge und geben Empfehlungen für Beschlüsse an die Vollversammlung ab.

Vollversammlung

Versammlung aller Abgeordneten aus allen Fraktionen

M2 Der parlamentarische Weg der Gesetzgebung

Der parlamentarische Weg der Gesetzgebung

Mitte des Landtags ① — Volksbegehren ① — Bayerische Staatsregierung ①
→ Einbringung von Gesetzen ②
→ ständige Ausschüsse Beratung → Überweisung
→ Vollversammlung 1. Lesung ③
→ Beschlussempfehlung
→ Vollversammlung 2. Lesung ④
→ Vollversammlung 3. Lesung ⑤ (Nur auf Antrag ⑤)
→ Vollversammlung Schlussabstimmung → Ablehnung
→ Zuleitung nach Zustimmung ⑥
→ Ausfertigung des Gesetzes (Ministerpräsident) ⑦
→ Bekanntmachung im Bayerischen Gesetz- und Verordnungsblatt

1 Ordne den Schritten 1 bis 7 wenn möglich einen passenden Artikel aus der Landesverfassung (M 1) zu.

2 Erkläre mithilfe von M 1 das Schaubild in eigenen Worten.

3 Erläutere am Beispiel eines aktuellen Gesetzesvorhaben, wie Landtag und Staatsregierung bei der Gesetzgebung zusammenwirken.

Perlen im Netz

WES-116842-023
Verkündungsplattform Bayerns

Analysiere mithilfe des Politikzyklus, den Ablauf eines kürzlich verabschiedeten Gesetzes. Aktuell beschlossene Gesetze finden sich unter „Aktuelle Veröffentlichungen im GVBl" (→ Perle).

M3 Der Politikzyklus

Einflussfaktoren: Verfassung, Rechtslage, Institutionen, Erfahrungen, Werte und Ideologien, Akteure und Beteiligte, Interessen, Machtverhältnisse, Situation, Lösungsentwürfe, Kosten und Nutzen

Zentraler Kreislauf: Problem ↔ Auseinandersetzung ↔ Entscheidung ↔ Bewertung und Reaktionen → Problem

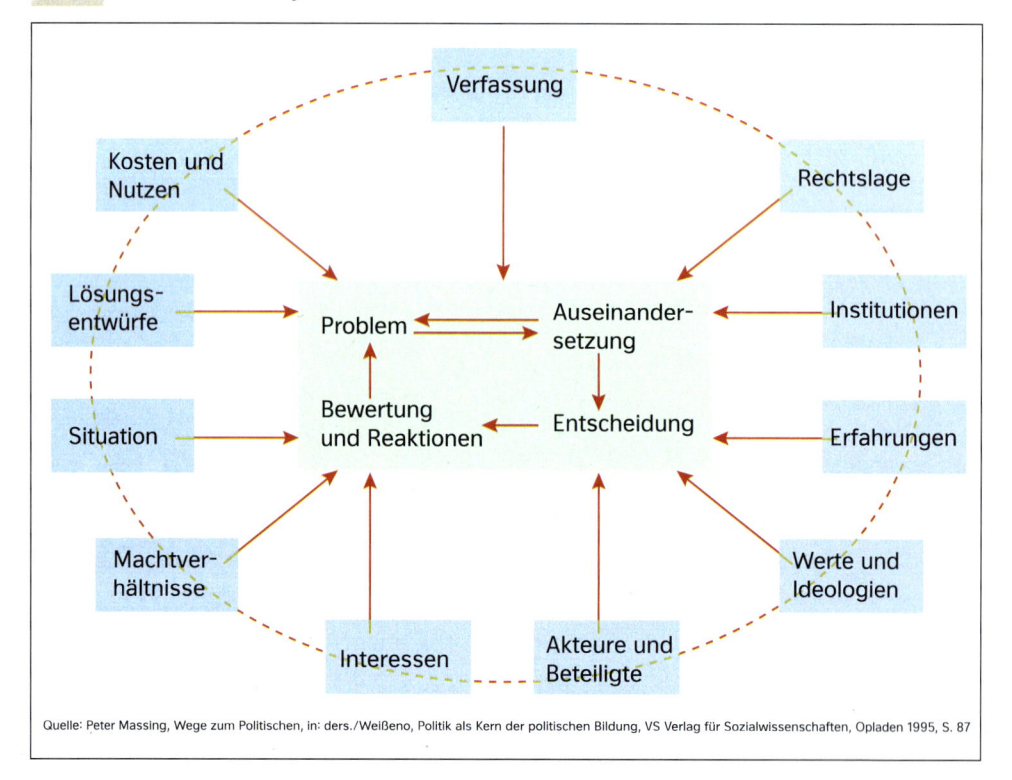

Quelle: Peter Massing, Wege zum Politischen, in: ders./Weißeno, Politik als Kern der politischen Bildung, VS Verlag für Sozialwissenschaften, Opladen 1995, S. 87

WISSEN

Politik mitgestalten in der Kommune und im Freistaat Bayern

Worin bestehen die Aufgaben der kommunalen Ebene?
Die Gemeinden sind für alle Angelegenheiten zuständig, die das **Leben und Wohnen der Menschen vor Ort** betreffen. Diese unterscheiden sich in **Pflichtaufgaben** (z. B. Wasserversorgung und Ausstattung öffentlicher Schulen) und **freiwillige Aufgaben** (z. B. Unterhalt von Schwimmbädern oder Bibliotheken). Außerdem müssen die Kommunen **Aufgaben** wie das Ausstellen von Pässen, den Vollzug des Melderechts oder die Mithilfe bei Wahlen erledigen, **die ihnen der Staat überträgt**.

Wer vertritt die Bürgerinnen und Bürger?
Auf kommunaler Ebene bestimmen die Bürgerinnen und Bürger politische Repräsentantinnen und Repräsentanten bei der Wahl von Bürgermeister/-in und Gemeinderat. In 25 kreisfreien Städten wie München oder Aschaffenburg wählen sie Oberbürgermeister/-in und Stadträtinnen und Stadträte.

Nach welchen Regeln wird in der Kommune gewählt?
Im Vergleich zu den Landtags- und Bundestagswahlen haben die **Wähler/-innen mehr Einflussmöglichkeiten bei der Kommunalwahl**. Weil sie einzelnen Kandidatinnen und Kandidaten bis zu drei Stimmen geben dürfen, können sie Kandidatinnen und Kandidaten, die ursprünglich einen schlechteren Listenplatz hatten, die Wahlchancen erhöhen (**kumulieren**). Außerdem dürfen sie auch Kandidatinnen und Kandidaten aus verschiedenen Wahlvorschlägen wählen (**panaschieren**), sodass die gewählte Person mehr im Vordergrund steht als deren Parteizugehörigkeit. Letztlich darf aber die Gesamtzahl der zu vergebenden Stimmen nicht überschritten werden, damit der Wahlzettel gültig ist. Wählerinnen und Wählern, denen die vielen Möglichkeiten zu kompliziert sind, können auch ein Listenkreuz bei einem Wahlvorschlag setzen. Bürgermeister/-in und Landrätin/Landrat werden durch ein Kreuz bei der jeweiligen Kandidatin bzw. beim jeweiligen Kandidaten gewählt. Erhält eine Bewerberin oder ein Bewerber im ersten Wahlgang nicht mehr als die Hälfte der abgegebenen gültigen Stimmen, findet in der Regel 14 Tage nach dem Wahltermin eine Stichwahl zwischen den beiden Kandidatinnen und Kandidaten mit der höchsten Stimmenzahl statt.

Können Bürgerinnen und Bürger in der Kommune auch direkt entscheiden?
Auf dem Weg des Bürgerentscheids können die Bürgerinnen und Bürger für einzelne Projekte das Entscheidungsrecht, das ansonsten der Gemeinderat wahrnimmt, selbst ausüben, z. B. wenn es darum geht, anzuregen, eine Umgehungsstraße zu bauen oder deren Bau zu verhindern.

Die Bayerische Verfassung
Die Bayerische Verfassung wurde am 26. Oktober 1946 von der Landesversammlung beschlossen und in der anschließenden Volksabstimmung am 1. Dezember 1946 mit großer Mehrheit durch die Bürgerinnen und Bürger angenommen. Mit ihrer Veröffentlichung im Bayerischen Gesetz- und Verordnungsblatt am **8. Dezember 1946** trat die bayerische Verfassung in Kraft – also noch vor dem Grundgesetz der Bundesrepublik Deutschland. Sie ist in vier Hauptteile unterteilt und enthält insgesamt **188 Artikel**. Sie regelt den **Aufbau und die Aufgaben der politischen Institutionen** im bayerischen Freistaat, die **Grundrechte und Grundpflichten** der bayerischen Bürgerinnen und Bürger, das **Gemeinschaftsleben** sowie die **Bereiche Wirtschaft und Arbeit**. Änderungen können nur über den Weg der Gesetzgebung erfolgen und müssen den Bürgerinnen und Bürgern zur Entscheidung vorgelegt werden.

Der Bayerische Landtag
In allgemeinen, freien, gleichen, geheimen und unmittelbaren Wahlen werden die Abgeordneten des **Bayerischen Landtags** für fünf Jahre gewählt. Durch einen Mehrheitsbeschluss des Landtags

selbst oder durch einen Antrag von einer Million wahlberechtigter Bürgerinnen und Bürger kann der Landtag vor Ablauf der Legislaturperiode aufgelöst werden. Der Landtag beschließt **Gesetze** und stimmt über den **Haushalt** des Freistaates ab. Der größte Teil der parlamentarischen Arbeit findet in den 12 ständigen Ausschüssen statt. Daneben wählt er den Bayerischen Ministerpräsidenten und bestätigt die Mitglieder der Bayerischen Staatsregierung. Um die Staatsregierung zu kontrollieren, besitzt der Landtag ein **Fragerecht** und die Möglichkeit zur Einsetzung von **Untersuchungsausschüssen** und **Enquête-Kommissionen**.

Die Bayerische Staatsregierung

Das oberste politische Leitungsorgan ist die **Bayerische Staatsregierung**. Sie besteht aus der Ministerpräsidentin/dem Ministerpräsidenten und bis zu 17 Staatsministerinnen und -ministern und Staatssekretärinnen und -sekretären. An der Spitze steht die Ministerpräsidentin oder der Ministerpräsident. Sie bzw. er wird vom Landtag spätestens 22 Tage nach dessen konstituierender Sitzung für die Dauer von fünf Jahren in geheimer Abstimmung gewählt. Zur Wahl kann sich jede wahlberechtigte Bürgerin bzw. jeder wahlberechtigte Bürger stellen, sofern sie bzw. er das 40. Lebensjahr vollendet hat. Der Landtag kann die Ministerpräsidentin bzw. den Ministerpräsidenten nicht absetzen. Allerdings schreibt die Verfassung vor, dass die Ministerpräsidentin bzw. der Ministerpräsident zurücktreten muss, wenn eine vertrauensvolle Zusammenarbeit mit dem Landtag auf Grund politischer Verhältnisse nicht mehr möglich ist (Artikel 44 Abs. 3 Bayerische Verfassung). Erfolgt kein Rücktritt, kann der Bayerische Verfassungsgerichtshof Anklage erheben.

Die Ministerpräsidentin bzw. der Ministerpräsident leitet die **Geschäfte der Staatsregierung**. Mit Zustimmung des Landtags beruft und entlässt die Ministerpräsidentin bzw. der Ministerpräsident ihre bzw. seine Stellvertreter sowie die Mitglieder der Staatsregierung. Die Staatsregierung hat die Aufgaben, **Gesetze und Beschlüsse des Landtags zu vollziehen, Gesetzesinitiativen** zu ergreifen, die Staatsverwaltung zu beaufsichtigen, die Kommunen und die Körperschaften und Stiftungen des öffentlichen Rechts zu beaufsichtigen sowie das **Notstandsrecht nach Artikel 48** der Bayerischen Verfassung auszuüben. Allerdings ist dieses Notstandsrecht durch den im Grundgesetz der Bundesrepublik Deutschland geregelten Notstandsfall von der inhaltlichen Bedeutung her gemäß dem **Prinzip „Bundesrecht bricht Landesrecht"** sehr stark eingeschränkt.

Parlamentarische Gesetzgebung und Volksgesetzgebung

Das Zusammenwirken von Staatsregierung und Landtag wird bei der **Gesetzgebung** besonders deutlich. Es gibt zwei Wege, wie ein Gesetz in Bayern zustande kommen kann. Neben dem gängigen Weg der **parlamentarischen Gesetzgebung** gibt es noch die Möglichkeit, mit **Volksbegehren** und **Volksentscheid** (Art. 71–76 Bayerische Verfassung) Gesetze auf den Weg zu bringen. Beim parlamentarischen Weg der Gesetzgebung werden die Gesetzesvorlagen von der Ministerpräsidentin oder vom Ministerpräsidenten im Namen der Staatsregierung oder aus der Mitte des Landtags eingebracht (Art. 71 Bayerische Verfassung). In der sogenannten **Ersten Lesung** in der Vollversammlung des Landtags werden nur die Grundsätze einer Vorlage besprochen. Es können noch keine Änderungsanträge eingebracht werden. Wird der Gesetzesvorlage mit einfacher Mehrheit zugestimmt, wird sie an einen **Ausschuss** überwiesen. Wird sie abgelehnt, ist das Gesetzesvorhaben gescheitert. In der **Zweiten Lesung** findet dann eine allgemeine Aussprache zum Gesetz statt. Bis zum Schluss der Zweiten Lesung können Änderungsanträge gestellt werden. Auf Antrag kann noch eine **Dritte Lesung** erfolgen. Gesetze werden mit der Mehrheit der abgegebenen Stimmen verabschiedet, bei verfassungsändernden Gesetzen benötigt man eine Zweidrittelmehrheit. Nach der Verabschiedung werden die Gesetze von der Ministerpräsidentin oder dem Ministerpräsidenten unterzeichnet – in der Fachsprache heißt das **ausgefertigt** – und anschließend im **Bayerischen Gesetz- und Verordnungsblatt** veröffentlicht. Erst jetzt ist das Gesetz gültig.

KOMPETENT? 135

Überprüfe, ob du die folgenden Kompetenzen erworben hast. Du solltest …
- die wesentlichen politischen Akteure und deren Aufgaben auf kommunaler Ebene überblicken, um die Kommune als bürgernahe politische Ebene zu begreifen. (K1)
- ausgehend von zentralen Bestimmungen der Bayerischen Verfassung wesentliche Aufgaben und Kompetenzen der zentralen Organe auf Landesebene ableiten und deren Zusammenwirken im Freistaat Bayern nachvollziehen. (K1)
- eine überschaubare kommunale oder landespolitische Fragestellung analysieren, Lösungsansätze diskutieren und Möglichkeiten persönlichen Engagements in diesem Zusammenhang reflektieren, um eine wertschätzende Grundhaltung gegenüber der Mitwirkung in Politik und Gesellschaft zu entwickeln. (K2, K3)
- anhand von Beispielen die grundlegende Aufgabenverteilung zwischen kommunaler Ebene und Landesebene erfassen, um Vor- und Nachteile zentraler und dezentraler Verteilung politischer Entscheidungskompetenzen zu bewerten. (K1)
- sich über Aufgaben und die Region betreffende Herausforderungen eines politischen Organs auf Kommunal- oder Landesebene informieren und die Erkenntnisse in geeigneter Form präsentieren. (K3)

K1 Verfassungsschaubild

Begriffe: Gemeinderat, Bürgerinnen und Bürger, Landesregierung, Bürgermeister, Richtlinienkompetenz, Ministerinnen und Minister, Ressortprinzip, Ministerpräsident/-in, Volksbegehren, Bürgerbegehren, Bürgerentscheid, Volksentscheid, Gewaltenteilung, Bayerischer Verfassungsgerichtshof, Pflichtaufgaben, freiwillige Aufgaben, vom Staat übertragene Aufgaben

Erstelle aus den obigen Begriffen ein Schaubild, das das Zusammenwirken der Verfassungsorgane in Bayern sowie die grundlegende Aufgabenverteilung zwischen kommunaler Ebene und Landesebene darstellt (→ Einen Text in ein Schaubild umwandeln, S. 18).

K2 Bald mehr Tempo-30-Zonen in der Würzburger Innenstadt?

A.
Einigen Stadträten fahren Autos auf Würzburger Straßen zu schnell. Deswegen wollen sie das für manche Bereiche ändern.
5 **Könnte es um den Ringpark bald langsamer zugehen?**
Das Thema Tempo-30 in Städten wird immer wieder kontrovers diskutiert. Während sich die einen über einen leiseren und vermeintlich sicheren Verkehr freuen, fürchten die
10 anderen um ihre Mobilität, schnell von A nach B zu kommen. Geschwindigkeitsbeschränkungen gibt es bereits an mehreren Stellen in Würzburg. So hat der Würzburger Stadtrat beispielsweise 2017 einen Lärmaktionsplan 15 verabschiedet, in Folge dessen neun Tempo-30-Zonen geschaffen worden sind. Doch es könnten noch mehr werden, wenn es nach einigen Stadträten geht.
ÖDP: Maßnahmen dringender denn je 20
So fordern beispielsweise die Stadträte Raimund Binder, Heinz Braun und Christiane

KOMPETENT?

Kerner die Einführung solch einer Zone mit Vorrangstraßen im Bereich des Ringparks. „Mittlerweile sind nach der Annahme des Grundsatzbeschlusses ‚Radentscheid' Maßnahmen dringender denn je, in Teilbereichen der Stadt Geschwindigkeitsbegrenzungen umzusetzen", heißt es im schriftlichen Antrag der ÖDP-Stadtratsfraktion. Die Stadtverwaltung empfiehlt, den Antrag weiter zu verfolgen, der im Planungs-, Umwelt- und Mobilitätsausschuss am Dienstag Thema sein wird.

Einige Stadträte möchten neue Tempo-30-Zonen in Würzburg einrichten lassen.

Lärm durch Autos und Lastwagen

Doch nicht nur die ÖDP spricht sich für weitere Tempo-30-Zonen aus. Heinrich Jüstel, SPD-Stadtrat, fordert auch namens der SPD-Stadtratsfraktion, dass die Stadt die zulässige Höchstgeschwindigkeit in der Rottendorfer Straße vom Hubland bis zum Mittleren Ring auf 30 km/h beschränkt. „Mehrere Anwohner haben Beschwerde wegen des Lärms durch schnell fahrende Pkw und Lkw geführt", heißt es im Antrag. Die Nachtruhe werde schon morgens um fünf Uhr durch den starken Verkehr auf der abschüssigen Straße gestört. Als Vorbild gelte die im oberen Bereich beruhigte Zeppelinstraße. „Tempo-30 hat sich dort bewährt", schreibt Jüstel. Auch hier empfiehlt die Stadtverwaltung, den Antrag weiterzuverfolgen. Darüber abgestimmt wird im kommenden Bau- und Ordnungsausschuss am Mittwoch.

Lucas Kesselhut, Main-Post online vom 14.10.2019, aktualisiert: 07.04.2020, in: https://www.mainpost.de/regional/wuerzburg/Bald-mehr-Tempo-30-Zonen-in-der-Wuerzburger-Innenstadt;art735,10331706, letzter Zugriff: 28.01.2021

☺ Erarbeite aus dem Zeitungsbericht, welche unterschiedlichen Positionen zu den Tempo-30-Zonen in Würzburg von welchen politischen Gruppierungen vorgetragen werden.

B.
So könnten einige Leser/-innen auf der Homepage der Main-Post den in A. abgedruckten Artikel kommentiert haben:

Meyer am 14.10.2019: Jeder will Tempo 30. In seiner Straße oder direkt vor seiner Haustüre. Aber sonst bitte nicht.

moritz2011 am 14.10.2019: Alles Unsinn. Wer kommt denn wirklich mit 50 km/h durch Würzburg? Das Problem ist keines, weil an den meisten Stellen sowieso niemand diese Geschwindigkeiten fahren kann.

chris am 15.10.2019: Kommen Sie gerne mal nach Würzburg, wenn Sie glauben, hier würde ohnehin überall 30 gefahren. Das ist natürlich Unsinn.

Tim23 am 15.10.2019: Stimmt chris, die 30 km/h erreicht man selten! ☺

Claudius am 15.10.2019: Tempo 30 als Lärmschutz. Wer's glaubt wird selig. Seit Jahren werden Autos leiser, Reifen leiser, Straßenbelagsmischungen leiser und der Anteil an Elektroautos steigt ebenfalls. Aber gleichzeitig dürfen Lastzüge mit 60 km/h durch das Stadtgebiet rasen – man versteht sein eigenes Wort nicht, wenn man auf dem Gehweg steht – und keiner beschwert sich. Ich bin mir sicher, in diesem Fall will man das Autofahren in der Stadt nur unattraktiver machen!

Thomas K. am 15.10.2019: In Zukunft werden zwangsläufig sehr viele Tempo-30-Zonen in Würzburg kommen, denn das wird die billigste und am wenigsten Chaos verursachende Umsetzung des „Verkehrswende"-Beschlusses des Stadtrats sein. Sonst müsste man Fahrspuren und Parkplätze vernichten sowie überall 2,30 Meter breite Radwege bauen, was sehr teuer wäre und in den Verkehrsinfarkt führen würde.

Mögliche Blogeinträge

KOMPETENT?

> **1** Erarbeitet die unterschiedlichen Sichtweisen der kommentierenden Zeitungsleser.
> **2** Führt eine Diskussion auf der Grundlage der vorgebrachten Positionen.

K3 Fragwürdige Doppelrolle: Bürgermeister und nebenbei Moderator

Laut Stadtratsbeschluss darf Dettelbachs Bürgermeister Matthias Bielek für Geld Veranstaltungen moderieren. […]

Kann Matthias Bielek es also doch nicht lassen, das Moderieren?! Jahrelang hat der 38-Jährige mit dem Mikro in der Hand vor der Kamera gestanden. Vor allem als Moderator von Weltcup-Skisprung-Veranstaltungen auf Eurosport zeigte er sich neben Sport-Idolen wie Sven Hannawald, mit dem er auch befreundet ist. Um für Ex-Basketball-Profi Dirk Nowitzki dessen Abschlusspressekonferenz in Dallas zu moderieren, hat er im April 2019 sogar seine Hochzeitsreise verschoben. Doch seit 1. Mai ist Bielek für die Freien Wähler hauptberuflicher Bürgermeister in Dettelbach. Darf er eigentlich noch nebenbei als Moderator jobben?

Die Frage ist klar zu beantworten: Ja, er darf. Denn das Gesetz räumt Wahlbeamten auf Zeit – ein solcher ist Bielek als Bürgermeister – diese Möglichkeit grundsätzlich ein. Der Stadtrat muss dies allerdings genehmigen, sobald der daraus erwachsende Nebenverdienst 2 400 Euro pro Jahr übersteigt. Und mit 15:3 Stimmen hat der Dettelbacher Stadtrat Bürgermeister Bielek Ende Juni auch grünes Licht für eine Nebentätigkeit als Moderator von Veranstaltungen, für die Erstellung von Podcasts sowie für Live-Kommentare bei Sportveranstaltungen für TV-Sender gegeben, solange diese – wie gesetzlich geregelt – nicht mehr als durchschnittlich acht Wochenstunden in Anspruch nehmen.

Michael Mößlein, Main-Post online vom 26.07.2020, aktualisiert: 31.07.2020, in: https://www.mainpost.de/regional/kitzingen/fragwuerdige-doppelrolle-buergermeister-und-nebenbei-moderator;art773,10475705, letzter Zugriff: 28.01.2021

> **1** Gib den wesentlichen Inhalt des Textes in eigenen Worten wieder.
> **2** Positioniere dich, inwieweit Bürgermeisterinnen und Bürgermeister eher auf Nebentätigkeiten verzichten sollten, selbst wenn sie rechtlich nicht verboten sind?

4.

„[Die] Globalisierung ist ein Prozess, der für alle, die sich darauf einlassen, ein Gewinn sein kann."

„[Wir] wollen [...] das Signal aussenden, dass wir gemeinsam in der Lage sind, in globalen Dimensionen zu denken und im globalen Sinne zu handeln, damit alle etwas davon haben."

„Ich bin fest davon überzeugt, dass auch [...] globale Regeln gefunden werden müssen und dass es nicht ausreicht, wenn jedes Land für sich allein Regeln setzt."

„Globalisierung ist kein Schicksal, dem man tatenlos zusehen muss, sondern Globalisierung ist gestaltbar."

Alle: Angela Merkel © 2021 Presse- und Informationsamt der Bundesregierung online vom 19. Juni 2017, in: https://www.bundeskanzlerin.de/bkin-de/aktuelles/rede-von-bundeskanzlerin-merkel-beim-g20-dialogforum-mit-nichtregierungsorganisationen-c20-am-19-juni-2017-in-hamburg-407856, letzter Zugriff: 24.11.2021

Globalisierung verstehen und mitgestalten

Seit der Industrialisierung hat kein anderer Prozess das politische, gesellschaftliche und wirtschaftliche Leben der Menschen derart schnell und grundlegend verändert wie die Globalisierung. Wie andere Veränderungen auch ruft sie unterschiedliche Reaktionen hervor: Während die einen eine weitgehend friedliche Zukunft in globalem Wohlstand durch weltweite Kommunikation und Kooperation sehen, nehmen andere vor allem Herausforderungen und Probleme wahr: Sie warnen vor Ungerechtigkeit oder kritisieren, dass der Prozess der Globalisierung aktiver und nachhaltiger gestaltet werden müsse.

Auch in den Zitaten der ehemaligen Bundeskanzlerin Angela Merkel sind sowohl Optimismus im Hinblick auf die Globalisierung als auch ein Bewusstsein für damit einhergehende gesellschaftliche und politische Herausforderungen erkennbar. Gleichzeitig steckt im Verweis auf das gemeinsame Handeln bereits ein Ansatz für die Bewältigung der herausfordernden Aspekte einer zunehmend beschleunigten Globalisierung, wie sie Merkel in ihrer Regierungszeit von 2005 bis 2021 erlebt hat. Was das alles mit dir zu tun hat? Nun, du lebst in einer von der Globalisierung geprägten Welt. Und wenn du auf diese Welt Einfluss nehmen willst, solltest du wissen, was Globalisierung ist, welche Chancen und Herausforderungen sie mit sich bringt und welche Ansatzpunkte zu ihrer aktiven Mitgestaltung vorhanden sind.

PROJEKTVORSCHLAG

Sieh dir im Lauf der nächsten Wochen, während ihr das Thema „Globalisierung verstehen und mitgestalten" bearbeitet, mehrmals die vier Bilder auf dieser Seite an und versuche, ihre Aussage im Hinblick auf die Globalisierung zu erschließen. Gestalte am Ende der Bearbeitung des Themas ein eigenes Bild, das dein Verständnis der Globalisierung und deine Sichtweise auf Mitgestaltungsmöglichkeiten zum Ausdruck bringt. Es kann sich um eine Zeichnung, eine (digitale) Collage, eine Fotografie o. Ä. handeln. Verfasse eine kurze sachliche Erklärung zu deinem Bild und präsentiere es in der Klasse.

4.1 Was ist Globalisierung? Woran erkenne ich sie?

GLOSSAR

Globalisierung

Obwohl du in Bayern lebst und es vielleicht nur einige Male im Jahr verlässt, ist dein Alltag Bestandteil eines engen Geflechtes von weltweiten Beziehungen. Diese sind teilweise sichtbar, z. B. in Form der „made in"-Angabe an jedem Kleidungsstück. An vielen anderen Stellen unseres Alltages ist die Einbindung jedoch so selbstverständlich, dass man sie gar nicht mehr bewusst wahrnimmt. Was das mit Globalisierung zu tun hat? – Finde es heraus!

M1 Faktoren und Dimensionen der Globalisierung

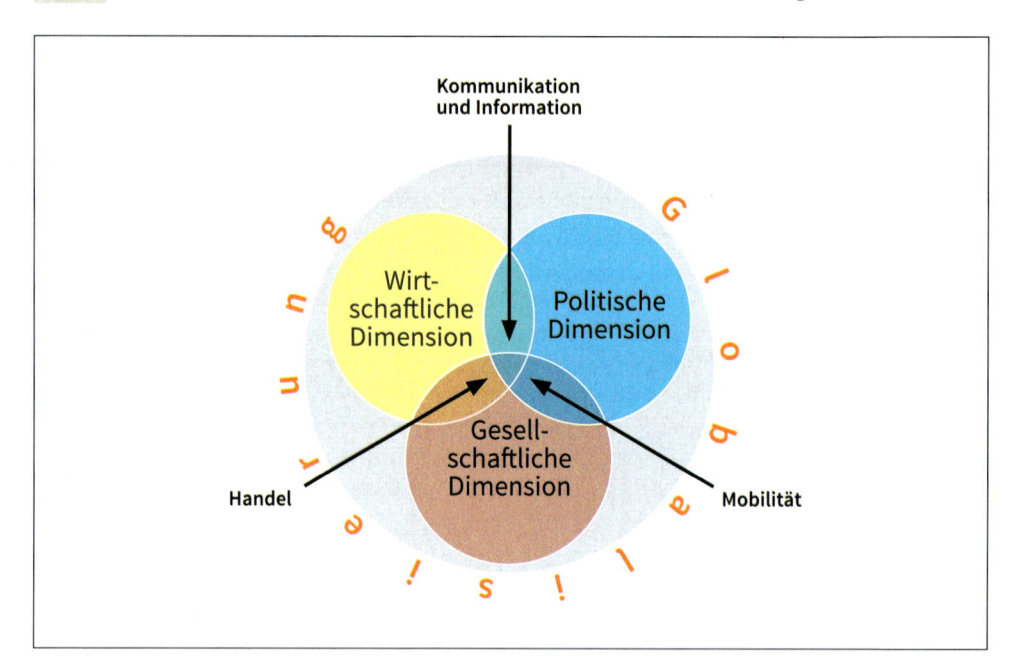

Perlen im Netz

WES-116842-024
Mögliche Einstiege in die Suche nach Definitionen der Globalisierung auf verschiedenen Websites

1. Erkläre in eigenen Worten, was Globalisierung ist, indem du das Schaubild beschreibst und analysierst (→ Schaubilder auswerten, S. 178).
2. a) Suche im Internet nach mehreren Definitionen von Globalisierung. Die Perle im Netz ermöglicht dir einen schnellen Einstieg in die Suche.
   b) Vergleiche die gefundenen Definitionen, indem du untersuchst, welche Elemente des Schaubildes sich darin jeweils wiederfinden.
   c) Entwickelt mögliche Begründungen für die Unterschiede zwischen den Definitionen.

M2 Internet und Soziale Medien

Als im Jahr 1991 eine Computer-Infrastruktur, die zuvor nur einige wenige wissenschaftliche und militärische Einrichtungen genutzt hatten, für die private und kommerzielle Anwendung freigegeben wurde, war nicht abzusehen, welche Veränderungen im Leben der

Menschen weltweit daraus erwachsen würden: Im Jahr 2019 nutzte weit über die Hälfte der Weltbevölkerung, in manchen Ländern sogar über 90 Prozent der Einwohner, aktiv das „Internet" – Tendenz sinkend dank der ständigen Weiterentwicklung der zugrundeliegenden Technologie, des politisch und privatwirtschaftlich vorangetriebenen Ausbaus der Infrastruktur und immer günstigerer Preise. Für einen enormen Schub sorgte die Etablierung von Smartphones, die – entsprechende Netzabdeckung vorausgesetzt – eine Nutzung des Internets auch jenseits von stationären Rechnern und in fast jeder alltäglichen Situation ermöglichen. Seit dem Jahr 2015 gibt es mehr Geräte als Menschen.
Neben der schriftlichen Kommunikation per E-Mail, dem Aufbau von Firmennetzwerken mit Niederlassungen auf mehreren Kontinenten, der Informationsverbreitung und -beschaffung in Echtzeit sowie dem weltweiten Online-Handel bilden seit der Jahrtausendwende zunehmend die sozialen Netzwerke einen Schwerpunkt der weltweiten Internet-Nutzung: Gab es im Jahr 2014 knapp zwei Milliarden aktive Social-Media-Nutzer/-innen, die selbst produzierte Inhalte ihrem jeweiligen Netzwerk von sog. „Freunden" oder „Bekannten" in aller Welt zugänglich machen, so waren es im Jahr 2019 fast 3,5 Milliarden, wobei jede bzw. jeder von ihnen im Durchschnitt bei mehr als acht verschiedenen Plattformen bzw. Anbietern angemeldet war, sodass weltweit von ca. 25 Milliarden (aktiven und passiven) Social-Media-Benutzungskonten ausgegangen werden kann.

Autorentext

1 Zeige auf, wie die sich aus der Verbreitung des Internets ergebenden Möglichkeiten deinen Alltag und das Leben deiner Mitmenschen prägen.

2 a) Diskutiert, ob die Illustration euren Grad der Vernetzung zutreffend veranschaulicht.
b) Tragt auf einer Weltkarte ein, in welche Länder die Mitglieder eurer Klasse über soziale Netzwerke Kontakte bzw. „Freundschaften" pflegen.
c) Ordnet das Internet und seine Auswirkungen passenden Elementen von M 1 zu. Erklärt den Beitrag, den es zur Globalisierung leistet.

3 a) Befragt eine Person über 40, wie sie den Alltag vor der Verbreitung des Internets in eurem jetzigen Alter erlebt hat. Entwickelt dafür Fragen, mit denen ihr die Unterschiede zu eurem (vom Internet geprägten) Alltag herausarbeiten könnt.
b) Erstellt ein Vorher-Nachher-Plakat, auf dem ihr den Alltag junger Menschen in Zeiten vor und nach der globalen Verbreitung des Internets und sozialer Medien gegenüberstellt.
c) Der sog. „Small-World-Theory" zufolge, die erstmals in den 1960er-Jahren erforscht wurde, steht jeder Mensch über eine geringe Anzahl von Mittelsleuten mit den Menschen in aller Welt in Bezug. Damals wurde in Experimenten eine Anzahl von durchschnittlich 6 bis 7 Personen festgestellt. Inzwischen geht man von einer Reduzierung der Anzahl auf 3 bis 4 Personen aus. Erläutere die Rolle des Internets bei dieser Verkürzung der Personenkette.

M3 Ausbreitung des Corona-Virus im Jahr 2020

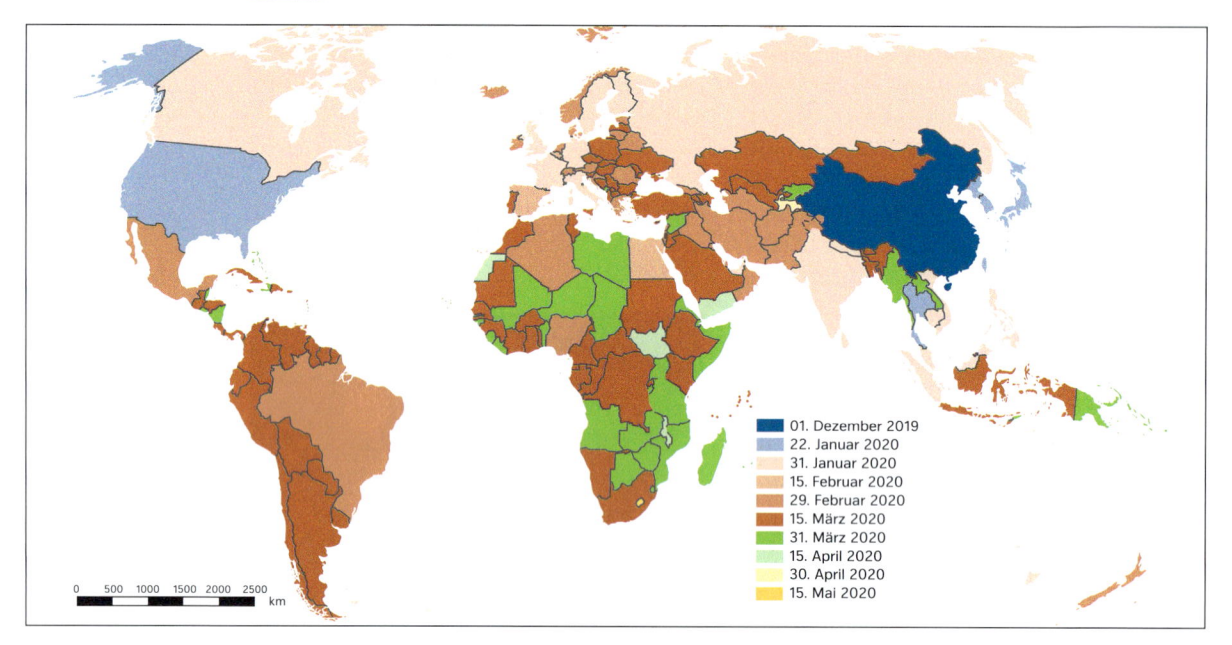

Legende:
- 01. Dezember 2019
- 22. Januar 2020
- 31. Januar 2020
- 15. Februar 2020
- 29. Februar 2020
- 15. März 2020
- 31. März 2020
- 15. April 2020
- 30. April 2020
- 15. Mai 2020

INFO

Pandemie/pandemisch
Das Wort setzt sich aus den beiden griechischen Bestandteilen „pan" (umfassend, alles) und „demos" (Volk) zusammen und bezeichnet die Ausbreitung einer Krankheit, die „alle Völker" erfasst, also viele Länder und Kontinente betrifft.

Das sog. „neuartige Coronavirus" SarsCov2 verbreitete sich in der ersten Hälfte des Jahres 2020 von China aus. Als sog. „Vektoren" – also Verbreiter des Virus und der von ihm ausgelösten Lungenkrankheit – galten vor allem Geschäftsreisende und Touristen. Zwischen 1970 und 2018 nahm die Anzahl der weltweit pro Jahr mit Flugzeugen transportierten Passagiere um das 14-fache auf ca. 4,4 Milliarden zu, wobei insgesamt 8,2 Billionen Personenkilometer zurückgelegt wurden. Ca. 15 % der Passagiere befanden sich 2018 auf Interkontinental-Flügen.

Als Reaktion auf die pandemische Verbreitung des Virus und in der Hoffnung, sie auf diese Weise in den Griff zu bekommen, schlossen viele Staaten ihre Grenzen für Touristen und ausländische Geschäftsreisende, was sich im weltweiten Personenflugverkehr bemerkbar machte.

Perlen im Netz

WES-116842-025
Animierter Verlauf der Ausbreitung des Corona-Virus (Worldmapper.org)

Fluggäste im gewerblichen Verkehr auf dem Münchner Flughafen 2018 bis 2021

Quelle: Flughafen München GmbH.
© Statistisches Amt München

4.1 Was ist Globalisierung? Woran erkenne ich sie? | 143

1. Beschreibe die Ausbreitung des Corona-Virus.
2. Erläutere den Zusammenhang zwischen internationalem Flugverkehr und der Ausbreitung des Virus.
3. Während der ersten Phase der Corona-Pandemie gab es Stimmen, die meinten, das Ende der Globalisierung sei nahe. Untersucht mithilfe von M1 und M3, wie diese Einschätzung zustande kam und ob sie berechtigt war.

M4 Globale Warenkette eines Smartphones

1 Globale Warenkette eines Smartphones

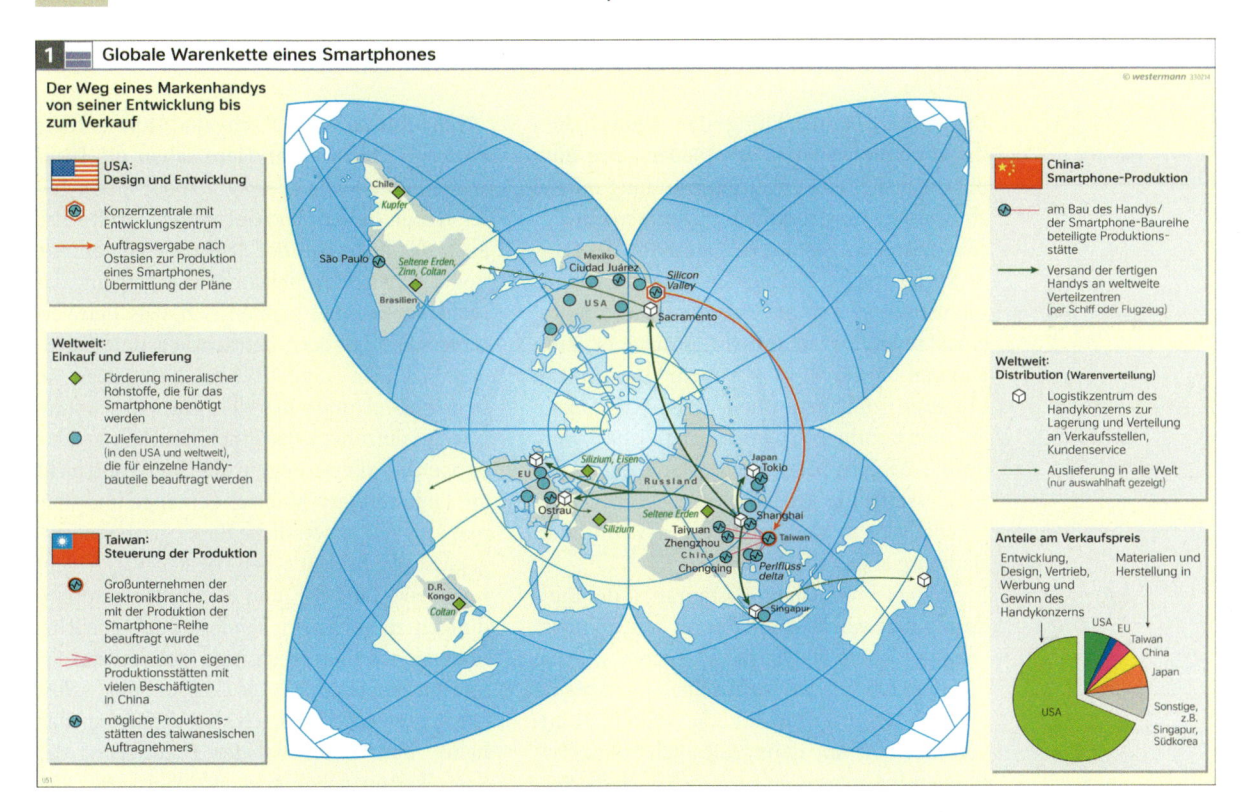

Der Weg eines Markenhandys von seiner Entwicklung bis zum Verkauf

USA: Design und Entwicklung
- Konzernzentrale mit Entwicklungszentrum
- Auftragsvergabe nach Ostasien zur Produktion eines Smartphones, Übermittlung der Pläne

Weltweit: Einkauf und Zulieferung
- Förderung mineralischer Rohstoffe, die für das Smartphone benötigt werden
- Zulieferunternehmen (in den USA und weltweit), die für einzelne Handybauteile beauftragt werden

Taiwan: Steuerung der Produktion
- Großunternehmen der Elektronikbranche, das mit der Produktion der Smartphone-Reihe beauftragt wurde
- Koordination von eigenen Produktionsstätten mit vielen Beschäftigten in China
- mögliche Produktionsstätten des taiwanesischen Auftragnehmers

China: Smartphone-Produktion
- am Bau des Handys/der Smartphone-Baureihe beteiligte Produktionsstätte
- Versand der fertigen Handys an weltweite Verteilzentren (per Schiff oder Flugzeug)

Weltweit: Distribution (Warenverteilung)
- Logistikzentrum des Handykonzerns zur Lagerung und Verteilung an Verkaufsstellen, Kundenservice
- Auslieferung in alle Welt (nur auswahlhaft gezeigt)

Anteile am Verkaufspreis: Entwicklung, Design, Vertrieb, Werbung und Gewinn des Handykonzerns / Materialien und Herstellung in USA, EU, Taiwan, China, Japan, Sonstige, z.B. Singapur, Südkorea

1. a) Erkläre mithilfe von M4, weshalb ein Smartphone ein „globales Produkt" ist.
   b) Diskutiert, welche „Made in"-Angabe für diese Warenkette zutreffend wäre.
2. Arbeitet aus dem Schaubild heraus, auf welche technischen, organisatorischen und politischen Voraussetzungen die abgebildete Warenkette angewiesen ist.
3. Ordnet die abgebildete Warenkette und ihre Voraussetzungen passenden Elementen von M1 zu. Erklärt ihre Auswirkung auf die Globalisierung.
4. Vergleicht M4 mit der Warenkette einer Jeans (→ Perle). Arbeitet heraus, an welchen Stellen die beiden Ketten zu Problemen führen können, die nach einer politischen Lösung verlangen.

Weiterführende Aufgabe
Diskutiert in der Klasse, ob die Welt durch die immer engere wirtschaftliche, soziale, technologische und infrastrukturelle Vernetzung anfälliger für globale Krisen durch Krankheiten, Umweltkatastrophen oder Wirtschaftsprobleme wird.

Perlen im Netz

WES-116842-026
Globale Warenkette einer Jeans im Schaubild (Diercke, Westermann)

4.2 Globalisierung: Ein Geben und Nehmen?

Auch grundlegende kulturelle und soziale Handlungen unseres Alltags, wie die Auswahl der täglichen Kleidung und die Ernährung, sind geprägt von der Globalisierung. Kritische Stimmen befürchten, dass dies zu einer Monotonie führen könnte, in der alle Welt Jeans, T-Shirt und Sneakers trägt, Pommes, Burger und Soft Drinks die Standard-Ernährung sind und überall die gleichen Pop-Songs zu hören sind. Stimmt das oder führt die Globalisierung zu größerer Vielfalt?

M 1 Globalisierung und esskulturelle Transfers

Die rasante Entwicklung der chinesischen Gastronomie ab Mitte der 1960er-Jahre hing mit der gezielten Restaurantgründung seitens chinesischer Gastronomen zusammen. Zu diesem Zeitpunkt gestattete zum einen die Bundesregierung [...] Köchen aus dem nicht-kommunistischen Taiwan Zuzug und Eröffnung eines sogenannten China-Restaurants. Zum anderen begannen immer mehr (Hongkong-)Chinesen [mit englischem Pass] [...], Lokale auf dem Kontinent zu eröffnen. [...] 1975 wurde die Zahl chinesischer Gaststätten in der Bundesrepublik auf insgesamt 800 bis 1000 geschätzt, von denen etwa ein Zehntel in Hamburg angesiedelt war. [...]

In den beliebten „China-Restaurants" der Bundesrepublik wurde – und das bis heute – meist weniger scharf gewürzt. [...] Zudem wurden die Gerichte in den asiatischen Restaurants deutlich länger gegart und die Saucen oft angedickt – eine Anpassung, die auch in Großbritannien zu beobachten war. Doch auch die Präsentation der Speisen auf dem Teller wurde abgewandelt, um deutschen Vorstellungen von Essbarem und Appetitlichem entgegenzukommen: Vor dem Servieren wurden in den „China-Restaurants" Fisch- und Hühnerköpfe entfernt. Statt ganzer Tiere sahen die Deutschen lieber Filets oder Keulen auf ihrem Teller. Neben Geruch und Geschmack spielte also auch das Aussehen der Speisen eine zentrale Rolle. [...] Auch die übliche Darbietung und das Mahlzeitenformat können sich zwischen verschiedenen Ländern beträchtlich unterscheiden. In den chinesischen Gaststätten in Deutschland (und generell in Europa) etwa waren die einzelnen Portionen deutlich größer. Suppen wurden zu Beginn des Essens und nicht am Ende serviert, Mahlzeitenmenge und -format also klar an westliche Gepflogenheiten angepasst. [...] In asiatischen Lokalen waren nicht nur neue Gerüche und Geschmacksempfindungen zu verdauen, sondern auch zunächst unbekannte Kulturtechniken gefragt: das Essen mit Stäbchen. [...] Die Gastronomen selbst betrachteten sich vielfach als Kulturvermittler, halfen den Gästen bei der Entzifferung der Speisekarten, gaben Auskunft über verwendete Zutaten und lieferten bisweilen auch über die Gerichte hinausgehende Informationen über die im Lokal repräsentierte (Ess-)Kultur.

Maren Möhring: Globalisierung und esskulturelle Transfers am Beispiel asiatischer Küchen in Deutschland, in: Jahrbuch für Kulinaristik 2 Iudicium Verlag, München 2018, S. 31 ff.

1 Zeige auf, welche politischen und gesellschaftlichen Faktoren die Etablierung von China-Restaurants in Deutschland ermöglichten.

2 a) Begründe, weshalb die Etablierung von China-Restaurants in Deutschland ein Ausdruck der Globalisierung ist.
b) Erkläre die wechselseitigen Bezüge zwischen Gästen und Köchen in deutschen China-Restaurants, welche der Text als „esskulturelle Transfers" bezeichnet.
c) Bisweilen wird bemängelt, asiatisches Essen in Deutschland sei nicht authentisch. Begründe, weshalb dieser Vorwurf nicht zutreffen kann. Beziehe dich dabei auf die Überschrift dieses Teilkapitels.

3 Erhebt innerhalb der Klasse, wie oft ihr im Durchschnitt Speisen zu euch nehmt, die sich im Zuge der Globalisierung in Deutschland etabliert haben. Formuliert ausgehend von eurem Ergebnis mehrere Thesen zur gesellschaftlichen Dimension der Globalisierung.

M2 Globale Präsenz einer schwedischen Modekette

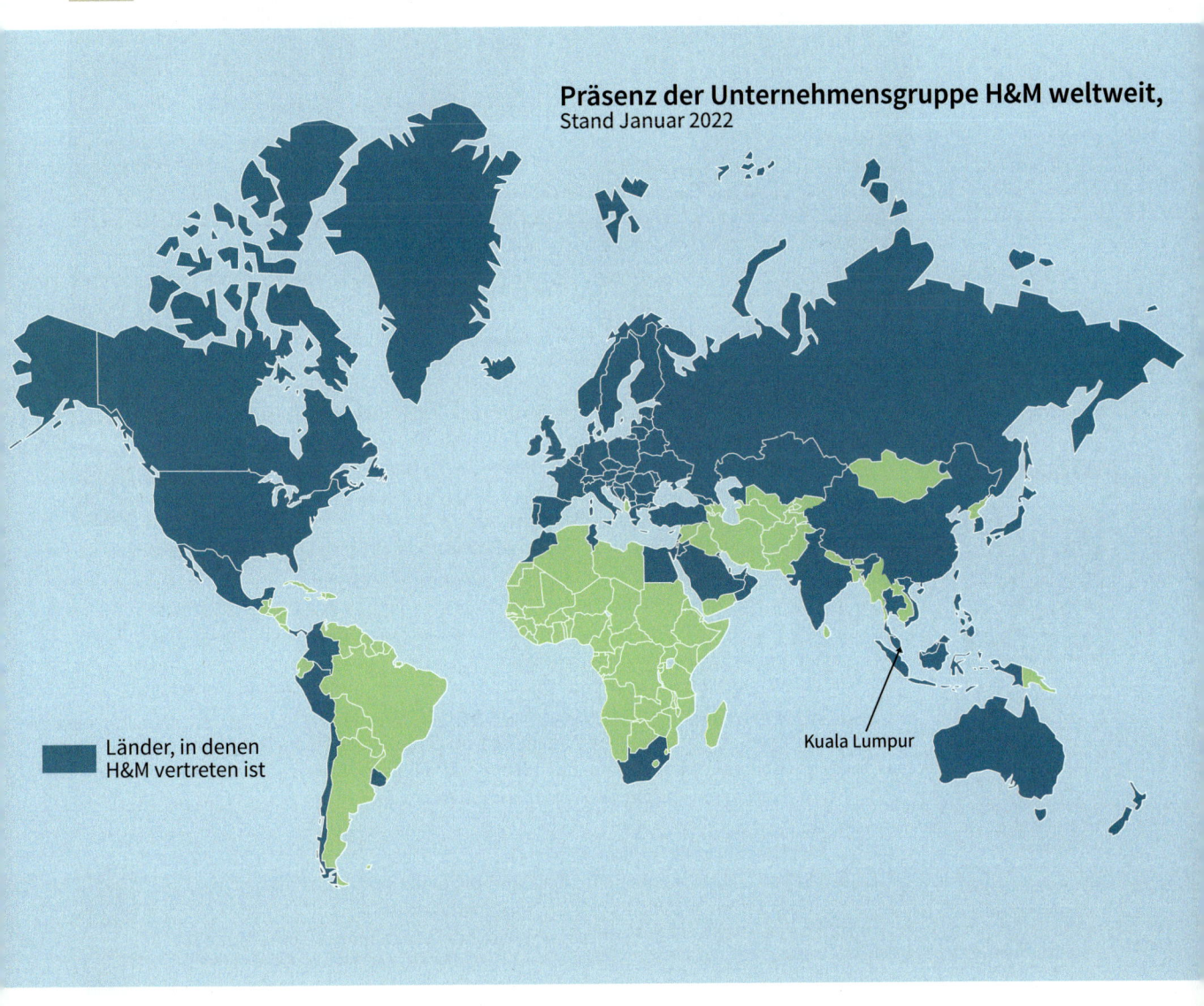

Präsenz der Unternehmensgruppe H&M weltweit, Stand Januar 2022

Länder, in denen H&M vertreten ist

Kuala Lumpur

Älteste Filiale 1947 in Schweden; erste Filialen außerhalb Schwedens ab 1970 in Nord- und Westeuropa, seit 2000 Filialen im restlichen Europa und Nordamerika, seit 2006 nach und nach auch auf den anderen Kontinenten; größte Anzahl an Filialen in den USA, Deutschland und China mit jeweils ca. 450 Standorten; Filialen insgesamt: ca. 4 500. (Stand: 2017)

4. Globalisierung verstehen und mitgestalten

Filiale in Kuala Lumpur (Malaysia), 2016

Perlen im Netz

WES-116842-027
Global 3000 – Global Teen:
Junges Magazin der Deutschen Welle, das u. a. kurze Videoporträts über Jugendliche aus aller Welt präsentiert. Sie werden in ihrem regulären Umfeld gefilmt und sprechen über ihren Alltag, ihre Träume und ihre Probleme.

1 a) Ordne die globale Verbreitung der Modekette mindestens zwei Dimensionen der Globalisierung zu (M 1, S. 140). Begründe deine Zuordnung.
b) Beschreibe das abgebildete Angebot und die Einrichtung der Modefiliale in Kuala Lumpur. Vergleiche die Ergebnisse mit deinen Beobachtungen beim Kleidungskauf in Deutschland.
c) Arbeitet verschiedene gesellschaftliche und politische Voraussetzungen heraus, die für die globale Verbreitung der Modekette notwendig sind.

2 Untersucht, wie globale Modeketten zur kulturellen Globalisierung beitragen:
a) Überprüft hierfür zunächst in der Klasse, wie stark das Angebot großer Ketten eure Bekleidungsgewohnheiten beeinflusst.
b) Vergleicht dann euer Ergebnis mit dem Erscheinungsbild junger Menschen in anderen Ländern der Welt, z. B. mithilfe der Perle im Netz.
c) Diskutiert anhand eurer Ergebnisse, ob global tätige Modeketten bei jungen Menschen zu einer Vereinheitlichung der Kleidung führen oder ob auch hier kulturelle Transfers wie in M 1 zu beobachten sind.

Weiterführende Aufgaben

1 Recherchiert verschiedene Musikstile, die durch kulturelle Austausch-Prozesse im Zuge der Globalisierung entstanden sind.

2 Erörtert, ob man im Hinblick auf Kleidung und Ernährung (sowie Musik) eher von einer „globalen Kultur" oder von einer „globalisierten Kultur" sprechen sollte.

4.3 Globalisierung: Gleiche Lebensbedingungen für alle?

Ökonomische Studien, wie z. B. der alle zwei Jahre erscheinende Globalisierungsreport der Bertelsmann-Stiftung, kommen immer wieder zu dem Ergebnis, dass die Globalisierung weltweit zu einem Anstieg des Wohlstands führt. Bedeutet dies auch eine weltweite Verbesserung und Angleichung der individuellen Lebensbedingungen?

M1 Protestaktion am 13. August 2019

Am Tag der Filialeröffnung eines irischen Textil-Discounters in Bonn veranstaltet die Hilfsorganisation „terre des hommes" eine Protestaktion vor dem Haupteingang des Geschäfts.

1 Fasse die bei der Aktion vorgebrachte Kritik in eigenen Worten zusammen.
2 Erläutere mindestens zwei verschiedene Adressaten, an die sich der Protest richtet.

M2 Mode aus Bangladesch

[In Bangladesch] produzierte Textilien gehen zu Schleuderpreisen im Westen über die Ladentheke. Das ist nur möglich, weil die Arbeiterinnen in den Nähereien einen hohen Preis
5 bezahlen. [...] Das kann man [in Bangladeschs Hauptstadt Dhaka] sehen, hören, riechen, schmecken, fühlen, in dieser boomenden Metropole, die tagein tagaus unter einem bleischweren Teppich von Smog liegt, sodass die
10 Einwohner den Himmel nicht mehr sehen, nie, nie mehr.
Wer sehen will, [...] wo all das herkommt, die T-Shirts [...] für 2,50 Euro, die Damen-Jeans für 14 Euro, und wer sich fragt, wie das geht, der muss hierherkommen. Hier kann man sehen, 15 wer all das zusammenschneidert und zusammennäht, was wir schick finden und günstig nennen. Hier kann man aber auch sehen, wer eigentlich den Preis für die Profite zahlt. Auf wessen Kosten sie gemacht werden. Und wer 20 für unsere „Schnäppchen" die Knochen hinhält.
Über mehrere Etagen erstreckt sich „Tivoli Apparels", in riesigen Hallen sitzen die 2.800 Arbeiterinnen und Arbeiter, endlos aufgereiht 25 hinter ihren Zuschneidetischen und Nähmaschinen. Der Lärm ist ohrenbetäubend, die Maschinen rattern unaufhörlich, die Welt-

märkte schlafen ja auch nie, sagen die Manager, die Luft ist vom Staub und Abrieb der Stoffe geschwängert, Ventilatoren drehen sich träge, bringen aber kaum Erleichterung [...]. Auf großen Tafeln sind die Arbeitsnormen angeschlagen, die zu erfüllen sind, „pieces per hour", wie viel Teile pro Stunde. Vorarbeiter patrouillieren durch die Reihen, achten auf Disziplin und korrekte Ausfertigung der bis ins letzte Detail ebenfalls auf Tafeln ausgehängten Fertigungsschritte.

Bangladesch boomt, das Land hat die höchste Wachstumsrate Asiens, sein Pro-Kopf-Einkommen wird demnächst das Niveau von Indien erreichen. 170 Millionen Einwohner, zweitgrößter Textilproduzent der Welt. 85 Prozent der Exporterlöse erwirtschaftet die Bekleidungsindustrie. Die Lohnkosten sind niedriger als in China, Indien oder Kambodscha, vier Millionen Menschen finden daher in den fast 5 000 Näh- und Schuhfabriken des Landes Arbeit. Bangladesch: ein Shooting-Star der Globalisierung. Aber auch: der Hinterhof der Globalisierung. Betriebsräte zu gründen kann lebensgefährlich sein oder zumindest den Job kosten, eine Unfallversicherung ist erst im Aufbau, Lohnfortzahlung im Krankheitsfall, Mutterschutz: All das gibt es, wenn überhaupt, erst in zarten Anfängen. Der Mindestlohn für einfache Arbeiterinnen beträgt 8 000 Taka. Das sind 86 Euro. Und genau deshalb kann Primark sein „Kinder-T-Shirt, weiß" bei uns für 2,50 Euro verkaufen.

Als 2013 die Textilfabrik „Rena Plaza" in sich zusammenstürzte, weil das Gebäude baufällig war und eigentlich sogar von der Polizei gesperrt, aber auf der Jagd nach Profit die Arbeiterinnen trotzdem an ihre Nähmaschinen gehetzt wurden, und am Ende mehr als 1.100 Menschen starben, da regte sich bei uns im Westen dann doch das schlechte Gewissen. Seitdem gibt es Fortschritte, beim Brandschutz, bei der Arbeitssicherheit, beim Umgang mit gefährlichen Chemikalien. [...] Mit dem Gewissen der Konsumenten im Westen ist es [aber] so eine Sache. Keiner will es haben, [...] aber kosten soll das gute Gewissen möglichst nichts. [...]

Weil Bangladesch – zumindest jetzt – noch keine Alternative hat, um die eigene Bevölkerung in Arbeit zu bringen, wird der Preisdruck aus Deutschlands Modefilialen brutal weitergegeben und immer weiter nach unten durchgereicht, bis zu den Näherinnen in der Halle von „Tivoli Apparels". Aber: In Bangladesch sind die Jobs in der Textilindustrie trotzdem begehrt. Vor allem Frauen finden hier Arbeit, das selber verdiente Geld macht sie von ihren Ehemännern ein Stück weit unabhängig, viele Familien finanzieren mit dem Zusatzeinkommen der Näherinnen die Schulbildung ihrer Kinder. Denn die sollen es ja einmal besser haben.

„Meine Kinder sollen es einmal besser haben", das klingt so deutsch und so vertraut. Eigentlich [...] haben diese Menschen die gleichen, stinknormalen Träume wie fast alle Menschen. Eine Wohnung, in die es nicht reinregnet. Eine Toilette mit Wasserspülung. Schnelles Internet, ein Handy, vielleicht sogar ein eigenes Auto – und eine gute Schule für die Kinder. Die Globalisierung katapultiert die Menschen in Bangladesch in eine neue Zeit. Und niemand wird sie aufhalten. „Sie wollen ihren Anteil am weltweiten Wohlstand. Und wenn sie ihn in ihrer Heimat nicht bekommen, dann werden sie irgendwann zu uns kommen und ihn sich holen", sagt [der ehemalige Entwicklungshilfeminister] Müller.

> **INFO**
> **Betriebsrat**
> Ein von der Belegschaft eines Unternehmens gewähltes Gremium, das sich gegenüber der Unternehmensführung für die Rechte und Interessen der Angestellten einsetzt; dies sind häufig bessere Arbeitsbedingungen, mehr Lohn oder Urlaub, Kündigungsschutz usw.

Tilman Gerwien: Welchen Preis die Näherinnen in Bangladesch für unsere Billigmode zahlen, Stern online vom 26.02.2020, in: https://www.stern.de/wirtschaft/news/texitilfabriken-in-bangladesch--im-hinterhof-der-globalisierung-9156968.html, letzter Zugriff: 01.09.2021

1 Fasse die erwähnten Probleme für die Näherinnen zusammen und bilde verschiedene Kategorien.

2 Erkläre den Zusammenhang zwischen den Arbeitsbedingungen in Bangladesch und dem Konsumverhalten in Europa und Nordamerika. Welche Konsequenzen würdest du persönlich daraus ziehen?

3 Der Text erwähnt auch Chancen, die sich aus der Globalisierung für Bangladesch ergeben. Beziehe begründet Stellung zu der Frage, ob die Chancen oder die Probleme für das Land überwiegen.

M 3 Externalisierungsgesellschaft – leben auf Kosten anderer

Der Soziologe Stephan Lessenich beschäftigt sich in seinem Buch „Neben uns die Sintflut" mit den globalen Zusammenhängen, die zwischen den Arbeits- bzw. Lebensverhältnissen und dem Konsumverhalten bestehen. In der Süddeutschen Zeitung erklärte er am 21. Oktober 2016 seine Hauptthese:

Sie [reden] von der Externalisierungsgesellschaft. […]

Lessenich: Die moderne kapitalistische Gesellschaft beruht seit 500 Jahren darauf, dass sie
5 die Kosten ihrer Produktions-, Arbeits- und Lebensweise in andere Weltgegenden auslagert. […]

Was externalisiere ich als normaler Angestellter denn?

10 In meinem Buch arbeite ich mit möglichst verschiedenen Beispielen für die Auslagerung von Kosten unserer Lebensweise. Denken Sie an die Textilindustrie, etwa in Bangladesch. Dort herrschen nicht nur übelste Arbeitsbe-
15 dingungen, von denen wir ab und an mal lesen, wenn es zu Bränden kommt. Diese Textilproduktion ist auch ausgesprochen umweltschädlich. Eine solche Produktion haben wir vor Jahrzehnten selbst betrieben. Inzwischen
20 lagern wir die schmutzige Produktion aus und verbessern damit die Ökobilanz hier zu Hause. Wir lagern auch unseren Flächenbedarf aus. […] Um den Sojabedarf dieses Landes für ein Jahr zu decken, braucht man die Fläche von
25 Hessen. Das findet dann aber nicht in Deutschland statt. Die Fläche von Hessen wird in Argentinien bebaut. Das zerstört dort gewachsene ökonomische Strukturen, führt zu massiven Umweltschäden, zu einer Schieflage der Wirt-
30 schaftsstruktur. Schon mit Ihrem Sojakonsum partizipieren Sie an unserer Externalisierungsgesellschaft.

Wer ist denn diese „wir"? Und wer sind „die anderen"?

35 […] „Wir" sind in erster Linie die reichen Gesellschaften des globalen Nordens. „Die anderen", das sind die Gesellschaften des globalen Südens. Das kommt natürlich so einfach nicht hin. Unbestreitbar gibt es auch in den reichen
40 Gesellschaften des Nordens soziale Unterschiede, Ungleichheit. Aber auch die, die schlechter gestellt sind hierzulande, leben in ihren alltäglichen Lebensvollzügen, in dem, was sie für normal halten, in dem, was sie für
45 ihr kleines Glück halten, auf Kosten großer Bevölkerungsmehrheiten des globalen Südens.

Jens Bisky: „Wer für unseren Konsum zahlt", SZ.de vom 21.10.2016, in: https://www.sueddeutsche.de/kultur/soziologe-stephan-lessenich-im-gespraech-wer-fuer-unseren-konsum-zahlt-1.3215858, letzter Zugriff: 28.01.2021

GLOSSAR

Globaler Norden
Globaler Süden

1. Fasse zusammen, was Lessenich unter „Externalisierung" versteht.
2. Erkläre unter Bezugnahme auf M 2 den Zusammenhang zwischen Globalisierung und Externalisierung. Leben wir „auf Kosten […] des globalen Südens"?
3. Formuliert Vorschläge für politische Maßnahmen und individuelle Verhaltensänderungen, mit denen die Externalisierungskosten reduziert werden können. Greift dafür auch auf Kapitel 1.9 zurück.

4. Globalisierung verstehen und mitgestalten

M4 Karikatur von Stan Eales

Anmerkung zur Karikatur: Der Bauch der kleinen, dunkelhäutigen Person ist aufgrund von Unterernährung aufgebläht.

Stan Eales

1 Beschreibe, analysiere und interpretiere die Karikatur (→ Karikaturinterpretation, S. 177).
2 Überprüfe, ob die Karikatur als bildliche Ergänzung zu M 2 und M 3 geeignet wäre.
3 Erstelle eine eigene Karikatur (oder eine Collage), mit der du die These der Externalisierungsgesellschaft (zustimmend oder ablehnend) kommentierst.

Weiterführende Aufgabe
Diskutiert, ob jede und jeder Einzelne für die Externalisierung mitverantwortlich ist. Entwickelt Ansätze, wie ihr sie durch euer eigenes Handeln verringern könnt.

4.4 Wie kann globale Externalisierung reduziert werden?

Hast du heute schon Schokolade gegessen oder Kakao getrunken? Wenn ja, dann hast du ein echt globales Produkt genossen, dessen Erzeugung häufig von Externalisierung geprägt ist. Wie lässt sich diese durch individuelles und politisches Handeln verringern?

M1 Zum Beispiel: Kakao und Schokolade

Andreas Becker: Opec für Kakao
Ghana und die Elfenbeinküste (Côte d'Ivoire) sind die größten Kakao-Produzenten der Welt – rund zwei Drittel der weltweiten Kakaobohnen stammen von hier. Gemeinsam versuchen
5 die beiden westafrikanischen Länder jetzt, einen Mindestpreis für Kakao durchzusetzen. 2 600 US-Dollar pro Tonne fordern sie ab der kommenden Verkaufssaison. Internationale Einkäufer hätten dem während eines Treffens
10 in Ghanas Hauptstadt Accra in der vergangenen Woche grundsätzlich zugestimmt, Details müssten aber noch geklärt werden, sagte Joseph Boahen Aidoo, Chef des Ghana Cocoa Board, einer von der Regierung eingesetzten
15 Organisation, die Bauern vor zu niedrigen Preisen schützen soll. Das Treffen sei „historisch", so Aidoo, „es ist das erste Mal, dass sich Kakao-Erzeuger und Käufer zusammensetzen und über den Preis sprechen."
20 Bisher wird der Kakao-Preis täglich an den Rohstoffbörsen in London und New York bestimmt. „Dabei spielt es überhaupt keine Rolle, welche Kosten die Bauern für ihre Plantagen haben, oder ob sie genügend Geld
25 verdienen, um drei Mahlzeiten am Tag zu haben und ihre Kinder in die Schule zu schicken. Den Preis macht die Börse", sagt Friedel Hütz-Adams, wissenschaftlicher Mitarbeiter am Bonner Südwind-Institut [...] Die meisten Ka-
30 kaobauern und ihre Familien leben unterhalb der von der Weltbank festgelegten absoluten Armutsgrenze von zwei US-Dollar pro Tag, sagt sogar die International Cocoa Initiative (ICI), eine von Schokoladenkonzernen finan-
35 zierte Schweizer Stiftung zum Schutz von Kinderrechten. In westafrikanischen Kakaofarmen ist Kinderarbeit verbreitet. „Um die Arbeitskosten zu reduzieren, lassen Eltern ihre Kinder auf den Feldern arbeiten, anstatt sie
40 zur Schule zu schicken", schreibt ICI. [...]

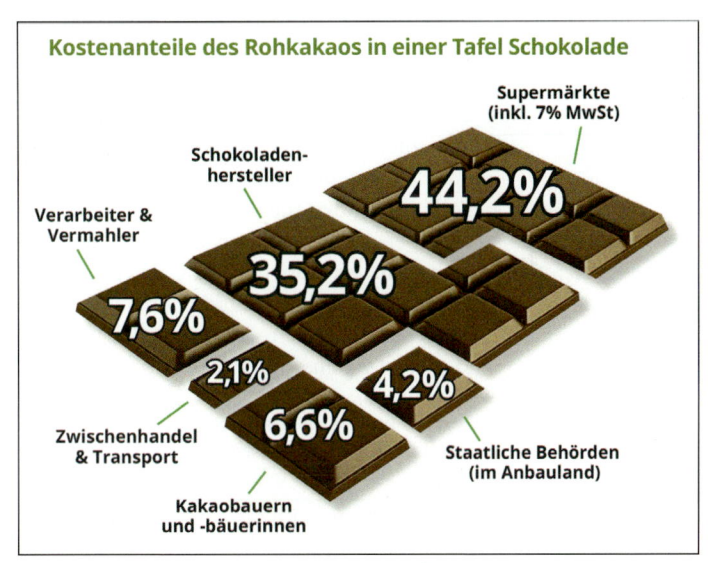

Kostenanteile des Rohkakaos in einer Tafel Schokolade

- Supermärkte (inkl. 7% MwSt): 44,2%
- Schokoladenhersteller: 35,2%
- Verarbeiter & Vermahler: 7,6%
- Zwischenhandel & Transport: 2,1%
- Kakaobauern und -bäuerinnen: 6,6%
- Staatliche Behörden (im Anbauland): 4,2%

Zusammensetzung des durchschnittlichen Ladenpreises von 0,79 € für eine Tafel Schokolade, Stand 2017

Einen Mindestpreis von 2600 Dollar pro Tonne Kakao wollen Ghana und die Elfenbeinküste nun durchsetzen. Ein großer Sprung ist das nicht, vor der Ankündigung kostete eine Tonne 2200 Dollar. „In den letzten Jahren lag der
45 Preis eher bei 2000 Dollar, manchmal aber auch bei 3000", so sagt Hütz-Adams von Südwind. „Inflationsbereinigt lag er in den meisten Jahrzehnten des vorigen Jahrhunderts deutlich über 4 000 Dollar." Der geplante Min-
50 destpreis ist also nicht besonders hoch. „Er wird nicht ausreichen, um die Armut nachhaltig zu reduzieren", so der Forscher. „Aber es ist der erste Versuch der Regierungen, mit einer Art Opec für Kakao zu experimentieren
55 und eine Mindestabsicherung nach unten festzulegen." [...]
Auf 100 Milliarden Dollar wird der weltweite Markt für Schokoladenerzeugnisse geschätzt, aber nur sechs Milliarden Dollar gehen an die
60 Produzenten der Kakaobohnen. Den Millio-

INFO
Inflation von lat. „inflare" = aufblähen. Bezeichnung für den Verlust des Wertes von Geld, der verschiedene Ursachen haben kann (z. B. wachsende Wirtschaftskraft, geringes Warenangebot, politisch veranlasste Erhöhung der Geldmenge). Um Geldbeträge aus früheren Zeiten mit aktuellen Beträgen angesichts des Wertverlustes sinnvoll vergleichen zu können, müssen sie inflationsbereinigt werden, d. h. der Wertverlust wird herausgerechnet.

INFO

OPEC
Die Organization of the Petroleum Exporting Countries ist der Zusammenschluss fast aller Erdöl produzierenden Staaten der Welt. Sie treffen regelmäßig Vereinbarungen über die Fördermengen für Rohöl, um die Preise für den Rohstoff stabil zu halten und eine Überproduktion zu verhindern, die zu Preisverfall führen würde.

GLOSSAR

Fairtrade

nen Kleinbauern, die von der Hand in den Mund leben, stehen dabei eine Handvoll Großunternehmen gegenüber, die die Kakaobohnen einkaufen, weiterverarbeiten und in den Handel bringen. Die komplette Wertschöpfung findet dabei außerhalb der Erzeugerländer statt. Schokoladenfirmen können Engpässe durch Reserven ausgleichen oder ihre Rezepturen verändern. Die Bauern dagegen haben keinen Spielraum. Anders als beim Reis- oder Weizenanbau können sie sich mit ihrer Ernte nicht einmal selbst ernähren. Sie müssen verkaufen, sonst haben sie nichts.

Eigentlich könnte alles ganz einfach sein – wenn Schokolade nur geringfügig teurer würde, wäre das Armutsproblem gelöst. Sollte man zumindest meinen, wenn Friedel Hütz-Adams vorrechnet, dass vom Preis einer Tafel Vollmilchschokolade derzeit nur rund vier Cent bei den Bauern ankommt. Vier Cent mehr würden also ihr Einkommen verdoppeln. [...] „In der Tat würden nur wenige Cent einen signifikanten Unterschied machen", sagt Hütz-Adams. „Gleichzeitig gibt es einen massiven Preisdruck, gerade hier in Deutschland. [...]" Ein hart umkämpfter Markt, wo Supermärkte Cent-Veränderungen im Preis der Konkurrenz aufmerksam beobachten und gleichzeitig mit günstiger Schokolade versuchen, Kunden in ihre Läden zu locken, lässt keinen Platz für Geschenke. [...]

Selbst Schokolade mit Fairtrade-Siegel bringt laut dem Südwind-Experten keine grundsätzliche Lösung. „Der Mindestpreis von Fairtrade[-Kakao] lag bisher bei 2 000 Dollar pro Tonne", so Hütz-Adams. Auch wenn jetzt eine Erhöhung geplant sei – „der Preis reicht nicht aus, um die Bauern flächendeckend aus der Armut zu holen". Fairtrade-Siegel und andere Zertifikate, Selbstverpflichtungen der Industrie – all das hat in den vergangenen Jahrzehnten nichts daran geändert, dass Kakaobauern weltweit in Armut leben. Südwind-Experte Hütz-Adams ist deshalb überzeugt, dass es Zeit ist für gesetzlichen Druck. Firmen müssten per Gesetz verpflichtet werden, für die Einhaltung der Menschenrechte in ihren Wertschöpfungsketten zu sorgen.

Deutsche Welle online vom 19.06.2019, in: https://www.dw.com/de/opec-f%C3%BCr-kakao-erzeuger-wollen-mindestpreis/a-49264770, letzter Zugriff: 28.01.2021

Lieferkette von Kakao

Bauern → Zwischenhändler → Exporteure → Kakaoverarbeiter → Schokoladenfirmen → Einzelhandel → Konsumenten

© Westermann 29730EX

Perlen im Netz

WES-116842-028
Infoseite der Bayerischen Verbraucherzentrale zum Thema Fairtrade:
u. a. Flyer zum Download mit Erklärung der verschiedenen Fairtrade- und Nachhaltigkeits-Siegel

Fairtrade-Schools:
Die Kampagne verankert fairen Handel im Schulalltag

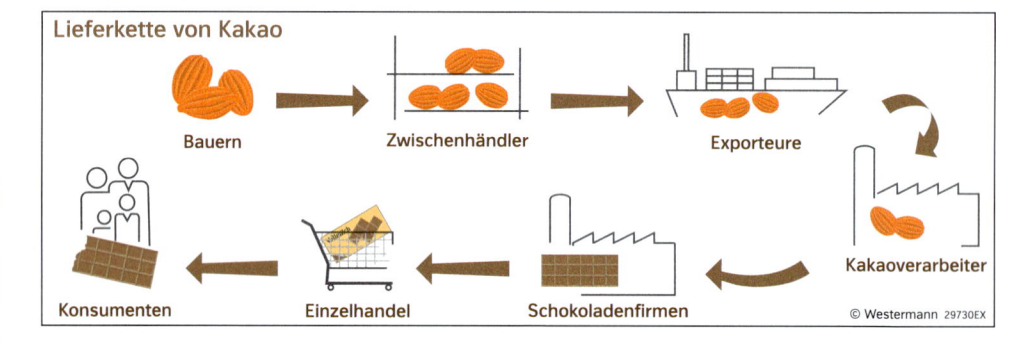

1 Fasst in Partnerarbeit die Probleme des westafrikanischen Kakaoanbaus zusammen, indem ihr den Text in ein Schaubild verwandelt (→ Einen Text in ein Schaubild umwandeln, S. 18). Nutzt die abgebildete Lieferkette von Kakao als Grundlage.

2 Arbeitet politische und individuelle Ansatzpunkte heraus, um die Wertschöpfungskette des Kakaos fairer zu gestalten. Fügt sie an passenden Stellen in das Schaubild aus Aufgabe 1 ein und bewertet ihre Erfolgsaussichten.

3 In Zeile 93 werden Fairtrade-Siegel erwähnt.
  a) Informiere dich anhand der Perle im Netz über verschiedene Fairtrade-Siegel für Schokolade bzw. Kakao. Nutze dabei auch dein Vorwissen aus Kapitel 1.9.
  b) Ermittle Vor- und Nachteile, die sich aus der großen Anzahl von Fairtrade-Siegeln für Schokolade bzw. Kakao ergeben.
  c) Produkte mit Fairtrade-Siegel sind meist teurer als nicht-zertifizierte Ware. Diskutiert, ob euer Pausenverkauf nur noch Fairtrade-Produkte verkaufen sollte.

M2 Das Forum Nachhaltiger Kakao e. V.

Das Forum wurde im Juni 2012 in Berlin gegründet und arbeitet eng mit den Regierungen der Hauptanbau-Länder zusammen. Seither wurde die Schokoladenproduktion für den deutschen Markt schrittweise auf die Verwendung von nachhaltigem Kakao umgestellt: 2011 betrug der Anteil von nachhaltig produziertem Kakao bei in Deutschland verkauften Süßwaren 3 %, seit der Gründung des Forums stieg er kontinuierlich an, überschritt 2017 die 50 %-Marke und erreichte 2020 einen Anteil von 77 %.

a) Auszug aus den Zielen:
Die Mitglieder des Forum Nachhaltiger Kakao e. V. [...] setzen sich dafür ein,
1. dass bessere Ab-Hof-Preise, Mindestpreis- und Prämiensysteme sowie weitere einkommenschaffende Maßnahmen zu einem existenzsichernden Einkommen der Kakaobauernhaushalte beitragen.
2. die Produktivität des Kakaoanbaus und Qualität des Kakaos zu verbessern. [...]
8. die Einhaltung von Menschenrechten [...] und umweltrelevanten Aspekten von allen Akteuren in der Kakaolieferkette einzufordern und sich in die Diskussion um mögliche regulative Maßnahmen auf EU-Ebene einzubringen.
9. dass in den Produzentenländern die Regierungen, Bauernvertretungen und die Zivilgesellschaft in der Wertschöpfungskette Kakao gestärkt werden.
10. dass langfristig der gesamte Kakao in den in Deutschland verkauften kakaohaltigen Endprodukten aus nachhaltigem Anbau stammt.
11. dass bis zum Jahr 2025 ein Anteil von mindestens 85 % des Kakaos in den von unseren produzierenden Mitgliedern in Deutschland verkauften kakaohaltigen Endprodukten nach Nachhaltigkeitsstandards zertifiziert oder gleichwertig unabhängig verifiziert wurde. [...]

https://www.kakaoforum.de/ueber-uns/unsere-ziele/, letzter Zugriff: 28.01.2021

b) Zusammensetzung

Gruppe A: Bundesregierung (Ministerien für Ernährung und Wirtschaftliche Zusammenarbeit)	Gruppe B: Hersteller (Deutsche Kakao-, Schokoladen- und Süßwarenindustrie)
Mitglieder im Forum Nachhaltiger Kakao	
Gruppe C: Lebensmittelhändler (Supermarktketten)	Gruppe D: Zivilgesellschaft (Organisationen für fairen Handel, Nachhaltigkeit, Ökologie usw.)

GLOSSAR
Zivilgesellschaft
Nachhaltigkeit/Nachhaltigkeitsstandards
Menschenrechte

---

1 Fasse den Ansatz des Forums für eine fairere Globalisierung zusammen.
2 Erkläre den Sinn der Zusammensetzung des Forums aus vier Mitgliedsgruppen.
3 a) Das Forum wurde 2016 von der Bundesregierung als „Leuchtturmprojekt" ausgezeichnet. Sammle Gründe, weshalb dieses Projekt als Vorbild für andere Bereiche gilt.
b) Die Beschlüsse des Forums haben selbstverpflichtende Wirkung, d. h. sie werden von den Beteiligten freiwillig eingehalten. Erörtert in der Klasse die Vor- und Nachteile eines solchen Vorgehens.
4 Erstelle ein Vierfelder-Skript (→ Ein Vierfelder-Skript erstellen, S. 156) zum Forum Nachhaltiger Kakao.

INFO
Zertifizieren/verifizieren
Ob Nachhaltigkeitsstandards eingehalten werden, soll regelmäßig von unabhängigen Prüfagenturen kontrolliert werden. Bewahrheitet (= verifiziert) sich bei der Prüfung, dass die Standards eingehalten werden, stellt die zuständige Agentur eine entsprechende zeitlich befristete Bestätigung aus, die als Zertifikat bezeichnet wird.

M 3 „Lieferkettengesetz"

Kommentar der Initiative Lieferkettengesetz zur Verabschiedung des Lieferkettensorgfaltspflichtengesetzes durch den Bundestag am 11. Juni 2021

INFO

Corporate Social Responsibility
wörtlich: „gesellschaftliche Unternehmensverantwortung", Prinzip, wonach die Erfüllung sozialer und ökologischer Forderungen als Beitrag zur Nachhaltigkeit nicht durch Gesetze von Unternehmen erzwungen werden sollte; vielmehr geht es davon aus, dass sich Unternehmen selbst als Teil der Gesellschaft sehen und deshalb von sich aus freiwillig dazu bereit sind, Nachhaltigkeitsstandards zu erfüllen.

Das Gesetz ist eine Antwort auf die verheerenden Vorfälle, an denen deutsche Unternehmen in den letzten Jahren bei ihren Auslandsgeschäften direkt oder indirekt beteiligt waren. Wiederkehrende Berichte über brennende oder eingestürzte Fabriken, ausbeuterische Kinderarbeit oder zerstörte Regenwälder haben gezeigt: Freiwillig kommen viele Unternehmen ihrer Verantwortung in globalen Lieferketten nicht ausreichend nach. [...]

Vor diesem Hintergrund hat sich die Initiative Lieferkettengesetz im September 2019 als breites zivilgesellschaftliches Bündnis gegründet und seitdem von der Bundesregierung gefordert [...], ein Lieferkettengesetz zu verabschieden. Dieses müsse zwei Ziele verfolgen:

1. Unternehmen vermeiden Schäden an Mensch und Umwelt, indem sie vorsorgende Maßnahmen ergreifen.
2. Betroffene erhalten leichter eine Wiedergutmachung, wenn ein Schaden eingetreten ist.

Das am 11. Juni 2021 verabschiedete deutsche Lieferkettensorgfaltspflichtengesetz ist ein politischer Kompromiss. Als solcher umfasst er eine Reihe von Punkten, die aus zivilgesellschaftlicher Perspektive zu begrüßen sind, da sie das Potenzial haben, zu einer größeren menschenrechtlichen und umweltbezogenen Sorgfalt von Unternehmen in ihren Lieferketten beizutragen. Gleichzeitig greift der Kompromiss an vielen Punkten deutlich zu kurz, wodurch das Gesetz nicht wirksam genug ist. [...]

Mit den folgenden Punkten leistet das Gesetz einen wichtigen Beitrag gegen Menschenrechtsverletzungen und Umweltzerstörung in den Lieferketten von Unternehmen:

1) Das Gesetz leitet in Deutschland einen dringend notwendigen Paradigmenwechsel [= *Wechsel der grundlegenden Rahmenbedingungen*] ein: weg von rein freiwilliger Corporate Social Responsibility hin zu verbindlichen menschenrechtlichen und umweltbezogenen Vorgaben für Unternehmen. [...]

2) Das Gesetz entfaltet präventive [= *vorbeugende*] Wirkung, indem Unternehmen ihr Verhalten ändern und Schäden an Mensch und Umwelt durch vorsorgende Maßnahmen vorbeugen müssen. [...] Dazu gehört, dass sie [...] Risikoanalysen durchführen, um Risiken für Mensch und Umwelt zu erkennen und Verlet-

Perlen im Netz

WES-116842-029
Website der deutschen Initiative Lieferkettengesetz: Zusammenschluss von Unternehmen und Organisationen, der seit 2019 Druck auf Regierung und Parlament ausgeübt hat, soziale und ökologische Nachhaltigkeit in globalen Warenketten per Gesetz in Deutschland verpflichtend zu machen.

zungen vorzubeugen, zu beenden oder zu minimieren.

3) Das Gesetz schafft eine starke behördliche Kontrolle und Durchsetzung. Verstoßen Unternehmen gegen ihre Sorgfaltspflichten, handeln sie ordnungswidrig und können von der zuständigen Behörde, dem Bundesamt für Wirtschaft und Ausfuhrkontrolle (BAFA), mit Bußgeldern [von mindestens 175 000 Euro] belegt werden, die sich an der Schwere des Vergehens wie auch an dem Gesamtumsatz des Unternehmens orientieren. [...]

4) Durch das Gesetz können Betroffene verlangen, dass das BAFA [...] prüf[t], ob ein Verstoß vorliegt, und darauf hinwirken, dass das Unternehmen diesen beseitigt.

5) [...] Betroffene können zukünftig NGOs und Gewerkschaften [...] dazu ermächtigen, dass diese ihre Rechte [...] vor deutschen Gerichten einklagen. [...]

6) Das Gesetz regelt einige wenige umweltbezogene Pflichten, [...] die im Wesentlichen jedoch auf den Schutz der menschlichen Gesundheit abzielen. Diese sehen die Vermeidung von langlebigen Schadstoffen und von Quecksilber-Emissionen sowie die Kontrolle der grenzüberschreitenden Verbringung von gefährlichen Abfällen vor. [...]

Die folgenden Punkte sorgen dafür, dass das Gesetz nicht wirkungsvoll genug ist:

1) Die Sorgfaltspflichten gelten vollumfänglich nur für den eigenen Geschäftsbereich und für unmittelbare, nicht aber für mittelbare Zulieferer. [...] Es ist bekannt, dass ein Großteil der Menschenrechtsverletzungen gerade am Beginn der Lieferketten, also im Bereich der mittelbaren Zulieferer, zu verzeichnen ist.

2) Es fehlt eine [...] [Regel], wonach Unternehmen für Schäden haften, die sie durch Missachtung ihrer Sorgfaltspflichten verursacht haben.

3) Das Gesetz berücksichtigt Umweltaspekte nur marginal [= *in geringem Umfang*], eine eigenständige und umfangreiche umweltbezogene Sorgfaltspflicht fehlt. [...]

4) Die Regelungen für eine wirksame Abhilfe und Wiedergutmachung für Betroffene sowie eine Beteiligung von Betroffenen am Verfahren greifen zu kurz. [...] Dabei geht es nicht nur um Schadenersatzklagen, sondern auch um die Wiedergutmachung als eigener Bestandteil der Sorgfaltspflichten. Das Gesetz sieht [...] gar nicht vor, dass Betroffene über eine Beschwerde auch Wiedergutmachung erlangen können [...] [oder] Unternehmen Konsultationen mit potenziell betroffenen Gruppen durchführen, um ihre menschenrechtlichen Risiken einzuschätzen und wirksame Maßnahmen zu ergreifen. Diese Konsultation Betroffener schreibt das Gesetz nicht zwingend vor.

5) Die Anzahl der erfassten Unternehmen ist zu gering. Anstatt alle großen Unternehmen mit über 250 Mitarbeitenden sowie kleine und mittlere Unternehmen in Sektoren [= *Wirtschaftsbereichen*] mit besonderen menschenrechtlichen Risiken in den Blick zu nehmen, erfasst der Gesetzentwurf nur Unternehmen mit über 3 000 Mitarbeitenden (ab 2024: mit über 1 000 Mitarbeitenden).

GLOSSAR

NGO

INFO

Konsultation
Beratung

Germanwatch e. V. Bonn online 6/2021, in: https://germanwatch.org/de/20324, letzter Zugriff: 13.12.2021

1 a) Formuliere ausgehend vom Plakat verschiedene Forderungen und Hoffnungen, die an das Lieferkettengesetz gerichtet werden.
b) Fasse Lob und Kritik der Initiative am Lieferkettengesetz zusammen.
c) Leite aus deinen Ergebnissen die wichtigsten im Gesetz enthaltenen Regelungen her, mit denen die Globalisierung fairer gestaltet werden soll.

2 Vollziehe anhand des zu M 1 entstandenen Schaubildes nach, in welchem Umfang das deutsche Lieferkettengesetz die Lage der Kakaobäuerinnen und -bauern in Westafrika verbessert.

3 a) Erstelle ein Vierfelder-Skript (→ Ein Vierfelder-Skript erstellen, S. 156) zum Lieferkettengesetz.
b) Vergleicht die Vierfelder-Skripte zum Lieferkettengesetz und zum Forum Nachhaltiger Kakao. Erörtert die Vor- und Nachteile der beiden Ansätze.

4 Verfasse einen Brief bzw. eine E-Mail an das Entwicklungshilfeministerium, worin du dich lobend bzw. kritisch über das Lieferkettengesetz äußerst; begründe dein Lob sachlich oder unterbreite im Rahmen deiner Kritik konstruktive Vorschläge, wie das Gesetz verbessert werden könnte.

ARBEITSTECHNIK

Ein Vierfelder-Skript erstellen

Faire Gestaltung der Globalisierung im Forum Nachhaltiger Kakao?

Problem	Vorhaben
Beteiligte	Stärken bzw. Schwächen

Das Vierfelder-Skript bietet die Möglichkeit, die Ergebnisse einer Recherche oder einer Gruppenarbeit klar zu gliedern und so deren Präsentation zu strukturieren und zu erleichtern. Man braucht dafür ein Blatt im Format A4 (oder größer, wenn das Skript als Präsentationsposter dienen soll).

Schritt 1: Gliedere deine Aufgabe in vier Teilbereiche (häufig sind diese in der Aufgabenstellung schon vorgegeben).
Beispiel: Problem (im Rahmen der Globalisierung) – Vorhaben (Idee zur Lösung) – Beteiligte (Mitwirkende bei der Lösung) – Stärken bzw. Schwächen

Schritt 2: Sammle Informationen zu den vier Teilbereichen. Reduziere sie auf die wichtigsten, knappen Formulierungen für jeden Teilbereich.

Schritt 3: Versieh das Blatt des Viererskriptes mit einer Überschrift und teile es in vier gleich große Felder auf, die jeweils für einen der Teilbereiche stehen.

Schritt 4: Trage die zuvor gesammelten Informationen in die Felder des Skriptes ein. Nun verfügst du über die Grundlage für eine klar strukturierte Präsentation, die du problemlos frei halten kannst.

In Anlehnung an: Lothar Scholz: Methodenkiste; Bonn: bpb, 2020 (9. Aufl.); S. 29, 34, 50 f.

Perlen im Netz

WES-116842-030
Seite des Bundesministeriums für Wirtschaftliche Zusammenarbeit: Mit Erklärvideos zu fairer Produktion und transparenten Lieferketten sowie Links zu weiteren Kooperationsprojekten wie z. B. dem Bündnis für nachhaltige Textilien

Weiterführende Aufgabe
Recherchiere und erstelle ein Vierfelder-Skript zu einem anderen Modell für eine faire Gestaltung der Globalisierung, z. B. im Bereich der Textilindustrie, der Gewinnung von Bodenschätzen oder weiterer Nahrungsmittel (Kaffee, Bananen, Palmöl usw.). Zum Einstieg eignet sich die Perle im Netz.

4.5 Kann man die Globalisierung politisch steuern?

Politik ist das Vorhaben, Probleme zu erkennen oder aufzugreifen und anschließend Lösungsansätze dafür zu entwickeln – das gilt in der Kommune, im Bundesland und im Gesamtstaat. Wenn sich nun Gesellschaft und Politik (und Wirtschaft) globalisieren und globale Probleme erkennbar werden: Wie muss man dann die entsprechende Politik organisieren?

M 1 Schutz der Meere als globales Problem

JotKa

1. Beschreibe, analysiere und interpretiere die Karikatur (→ Karikaturinterpretation, S. 177).
2. Erkläre, weshalb es sich bei den von der Karikatur kritisierten Aspekten um globale Probleme handelt.
3. Skizziere eine erste Überlegung, wie diesen Problemen politisch begegnet werden kann.

M 2 Das Nauru-Abkommen: Thunfisch-Fang in der Südsee

1982 beschlossen acht Staaten des Südpazifik, sich gegen die übermächtigen ausländischen Fangflotten Japans, Taiwans, der USA, Europas und später auch Chinas zu wehren. Die großen Fangflotten spielten die Inselstaaten nämlich gegeneinander aus, hatten ungehinderten Zugang zu ihren Gewässern und kassierten den Hauptteil der Fangerlöse. Die kleinen Staaten gingen dabei nahezu leer aus. Deshalb verbündeten sich die Inseln mit malerischen Namen wie Kiribati, die Marshallinseln, die Föderierten Staaten von Mikronesien, Nauru, Palau und Tuvalu, sowie Papua Neuguinea und die Solomon Inseln als Vertragsparteien des Nauru-Abkommens (Parties to the Nauru Agreement, PNA). [...] Sie kontrollieren zusammen eine Ozeanfläche, die 40 Prozent größer ist als Europa oder die USA. [...] Rund 50 Prozent der Bonito-Thunfischfänge, die weltweit konsumiert werden, stammen aus diesen Ländern.

Der Echte Bonito ist die global meistgefangene und wirtschaftlich bedeutendste Thunfischart. [Er] wird meistens als Dosenthunfisch angeboten, die größten Absatzmärkte sind die EU und die USA. [...] Aus nicht ganz geklärten Gründen mögen es die Schwärme, sich unter Treibgut wie Holzstämmen oder leeren Fässern zu sammeln. Die Fischer nutzen dies aus und setzen, um die Fangmengen zu erhöhen, künstliche schwimmende Objekte, sogenannte [...] Fish Aggregation Devices (FADs), ein [...]. [Deren Nachteil] ist allerdings enorm: Es werden zu viele Jungfische gefangen, bevor sie sich fortpflanzen können, außerdem gehen große Mengen von Schildkröten und Haien als Beifang ins Netz und anschließend [leblos] über Bord. Heute werden rund 80 Prozent des Echten Bonitos mit solchen FADs gefangen.
Nach einem langen Weg mit zähen Verhandlungen über mehr als 30 Jahre einigten sich

die PNA-Staaten [2012] auf einen durchgreifenden und bindenden Katalog an Maßnahmen, um den freien Zugang ausländischer Flotten zu ihren Hoheitsgewässern und die drohende Überfischung zu beenden. Ihr Ziel war es, ihre Thunfischbestände und damit ihre Lebensgrundlage nachhaltiger zu schützen und stärker an den Fangerlösen teilzuhaben. [...] Sie führten maximale Fangtage pro Jahr für die Region ein, gestützt auf wissenschaftliche Nachhaltigkeitskriterien. Diese Tage – für 2021 sind es rund 45 000 – werden unter den Vertragsstaaten aufgeteilt und versteigert. Nicht genutzte Tage können zwischen den Ländern gehandelt werden. Wer in einem PNA-Vertragsstaat Echten Bonito oder anderen Thunfisch fischen will, muss für die Fangrechte eine Tagesgebühr bezahlen, die sich nach Angebot und Nachfrage richtet. Am Anfang waren es rund 8000 Dollar, inzwischen ist der Preis auf 14 000 Dollar gestiegen. Die Inseln teilen die Erlöse unter sich auf, auf einigen Inseln machen sie bis zu 60 Prozent der Staatseinnahmen aus.

Für die armen Inselstaaten öffnete sich damit eine ungeahnte Geldquelle, sie kassierten 2017 beispielsweise rund 500 Mio. Dollar – und damit deutlich mehr als die mageren 2–3 Prozent [des Fangwertes], die in der Vergangenheit für sie abfielen. Insgesamt wird der Wert des in ihren Gewässern gefangenen Thunfischs auf jährlich rund 6 Mrd. Dollar geschätzt. Das Geld ermöglicht es Staaten wie Kiribati, Infrastrukturprojekte für den Klimaschutz sowie soziale Ausgaben für Rentner, Arbeitslose, Behinderte und Studenten zu finanzieren. Papua-Neuguinea baut damit eine nachhaltige Küstenfischerei [für den eigenen Bedarf] auf und unterstützt Fischerei-Kooperativen.

Die PNA-Staaten griffen aber noch stärker durch. [...] Unabhängige Beobachter kontrollieren an Bord die Einhaltung von Fangvorschriften. Rund 800 Kontrolleure sind im Einsatz. [...] Für Fischnetze schreiben die Staaten Mindest-Maschengrößen vor, um Jungfische zu schützen. In zwei wichtigen Hochseefanggebieten hat die Staatengemeinschaft des Nauru-Abkommens darüber hinaus das Fischen ganz verboten, um die Bestände zu schonen. Drei Monate im Jahr ist zwischen Juli und September außerdem das Fischen mit FADs untersagt. [...]

[Die PNA-Staaten] haben es geschafft, nationale Hoheitsrechte in ihren Fischereizonen gegenüber ausländischen Fangflotten durchzusetzen und das Ringen um Fangrechte zu regeln. In der Folge ist die Fischerei [...] zu einer wichtigen Einnahmequelle geworden. Verglichen mit anderen Fanggebieten im Pazifik sind die Thunfischbestände der PNA-Staaten nicht überfischt, und der Beifang konnte deutlich verringert werden. [...] Die Bemühungen um eine nachhaltige Fischerei sind allerdings auch im Pazifik enormen Herausforderungen ausgesetzt. Sie heißen Klimawandel, [...] Korruption und illegale, nicht gemeldete und unregulierte Fischerei (IUU). Allein der von IUU verursachte Schaden wird im Pazifik auf jährlich 100 Mio. Dollar geschätzt. [...]

Erwin Northoff: Den Bonito schützen. Inselkartell bietet mächtigen Flotten die Stirn. Welternährung, Fachjournal der Welthungerhilfe online von 7/2021, in: https://www.welthungerhilfe.de/welternaehrung/rubriken/klima-ressourcen/pazifikinseln-zeigen-fremden-flotten-grenzen/, letzter Zugriff: 13.12.2021

GLOSSAR

Hoheitsrecht/Hoheitsgebiet

Perlen im Netz

WES-116842-031
Seite des Bundesministeriums für Ernährung und Landwirtschaft zur Europäischen Fischereipolitik

1. Trage die Ziele, die Maßnahmen sowie die Folgen des Nauru-Abkommens zusammen.
2. Begründe, weshalb es sich beim Nauru-Abkommen um eine Form der politischen Dimension von Globalisierung handelt.
3. Beurteile anhand von M2 die globalen Gestaltungsmöglichkeiten eines einzelnen Staates.
4. a) Vergleiche den Ansatz des Nauru-Abkommens mit der Fischerei-Politik der EU (→ Perle).
   b) Überprüfe, inwiefern dein Vorschlag von M1, Aufgabe 3 mit den beiden Ansätzen vereinbar ist.

M 3 Agenda 2030 für nachhaltige Entwicklung der UNO

Die 17 Ziele für nachhaltige Entwicklung:
1. Keine Armut
2. Kein Hunger
3. Gesundheit und Wohlergehen
4. Hochwertige Bildung
5. Geschlechtergleichheit
6. Sauberes Wasser und Sanitäreinrichtungen
7. Bezahlbare und saubere Energie
8. Menschenwürdige Arbeit und Wirtschaftswachstum
9. Industrie, Innovation und Infrastruktur
10. Weniger Ungleichheiten
11. Nachhaltige Städte und Gemeinden
12. Nachhaltige/r Konsum und Produktion
13. Maßnahmen zum Klimaschutz
14. Leben unter Wasser
15. Leben an Land
16. Frieden, Gerechtigkeit und starke Institutionen
17. Partnerschaften zur Erreichung der Ziele

GLOSSAR
UNO/Vereinte Nationen

INFO
Höchstmöglicher Dauerertrag
Mit wissenschaftlichen Mitteln berechnete maximale Entnahmemenge von Fisch, deren Höhe gleichzeitig so definiert ist, dass die Bestände stabil bleiben, weil sich die verbleibenden Tiere in ausreichendem Maße vermehren können. Auf diese Weise soll der Überfischung bis hin zur Ausrottung vorgebeugt werden.

a) Information der Bundesregierung
Mit der Agenda 2030 für nachhaltige Entwicklung drückt die internationale Staatengemeinschaft ihre Überzeugung aus, dass sich die globalen Herausforderungen nur gemein-
5 sam lösen lassen. Die Agenda schafft die Grundlage dafür, weltweiten wirtschaftlichen Fortschritt im Einklang mit sozialer Gerechtigkeit und im Rahmen der ökologischen Grenzen der Erde zu gestalten. [...] Das Kern-
10 stück der Agenda bildet ein ehrgeiziger Katalog mit 17 Zielen für nachhaltige Entwicklung. [Diese] berücksichtigen erstmals alle drei Dimensionen der Nachhaltigkeit – Soziales, Umwelt, Wirtschaft – gleichermaßen.

Bundesministerium für wirtschaftliche Zusammenarbeit und Entwicklung (BMZ) online, in: https://www.bmz.de/de/ministerium/ziele/index.html, letzter Zugriff: 28.01.2021

b) Aus den Zielvorgaben des Ziels 14 „Leben unter Wasser":
14.1 Bis 2025 alle Arten der Meeresverschmutzung, insbesondere durch vom Lande ausgehende Tätigkeiten und namentlich Meeresmüll und Nährstoffbelastung, verhüten und
5 erheblich verringern.
14.2 Bis 2020 die Meeres- und Küstenökosysteme nachhaltig bewirtschaften [...] und Maßnahmen zu ihrer Wiederherstellung ergreifen, damit die Meere wieder gesund und
10 produktiv werden. [...]
14.4 Bis 2020 die Fangtätigkeit wirksam regeln und die Überfischung, die illegale, ungemeldete und unregulierte Fischerei und zerstörerische Fangpraktiken beenden und wissenschaftlich fundierte Bewirtschaftungspläne
15 umsetzen, um die Fischbestände in kürzestmöglicher Zeit mindestens auf einen Stand zurückzuführen, der den höchstmöglichen Dauerertrag [...] sichert.
14.5 Bis 2020 mindestens 10 Prozent der Küs-
20 ten- und Meeresgebiete [...] [als Schutzgebiete] erhalten. [...]
14.7 Bis 2030 die sich aus der nachhaltigen Nutzung der Meeresressourcen ergebenden wirtschaftlichen Vorteile für die kleinen Insel-
25 entwicklungsländer und die am wenigsten entwickelten Länder erhöhen, namentlich durch nachhaltiges Management der Fischerei [...] und des Tourismus.

Agenda 2030: Wo steht die Welt? Herausgeber: Global Policy Forum Bonn, online: https://www.bmz.de/resource/blob/84708/8dc84af6081284cc6fb3c1a06bae05a1/sdg-14-unterziele.pdf, letzter Zugriff: 07.06.2022

Perlen im Netz
WES-116842-032
Infoseite des BMZ zur Agenda 2030 mit Erklärvideo zur Agenda, Beispiele für eine erfolgreiche Umsetzung der Ziele und Download einer App, mit der man das eigene alltägliche (Konsum-)Verhalten auf Nachhaltigkeit überprüfen kann.

---

1 Ordne die Ziele der Agenda einer oder mehreren der in Text a) genannten Dimensionen von Nachhaltigkeit zu.

2 Zeige am Beispiel des Ziels 14 „Leben unter Wasser" auf, dass die Agenda 2030 nicht nur von jedem Staat einen individuellen Beitrag fordert, sondern für ihre erfolgreiche Umsetzung die Zusammenarbeit von Staaten notwendig ist.

4.6 Wie bekämpft man eine globale Herausforderung?

Überfischung, Versauerung, Erwärmung und Vermüllung: Die Ozeane der Erde sind vielseitig bedroht und belastet. Für das Ökosystem hat das unvorhersehbare negative Auswirkungen. Gleichzeitig ist nach rechtlicher Lage niemand eindeutig zuständig. Wie gelingt es, dieser globalen Herausforderung global zu begegnen?

M 1a Zunehmende Meeresverschmutzung

1 Beschreibe die Emotionen, die das Bild bei dir auslöst.
2 Beschreibe, analysiere und interpretiere das Bild (→ Bildanalyse, S. 174).
3 Diskutiert in der Klasse, ob euch das Bild zum Handeln anregt.

M 1b Wie gelangt das ganze Plastik ins Meer?

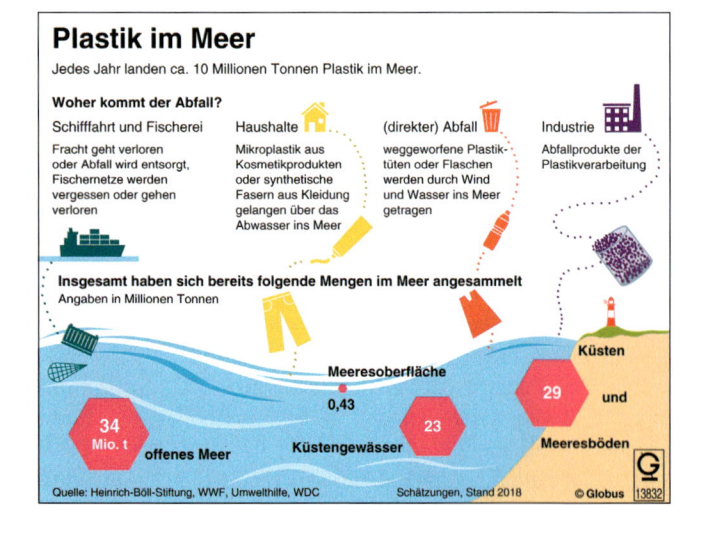

Plastik im Meer

Jedes Jahr landen ca. 10 Millionen Tonnen Plastik im Meer.

Woher kommt der Abfall?

- **Schifffahrt und Fischerei**: Fracht geht verloren oder Abfall wird entsorgt, Fischernetze werden vergessen oder gehen verloren
- **Haushalte**: Mikroplastik aus Kosmetikprodukten oder synthetische Fasern aus Kleidung gelangen über das Abwasser ins Meer
- **(direkter) Abfall**: weggeworfene Plastiktüten oder Flaschen werden durch Wind und Wasser ins Meer getragen
- **Industrie**: Abfallprodukte der Plastikverarbeitung

Insgesamt haben sich bereits folgende Mengen im Meer angesammelt
Angaben in Millionen Tonnen

- offenes Meer: 34 Mio. t
- Meeresoberfläche: 0,43
- Küstengewässer: 23
- Küsten und Meeresböden: 29

Quelle: Heinrich-Böll-Stiftung, WWF, Umwelthilfe, WDC — Schätzungen, Stand 2018 — © Globus 13832

1 Erkläre ausgehend vom Schaubild, weshalb Plastik im Meer eine globale Herausforderung darstellt.
2 Entwickelt erste Vorschläge, wo und wie man diese Herausforderung bekämpfen könnte.

M2 World Cleanup Day

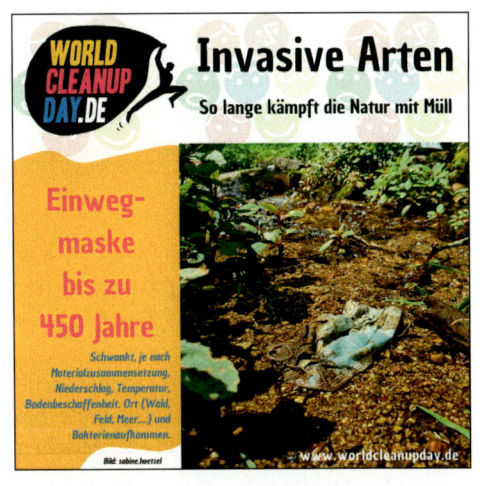

INFO

Cleanup
Lokale Müllbeseitigungsaktion im Rahmen des WCD

Bottom-up
„Von unten herauf", also eine Aktion, die auf dem Engagement vieler Einzelner beruht und nicht politisch organisiert wird

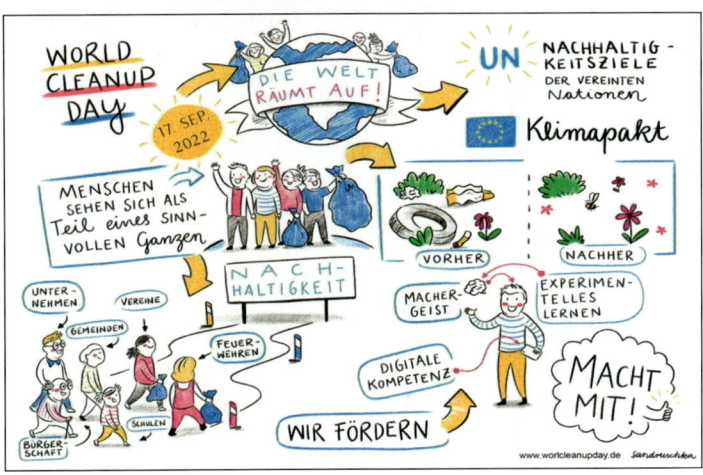

Pressemitteilung vom 20.09.2021:
200 000 Menschen setzen in Deutschland ein Zeichen für eine saubere, gesunde und müllfreie Welt.
Der World Cleanup Day [WCD] ist die größte
5 Bottom-Up-Bürgerbewegung der Welt zur Beseitigung von Umweltverschmutzung. [...] Laut Holger Holland, dem Vorsitzenden der Durchführungsorganisation des WCD in Deutschland fand in diesem Jahr am 18. Sep-
10 tember der bisher größte WCD in Deutschland mit knapp 200.000 Teilnehmenden in über 3.200 Cleanups, in mehr als 800 Kommunen und Gemeinden statt. „Die Bürgerinnen und Bürger haben ein starkes Zeichen gesetzt, für eine saubere, gesunde und müllfreie Welt.", so 15 Holland. [...]
Der WCD ist ein Projekt der Bürgerbewegung Let's Do It World, die 2008 in Estland entstanden ist, als 50 000 Menschen an einem Tag gemeinsam das gesamte Land von illegal ent- 20 sorgtem Müll befreiten. 2019 beteiligten sich 21 Millionen Menschen weltweit am WCD und setzten durch ihre Cleanups ein starkes Zeichen für eine saubere, gesunde und müllfreie Umwelt. Trägerverein vom WCD in Deutsch- 25 land ist Let's Do It Germany.

Holger Holland, Let's Do It! Germany e. V. online vom 20.09.2021, in: https://worldcleanupday.de/pm-200-000-menschen-setzen-in-deutschland-ein-zeichen-fuer-eine-saubere-gesunde-und-muellfeie-welt/, letzter Zugriff: 30.05.2022

Perlen im Netz

WES-116842-033
Internetauftritt des World Cleanup Day, u. a. mit Informationen zur Organisation eines Schul-Cleanups sowie zu den unterstützenden Organisationen und Persönlichkeiten sowie weitere Informationen auf den Seiten des NABU, von Greenpeace und der Küsten Union Deutschland e. V.

1 Fasse das Anliegen und das Vorgehen beim WCD zusammen.
2 Erkläre die Vorteile von Aktionen wie dem WCD bei der Bekämpfung globaler Herausforderungen.
3 Untersuche die Bedeutung, die Umweltverbände wie der NABU für das Gelingen des WCD haben. Recherchiere dafür auf ihren Internetseiten (→ Perle), wie sie sich an dem Aktionstag beteiligen und darüber berichten.
4 Diskutiert, ob eine Aktion wie der WCD auch problematische Folgen mit sich bringt.

INFO

Politische Europäische und internationale Akteure
Gemeint sind hier Regierungen und die UNO, aber auch NGOs, Verbände und andere zivilgesellschaftliche Gruppierungen

Multilaterale Institutionen
Gremien und Einrichtungen der UNO bzw. der EU, in denen mehrere Staaten vertreten sind, um ihre politischen Ziele und Vorgehensweisen aufeinander abzustimmen

Drittstaat
Hier ein Staat, der nicht EU-Mitglied ist

GLOSSAR

NGO
Zivilgesellschaft

M3 One Ocean Summit: Ein Gipfeltreffen, um gegen die Bedrohungen der Meere vorzugehen

Obwohl über 70 Prozent der Erdoberfläche von Meeren bedeckt sind, spielen diese bei den großen internationalen und europäischen Treffen nur zu oft eine untergeordnete Rolle. Sie sind von großer Bedeutung für das ökologische Gleichgewicht und insbesondere für das Klima unseres Planeten, liefern große Mengen an Ressourcen aller Art, spielen eine unentbehrliche Rolle für den Welthandel und sind ein wesentliches Bindeglied zwischen Ländern und menschlichen Gemeinschaften. Doch sie sind inzwischen bedroht durch die Auswirkungen des Klimawandels, durch Verschmutzung – insbesondere durch Plastik – und durch die übermäßige Ausbeutung ihrer Ressourcen.

Um die europäische und internationale Gemeinschaft aufzurütteln und diesen Druck konkret zu vermindern oder zu verhindern, hat der französische Staatspräsident beschlossen, vom 9. bis 11. Februar [2022] in der bedeutenden europäischen Hafenmetropole Brest zu einem Gipfeltreffen zum Thema Ozeane einzuladen. [...] Mit dem One Planet Summit soll die europäische und internationale Gemeinschaft zu ambitionierten Zielen im Bereich der Meere ermutigt [werden] und sich unsere gemeinsame Verantwortung für die Ozeane in konkreten Maßnahmen niederschlagen. [...]

Am 9. und 10. Februar werden im Vorfeld des hochrangigen Treffens über dreißig Veranstaltungen, Workshops, Gesprächsforen, Meetings und Initiativen zur Mobilisierung der europäischen und internationalen Akteure aus dem maritimen Bereich stattfinden. Sie werden eine Vielzahl von Themen globaler Tragweite abdecken, damit die Ozeane in all ihrer Bedeutung behandelt [...] werden. Am Vormittag des 11. Februar werden auf Einladung des französischen Staatspräsidenten Staats- und Regierungschefs aus EU-Mitgliedstaaten, Staats- und Regierungschefs aus Drittstaaten, die Präsidentin der Europäischen Kommission, Verantwortliche multilateraler Institutionen, Unternehmer sowie Entscheidungsträger und Akteure der Zivilgesellschaft zusammenkommen, um ambitionierte Verpflichtungen einzugehen. Bei dieser Gelegenheit werden mehrere bedeutende Initiativen zum Schutz der Meeresökosysteme und der nachhaltigen Fischerei, zum Kampf gegen die Verschmutzung der Ozeane, zur Reaktion auf die Auswirkungen des Klimawandels und zur Förderung eines besseren Umgangs mit den Weltmeeren in die Wege geleitet werden. [...] Ziel ist es, Initiativen und Lösungen mit den Akteuren dieser ersten Ausgabe des One Planet Summit zu teilen und angesichts der eine Bedrohung der Zukunft der Weltmeere darstellenden großen Herausforderungen konkrete Maßnahmen zu ergreifen. [...]

FRANZÖSISCHE PRÄSIDENTSCHAFT IM RAT DER EUROPÄISCHEN UNION online vom 09.02.2022, in: https://presidence-francaise.consilium.europa.eu/de/aktuelles/one-ocean-summit-ein-gipfeltreffen-um-gegen-die-bedrohungen-der-meere-vorzugehen/, letzter Zugriff: 30.05.2022

1 Fasst die Ziele, die Teilnehmenden und die Organisation (Ort und Zeit) des One Ocean Summit zusammen.

2 Beurteilt, inwiefern eine solche offene Organisationsform zu einer Lösung der Herausforderungen beitragen kann.

3 Begründe am Beispiel des One Ocean Summit, weshalb Regierungen und NGOs im Kampf gegen globale Bedrohungen aufeinander angewiesen sind. Beziehe in deine Überlegungen auch M1 und M2 mit ein.

Weiterführende Aufgabe

„Wer Gutes tut, aber nicht darüber redet, hat die Möglichkeit, aus der Welt einen besseren Ort zu machen, nur halb genutzt", betont NABU-Präsident Olaf Tschimpke. Problematisiert diese Ansicht, auch hinsichtlich eures eigenen Engagements.

Zitat aus: NABU online, https://www.nabu.de/wir-ueber-uns/aktionen-und-projekte/wir-sind-was-wir-tun/index.html, letzter Zugriff: 30.05.2022

> **INFO**
> **NABU**
> Naturschutzbund Deutschland, im Bereich Ökologie tätige NGO, die sich schwerpunktmäßig dem Schutz von Tier- und Pflanzengruppen sowie von deren Lebensräumen (Flüsse, Meere, Wälder, Wiesen) widmet

ZUR DEBATTE

4.7 Zur Debatte: Wie kann mein persönliches Handeln eine Wirkung in der globalisierten Welt entfalten?

Derzeit leben etwa 8 Milliarden Menschen auf der Erde, deren Lebensumstände sich durch die Globalisierung immer stärker wechselseitig beeinflussen. Regierungen kommen zu regelmäßigen Konferenzen zusammen, um Vereinbarungen zu treffen, mit denen die Auswirkungen der Globalisierung so weit wie möglich gelenkt und politisch gesteuert werden können. Ist angesichts dieser Dimensionen das Verhalten einer einzigen Person überhaupt noch relevant? Untersuche am Kampf gegen die Klimakrise, auf welche Weise und unter welchen Bedingungen dein Handeln die globalisierte Welt mitgestalten kann.

M1 Deutsche CO_2-Emissionen im Vergleich

a) Verteilung der Emissionen nach Sektoren in Deutschland

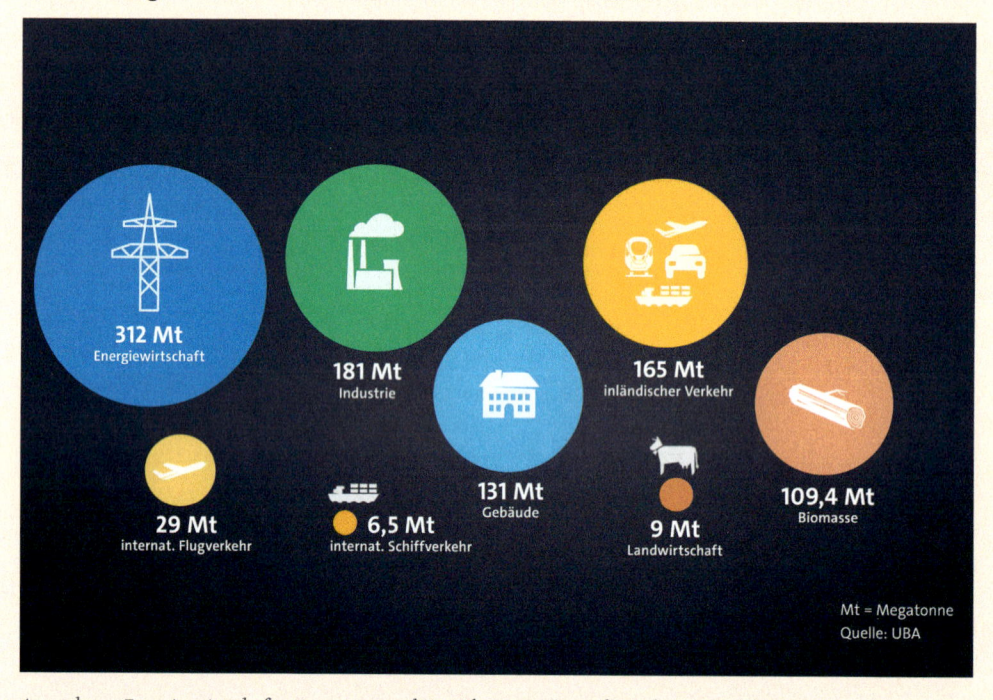

- 312 Mt Energiewirtschaft
- 181 Mt Industrie
- 131 Mt Gebäude
- 165 Mt inländischer Verkehr
- 109,4 Mt Biomasse
- 29 Mt internat. Flugverkehr
- 6,5 Mt internat. Schiffverkehr
- 9 Mt Landwirtschaft

Mt = Megatonne
Quelle: UBA

Anmerkung: Energiewirtschaft = Erzeugung und Verteilung von Strom für Industrie und Privatverbraucher; Gebäude = Energieverbrauch von Gebäuden, v. a. für deren Beheizung, aber auch für Beleuchtung

Perlen im Netz

WES-116842-034
Vergleich von fünf CO_2-Rechnern bei Utopia.de
Angebot eines CO_2-Schulrechners bei Greenpeace

ZUR DEBATTE

b) Durchschnittliche Emissionen einer in Deutschland lebenden Person

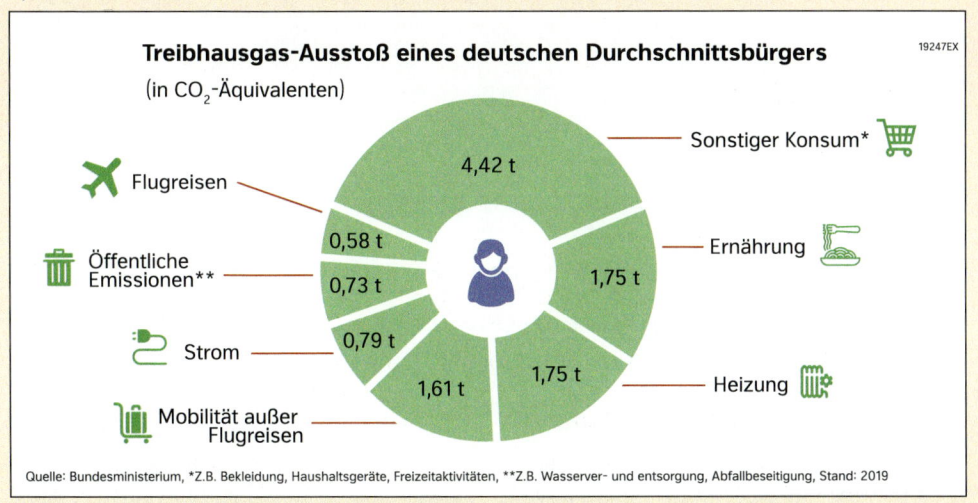

Treibhausgas-Ausstoß eines deutschen Durchschnittsbürgers (in CO_2-Äquivalenten)

- Sonstiger Konsum*: 4,42 t
- Ernährung: 1,75 t
- Heizung: 1,75 t
- Mobilität außer Flugreisen: 1,61 t
- Strom: 0,79 t
- Öffentliche Emissionen**: 0,73 t
- Flugreisen: 0,58 t

Quelle: Bundesministerium, *z.B. Bekleidung, Haushaltsgeräte, Freizeitaktivitäten, **z.B. Wasserver- und entsorgung, Abfallbeseitigung, Stand: 2019

Perlen im Netz

WES-116842-035
Klimafakten.de: Team von Wissenschaftsjournalisten, die sich mithilfe eines wissenschaftlichen Beirates und unabhängiger Finanzierung u.a. der faktenbasierten Überprüfung von populären Behauptungen und Irrtümern hinsichtlich der Klimaerwärmung widmen.

Laut Klimafakten.de war Deutschland – genauer gesagt seine Bevölkerung und seine Wirtschaft – im Jahr 2019 mit 810 Millionen Tonnen für etwa zwei Prozent des weltweiten CO_2-Ausstoßes verantwortlich, damit belegt es Platz sieben der Staaten, die für die meisten Emissionen des Treibhausgases verantwortlich sind. Umgerechnet auf die Bevölkerungszahl werden in Deutschland jährlich pro Person fast zehn Tonnen CO_2 ausgestoßen, ein Wert der zwar geringer als beim „Spitzenreiter" USA (15,7 Tonnen pro Person), aber etwa doppelt so hoch wie der weltweite Pro-Kopf-Durchschnitt ist, der bei ca. fünf Tonnen liegt. Im Vergleich zu den Ländern mit dem niedrigsten Pro-Kopf-Ausstoß ist der deutsche Wert sogar um das 30-Fache höher.

Autorentext

1. Arbeite die Verantwortung Deutschlands bei der Bekämpfung der Klimaerwärmung heraus.
2. a) Erkläre, in welchen Sektoren du die CO_2-Emissionen direkt reduzieren kannst.
   b) Entwickle Ansätze, wie du zur Reduktion in den übrigen Sektoren beitragen kannst.

M 2 Klimaschutz: Eine persönliche Aufgabe?

a) Aus der Broschüre „Klimaneutral leben" (2015) des Umwelt-Bundesamtes

Die wichtigsten Stellschrauben, die den persönlichen CO_2eq-Ausstoß bestimmen, sind:
- Zahl der Fernreisen, zurückgelegte Autokilometer und Kraftstoffverbrauch des Autos im Bereich Mobilität
- Größe der Wohnfläche und Dämmstandard in Bezug auf den Heizenergieverbrauch

Auch das Ernährungsverhalten hat Einfluss auf den CO_2-Ausstoß. Hier wirkt sich insbesondere die Menge des Fleischkonsums, aber auch der Kauf von Bioprodukten aus. Eine wichtige übergeordnete Rolle für die persönliche Treibhausgasbilanz spielt die Höhe des verfügbaren Einkommens. In der Tendenz steigt der CO_2-Ausstoß mit dem Einkommen. Man wohnt in größeren Wohnungen, reist häufiger, leistet sich ein größeres Auto und konsumiert mehr. Ein höheres Einkommen ermöglicht aber auch den Kauf von Produkten, die wegen ihrer besseren Klimabilanz unter Umständen aufwendiger und damit teurer hergestellt wurden.

Michael Bilharz, Umweltbundesamt online 2014, in: https://www.umweltbundesamt.de/sites/default/files/medien/378/publikationen/klimaneutral_leben_4.pdf, S. 10 f., letzter Zugriff: 28.01.2021

INFO

CO_2eq
englische Abkürzung für „CO_2-Äquivalent". Maßeinheit, die neben dem direkten Ausstoß auch die indirekte Produktion von CO_2 durch bestimmte Verhaltensweisen oder Tätigkeiten erfasst. Im Bereich der Ernährung kann mit dieser Maßeinheit z. B. die Menge an CO_2, die bei der Erzeugung verschiedener Lebensmittel entsteht, in die CO_2-Bilanz jeder und jedes Einzelnen mit einbezogen werden.

ZUR DEBATTE

Perlen im Netz

WES-116842-036
Informationen des Umweltbundesamtes zum CO_2-Fußabdruck

b) Greenpeace-Aktion im September 2021

Im September 2021 fand in München die Internationale Automobil-Ausstellung (IAA) statt, eine der weltweit größten Messen der Automobilindustrie. Vor der offiziellen Eröffnung demonstrierten Greenpeace-Mitglieder vor dem Münchener Messegelände.

c) Brigitte Knopf: Politische Lösungen statt Verzicht:

Die Welt retten durch individuellen Verzicht – so läuft in letzter Zeit oft die Diskussion über das große Menschheitsthema Erderwärmung. Verzicht aufs Fliegen, aufs Autofahren, aufs Fleisch essen. In den moralischen Appell, den Lebensstil zu ändern, stimmen viele mit ein, auch Politiker und Wissenschaftler. Doch die Forderung nach Verzicht ist unpolitisch. Denn was es wirklich braucht, um Menschheitsprobleme zu lösen, sind politische Rahmenbedingungen: Weichenstellungen der Regierung, die es dem Einzelnen erleichtern, sich angemessen, also klimafreundlich zu verhalten. [...] Einfach nur den Verzicht zu predigen, heißt ein fundamentales gesellschaftliches Problem auf die Individuen zu überwälzen und die Politik aus ihrer Verantwortung zu entlassen. Es ist die Aufgabe von Regierungen, Rahmenbedingungen festzulegen. [...] Keine Frage: Freiwillige Selbstverpflichtungen, eingegangen von der Wirtschaft oder von Individuen, sind hilfreich, um die Debatte anzustoßen. Aber dauerhaft können sie nicht die gesellschaftliche Strategie ersetzen. Es braucht eine kollektive – und demokratisch ausgehandelte – Antwort auf die Herausforderung des Klimawandels. [...] Damit kein Missverständnis aufkommt: Es ist gut, über den eigenen ökologischen „Fußabdruck" nachzudenken, ihn nach Möglichkeit zu senken und damit die gesellschaftliche Debatte zu bereichern. [...] Das aber als gesellschaftliche Lösung zu verkaufen, ist unpolitisch.

Brigitte Knopf: Politische Lösungen statt Verzicht, TagesspiegelCausa online vom 15.09.2019, in: https://causa.tagesspiegel.de/klima%20und%20umwelt/was-hilft-dem-klimaschutz/politische-loesungen-statt-verzicht.html, letzter Zugriff: 20.11.2021

1 Fasse die genannten Möglichkeiten, Grenzen und Bedingungen eines persönlichen Beitrags im Kampf gegen die Klimakrise zusammen.

2 a) Erkläre, weshalb Material b) die beiden anderen Ansätze verbindet.
  b) Beurteile die Bedeutung von NGOs (hier: Greenpeace) für die individuellen Möglichkeiten, die globalisierte Welt zu gestalten. Nutze dafür auch deine Erkenntnisse aus Kapitel 4.6.

GLOSSAR

NGO

ZUR DEBATTE

M 3 Nur ich oder wir alle?

a) Christoph Lumer, Professor für Moralphilosophie an der Universität Siena
Durch die aktuelle Praxis der Treibhausgasemissionen schädigen wir nicht nur uns selbst, sondern [...] vor allem künftige Menschen und unter ihnen wiederum besonders Menschen in armen Ländern. Diese haben nur wenig Möglichkeiten, sich gegen die negativen Folgen des Klimawandels [...] zu schützen, was in der Folge zu vielen Millionen Toten führen wird. Wenn eine nachhaltige Klimapolitik die beste Möglichkeit ist, diese Schädigungen anderer zu vermeiden, dann ist [... sie] eine moralische Pflicht. [...] Alle Treibhausgasemissionen tragen zum Klimawandel bei. Dies gilt vielleicht nicht streng kausal, aber statistisch gesehen schon, weil wir nicht voraussagen können, welche kleine zusätzliche Emission genau eine spürbare Veränderung auslösen wird. Entsprechend kann man den statistischen Schaden, der durch jede einzelne zusätzliche Emission erzeugt wird, berechnen. Daraus ergibt sich erst einmal eine Verantwortung aller Individuen für ihre Treibhausgasemissionen. Und auch als Individuum kann man dieser Verantwortung gerecht werden durch Verringerung der eigenen Emissionen [...] Dass nicht alle anderen Individuen oder, auf der Ebene der Staaten, nicht alle Staaten bei einer nachhaltigen Politik mitmachen, enthebt die Individuen und Staaten nicht ihrer Verantwortung. [...] Je mehr mitmachen, desto deutlicher wird die Schändlichkeit derer, die nicht mitmachen.

b) Michael Kopatz, Projektleiter am Wuppertal-Institut für Klima, Umwelt, Energie
Befragungen zeigen, dass sich fast die gesamte Bevölkerung mehr Engagement beim Klimaschutz wünscht, doch geflogen wird so viel wie nie zuvor. Kollektiv wollen wir den Wandel, individuell möchten nur wenige den Anfang machen. Es ändert sich wenig, weil sich die Menschen benachteiligt fühlen, wenn sie „allein" [...] sich einschränken.
Das kann sich ändern, wenn wir das erwünschte Verhalten zur Routine machen. Verhältnisse ändern Verhalten: Strukturen müssen sich so verändern, damit Öko zum Normalfall wird. Die Produkte im Supermarkt können nachhaltiger werden, ohne dass sich jede und jeder über das nachhaltigste Produkt oder moralisch korrekten Konsum den Kopf zerbrechen muss. [...] „Bio für alle!" ließe sich leichterhand ins Werk setzen. Es ist Aufgabe der Politik, die Konsumenten von der Last zu befreien, immer die „richtige" Entscheidung treffen zu müssen. Damit sich die Strukturen ändern, müssen sich die Bewegten dafür einsetzen. [...] Persönliche Verantwortung heißt, für eine politische Umgestaltung grundlegender Mechanismen zu kämpfen.

Science Media Center Germany online vom 17. und 19.09.2019, in: https://www.sciencemediacenter.de/alle-angebote/rapid-reaction/details/news/klimawandel-wer-hilft-den-menschen-sich-zu-aendern-teil-2 und -4, letzter Zugriff: 28.01.2021

1. Arbeite aus den Materialien die Rollen heraus, die sie Einzelpersonen und politisch Verantwortlichen bei der Verhinderung einer Klimakatastrophe zuweisen.
2. Begründe, welchen der beiden Ansätze du für den auf Dauer erfolgreicheren hältst.
3. „You are never too small to make a difference!" (Klimaaktivistin Greta Thunberg) Veranstaltet eine Pro-Kontra-Debatte (→ S. 168) über diese Aussage. Beziht die Ergebnisse dieses Kapitels mit ein und einigt euch am Ende auf eine Antwort zu seiner Leitfrage.

Pro-Kontra-Debatte

Es handelt sich dabei um ein Streitgespräch, in dem ein konfliktreiches Thema von allen Seiten beleuchtet wird. Es geht bei dieser Debatte nicht darum, den „Gegner" durch bessere Argumente zu „besiegen", vielmehr soll ein Thema facettenreich erschlossen werden. Unterschiedliche Meinungen und konträre Perspektiven werden mit dem Ziel zusammengetragen, sich mit verschiedenen Sichtweisen auseinanderzusetzen. Dabei kann durchaus hart und energisch gestritten werden, aber es muss fair und sachlich verlaufen. Um dies zu garantieren, müssen folgende Regeln unbedingt eingehalten werden:

Phase 1: Vorbereitung – Sammeln von Argumenten

a) Zunächst müsst ihr euch mit dem Thema, dem Problem oder der Fragestellung vertraut machen. Führt in einer Abstimmung ein erstes Meinungsbild herbei: Wie steht ihr zu der Themenfrage?

b) Bildet nun Gruppen für die jeweiligen Positionen. Am besten ist es, wenn die Gruppen durch Los oder ein Zufallsprinzip gebildet werden (z. B. indem verschiedenfarbige Spielkarten gezogen werden). Es geht nämlich jetzt nicht um die eigene Meinung zu dem Problem, sondern darum, Begründungen für einen Standpunkt vorzutragen, in den man sich hineinversetzt.

c) Die Gruppen setzen sich nun anhand von Materialien vertiefend mit „ihren" Positionen auseinander und erarbeiten begründete Standpunkte. Dabei sollten sie auch Argumente der gegnerischen Partei erkennen und überlegen, wie man sie widerlegen kann. Anschließend bestimmen sie drei bis vier Personen, die für die Gruppe sprechen.

Phase 2: Durchführung – Streitgespräch

d) Für die Durchführung der Debatte wird eine geeignete Sitzordnung hergestellt: Vorne soll die Gesprächsleitung sitzen (ein bis zwei Schülerinnen bzw. Schüler oder die Lehrkraft), an zwei sich gegenüberstehenden Längstischen sitzen die „Parteien", hinten die übrigen Mitglieder der Klasse als Beobachterinnen und Beobachter.

e) Die Gesprächsleitung eröffnet die Pro-und-Kontra-Debatte: Sie begrüßt das Publikum, nennt das Thema, stellt die Gesprächsteilnehmerinnen und -teilnehmer vor und erklärt den Ablauf. Anschließend halten die Gruppensprecherinnen bzw. -sprecher jeweils einen ca. dreiminütigen Eingangsvortrag (Statement). Danach erfolgt in abwechselnder Rede und Gegenrede der Austausch der Argumente und Gegenargumente (ca. 20 Minuten). Dabei sollen die Streitparteien nach Möglichkeit an die Statements und die Argumente der jeweils anderen Seite anknüpfen, sie widerlegen und daraus neue eigene Argumente herleiten.

f) Die Gesprächsleitung achtet auf die Einhaltung der Gesprächsregeln, führt Liste darüber, welches Mitglied welcher Gruppe als Nächstes sprechen darf, und kann die Debatte bei zu weiter Entfernung durch Impulse und Nachfragen zurück zum Thema lenken. Dabei muss sie jedoch unbedingt unparteiisch bleiben.

Phase 3: Auswertung – Nachdenken über die Debatte

g) Nach dem Ende der Debatte fordert die Gesprächsleitung die Beobachterinnen und Beobachter auf, mitzuteilen, welche Argumente sie überzeugend fanden und welche nicht. Außerdem sollen sie erklären, welche Gruppe bzw. welche Sprecherin oder welcher Sprecher sich ihrer Meinung nach im Gespräch am fairsten verhalten hat.

h) Zum Abschluss wird noch einmal eine Abstimmung über die Ausgangsfrage durchgeführt. Das Ergebnis wird mit dem ersten Abstimmungsergebnis verglichen. Wenn es Unterschiede gibt, sollten die Ursachen dafür diskutiert werden.

nach: Lothar Scholz: Methodenkiste, bpb, Bonn ⁹2020, S. 32 f.

WISSEN

Globalisierung verstehen und mitgestalten

Was ist Globalisierung? In welchen Bereichen findet sie statt?
Unter Globalisierung versteht man den Prozess der immer stärkeren **weltweiten Vernetzung der Gesellschaften und der Politik**, aber auch der Wirtschaft. Verbindungen in andere Länder und Kontinente gab es schon immer, doch seit den 1990er-Jahren sind diese immer zahlreicher und immer intensiver geworden: Politische und gesellschaftliche, aber auch wirtschaftliche Ereignisse oder Veränderungen an einem Ort können heute in anderen Ländern und in tausenden Kilometern Entfernung Auswirkungen haben.
Die Gründe hierfür sind vielfältig: Einerseits ermöglicht das **Internet** die Verbreitung von Informationen in Echtzeit, d. h. die Nachrichten von Regierungswechseln, Protesten und Konflikten oder Naturkatastrophen kommen ohne Verzögerung in alle Winkel der Erde. Andererseits bewegt sich ein Großteil der Menschheit virtuell in **sozialen Netzwerken** und physisch auf **Reisen**, die immer günstiger und einfacher werden, wie selbstverständlich über Landes-, aber auch kontinentale Grenzen und trägt so zu Vernetzung und Austausch bei. Und schließlich bestehen durch eine massive Zunahme des internationalen Handels und internationaler Produktionsketten immer größere wirtschaftliche Verflechtungen zwischen Ländern und Kontinenten, welche durch die genannten Ereignisse gestört werden können.
Globalisierung umfasst also mehrere Bereiche. Diese werden als **„Dimensionen der Globalisierung"** bezeichnet und beziehen sich vor allem auf die **gesellschaftlichen**, die **politischen** und die **wirtschaftlichen** Entwicklungen im Zuge der Globalisierung.

Welche Chancen und Herausforderungen ergeben sich aus der Globalisierung?
Durch Reduzierung bzw. vollständiges Verschwinden von territorialen Grenzen aber auch von Grenzen in den Köpfen durch die gesellschaftliche und politische Globalisierung nehmen die **Kontakte mit anderen Gesellschaften** deutlich zu. Dementsprechend vergrößert sich das Wissen über Kultur und Alltag in anderen Teilen der Welt und die Bereitschaft, Elemente daraus in die eigene Lebensweise zu übernehmen, steigt. Ob Globalisierung dadurch zu einer Vereinheitlichung oder zu größerer **Vielfalt** im Leben der Menschen führt, ist umstritten: Zwar ist eine verstärkte globale Präsenz westlicher Alltagskultur, Unterhaltungsindustrie und Konsumgewohnheiten beobachtbar, jedoch werden mit fortschreitender Globalisierung auch gegenläufige Entwicklungen immer stärker, z. B. Vielfalt internationaler Einflüsse, die unseren Alltag prägen, Rückbesinnung auf lokale bzw. regionale Bräuche und Lebensweisen (vgl. Kapitel „Heimat(en) verstehen und gestalten" in der 8. Klasse) oder bewusste Übernahme von nicht-westlichen Elementen in die globale Unterhaltungs- und Modeindustrie.
Die Globalisierung hat in fast allen Ländern der Welt zu einem **Anstieg des durchschnittlichen Wohlstands** geführt. Allerdings sind die Gewinne aus der Globalisierung **ungleich verteilt**: Die für den globalen Norden vorteilhaften günstigen Preise für Rohstoffe und Waren aus dem globalen Süden ergeben sich daraus, dass dort häufig unzureichende Löhne gezahlt und Sicherheits- sowie soziale und ökologische Standards nicht eingehalten werden. Die Arbeiterinnen und Arbeiter bzw. Bäuerinnen und Bauern sind deshalb besonders vom Problem der sog. **„Externalisierung"** betroffen, das die ungleiche Verteilung der Kosten und Gewinne der Globalisierung zwischen den reichen Gesellschaften des globalen Nordens und dem globalen Süden beschreibt.
Gleichzeitig schärft die Globalisierung auch das **Bewusstsein für weltweit wirkende Herausforderungen**, wie z. B. die menschengemachte Klimaerwärmung, und eröffnet zugleich die **Möglichkeit**, diese auch **global zu bewältigen**. Denn die enge politische und gesellschaftliche Vernetzung macht es überhaupt erst möglich, dass Regierungen und zivilgesellschaftliche Organisationen, aber auch Einzelaktivistinnen und -aktivisten und Unternehmen aus aller Welt gemeinsam entsprechende Maßnahmen entwickeln und umsetzen.

WISSEN

Weshalb gehen zwischenstaatliche Kooperation und die Zusammenarbeit von Staaten und NGOs mit den Herausforderungen durch die Globalisierung einher?

Damit sie für alle Menschen, Gesellschaften und Staaten einen Vorteil darstellt, müssen **Regeln und Kriterien** entwickelt werden, wie die **Globalisierung** gestaltet und gesteuert werden sollte. Da die Herausforderungen der Globalisierung grenzüberschreitend sind und einzelne Personen, Gruppierungen oder Regierungen diese nicht alleine bewältigen können, entsteht die Notwendigkeit der verstärkten weltweiten **Zusammenarbeit von Staaten und zivilgesellschaftlichen Organisationen** – um Globalisierung zu gestalten bzw. zu steuern, braucht es also Globalisierung.

Dabei kommt den Staaten die Aufgabe zu, einen **globalen politischen Rahmen** zu gestalten: Ihre Regierungen schließen Verträge und treffen Übereinkommen, wie z. B. die **Agenda 2030**. Darin vereinbaren sie Ziele, z. B. die Einführung von verbindlichen sozialen und ökologischen **Mindeststandards** bei der Gewinnung von Rohstoffen bzw. bei der Produktion von Waren, und setzen diese so weit wie möglich in ihrem Hoheitsgebiet um. Letzteres kann durch die Einrichtung von Kommunikationsgelegenheiten geschehen, bei denen verschiedene beteiligte Gruppen sich zu bestimmten Herausforderungen austauschen und sich gegenseitig die freiwillige Einhaltung bestimmter Standards zusichern, wie z. B. beim Forum Nachhaltiger Kakao. Inzwischen gibt es aber auch Bestrebungen, Mindeststandards durch staatliche Gesetze, wie z. B. das deutsche Lieferkettensorgfaltspflichtengesetz, zu erzwingen. In beiden Fällen sind **NGOs** und andere zivilgesellschaftliche Organisationen mit eingebunden, die den Regierungen mit Fachwissen zur Seite stehen und die politischen Rahmenbeschlüsse in **konkrete Projekte vor Ort** überführen. Häufig sind sie es auch, die öffentlich auf globale Probleme und Herausforderungen aufmerksam machen und Lösungsmöglichkeiten aufzeigen.

Wie kann ich selbst die Globalisierung mitgestalten und beeinflussen?

Die Globalisierung hat mit großer Wirkungsmacht das Leben der meisten Menschen auf sehr vielfältige Weise innerhalb einer sehr kurzen Zeitspanne verändert. Insofern scheint eine individuelle Einflussnahme zunächst kaum möglich zu sein. Dennoch hat man als Einzelperson durchaus **Gestaltungsmöglichkeiten**: So kann man **Mitglied einer zivilgesellschaftlichen Organisation** werden, die konkrete Projekte zur Bewältigung der Herausforderungen durch die Globalisierung entwickelt und umsetzt. In diesem Rahmen ist es auch möglich, mit öffentlichkeitswirksamen Aktionen gesellschaftliche Aufmerksamkeit und Druck zu erzeugen, die sich auf die politische Rahmung der Globalisierung auswirken.

Eine weitere Möglichkeit der globalen Mitgestaltung besteht darin, sich immer wieder bewusst zu machen, dass das eigene Verhalten im Bereich des alltäglichen Konsums andernorts sehr konkrete Auswirkungen, z. B. auf Arbeits- und Lebensbedingungen, hat. Gemäß des Slogans *„think global, act local"* kann demnach auch eine **Veränderung des eigenen Konsumverhaltens** ein Beitrag zur Bewältigung globaler Herausforderungen und damit zur globalen Mitgestaltung sein. Dieser Beitrag wird umso wirksamer, je mehr **Mitmenschen** man davon **überzeugen** kann, dabei mitzumachen. Entscheidend für die Mitgestaltung der Globalisierung ist also weniger eine global messbare Wirkung des eigenen Handelns, sondern die Möglichkeit, viele andere zu vergleichbarem Verhalten zu bewegen. Eine Agenda2030-AG an der Schule, ein Fairtrade-Pausenverkauf oder die nachhaltige Organisation des eigenen Alltags gestalten die Globalisierung und nehmen Einfluss auf sie.

Gleichzeitig müssen aber die **Steuerung der Globalisierung** und die Schaffung eines politischen Rahmens für die Bewältigung der Herausforderungen der Globalisierung **zentrale Aufgaben der Regierenden** sein. Denn politische Unterstützung verstärkt die Wirkung individuellen Engagements und der Übernahme von Verantwortung durch Einzelne um ein Vielfaches; ihr Fehlen hingegen macht es weitgehend hinfällig.

KOMPETENT? 171

Überprüfe, ob du folgende Kompetenzen erworben hast. Du solltest …
- die politische und gesellschaftliche Dimension der Globalisierung sowie die Chancen und Herausforderungen, die sich daraus für dich, für die Gesellschaft und für politisch Verantwortliche ergeben, erklären können. (K1, K3)
- die Notwendigkeit internationaler Kooperation bei globalen Problemen begründen können. (K2)
- Möglichkeiten für die eigene Mitgestaltung der globalisierten Welt kennen und dir der möglichen globalen Konsequenzen deines persönlichen Verhaltens bewusst sein. (K2, K3)
- die Gestaltungsspielräume und -grenzen in der Zusammenarbeit von Staaten und NGOs bei globalen Herausforderungen einschätzen können. (K2)

K1 Dimensionen der Globalisierung erklären

„Die grenzenlose Globalisierung wird es noch so weit bringen, dass jedes Land auf unserer Erde an jedes andere Land grenzt."

Ernst Ferstl, Bemerkenswert. Neue Aphorismen, Asaro-Verlag, Sprakensehl 2006

1
a) Erkläre den Bezug des Zitates auf die politische und die gesellschaftliche Dimension der Globalisierung. Ziehe ggf. M 1 auf Seite 140 zuhilfe.
b) Das Zitat stammt aus dem Jahr 2006. Diskutiere, ob es immer noch zutrifft.

2 Erschließe die Aussage der vier Symbolbilder auf der Auftaktdoppelseite (S. 138 f.), indem du sie begründet dem Inhalt eines Teilkapitels zur Globalisierung zuordnest.

K2 Globale Herausforderungen erkennen und kooperative Lösungen begründen

a) Weltbevölkerung aktuell

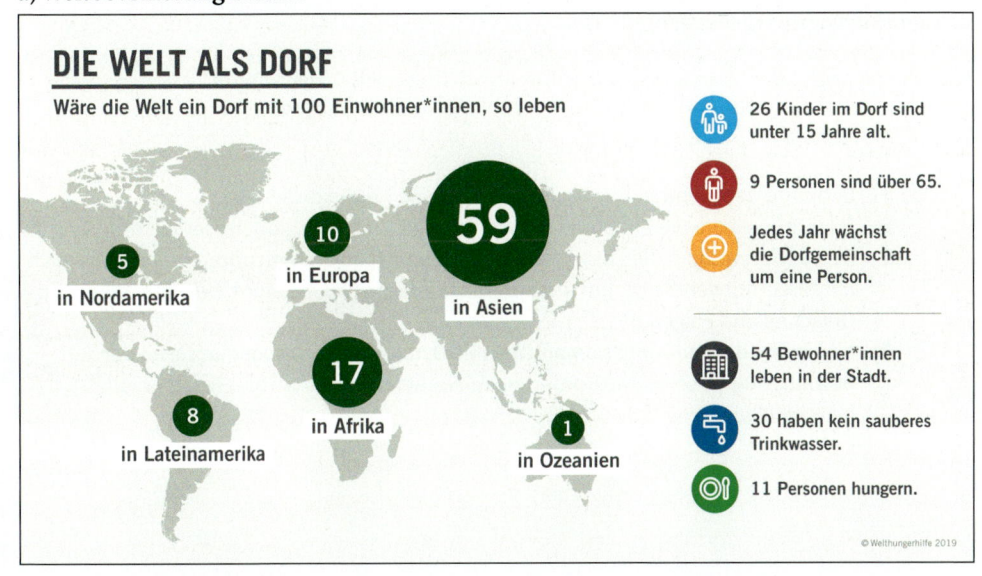

DIE WELT ALS DORF
Wäre die Welt ein Dorf mit 100 Einwohner*innen, so leben

- 5 in Nordamerika
- 10 in Europa
- 59 in Asien
- 8 in Lateinamerika
- 17 in Afrika
- 1 in Ozeanien

- 26 Kinder im Dorf sind unter 15 Jahre alt.
- 9 Personen sind über 65.
- Jedes Jahr wächst die Dorfgemeinschaft um eine Person.
- 54 Bewohner*innen leben in der Stadt.
- 30 haben kein sauberes Trinkwasser.
- 11 Personen hungern.

© Welthungerhilfe 2019

INFO

Reale Bevölkerungszahlen laut UN-Schätzung von 2019
Asien 4,587 Mrd.
Afrika 1,305 Mrd.
Amerika (Nord und Süd) 1,011 Mrd.
Europa 746 Mio
Ozeanien 42 Mio

b) Wachstum

Seit den 1960er-Jahren stieg die Anzahl der auf der Erde lebenden Menschen von drei auf fast acht Milliarden. [...] Jeden Tag kommen ungefähr 226.000 Menschen hinzu. Laut Prognosen zur Entwicklung der Weltbevölkerung werden es im Jahr 2050 insgesamt etwas mehr als 9,5 Milliarden Menschen sein. [...] 80 Prozent der [derzeit] acht Milliarden leben in Ländern des Globalen Südens, die zu 95 Prozent für das gesamte Wachstum und die Entwicklung der Weltbevölkerung verantwortlich sind. Hier vor allem die Regionen, die am stärksten von Armut betroffen sind. [...] Die Ursachen für das rasante Bevölkerungswachstum in Teilen der Welt sind vielfältig. Eine Übersicht:

- Als einer der Hauptgründe für das zunehmende Bevölkerungswachstum gilt die fehlende Gleichberechtigung der Geschlechter in vielen Ländern. So schätzt die [UNO] die Zahl ungewollter Schwangerschaften auf ca. 90 Millionen.
- Schwerwiegend ist ebenfalls der Umstand, dass rund 200 Millionen Frauen keinen Zugang zu ausreichenden Verhütungsmethoden haben. [...]
- Auch mangelnde Sexualaufklärung aufgrund gesellschaftlicher oder religiöser Restriktionen [= *Verbote, Einschränkungen*] ist ein wesentlicher Faktor.
- Politische Akteur*innen vieler Länder verweigern eine nachhaltige Bevölkerungspolitik und schaffen darüber hinaus keine Bildungsmöglichkeiten. [...]
- Der Wunsch nach vielen Kindern ist besonders in ärmeren Ländern groß. Dort werden sie als eine Art Altersvorsorge und nicht zuletzt als Arbeitskräfte angesehen. [...]

Gerade in den ärmsten Ländern herrscht ein enormer Ressourcendruck. Sowieso schon knappe Güter wie Wasser, Nahrung oder Land werden noch mehr beansprucht und können so zu Hunger und Armut führen. [...] In sehr jungen Gesellschaften [mit niedrigem Durchschnittsalter] ist zudem die Anfälligkeit für Konflikte erhöht, weshalb besonders Länder mit einer sehr hohen Geburtenrate potenzielle Schauplätze für Kriege sind. [...]

Für eine nachhaltige Bevölkerungspolitik ist eine Reihe von Faktoren entscheidend. [...] Der Hauptansatz [...] ist dabei nicht die Familienplanung [...]: Hunger, Armut und mangelnde Bildungsmöglichkeiten hemmen die wirtschaftliche Entwicklung eines Landes, was in der Konsequenz zu mangelnden wirtschaftlichen Perspektiven führt. Dabei ist genau diese wirtschaftliche Entwicklung eine nachhaltige Bremse für das Bevölkerungswachstum. [...] Gerade bei den Bildungsmöglichkeiten haben noch immer viele Frauen und Mädchen das Nachsehen. [...] Die Erfahrung zeigt: Wenn mehr Mädchen länger eine Schule besuchen, sinkt auch die Geburtenrate des jeweiligen Landes. Ebenfalls von großer Bedeutung sind mehr Sexualaufklärung und ein besserer Zugang zu Verhütungsmitteln.

Anmerkung: Bis zum Jahr 2050 hätte das „Dorf" aus K 2a Prognosen zufolge etwa 129 Einwohner, die sich wie folgt auf die Kontinente verteilten:
Asien 69
Afrika 33
Europa 9
Südamerika 10
Nordamerika 6
Ozeanien 2

Deutsche Welthungerhilfe e. V. online vom 02.03.2021, in: www.welthungerhilfe.de/informieren/themen/gesunde-ernaehrung-sichern/bevoelkerungswachstum-definition-entwicklung/, letzter Zugriff: 13.12.2021

1 Entnimm dem Schaubild verschiedene globale Herausforderungen.
2 Erkläre, weshalb die Zunahme der Weltbevölkerung eine globale Herausforderung ist.
3 Begründe, weshalb die Zusammenarbeit sowohl von Staaten untereinander als auch mit NGOs notwendig ist, um diese Herausforderung zu meistern. Beachte dabei ihre Ursachen und Folgen.
4 Informiere dich bei einer humanitären NGO, mit welchen Projekten sie an der Bewältigung dieser Herausforderung mitwirkt und was man als Einzelperson beitragen kann.

KOMPETENT?

K3 Das eigene Verhalten reflektieren

Jürgen Tomicek

1. Beschreibe, analysiere und interpretiere die Karikatur und beziehe zur darin enthaltenen Kritik Stellung (→ Karikaturinterpretation, S. 177).
2. Erläutere jeweils einen individuellen und einen politischen Ansatz, wie die in der Karikatur kritisierte Situation verbessert werden kann.

Arbeitstechniken und Unterrichtsmethoden aus Band 8

ARBEITSTECHNIKEN

Bildanalyse

Unsere Weltwahrnehmung und unser Weltverständnis sind heutzutage stark durch Bilder geprägt. Dabei tragen diese einerseits dazu bei, kritische Urteile über das im und mit dem Bild Thematisierte zu bilden. Andererseits sind Bilder auch manipulationsanfällig und werden bewusst zur Täuschung der Bildbetrachter eingesetzt, damit sich diese falsche Urteile zum abgebildeten Sachverhalt bilden. Um eine zielführende und kritische Bildanalyse vorzunehmen, solltest du folgende Schritte beachten:

Schritt 1: Betrachten und Wahrnehmen der Wirkung
Zunächst gilt es das dargestellte Bild intensiv zu betrachten und dabei wahrzunehmen, wie das Bild auf dich als Betrachter bzw. Betrachterin wirkt.

Schritt 2: Beschreiben
Nach dem ersten Eindruck beschreibst du das Bild. Wer oder was wird abgebildet? Welche Handlungen sind sichtbar angedeutet? Wie ist die Farbgestaltung des Bildes? Wie ist die Perspektive, der Bildausschnitt, das Aussehen der abgebildeten Person, wie ihre Gestik, ihre Mimik gestaltet?

Schritt 3: Interpretieren
Hierbei kommt es darauf an, das im zweiten Schritt Beschriebene in einen Zusammenhang zu bringen, indem du zunächst klärst, worauf das Bild thematisch genau Bezug nimmt. Welches individuelle bzw. gesellschaftliche Thema wird bildlich bearbeitet? Es kann sein, dass du weitere Informationen recherchieren musst, um das Thema genauer zu erfassen. Ist der Gegenstandsbezug, also das Thema, klar, erläuterst du dann, wie sich der Künstler oder die Künstlerin zum Thema verhält. Welche Position nimmt er oder sie zum Thema ein?

Schritt 4: Stellung nehmen
Der letzte Schritt einer Bildanalyse gleicht dem letzten Schritt bei der Karikaturanalyse. Zum Schluss beurteilst du die Aussage des Bildes bzw. die Meinung des Künstlers bzw. der Künstlerin, indem du dich zu dieser argumentativ bejahend oder verneinend positionierst.

Diagramme auswerten

In Zeitungen, Zeitschriften, Fachbüchern sowie auf Internetseiten werden häufig Diagramme (Schaubilder und Tabellen) verwendet, um Informationen knapp und übersichtlich darzustellen.
Bei den **Diagrammen** werden unterschieden:
- Kurven-/Liniendiagramme (z. B. Beschreibung von Temperaturverlauf oder Einkommensentwicklung)
- Säulen-/Balkendiagramme (z. B. Vergleich von Schülerzahlen)
- Kreis-/Tortendiagramme (z. B. Wählerstimmenanteile in Prozent)

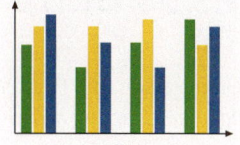

Säulendiagramm  Balkendiagramm 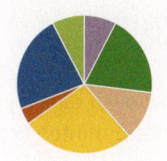 Kreisdiagramm 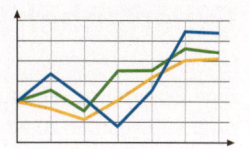 Liniendiagramm

Die Datengrundlage für Diagramme sind häufig Statistiken, die zum Beispiel über die Entwicklung der Bevölkerung oder die Kosten für Schulen in einem Land informieren. Die Daten werden nach genauen Regeln erhoben. Hierfür gibt es private Forschungsinstitute und staatliche Einrichtungen wie das Statistische Bundesamt in Wiesbaden. Ihre Ergebnisse präsentieren diese Einrichtungen in Statistischen Jahrbüchern oder auch im Internet. Die Homepage des Statistischen Bundesamtes ist unter www.destatis.de zu finden.

Zahlen erwecken beim Betrachter schnell den Eindruck, dass sie seriös sind und man ihnen glauben kann. Allerdings muss sich der Leser stets die Frage stellen, wie und von wem diese Zahlen zu welchem Zweck erhoben wurden, wie aktuell sie sind und wie sie präsentiert werden. Wurden zum Beispiel nur 20 Schülerinnen oder Schüler befragt, lassen sich die Ergebnisse keinesfalls verallgemeinern. Außerdem lassen sich Zahlen durch die Wahl des Maßstabes in Diagrammen sehr unterschiedlich präsentieren. So kann eine Firma finanzielle Verluste weniger dramatisch und kleine Gewinne als größeren Erfolg erscheinen lassen.

Auswerten von Diagrammen in vier Schritten
Schritt 1: Beschreiben
- Welcher Sachverhalt wird dargestellt? (z. B. Veränderung der Einwohnerzahl pro Haushalt)
- Welcher Zeitraum wird betrachtet? (z. B. 1914 bis 2014)
- Wer hat die Daten erfasst und veröffentlicht? (z. B. Statistisches Bundesamt)
- Welche Darstellungsform wurde verwendet? (z. B. Säulendiagramm)
- Enthält das Diagramm absolute oder relative Zahlen? (z. B. 80 Personen oder 20 Prozent der Einwohner)

Schritt 2: Auswerten
- Welche Entwicklung wird gezeigt? (z. B. bleiben Zahlen konstant, steigen oder fallen sie, verdoppeln oder halbieren sie sich?)

Schritt 3: Erklären
- Erklärung der Zahlen mithilfe von zusätzlichem Wissen, das das Diagramm nicht enthält (z. B. aufgrund des medizinischen Fortschritts steigt die Zahl der über 80-Jährigen im Zeitraum von 1980 bis 2000 um 10 Prozent)
- Ziehen von Schlussfolgerungen (z. B. bei weiterer Verbesserung der medizinischen Versorgung wird in den kommenden 10 Jahren die Zahl der über 80-Jährigen um 20 Prozent steigen)

Schritt 4: Bewerten
- Wie aktuell sind die Zahlen? (z. B. aus dem Vorjahr oder von vor 10 Jahren)
- Wie sicher sind die Zahlen? (z. B. Beschreibung der Bevölkerungsentwicklung in einem zurückliegenden Zeitraum wie zwischen 1950 bis 2000 oder Beschreibung eines Zeitraumes, der eine Vorausberechnung in die Zukunft enthält wie von 2000 bis 2050)
- Wie wurden die Abstände auf den Achsen gewählt? (z. B. lassen sich finanzielle Verluste einer Firma weniger dramatisch darstellen, wenn eine kleine Skalierung, also kleine Abstände gewählt werden. Dagegen lassen sich kleine Zugewinne in einem besseren Licht darstellen, wenn man sie mit großen Abständen darstellt, also eine große Skalierung wählt)

Expertenbefragung

Eine Expertenbefragung gibt euch die Möglichkeit, viel über den Beruf einer Person, die Person oder ihre Position zu einem bestimmten Problem zu erfahren. Es ist wichtig, die Befragung ausreichend vorzubereiten und anschließend planvoll durchzuführen und auszuwerten. Diese Auflistung hilft euch dabei:

Schritt 1: Vorbereitung
Entscheidet, wen ihr befragen wollt. Formuliert eine Fragestellung: Was genau wollen wir von der Person, den Personen, die wir befragen, erfahren?
Nehmt dann Kontakt zu der/dem ausgewählten Expertin/Experten auf. Sprecht die Rahmenbedingungen mit der Expertin/dem Experten ab: zentrale Fragestellung, zeitlicher Ablauf, Alter, Einzel-/Gruppen- oder Klassenbefragung, ggf. Zusammensetzung der Klasse, Vorarbeiten und Vorwissen. Überlegt, in welcher Form die Ergebnisse festgehalten werden. Falls ihr technische Hilfsmittel benötigt (z. B. ein Smartphone zum Aufnehmen der Befragung), organisiert diese und prüft sie vor dem Einsatz auf Funktionsfähigkeit.

Schritt 2: Durchführung
Begrüßt die Expertin/den Experten und stellt euch kurz vor bzw. bittet sie/ihn, sich selbst kurz vorzustellen. Haltet euch bei den Fragen an die vereinbarten Gesprächsregeln. Behaltet eure zentrale Fragestellung im Auge. Denkt daran, das Wichtigste zu protokollieren. Verabschiedet am Ende die Expertin/den Experten und bedankt euch bei ihr/ihm für ihre/seine Mühen. Überreicht eine kleine Aufmerksamkeit.

Schritt 3: Auswertung
Fasst die wichtigsten Ergebnisse zusammen. Haltet diese Zusammenfassung schriftlich/grafisch (beispielsweise in Form einer Mindmap) fest. Vergleicht das mit euren bisherigen Kenntnissen: Wissen wir jetzt mehr? Ist das Wissen detaillierter? Überlegt euch, ob das Ziel der Befragung erreicht wurde. Prüft noch einmal, ob alle eure Fragen aus der Vorbereitung beantwortet wurden. Besprecht, was ihr bei einer anderen Expertenbefragung besser/anders machen müsst. Bewertet die Expertenbefragung als Methode.

Internetrecherche

Das Internet stellt größtenteils ungefiltert Informationen zur Verfügung. Jedoch ist nicht jede angegebene Quelle vertrauenswürdig oder zitationsfähig.
Häufig suchen wir uns Internetseiten, die eher unseren eigenen Argumenten entsprechen. Mit Blick auf die Vielfalt der Meinungen und Urteile zu einem Thema lohnt sich aber oft ein Besuch von Seiten, die konträre Argumente enthalten. Urteilskompetenz basiert auf Kontroversität: Nur wenn ich bereit bin, meine eigene Position mit einer gegenläufigen zu vergleichen, kann ich Argumentationen analysieren und auf verschiedenen Ebenen einordnen.

Schritt 1: Recherche mittels Suchmaschinen
Je nachdem, welche Suchmaschine verwendet wird (z. B. Google, Yahoo, Bing, DuckDuckGo), wird ein anderer Algorithmus angelegt. Die Suchergebnisse variieren daher teilweise. Auch die gespeicherten Cookies/Suchverläufe haben einen Einfluss auf das Suchergebnis. Außerdem sollte berücksichtigt werden, dass einige Suchmaschinen kommerziell ausgerichtet sind.

Schritt 2: Ergebnisse kritisch betrachten
- Ist der Anbieter seriös (Autorin/Autor bekannt, Expertenstatus, Quellenangaben, Impressum)?
- Hat der Anbieter eindeutig erkennbare Interessen, die er verfolgt?
- Welche Informationen erhalte ich (wissenschaftlicher Beitrag, Kommentar, private Meinungsäußerung …)?

- Sind die Informationen widerspruchsfrei, überzeugend und überprüfbar (Quellenangaben)?
- Wird das Thema kontrovers dargestellt (Information oder Meinungsmache)?
- Wie aktuell sind die Informationen?
- Welche Bedeutung hat Werbung auf der Seite?
- Welcher Sprachstil wird verwendet? Sind eindeutige Fehler in Rechtschreibung, Grammatik, Satzbau und Logik zu erkennen? Aber auch: Lässt sich hieraus ein Rückschluss ziehen auf die Qualität der angegebenen Inhalte?

Karikaturinterpretation

Eine Karikatur stellt einen zeichnerisch überspitzten Kommentar zum aktuellen Geschehen in Gesellschaft, Politik, Wirtschaft, Sport etc. dar. Um das Thema und die Aussage der Karikaturistin bzw. des Karikaturisten zu erfassen, solltest du folgende drei Bearbeitungsschritte beachten:

Schritt 1: Beschreiben
Du beschreibst die Karikatur, indem du, möglichst ohne zu deuten und zu werten, nur das auf der Karikatur Dargestellte einschließlich des Titels bzw. der Bildunterschrift genau zusammenfasst.

Schritt 2: Analysieren
Du untersuchst die Karikatur, indem du die Zusammenhänge zwischen den zeichnerischen Elementen und der Bildunterschrift schlüssig begründest. Dabei beziehst du dich stets auf folgende Frage: Was zeigt/kritisiert der Karikaturist bzw. die Karikaturistin warum?

Schritt 3: Interpretieren
Zum Schluss deiner Karikaturinterpretation erfasst du die Aussage der Karikatur bzw. das Urteil des Karikaturisten bzw. der Karikaturistin. Du kannst dich im Anschluss auch selbst argumentativ bejahend bzw. verneinend zum Urteil der Karikaturistin bzw. des Karikaturisten positionieren.

Ob du zu einer Karikatur auch Stellung nehmen sollst, wird stets entweder von deiner Lehrkraft oder im Rahmen eines weiteren schriftlichen Teilarbeitsauftrags hervorgehoben.

Das folgende Beispiel soll dir zur Orientierung bei der Karikaturinterpretation dienen.

Jan Tomaschoff

Schritt 1: Beschreiben
Auf der Karikatur „Koma" von Jan Tomaschoff sind vier junge Personen, drei Männer und eine Frau zu sehen. Die Frau und der neben ihr gehende, kahlköpfige Mann haben ihren Blick nach vorne gerichtet. Der zu der Gruppe gehörige dritte Mann wendet sich dagegen lachend zum jungen

Mann hinter ihm und fordert ihn sowohl mit der Handgeste als auch wörtlich auf, mitzukommen. Die wörtliche Aufforderung „KOMA MIT" weist dabei auf den ersten Blick einen Rechtschreibfehler auf. Während die drei auf der rechten Seite abgebildeten Personen in ihren Händen Flaschen und Dosen halten, trägt der junge Mann, der sich in die entgegengesetzte Richtung bewegt und währenddessen mit besorgter Miene und kommentarlos zurückblickt, ein Skateboard unter dem Arm.

Schritt 2: Analysieren
Der Karikaturist problematisiert den Umgang mit dem Alkohol. Dabei weist er auf zwei miteinander zusammenhängende Sachverhalte kritisch hin. Zum einen kritisiert er den übermäßigen, d. h. gesundheitsschädigenden und auch lebensbedrohlichen Alkoholkonsum, der in der Umgangssprache unter dem Begriff „Komasaufen" bekannt ist, zum anderen weist er durch das Wortspiel „KOMA MIT" gekonnt und zu Recht darauf hin, dass dieses Problem vor allem im Zusammenhang mit der Gruppendynamik auftaucht. Dass ein verantwortungsvolles Handeln nur mit einer bewussten Abwendung von der Gruppe erfolgen kann und eine sinnvolle Form von Betätigung (etwa sportliche Aktivität wie Skateboard-Fahren) voraussetzt, wird ebenso thematisiert.

Schritt 3: Interpretieren
Die Karikatur ist eine eineutige Kritik am Alkoholkonsum und der damit zusammenhängenden Gruppenprozesse. Diesem Urteil ist insgesamt zuzustimmen. Jedoch hätte der Karikaturist auch hervorheben sollen, dass in unserer Gesellschaft der Alkoholkonsum an sich in weiten Teilen der Bevölkerung als fester Bestandteil der freizeitlichen Aktivitäten akzeptiert ist und infolgedessen jene, die sich derlei Freizeitgestaltung verweigern, stets einem Gruppendruck ausgesetzt sind bzw. eine Abwendung von der Gruppe in Kauf nehmen müssen. Dieses Phänomen lässt sich leider auch schon unter heranwachsenden Jugendlichen beobachten.

Schaubilder auswerten

Schaubilder fassen komplizierte Themen, die in Worten nur umständlich beschrieben werden können, mit grafischen und bildlichen Hilfsmitteln zusammen. Sie enthalten daher neben Textelementen auch gezeichnete Bestandteile, die eine Bedeutung haben und Zusammenhänge zwischen den Textelementen ausdrücken. Das Zusammenwirken dieser beiden Bereiche ermöglicht es, dass du aus Schaubildern wie aus einem Text Informationen entnehmen kannst. Die Voraussetzung dafür ist, dass du den grafischen Elementen (z. B. Linien, Formen, Pfeile, Symbolbilder …) die richtige Bedeutung zuordnest; dann kannst du die Zusammenhänge zwischen den Textelementen richtig erschließen. Dafür durchläuft die Auswertung folgende Schritte:

Schritt 1: Anhand der Überschrift gewinnst du eine erste grobe Vorstellung davon, welche Informationen das Schaubild enthält.

Schritt 2: Du beschreibst den Aufbau des Schaubildes möglichst genau. Dafür sind folgende Leitfragen hilfreich:
- Welche Grundform hat das Schaubild? (Kreis, Rechteck, Dreieck …)
- Wo und in welcher Form sind Textelemente enthalten?
- Welche grafischen Elemente sind enthalten?
- Welche Farben werden verwendet?

Schritt 3: Du erschließt die Bedeutung, welche der Aufbau des Schaubildes und die einzelnen grafischen Elemente tragen. Dafür sind folgende Leitfragen hilfreich:
- Gibt es eine Legende, in der die Bedeutung bestimmter Elemente erklärt wird?
- Bringen die Grundform und der Aufbau des Schaubildes einen bestimmten Verlauf zum Ausdruck (von innen nach außen/von außen nach innen; Kreislauf; Ablauf; Hierarchie [= Über-/Unterordnung]; Gegensätzlichkeit)?

- Welche Beziehung zwischen den Textelementen wird durch die grafischen Elemente zum Ausdruck gebracht?

Schritt 4: Du fasst die Information, welche das Schaubild vermittelt, zusammen und überlegst, welche weitergehenden Fragen oder Problemstellungen das Schaubild zwar aufwirft, aber nicht beantwortet.

Die folgende Tabelle enthält die üblichen Bedeutungen der meistverwendeten grafischen Elemente:

Einfache Linie	Zusammengehörigkeit
Einfacher Pfeil	Abhängigkeit: (Text-)Element am Ausgangspunkt wirkt auf (Text-)Element an der Pfeilspitze
Gegenläufige Pfeile	Gegenseitige Abhängigkeit: (Text-)Elemente wirken wechselseitig aufeinander ein
Doppelpfeil ↔	Widerspruch/Gegensatz zwischen den (Text-)Elementen
Gestrichelte Linie/Pfeil	Schwacher Zusammenhang oder Abhängigkeit
Blitz	Konflikt
Ausrufezeichen	Hervorhebung/Wichtigkeit oder Warnung
Fragezeichen	Unklarheit/Ergebnis offen
Einzelnes Strichmännchen	Individuum
Mehrere Strichmännchen	Gruppe/Bevölkerung
Farbe Rot	Problem/Gefahr/Konflikt/Warnung
Farbe Grün	Lösung/Sicherheit/Harmonie

Subversives Fragen/subversives Argumentieren

Manchmal ist es schwierig, Vorurteilen mit rationalen Argumenten zu begegnen. Deswegen kann es hilfreich sein, den Vorurteilen nur mit subversiven Fragen zu begegnen:
- Fragen, die auf Probleme dieser Position verweisen können
- Fragen, die auf Seltsamkeiten dieser Position verweisen können
- Fragen, die auf Abstrusitäten hinweisen können

Am Beispiel der Stammtischparole: „Wir haben zu viele Ausländer hier." sieht das beispielsweise folgendermaßen aus:

Fragen, die auf Probleme dieser Position verweisen können, sind z. B.:
- Was würde passieren, wenn wir tatsächlich weniger Ausländer in Deutschland hätten?
- Wer würde den Müll wegräumen? Wer würde in den Restaurants bedienen?
- Wie bestimmt man eigentlich die Anzahl der Ausländer, die „zu viel" sind?

Fragen, die auf Seltsamkeiten dieser Position verweisen, z. B.:
- Gehören die im Grenzgebiet lebenden Franzosen, Holländer, Österreicher, Schweizer, Dänen etc. eigentlich auch zu den Ausländern?
- Sollte ich/man weiter protestieren gegen zu viele Ausländer, wenn der Herzspezialist, der eine dringende Operation bei mir durchführen soll, ein Italiener ist?

Fragen, die Abstrusitäten belegen:
- Wie viele echte Münchner spielen eigentlich noch beim FC Bayern München?
- Gilt die Parole von zu vielen Ausländern auch aus der Perspektive von Mallorquinern, die sagen, es gäbe dort zu viele Deutsche, die ein Haus besitzen?

Klaus Peter Hufer: Argumentationstraining gegen Stammtischparolen, Wochenschau Verlag, Schwalbach/Ts. 2001, S. 95

Texteinsammelmethode

Bei der Texteinsammelmethode steht ein wiederholtes „Einsammeln" von Informationen, die in einem Text stecken, im Mittelpunkt.

Schritt 1: Hinführung
Zunächst wird eine Verbindung mit Bekanntem gezogen: Was löst die Überschrift in mir aus? Was kenne ich schon zu diesem Thema?

Schritt 2: Stillarbeit
Das ist der Kern der Texteinsammelmethode und erfolgt in Einzelarbeit.
- Thema des Textes grob umreißen; Hilfestellung hierbei: Überschrift, Zwischenüberschriften, Randnotizen, Fettmarkiertes, Unterstrichenes.
- Inhalt nun abschnittsweise erfassen.
- Wichtige Textaussagen (maximal 10 %) markieren.
- Unverständliches in einer anderen Farbe markieren.
- In einem Satz festhalten, was man sich merken will.

Schritt 3: Austausch über Ergebnisse in Partnerarbeit, Gruppenarbeit oder in der Klasse
Hier werden nun auch die unbekannten Wörter geklärt.

Schritt 4: Visualisierung
Die wichtigsten Textaussagen werden nun grafisch festgehalten (z. B. als Tafelbild).

Durchführung einer Umfrage

Mit einer Umfrage in eurer Schule oder etwa in der Fußgängerzone eures Heimatortes könnt ihr euch ein Bild machen, wie die Menschen in eurer nächsten Umgebung über ein bestimmtes Thema denken.

Schritt 1: Vorbereitung
Ihr müsst zunächst überlegen, zu welcher Frage eure Umfrage ein Meinungsbild liefern soll. Macht euch Gedanken, welche Fragen ihr denjenigen stellen wollt, die ihr fragt. Dabei ist es wichtig, dass ihr auf die Fragetechnik achtet. Auf geschlossene Fragen, wie z. B. „Finden Sie das Wetter heute schön?", erhaltet ihr nur ein Ja oder ein Nein als Antwort. Das macht die Auswertung nachher einfach. Wenn ihr eine offene Frage stellt, wie z. B. „Welche Art von Wetter bevorzugen Sie?", und ihr gebt keine Antwortmöglichkeiten vor, dann können die Antworten sehr vielfältig sein. Das kann die Auswertung am Ende schwierig machen. Macht euch auch Gedanken darüber, was ihr erfragen wollt: Soll es Wissen sein oder Verständnis oder Einstellungen? Dann solltet ihr euch Gedanken machen, wie ihr die Umfrageergebnisse festhalten wollt: auf einem Fragebogen, mittels Notizen, stichwortartig protokolliert. Zuletzt solltet ihr überlegen, wen ihr befragen wollt: Sind es eure Mitschüler/-innen oder die Bürger/-innen einer Stadt/eines Dorfes oder Nutzer/-innen eines sozialen Netzwerks etc.? Wenn ihr an eurer Schule eine Umfrage durchführt, braucht ihr die Erlaubnis eurer Schulleiterin/eures Schulleiters.

Schritt 2: Durchführung
Überprüft, welche Ausrüstung ihr für eure Umfrage braucht und ob diese auch funktioniert, z. B. ein Aufnahmegerät. Wenn jemand nicht auf eure Fragen antworten will, dann solltet ihr das auf jeden Fall akzeptieren und vermerken. Denn auch dies ist eine wichtige Information, die ihr für die Auswertung braucht.

Schritt 3: Auswertung
Ihr könnt die gewonnenen Daten von Hand auswerten und Strichlisten führen oder am PC mithilfe von Tabellenkalkulationsprogrammen oder speziellen Umfrageprogrammen wie GrafStat auswer-

ten. Überlegt euch weiter, wie ihr die Ergebnisse grafisch darstellen wollt, z. B. als Tabelle, Schaubild (Torten-, Balkendiagramm etc.), Bilder etc. und wie ihr eure Ergebnisse der Öffentlichkeit präsentiert (Ausstellung, Flyer, Homepage oder Ähnliches).

Wertequadrat

Um einen Begriff genauer zu verstehen, gibt es verschiedene Möglichkeiten. Im Folgenden erfährst du, wie man in Anlehnung an eine vom griechischen Philosophen Aristoteles entworfene und vom Kommunikationswissenschaftler Schulz von Thun weiterentwickelte Methode einen Begriff anhand der Bestimmung von seinen Gegensätzen (Antonymen) präzisieren kann.

Schritt 1:
Zeichne zunächst vier Quadrate, die du von 1 bis 4 nummerieren solltest, und zwar sollten Quadrat 1 und 2 bzw. Quadrat 3 und 4 einander diagonal gegenüberstehen.

Schritt 2:
Nun wird im 1. Quadrat der Begriff (z. B. Eigenschaft, Verhaltensweise) genannt, der allgemein als schlecht betrachtet wird (z. B. Geiz).

Schritt 3:
Hierauf folgt die erste Antonym-Bestimmung, indem in das diagonal gegenüberstehende Quadrat 2 das positive Gegenteil des im 1. Quadrat genannten Begriffes nennt (Großzügigkeit).

Schritt 4:
Jetzt bestimmst du den Begriff im 2. Quadrat näher, indem du im 3. Quadrat den Begriff nennst, der aus der Übertreibung des Begriffs im 2. Quadrat hervorgeht (Verschwendungssucht).

Schritt 5:
Zuletzt beendest du die Begriffsbestimmung dadurch, dass du im 4. Quadrat den positiven Aspekt des im Quadrat 1 genannten Begriffs formulierst (Sparsamkeit).

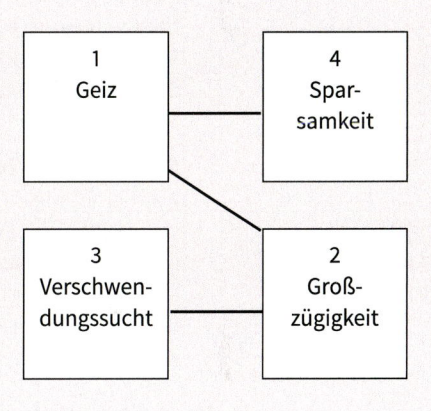

UNTERRICHTSMETHODEN

Besuch einer Gemeinderatssitzung

Politik findet auch ganz in deiner Nähe statt. Der Ort, in dem du wohnst, hat einen Gemeinde- oder Stadtrat, wo Themen diskutiert werden, die ganz in deiner Nähe das Leben bestimmen. München und Nürnberg haben darüber hinaus Bezirksausschüsse, wo es um einzelne Stadtviertel geht. Die Sitzungen dort sind öffentlich – jeder kann hingehen, zuschauen und sich auch zu Wort melden. Das ist ein guter Weg, um sich über die Themen zu informieren, die die Kommunalpolitik bestimmen. Du kannst das allein oder mit Freunden tun. Oder ihr macht ein Klassenprojekt daraus. Damit ihr mehr davon habt, sind Beobachtungsfragen wichtig:

Phase 1: Vorher
Was steht auf der Tagesordnung? Besorge sie dir vorab, z. B. im Rathaus oder im Internet. Welche Punkte erscheinen dir interessant? Welche Punkte verstehst du nicht? Frage deine Lehrerin/deinen Lehrer oder schlage selbst schwierige Begriffe nach. Bei welchen Punkten erwartest du längere Diskussionen? Welche Parteien sind im Gemeinde-/Stadtrat vertreten? Wie viele Sitze haben sie jeweils? Auch hierzu findest du Informationen im Internet.

Phase 2: Währenddessen
Wo sitzen die Vertreter der einzelnen Parteien (sogenannte Fraktionen)? Woran ist das zu erkennen? Wie alt sind die Gemeinde-/Stadträte? Gibt es mehr Frauen oder Männer? Ist das bei allen Fraktionen gleich? Wer leitet die Sitzung? Wer spricht am meisten, wer sagt nichts? Gibt es Redebeiträge von Bürgern? Wie viele Bürger sind als Zuschauer anwesend? Worüber wird wie abgestimmt? Stimmen die Fraktionen immer einheitlich ab? Gibt es Streit? Wie verhalten sich die Gemeinde-/Stadträte während der Sitzung? Wie lange dauert die Sitzung?
Sichere deine Beobachtungen, indem du dir schriftliche Notizen zu diesen machst.

Phase 3: Nachträglich
Was lief so, wie du es erwartet hast? Was lief anders? Welche Fraktionen haben meist gleich abgestimmt? Welche Fraktionen haben die meisten Abstimmungen gewonnen? Über welche Punkte gab es die längsten Diskussionen? Wie war das Verhältnis der Lokalpolitikerinnen und -politiker untereinander? Was fand wohl in Vorbereitung auf die Sitzung – für die Zuschauer unsichtbar – statt? Beurteile, warum Bürgerinnen und Bürger für einen Sitz im Gemeinde- bzw. Stadtrat kandidieren. Was würde geschehen, wenn niemand kandidieren würde?

Clustering

Bei einem Clustering werden zu einem Thema, einem Begriff, einer Frage etc. möglichst viele Assoziationen, Meinungen, Vorschläge etc. gesammelt, gruppiert und in Kategorien geordnet.

Phase 1: Vorbereitung
Ihre schreibt eure Begriffe/Antworten zum gestellten Thema auf große Karteikarten oder A5-Blätter. Dabei ist es wichtig, dass ihr groß und deutlich mit einem dicken Stift schreibt und pro Karte/Blatt nur einen Aspekt notiert – falls euch mehrere Dinge einfallen, beschreibt ihr mehrere Papiere.

Phase 2: Durchführung
Alle beschrifteten Karten werden zunächst an die Tafel oder an eine Pinnwand gehängt.
In einem ersten Durchgang werden mehrfach vorhandene Begriffe/Antworten so aussortiert, dass sie nur noch einfach vorhanden sind.
Anschließend werden die Karten nach thematischen Gemeinsamkeiten/Schwerpunkten gruppiert – jede thematische Gruppe von Karten bildet dann ein „Cluster" (engl.: Haufen). Beim Sortieren kann es vorkommen, dass unterschiedliche Vorschläge für die Gruppierung gemacht werden. Diskutiert in einem solchen Fall die Kriterien, die den verschiedenen Sortierweisen zugrunde liegen, und entscheidet euch gemeinsam für eine der Varianten.

Phase 3: Auswertung
Jedes der gebildeten Cluster erhält zum Abschluss eine Überschrift, durch die es klar von den anderen Clustern unterscheidbar ist. Wenn dies nicht möglich ist, solltet ihr die vorgenommene Sortierung noch einmal überdenken und ggf. erneut sortieren. (Tipp: Manchmal befindet sich eine geeignete Überschrift bereits unter den geclusterten Begriffen.)

Debatte im Oxfordstil

Bei dieser Debattenform, die inzwischen zum festen Bestandteil schulischer, universitärer, aber auch politischer Debatten gehört und nicht verwechselt werden sollte mit einer Diskussion, handelt es sich um eine strukturierte Debatte zwischen Vertretern gegenseitiger Positionen, an welcher das Plenum aktiv beteiligt ist. Sie dient der Verfestigung und Vertiefung des eigenen Wissens, der Einübung und Schärfung der eigenen Urteils- und argumentativen Überzeugungskraft.

Vorbereitung
Zunächst bestimmt ihr den Debattenleiter bzw. die Debattenleiterin sowie jeweils zwei Pro- und zwei Kontra-Rednerinnen bzw. -Redner. Die anderen Schülerinnen und Schüler nehmen die Rolle des Publikums ein. Anschließend gestaltet ihr den Raum in Orientierung an nebenstehender Zeichnung.

Durchführung

Phase 1:
Die Debattenleiterin bzw. der Debattenleiter eröffnet die Debatte, indem sie/er auf die zu debattierende Frage Bezug nimmt, die Vertreter der jeweiligen Positionen sowie das Publikum begrüßt und die Debattenregeln kurz erläutert. Anschließend formulieren die beiden Pro- bzw. Kontra-Rednerinnen bzw. -Redner ihr maximal fünfminütiges Eingangsstatement.

Phase 2:
Im Anschluss an die Eingangsstatements findet die maximal 30 Minuten dauernde offene Aussprache statt, in der sich das Publikum in einen aktiven Austausch mit den Vertretern jeweiliger Positionen begibt. Durch die Erstellung einer Rednerliste sorgt die Debattenleiterin bzw. der Debattenleiter für eine strukturierte Debatte, indem sie bzw. er das Publikum der Rednerliste entsprechend aufruft. Die Redezeit für die Wortbeiträge aus dem Publikum ist auf eine Minute beschränkt und der Beitrag kann ein allgemeines Statement oder eine direkte Hinwendung an eine bestimmte Rednerin bzw. einen Redner beinhalten. Die angesprochenen Rednerinnen bzw. Redner sollen, sofern sie direkt angesprochen sind, erwidern. Jedoch darf ihre Erwiderung maximal zwei Minuten betragen. Zugleich können sie sich auch auf die Rednerliste setzen lassen und ein Statement formulieren, das aber auch nicht länger als eine Minute dauern soll.

Phase 3:
Nach Beendigung der offenen Aussprache erhalten die Pro- und Kontra-Rednerinnen bzw. -Redner die Gelegenheit, ein zweiminütiges Schlussplädoyer vorzutragen.

Phase 4:
Nach der Beendigung der Debatte durch die Debattenleiterin oder den Debattenleiter findet eine offene Abstimmung zur debattierten Frage statt. Diejenige Rednerseite, die die Mehrheit der Stimmen erhält, gewinnt.

Fallanalyse

Um zu einem schlüssig begründeten Urteil über die Entscheidung bzw. das Handeln von einer oder mehreren Personen und die Reaktionen hierauf zu gelangen, bietet sich die Fallanalyse ein. Hierbei lernst du zugleich auch, den eigenen Urteilsprozess genauer und kritischer zu betrachten. Dabei sollten folgende Phasen betrachtet werden:

Phase 1: Spontanurteil bilden
Zunächst nimmst du eine unmittelbare Beurteilung des vorliegenden Handelns der betreffenden Personen vor. Wie bewertest du das Handeln der Personen?

Phase 2: Situation analysieren
Nun untersuchst du den Fall genau, indem du die Lage aller am Geschehen Beteiligten genau beschreibst und dabei auch deren Interessen möglichst genau benennst. An dieser Stelle nimmst du keine Bewertung des Handelns und der Handlungsfolgen vor, sondern du arbeitest heraus, wie bzw. warum die Beteiligten entsprechend handeln (Innenperspektive) und wie bzw. warum auf das Handeln einzelner Beteiligter von anderen Beteiligten (Außenperspektive) entsprechend reagiert wird.

Phase 3: Werte und Normen analysieren
Hierbei untersuchst du, auf welche Werte und Normen sich die am Fall Beteiligten im Rahmen ihrer Rechtfertigung beziehen.

Phase 4: abschließendes Urteil bilden
Zuletzt fällst du erneut und vor dem Hintergrund deiner Untersuchungsergebnisse aus Phase 2 und 3 ein abschließendes und v. a. schlüssig begründetes Urteil.

Phase 5: Überprüfen des anfänglichen Spontanurteils
Zum Schluss vergleichst du dein zu Beginn formuliertes spontanes Urteil mit deinem Abschlussurteil.

Fishbowl

„Fishbowl" heißt übersetzt Aquarium. Bei dieser Methode sitzen diejenigen, die diskutieren, in der Mitte, und alle anderen Schülerinnen und Schüler der Klasse sitzen in einem Kreis drumherum und schauen, wie bei der Beobachtung von Fischen in einem Aquarium, der Diskussion zu.

Phase 1: Vorbereitung des Fishbowls
Zunächst sollte sich jede und jeder kurz überlegen, wie sie/er sich zur Diskussionsfrage positioniert. Anschließend kann sich jede/jeder Argumente für seine/ihre Position auf einen Zettel notieren.

Phase 2: Durchführung des Fishbowls
In der Mitte werden vier Stühle aufgestellt. Ab diesem Zeitpunkt darf nur noch auf den Stühlen gesprochen werden. Dann dürfen die ersten vier, die die Diskussion eröffnen wollen, in der Mitte Platz nehmen. Alle anderen Schülerinnen und Schüler positionieren sich in einem Kreis um die vier Stühle und verfolgen die Diskussion genau. Wenn eine Person aus dem Außenkreis sich in die Diskussion einbringen will, tippt diese einer/einem der Diskutierenden leicht auf die Schulter. Dies ist das Zeichen dafür, dass sie bzw. er den Stuhl verlassen und in den Außenkreis wechseln muss. Diejenige bzw. derjenige, die/der getippt hat, kann nun auf dem freien Stuhl Platz nehmen und sich in die Diskussion einbringen. Wenn keine neuen Argumente mehr kommen, wird der Fishbowl beendet.

Phase 3: Auswertung/Reflexion des Fishbowls
Zur Auswertung des Fishbowls könnt ihr an der Tafel eure Eindrücke zu folgenden Fragen sammeln:
– Welche Argumente haben besonders beeindruckt, haben zu einem Überdenken der eigenen Position, einer Änderung des eignen Urteils geführt?
– Welche wichtigen Argumente wurden in der Diskussion nicht genannt?
– Was war überzeugender: die Argumente oder die Art und Weise, wie sie vorgetragen wurden?

Gedankenexperiment

Das Gedankenexperiment dient zur Gewinnung neuer Erkenntnisse, aber auch zur Einsicht in die Richtigkeit bzw. Notwendigkeit vorliegender Sachverhalte. Dabei sind folgende Phasen zu beachten:

Phase 1:
Du betrachtest zunächst die vorliegenden Ausgangsbedingungen näher und formulierst anschließend deine eigene Leitthese (Grundannahme). Dabei entspricht die Leitthese einer allgemeinen und vorhersagenden Aussage.

Phase 2:
Dann begründest du deine Grundannahme aus 1, indem du unter Berücksichtigung der Ausgangsbedingungen die Entwicklungen aufzeigst, die sich deiner Meinung nach ergeben werden. Aus welchen Gründen wird zu welchem Zweck und mit welchen Folgen so gehandelt, wie du es in deiner Grundannahme formuliert hast?

Phase 3:
Am Schluss bewertest du dein Ergebnis, indem du schlüssig erklärst, ob das, was du im Rahmen des Gedankenexperiments vorgestellt hast, praktisch auch angestrebt werden sollte oder nicht.

Konfliktanalyse

Dabei werden die Ursachen, die beteiligten Parteien sowie Verlauf und Struktur eines Konfliktes durch die systematische Beantwortung einer Abfolge von Fragen möglichst genau erfasst. Das Ziel ist, aufgrund der gewonnenen Informationen zu einem sachlich begründeten Urteil zu gelangen und konstruktive Lösungsvorschläge zu erarbeiten.

Phase 1: Vorbereitung
Zunächst ist es wichtig, sich eine breite Materialbasis zu beschaffen, um sich einen groben Überblick zu verschaffen. Wichtige Quellen hierfür sind die mediale Berichterstattung, Recherchen in der Bibliothek oder im Internet, Befragung von unbeteiligten Beobachtern und von Mitgliedern der Konfliktparteien. Bei Letzteren ist es wichtig, ihre Aussagen kritisch zu hinterfragen, da ihre Sichtweise auf den Konflikt parteiisch ist, sie wollen die Analyse also in ihrem Sinn beeinflussen.

Phase 2: Durchführung
Nun werden systematisch verschiedene Aspekte des Konfliktes durch die Beantwortung von Leitfragen betrachtet.

Aspekt	Leitfragen	Beispiel G8
Ursache	Wodurch ist der Konflikt entstanden? Was ist der zentrale Streitpunkt in dem Konflikt?	Einführung des G8 Beibehaltung oder Abschaffung des G8
Konfliktparteien	Wer ist an dem Konflikt beteiligt? Welche Ziele verfolgen die Konfliktparteien?	Vgl. Ergebnisse zu M 2, Aufgabe 1 a) und b).
Verlauf	Welche Forderungen, Maßnahmen und Vorschläge prägen den bisherigen Verlauf des Konfliktes? Kann man verschiedene Phasen des Konfliktes erkennen? Sind im Lauf der Zeit neue Konfliktparteien hinzugekommen? Wenn ja, weshalb?	Vgl. Ergebnisse zu M 2, Aufgabe 2 a), b) und c) Z. B.: neues Einsetzen eines Durchgangs im Kreislauf, M 3, Aufg. 2
Beilegung	Wodurch wurde der Konflikt entschärft oder sogar beigelegt? Gibt es klare Sieger oder Verlierer?	Bildungspaket und neues bayerisches Gymnasium Vgl. Ergebnis zu M 2, Aufg. 3

Phase 3: Beurteilung
Wie kann der aktuelle Stand des Konfliktes bewertet werden?
- Handelt es sich um eine vorläufige Zwischenlösung, sodass mit einer Fortsetzung zu rechnen ist? Wenn ja: Welche weiteren konstruktiven Lösungsvorschläge lassen sich entwickeln?
- Oder kann der Konflikt als grundsätzlich beigelegt gelten? Wenn ja: Ist die Lösung ein Kompromiss, der von möglichst vielen getragen werden kann?

Das narrative Interview

Das narrative Interview ist eine Form der qualitativen Sozialforschung. Mit solchen erzählenden Interviews, die eher als Geschichte vermittelt werden denn als Frage- und Antwortmuster, können Lebensgeschichten für die Biografiearbeit genutzt werden oder auch Erfahrungen zu besonderen Ereignissen, Situationen oder Erfahrungen gesammelt werden.

Ablauf eines narrativen Interviews

Phase 1: Vorbereitung
- Auswahl von Interviewpartner/-innen
- Ermöglichung der Aufzeichnung von Antworten und Reaktionen
- Material zum Mitschreiben von Stichpunkten
- Vorbereitung einer passenden Umgebung
- Vorbereitung eines Interviewleitfadens (Fragen, Erwartungen, Gesprächsanregungen, Impulse)

Phase 2: Das Interview
Eröffnungsphase
Am Anfang steht die autobiografisch orientierte Erzählaufforderung (z. B. „Wie war das, als Sie an das Gymnasium wechselten?") an die Befragten, die gesamte Lebensgeschichte bzw. die empirisch interessierenden Lebensphasen zu erzählen. Die Erzählaufforderung mit der sich anschließenden Stegreiferzählung (d. h. einer spontanen, nicht vorbereiteten Erzählung) bildet das Herzstück des narrativen Interviews. Die Einladung, umfänglich zu erzählen, und die Tatsache, dass keine oder nur geringe Vorgaben gemacht werden, fordern die Interviewten dazu auf, sich ausführlich in Form einer Geschichte verständlich zu machen.
Die den ersten Teil des narrativen Interviews prägende autobiografische Anfangserzählung soll von den Interviewenden nicht unterbrochen, sondern ausschließlich durch verbale und nonverbale Bekräftigung unterstützt werden. Hier ist es wichtig, Unklarheiten und Verständnisschwierigkeiten zu notieren, um sie später zu klären.
Nachfrageteil
Ist die Anfangserzählung beendet worden, was durch die Interviewenden bestätigt werden sollte (z. B. „War's das?"), beginnt der zweite Teil des narrativen Interviews, in dem Nachfragen gestellt werden können und sollen. Hierzu wird auf Aspekte eingegangen, die in der vorangegangenen Stegreiferzählung z. B. nur vage angelegt waren bzw. nur angedeutet wurden (z. B. „Sie haben von einem Freund aus der Nachbarschaft gesprochen, welche Rolle hat er gespielt?"). Diese bedürfen weiterer Ausführung oder Plausibilisierung, sofern für die betreffenden Ereignisse, Erfahrungen oder Deutungen Klärungsbedarf besteht. So kann auch auf das Thema, um das es ging, fokussiert werden. Auch hier ist es wichtig, dass die Nachfragen zum Erzählen auffordern. Dabei sollen die Interviewenden zunächst die letzte erzählte Passage aufgreifen und einen neuen Erzählanstoß geben, beispielsweise, indem sie die Interviewten bitten, eine bestimmte Passage noch einmal zu erzählen, oder nachhaken und einen neuen Erzählimpuls geben (z. B. „Wie war das damals genau?", „Erzählen Sie doch noch ausführlicher davon!", „Welche Rolle spielte das für Sie?").

Bilanzierung
Der dritte Teil des narrativen Interviews bietet die Möglichkeit, um verallgemeinernde Beschreibungen von biografischen Zusammenhängen zu bitten und Warum-Fragen zu stellen. Die Interviewten können hierbei in der Beantwortung argumentative, explikative und abstrahierende Dimensionen entfalten und damit ihre Lebensgeschichte bzw. sich selbst theoretisieren.

Phase 3: Nachbereitung
Die Ergebnisse des Interviews müssen jetzt noch so gebündelt werden, dass sie mit anderen Interviews vergleichbar sind. Außerdem sollen die Aussagen, die genau zum Thema gehören, das untersucht werden soll, unter geeigneten Stichwörtern oder Überschriften gesammelt werden. Dabei dürfen die Aussagen aber nicht verfälscht werden.

Einen Podcast erstellen

Podcasts eignen sich sowohl als Informationsquelle als auch als Anlass für kreative Eigenproduktionen. Die eigene Textproduktion, das Einsprechen und Sequenzieren bietet die Möglichkeit, sich intensiv und gleichzeitig spielerisch mit einem Thema auseinanderzusetzen.

INFO
Podcast
Zusammensetzung aus „iPod" und dem engl. „broadcast", „senden, funken"

Phase 1: Vorbereitung
- Welches Thema wird behandelt: Brainstorming, Sammeln von Ideen
- Struktur des Podcasts: Aufbau (Einleitung, Teaser, Monolog/Dialog, Musik, …), Verteilung und Anzahl der Sprechrollen, Genre (unterhaltender oder informierender Beitrag)
- Sprache des Beitrags: je nach Genre entweder sachlich-informierend oder unterhaltend, Einsatz von Musik/Klängen, um den Podcast lebendiger zu gestalten, Sprachübungen: Betonungen, Pausen einfügen und einüben

Phase 2: Durchführung: „Bin das wirklich ich?"
Thema finden: Welches Thema soll behandelt werden? Was ist uns dabei besonders wichtig?
Recherche und Struktur: Wo kann ich mich seriös informieren? Welche Daten und Fakten sind wichtig? Auf welche Art soll das Thema präsentiert werden: als Interview, Nachrichtenbeitrag, Hörspiel, Kommentar? Wer spricht, wer spielt im Hintergrund Töne, Musik ein?
Auditive Übungen: Sucht euch einen ruhigen Ort und probiert zunächst mithilfe eures Smartphones (Aufnahmefunktion) aus, was nötig ist, um beim Sprechen gut verstanden zu werden und nicht zu eintönig zu klingen: Betont spannende Stellen und vermeidet lange Schachtelsätze. Überlegt euch, welche Hintergrundgeräusche, Musik oder Klänge euren Text begleiten können. Anregungen findet ihr z. B. auf www.ohrenspitzer.de oder www.auditorix.de. Beide Seiten bieten kostenloses Material an. Achtet bei anderen Quellen darauf, das Copyright nicht zu verletzen.
Durchführung: Um einen Audio-Podcast zu erstellen, wird benötigt:
- ein Computer mit Soundkarte und Internetzugang
- ein Mikrofon
- Software, um die Dateien zu bearbeiten (breite Auswahl kostenlos online als Download und benutzerfreundlich verfügbar)
- Verschriftlichte Dialoge, Moderationstexte, Kommentare, Erzählungen, Interviewfragen

Achtet beim Zusammenschneiden der einzelnen Tonspuren darauf, die Lautstärke aufeinander abzustimmen!

Phase 3: Auswertung und Veröffentlichung: nach gemeinsamem Hören
- Übt konstruktive Kritik an den Beiträgen der anderen: Was kann inhaltlich oder technisch verbessert werden? Was hat euch besonders gefallen/interessiert? An welchen Stellen habt ihr nicht so gut aufgepasst? Überlegt euch auch, ob ihr eine Serie oder mehrere Folgen zu eurem Thema produzieren wollt: Podcasts erscheinen meist regelmäßig!

- Eventuell besteht die Möglichkeit, den Podcast auf der Schulhomepage zu veröffentlichen: Speichern als Audio-Datei, XML-Datei oder RSS-Datei. Die RSS-Datei stellt sicher, dass andere Menschen erfahren, falls ihr eine neue Episode eures Podcasts ins Netz stellt. Die englische Abkürzung RSS (Really Simple Syndication) bedeutet „wirklich einfache Verbreitung".

Podiumsdiskussion

Die Podiumsdiskussion stellt wegen der ihr innewohnenden friedlich-argumentativen Konfliktaustragung eine wichtige Grundlage demokratischer Gesellschaften dar. Bei der unterrichtlichen Austragung solltet ihr folgende Phasen beachten:

Phase 1: Durchführen der Eingangsabstimmung
Ausgehend von dem zu diskutierenden Sachverhalt wird ein erstes Meinungsbild in der Klassengemeinschaft durchgeführt und festgehalten.

Phase 2: Festlegen der Gesprächsteilnehmerrollen
Vor der inhaltlichen Auseinandersetzung bestimmt ihr, wer der Gesprächsleiter/die Gesprächsleiterin sein soll. Diese können sowohl Schüler und Schülerinnen als auch Lehrer oder Lehrerinnen sein. Dann bildet ihr Pro- und Kontra-Gruppen.

Phase 3: Reflektieren möglicher und entwickeln eigener Argumente
In euren Gruppen setzt ihr euch mit euren und mit den Argumenten der Gegenseite auch anhand zusätzlicher Materialien vertiefend auseinander. Am Ende bestimmt jede Gruppe ihren Sprecher bzw. ihre Sprecherin, der/die im anschließenden „Podiumsgespräch" die Gruppe vertritt.

Phase 4: Durchführen der Podiumsdiskussion
Zunächst gestaltet ihr euren Klassenraum um, indem ihr auf dem „Podium" drei Tische aufstellt: In der Mitte sitzt der Gesprächsleiter bzw. die Gesprächsleiterin, seitlich einander gegenüber sitzen die Vertreter und Vertreterinnen konträrer Positionen. Ausgehend von einem höchstens dreiminütigen **Eingangsplädoyer**, in dem beide Positionen möglichst nachdrücklich vorgestellt werden, erfolgt nach dem Muster **Rede – Gegenrede** der Austausch der Argumente. Während die Gesprächsleiter für ein sachliches Gesprächsklima sorgen, nehmen alle anderen Schüler und Schülerinnen in dieser Phase die Rolle des Publikums ein. Das heißt: Sie nehmen an der „Podiumsdiskussion" nicht direkt mitredend teil und vertreten somit auch nicht die Position der Gruppe, welcher sie angehörten. Das Publikum nimmt jedoch nicht passiv an der Podiumsdiskussion teil, sondern jedes Publikumsmitglied notiert sich Bemerkungen zur inhaltlichen und sprachlichen Überzeugungskraft der Sprecher und Sprecherinnen sowie auch zum Beitrag der Gesprächsleiterin oder des Gesprächsleiters. Am Ende des argumentativen „Schlagabtauschs" tragen die Kontrahenten und Kontrahentinnen ihre höchstens einminütigen **Schlussplädoyers** vor. Zuletzt führt der Gesprächsleiter bzw. die Gesprächsleitern die **Abschlussabstimmung** durch.

Phase 5: Auswerten der Podiumsdiskussion und der beiden Abstimmungsergebnisse
Nach der Abschlussabstimmung äußert das Publikum auf die Aufforderung der Gesprächsleiterin bzw. des Gesprächsleiters seine Meinung zu verschiedenen Fragen (z. B. welche Argumente sie warum überzeugend gefunden haben, welche Bedeutung der Gesprächsleiter bzw. die Gesprächsleiterin hat, wie die beiden Abstimmungsergebnisse zu bewerten sind.)

Projekt

Phase 1: Projektinitiative
In der Projektinitiative entscheidet die Gruppe, ob ein Projekt zum Thema durchgeführt werden soll.

Phase 2: Projektskizze
In einer ersten Projektskizze wird ein gemeinsames Produkt vereinbart. Was soll mit dem Projekt erreicht werden, wie wird das Produkt für andere sichtbar? Produkte können von Plakaten, über Ausstellungen, (Wand-)Zeitungen, Filme, Spiele bis hin zu konkreten Aktionen (Theaterstück, SlamPoetry, Rap-Battle etc.) reichen. Außerdem werden Regeln für das gemeinsame Arbeiten festgehalten.

Phase 3: Projektplan
Auf dem Projektplan werden die konkreten Arbeitsschritte festgehalten, die gegangen werden müssen, um das Produkt zu erreichen. Außerdem trägt man Zuständigkeiten für Aufgaben ein und hält einen Zeitpunkt fest, bis wann die entsprechende Aufgabe erfüllt sein soll.

Phase 4: Projektdurchführung
Dann starten alle mit der konkreten Arbeit am Projekt. Jeder sollte eine Aufgabe haben und wissen, was er/sie leisten muss, damit das Projekt erfolgreich beendet werden kann. Es kann alleine, zu zweit oder in Kleingruppen gearbeitet werden.

Phase 5: Fixpunkte/Meilensteine
Während der Projektdurchführung sollten regelmäßig Fixpunkte festgehalten werden, an denen man sich gegenseitig über den Stand der Dinge informiert, die Zwischenergebnisse präsentiert und die nächsten Schritte plant. Dazu sollte der Projektplan regelmäßig überprüft werden.

Phase 6: Projektabschluss
Mit der Fertigstellung und der Präsentation der Produkts wird das Projekt abgeschlossen. Unter bestimmten Umständen kann das Projekt allerdings auch scheitern. In beiden Fällen ist es wichtig, den Prozess des Projektes noch einmal zu reflektieren, sich Punkte, die zum Gelingen des Projektes beigetragen haben, zu vergegenwärtigen, und Gründe für das Scheitern und mögliche Lösungsstrategien zu besprechen.

Redekette

Phase 1:
Die Lehrkraft formuliert zu Beginn eine konkrete Frage/Aufgabe für die Klasse, zum Beispiel:

Lehrkraft: „Wie beurteilst du die jährliche Wahl des Jugendworts durch den Langenscheidt-Verlag?"

Phase 2:
Eine Schülerin/ein Schüler nimmt mündlich Stellung zur Frage/Aufgabe der Lehrkraft. Im Anschluss gibt sie/er das Wort weiter. Eine andere Schülerin/ein anderer Schüler formuliert eine Antwort auf die Frage/Aufgabe und geht dabei auch auf die Meinung der Vorrednerin oder des Vorredners ein. Danach wiederholt sich das Vorgehen, sodass eine Kette von Rednerinnen und Rednern entsteht.

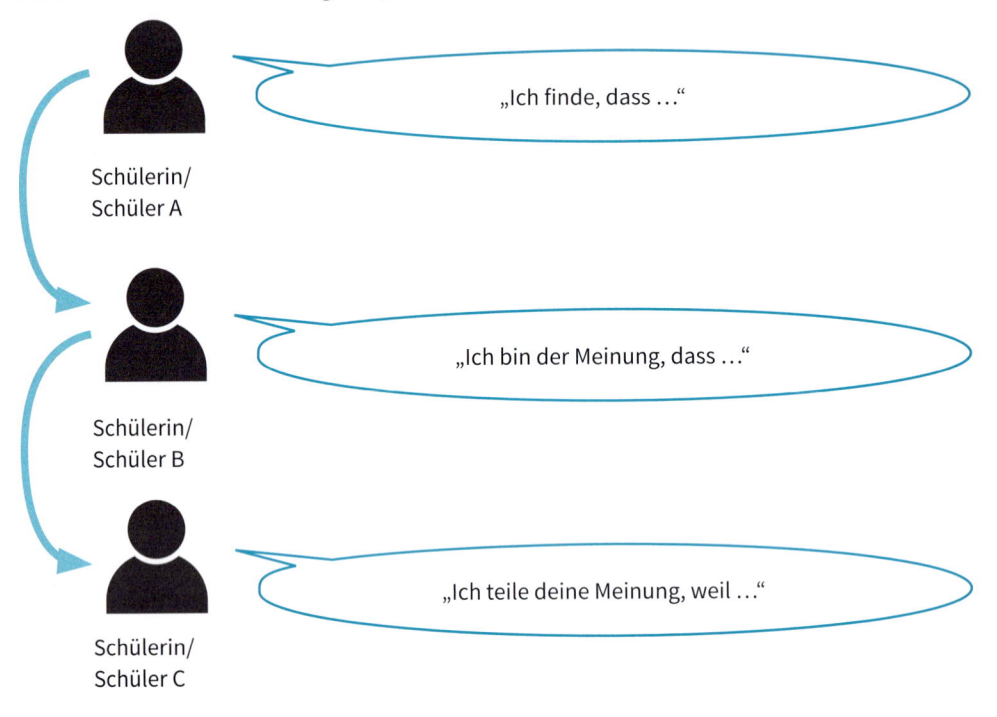

Schülerin/Schüler A: „Ich finde, dass …"

Schülerin/Schüler B: „Ich bin der Meinung, dass …"

Schülerin/Schüler C: „Ich teile deine Meinung, weil …"

Die Lehrkraft hält sich während der Redekette zurück und greift nur ein, wenn zum Beispiel die Gesprächsregeln nicht eingehalten werden oder wichtige Rückfragen entstehen. Ihre Aufgabe besteht vor allem darin, die Meinungen und Argumente der Schülerinnen und Schüler stichpunktartig zu notieren. Die Schülerinnen und Schüler leiten die Redekette damit möglichst selbstständig. Wer etwas sagen möchte, meldet sich per Handzeichen und wird dann von der Vorrednerin/dem Vorredner aufgerufen. Die Redekette endet entweder, wenn die vorher festgelegte Zeit abgelaufen ist oder keine Person mehr etwas zur Diskussion beitragen will.

Phase 3:
Die Lehrkraft reflektiert gemeinsam mit der Klasse auf Basis ihrer Notizen den Verlauf der Redekette. Mögliche Fragen können dabei sein: Inwiefern hat sich deine Meinung durch die Redekette verändert? Welche Argumente haben dich besonders überzeugt? Wurden die Gesprächsregeln eingehalten?

Rollenspiel

Bei einem Rollenspiel geht es um das Ausprobieren verschiedener Möglichkeiten, wie man handeln oder Probleme lösen kann. Ihr müsst immer das Gefühl haben, dass die Situation echt sein könnte. Ein Rollenspiel ist keine Theatervorführung!

Phase 1: Vorbereitung des Rollenspiels
Zunächst werden die entsprechenden Rollen innerhalb eurer Kleingruppe verteilt. Entweder erhält jede/jeder eine Rollenkarte mit Informationen zur Person/Rolle, die sie/er einnehmen soll, oder euch liegt nur eine Fallbeschreibung vor. Dann solltet ihr euch in die entsprechende Person hineinversetzen. Dazu können euch folgende Fragen dienen: Welche Eigenschaften, welche Gedanken und welche Gefühle hat die Person, die ihr spielen sollt? Wie können die Eigenschaften dargestellt werden? Wie könnt ihr die Gefühle ausdrücken? Anschließend besprecht ihr in der Gruppe, wie das Rollenspiel ablaufen soll.

Phase 2: Durchführung des Rollenspiels
Dann spielt ihr die vorher eingeführte Situation der Klasse vor. Ein Eingreifen oder Zwischenrufe sind nicht erlaubt. Wichtig ist, dass ihr die zugeteilte Rolle während des Rollenspiels nicht verlasst. Es besteht die Möglichkeit während des Rollenspiels durch ein vereinbartes Zeichen die Situation einzufrieren. Dann stoppen alle das Spiel und behalten Positionen, Körperhaltungen und Mimik bei. So können sich Mitschülerinnen und -schüler ausreichend Zeit nehmen, die Szene anzuschauen und sich Notizen zu machen.

Phase 3: Auswertung/Reflexion des Rollenspiels
Um die Rolle zu verlassen, können die Rollenspielerinnen und -spieler zunächst die Schilder mit ihren fiktiven Namen – wenn vorhanden – zerknüllen und in den Papierkorb werfen oder entsprechende Requisiten ablegen. Dann berichten sie, wie sie sich in der Situation gefühlt haben und wie es ihnen gelungen ist, sich in ihre Rolle hineinzuversetzen.
Anschließend beschreiben die Mitschülerinnen und -schüler, die das Spiel beobachtet haben, was sie gesehen haben. Sie sollten dabei auf den Verlauf, das Verhalten einzelner Personen und das Zusammenspiel zwischen den Personen eingehen. Dann sollte darüber diskutiert werden, wie es gelungen ist, die Situation darzustellen bzw. zu lösen. Zum Schluss solltet ihr auch immer noch über die Frage sprechen, ob es Unterschiede zwischen dem Spiel und dem wirklichen Leben gibt. Es kann sinnvoll sein, das Rollenspiel nach einer ersten Auswertungsphase erneut durchzuführen, wenn z. B. alternative Ideen angedeutet wurden, aber auch wenn bestimmte Verhaltensweisen eingeübt werden sollen.

Stamm-Expertengruppe

Die Stamm-Expertengruppe bietet sich an, wenn innerhalb kurzer Zeit mehrere Quellen erarbeitet werden sollen.

Phase 1:
Zuerst werden Stammgruppen gebildet, die so viele Mitglieder haben, wie es Quellen zu bearbeiten gibt. Stammgruppen werden z. B. numerisch organisiert.

Phase 2:
Die Mitglieder einer Stammgruppe bekommen nun jeweils einen Buchstaben zugeordnet. Die Schülerinnen und Schüler mit demselben Buchstaben treffen sich jetzt in ihrer Expertengruppe und bearbeiten die Quelle, die ihrem Buchstaben zugeordnet ist, nach den vorher genannten Fragestellungen. Jeder Teilnehmer einer Stammgruppe bearbeitet nun einen anderen Text.

Phase 3:
Die Experten treffen sich wieder in ihrer Stammgruppe. Jetzt tauschen sich die Schülerinnen und Schüler über ihre Ergebnisse so tiefgehend aus, dass jedes Mitglied die Ergebnisse aller Quellenarbeiten versteht und referieren kann. Eine Folgeaufgabe ist möglich.

Szenario-Technik

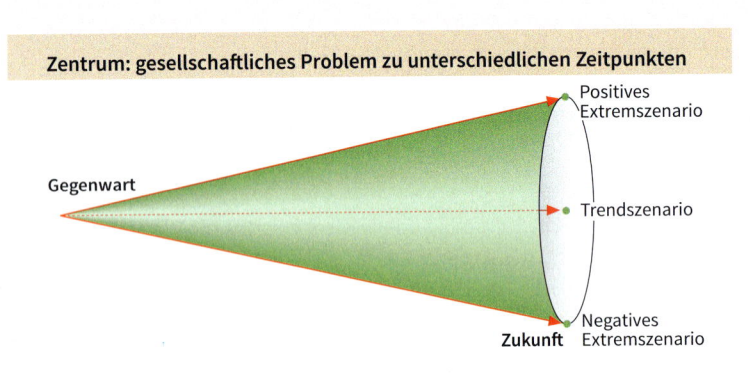

Bei der Szenario-Technik geht es vor allem darum, verschiedene Vorstellungen über die Zukunft zu entwickeln. Insgesamt werden dabei drei Szenarien erarbeitet, die im sogenannten „Szenario-Trichter" dargestellt werden können.

Im Zentrum der Szenario-Technik steht ein gesellschaftliches Problem, das als Frage formuliert werden kann. Das Problem muss dabei für eine größere Anzahl an Personen von Bedeutung sein. Der Anfang des Trichters nimmt auf die Gegenwart Bezug, d. h. wie äußert sich das Problem in der Gegenwart? Das Ende des Trichters bilden *drei mögliche Szenarien* in der Zukunft, d. h. wie kann sich das Problem in der Zukunft entwickeln?

- **Positives Extremszenario:** Das entwickelte Szenario beschreibt, wie die Zukunft im besten Fall aussehen könnte.
- **Trendszenario:** Das entwickelte Szenario beschreibt, wie die Zukunft aussehen könnte, wenn alles so weitergeht wie bisher.
- **Negatives Extremszenario:** Das entwickelte Szenario beschreibt, wie die Zukunft im schlimmsten Fall aussehen könnte.

Die Szenario-Technik läuft in drei Phasen ab:

Phase 1:
In der ersten Phase geht es vor allem darum, das ausgewählte Problem in der Gesamtgruppe genau zu erfassen. Der Beschreibung des aktuellen Zustands sowie möglicher Einflussfaktoren kommt dabei eine besondere Bedeutung zu. Zu diesem Zweck sind zumeist zusätzliche Recherchen notwendig. Die Ergebnisse der ersten Phase werden schriftlich festgehalten.
Angenommen, es steht die Frage im Zentrum, wie die Menschen in Deutschland im Jahr 2174 leben werden. Dazu muss zunächst geklärt werden, wie die Menschen aktuell in Deutschland leben und wodurch deren Leben zukünftig beeinflusst werden könnte (z. B. Umwelt, gesellschaftliches Miteinander, wirtschaftliche Situation).

Phase 2:
Die Gesamtgruppe wird in Kleingruppen aufgeteilt. Jede Kleingruppe erarbeitet selbstständig eines der drei möglichen Szenarien (positives, negatives Extremszenario und Trendszenario). Wichtig ist, dass das erarbeitete Szenario schlüssig ist, d. h. andere können das Szenario ohne Probleme verstehen. Jede Kleingruppe stellt als Abschluss ihr Szenario vor. Die Präsentation kann dabei sehr unterschiedlich aussehen: computergestützte Präsentation, Plakatpräsentation, Rollenspiel, Reisebericht usw.
Im konkreten Beispiel können die Kleingruppen selbst entscheiden, wer welches Szenario erarbeitet. Wichtig ist nur, dass alle Szenarien abgedeckt sind. Die Kleingruppen müssen jeweils eine andere Frage beantworten: (a) positives Extremszenario: Wie leben die Menschen in Deutschland im Jahr 2174

im besten Fall? (b) Trendszenario: Wie leben sie, wenn alles so weitergeht wie bisher? (c) negatives Trendszenario: Wie leben sie im schlimmsten Fall?

Phase 3:
In der dritten Phase diskutiert die gesamte Gruppe, was sie konkret als einzelne Person oder als Gruppe tun könnten, um die zukünftigen Entwicklungen zu beeinflussen. Dabei überlegt die Gruppe auch gemeinsam, welche Handlungen nötig und möglich sind, um das negative Extremszenario ins Positive zu verkehren. Das bedeutet: Sie diskutieren gemeinsam, wie aus dem negativen Extremszenario ein positives werden kann. Im Idealfall wird ein Handlungsplan erstellt, der dann zu bestimmten Zeitpunkten in die Tat umgesetzt wird.

Im konkreten Beispiel diskutiert die Gruppe gemeinsam, wie sie das zukünftige Leben der Menschen in Deutschland zum Beispiel durch ihr eigenes Umweltbewusstsein und Umwelthandeln in der Gegenwart positiv beeinflussen kann.

Talkshow

Phase 1: Das Streitthema kennenlernen
Eine im Politikunterricht thematisierte Streitfrage wird ausgewählt.

Phase 2: Zuordnung
Die Klasse teilt sich in verschiedene Gruppen auf, die jeweils zentrale Interessen zum gewählten Thema haben.

Phase 3: Recherche
In Gruppenarbeit recherchieren die einzelnen Gruppen nun wichtige Argumente ihrer übernommenen Position und überlegen in der Gruppe wichtige (Gesprächs-)Strategien. Eine Gruppe übernimmt die Rolle der Moderatorin/des Moderators. Sie legen den Fokus vor allem auf mögliche Fragen zum Thema an die verschiedenen Positionen.

Phase 4: Talkshow
Nun sendet jede Gruppe einen Vertreter, eine Vertreterin in die Talkshow. Die restliche Gruppe übernimmt einen Beobachtungsauftrag. Sie achtet besonders auf die vorgebrachten Argumente.

Phase 5: Auswertung
Danach lösen sich die Teilnehmerinnen und Teilnehmer wieder aus ihren Rollen. Im Plenum findet eine Abstimmung über das Streitthema statt. Im Anschluss sollte die Diskussion reflektiert werden.

Glossar

Anfragen
Jedes Mitglied im Gemeinde- oder Stadtrat oder auch im Landtag kann in allen Angelegenheiten des Landes bzw. der Gemeinde und ihrer Verwaltung Anfragen an den Bürgermeister richten. Diese können sowohl schriftlich oder in der Sitzung selbst mündlich erfolgen. Dieses Recht ermöglicht eine Kontrolle von Regierenden und Verwaltung.

Anträge
Jedes Mitglied im Gemeinde- oder Stadtrat kann schriftliche Anträge stellen, mit denen sich der Gemeinde- oder Stadtrat befassen muss, wenn er für die Angelegenheit zuständig ist.

Armut
Mit dem Begriff bezeichnet man in erster Linie eine Situation, in dem es Menschen nicht möglich ist, ihre Grundbedürfnisse (z. B. Nahrung, Wasser, Kleidung, Wohnraum etc.) zu befriedigen. Diese Bedürfnisse können, müssen aber nicht zwingend durch den Einsatz von Geld befriedigt werden. Bei wirtschaftlicher Armut unterscheidet man zwischen absoluter Armut, bei der einem Menschen weniger als 1,90 Dollar pro Tag zur Verfügung stehen, und relativer Armut, bei der das Einkommen deutlich unter dem mittleren Einkommen eines Landes liegt.

Bayerische Verfassung
In der seit 1946 geltenden Verfassung sind Aufbau und Aufgaben des bayerischen Staates (z. B. ist Bayern in sieben, sich selbst verwaltende Regierungsbezirke unterteilt: Unterfranken, Oberfranken, Mittelfranken, Oberpfalz, Schwaben, Niederbayern, Oberbayern), der Umfang der Grundrechte und dazugehöriger Grundpflichten (z. B. hat in Bayern jeder Bewohner einen Wohnungsanspruch) festgeschrieben. Darüber hinaus enthält die Verfassung auch Regeln zum gemeinschaftlichen Zusammenleben (z. B. sollen Schülerinnen und Schüler zum demokratischen Denken und Handeln erzogen werden) und zu den Bereichen Wirtschaft und Arbeit (z. B. ist es verboten, Menschen im Rahmen des Verrichtens ihrer Arbeit auszubeuten und ihnen in diesem Zusammenhang körperlichen Schaden zuzufügen). Da Bayern zur Bundesrepublik Deutschland gehört, darf der Inhalt der Landesverfassung nicht dem Inhalt des Grundgesetzes widersprechen. Man spricht in diesem Zusammenhang davon, dass das Bundesrecht Landesrecht bricht.

Bürgerbegehren
Bürgerbegehren in Bayern sind eine Form der direkten Demokratie, mit der Bürgerinnen und Bürger einer Gemeinde einen Bürgerentscheid über Angelegenheiten der eigenen Gemeinde beantragen können. Das Bürgerbegehren muss dabei auf eine mit Ja oder Nein zu beantwortende Fragestellung zugespitzt werden.

Bürgerentscheid
Erreicht ein Bürgerbegehren (s. Bürgerbegehren) die notwendige Unterstützung bei den Bürgerinnen und Bürgern einer Gemeinde, wird durch eine mit Ja oder Nein zu beantwortenden Fragestellung ein Bürgerentscheid spätestens nach drei Monaten, mit Zustimmung der Vertreterinnen und Vertretern des Bürgerbegehrens spätestens nach sechs Monaten durchgeführt. Jede Bürgerin und jeder Bürger der entsprechenden Gemeinde ist beim Bürgerentscheid stimmberechtigt.

Bürgermeister/-in/ Oberbürgermeister/-in
In Gemeinden mit bis zu 5 000 Einwohnern, die einem Landkreis angehören, ist der erste Bürgermeister bzw. die erste Bürgermeisterin (auch im Folgenden) ein ehrenamtlicher Bürgermeister, falls nicht der Gemeinderat bis zum 90. Tag vor der Bürgermeisterwahl durch eine Satzung bestimmt hat, dass der erste Bürgermeister ein Beamter auf Zeit sein soll. In Gemeinden mit mehr als 5 000 Einwohnerinnen und Einwohnern ist der erste Bürgermeister ein Beamter auf Zeit. Er wird auch als berufsmäßiger Bürgermeister bezeichnet. In kreisfreien Gemeinden und großen Kreisstädten führt der erste Bürgermeister die Amtsbezeichnung Oberbürgermeister. Er hat auch mehr Aufgaben: In kreisfreien Städten übernimmt er zusätzlich zu den Aufgaben eines ersten Bürgermeisters die Aufgaben eines Landrats, in großen Kreisstädten übernimmt er zusätzlich einen Teil der Aufgaben eines Landrats. Dies regeln unter anderem Artikel 9 und 34 der Gemeindeordnung für den Freistaat Bayern.

Bundesstaat
Zusammenschluss mehrerer Staaten zu einem Gesamtstaat. Im Gegensatz zu einem Staatenbund verfügt ein Bundesstaat über eine gemeinsame Regierung. Die Bundesrepublik Deutschland ist ein Bundesstaat. Die Bundesländer, die als Staaten gelten, haben sich zusammengeschlossen und sich eine gemeinsame Verfassung (Grundgesetz) gegeben, auf deren Grundlage eine gemeinsame Regierung gewählt wird.

Demokratie
Demokratie (altgriech. = Volksherrschaft) heißt: Das Volk regiert sich selbst. Gesetze werden in der Demokratie nicht von einem König oder Diktator (Gewaltherrscher) verordnet, sondern von Volksvertretern (Parlamentariern bzw. Abgeord-

GLOSSAR

neten), welche die Bürgerinnen und Bürger gewählt haben, mehrheitlich beschlossen. Das heißt wiederum, dass die Abgeordneten Gesetze beschließen (sollen), die dem Wohl aller Bürgerinnen und Bürger dienen. Eine Demokratie ist zudem ein auf der Verfassung (in Deutschland das → Grundgesetz) beruhender Rechtsstaat, in dem sich sowohl Bürgerinnen und Bürger als auch gesellschaftliche Organisationen und staatliche Institutionen an das vorgeschriebene Recht halten müssen. Bei der Demokratie handelt es sich jedoch nicht nur um die Herrschafts-, sondern auch um eine Gesellschafts- und Lebensform. Damit sie dauerhaft bestehen kann, ist es notwendig, dass jede Bürgerin und jeder Bürger demokratisch zu denken, zu sprechen und zu handeln lernt.

Demonstration
Demonstrationen sind öffentliche Versammlungen, die die Aufmerksamkeit der Bürgerinnen und Bürger für ein bestimmtes Anliegen schaffen wollen und/oder bei denen die Demonstrierenden für die Umsetzung einer bestimmten Forderung werben.

Diskriminierung
Diskriminierung (lat. = trennen, absondern) ist eine Benachteiligung ohne sachliche Rechtfertigung, bei der Menschen aufgrund eines tatsächlichen oder zugeschriebenen Merkmals der Persönlichkeit, das schwer bis nicht veränderbar ist, Nachteile erleiden. Diskriminierung ist in gesellschaftliche Machtstrukturen eingebunden, das heißt, mächtigere Personen können von weniger mächtigen nicht diskriminiert werden, da sie nicht benachteiligt werden können. Besonders häufig werden Menschen wegen ihres Geschlechts, ihrer Hautfarbe, ihrer Herkunft, ihrer Religion oder ihres Alters diskriminiert.

Emanzipation
meint ursprünglich, dass sich jemand aus der bisherigen Abhängigkeit von jemandem befreit. Der Begriff beschreibt einen heute noch nicht abgeschlossenen Prozess. Zunächst meint er das Streben nach bzw. Erreichen von rechtlicher Gleichstellung (und gesellschaftlicher Gleichberechtigung) einer diskriminierten Bevölkerungsgruppe, z. B. auch der jüdischen Bevölkerung im Deutschen Kaiserreich, der Afroamerikaner in den USA. Heute wird zumeist die gesellschaftliche Gleichstellung und Gleichberechtigung der Frau mit dem Mann damit ausgedrückt, auch wenn es richtigerweise Emanzipation der Frau oder Frauenemanzipation heißen muss.

Empirische Sozialforschung
Empirische Sozialforschung ist die datenbasierte Erforschung sozialer Erscheinungen. Sie umfasst die Datenerhebung, -analyse und -auswertung anhand qualitativer und quantitativer Methoden. Diese vier Methoden werden in der empirischen Sozialforschung am häufigsten verwendet: Befragung, Beobachtung, Inhaltsanalyse, Experiment. Ziel der empirischen Sozialforschung ist die Beschreibung der sozialen Wirklichkeit, die Überprüfung bestehender und Entwicklung neuer Theorien sowie die Erarbeitung von Lösungsansätzen.

Erziehungsstil
Ein Erziehungsstil ist ein Verhaltensmuster von Erziehenden gegenüber Kindern, dem eine bestimmte Haltung und ein bestimmtes Bild vom Kind zugrunde liegt. So beruht z. B. ein autoritärer Erziehungsstil auf elterlichen Anweisungen, ein demokratischer auf gegenseitiger Verständigung.

Fairtrade
Aus dem Englischen ins Deutsche übernommene Bezeichnung für verschiedene Ansätze, um (internationalen) Handel gerechter zu gestalten. Im Zentrum stehen dabei die angemessene Bezahlung sowie würdige Arbeitsbedingungen, vor allem in der Landwirtschaft und in der Textilindustrie. Um dies sicherzustellen, wird die Produktion immer wieder von unabhängigen Agenturen überprüft. Waren, die Fairtrade-Standards einhalten, erhalten dann Gütesiegel, auch „Labels" genannt, als Hinweis für die Kundinnen und Kunden.

Fraktion
Eine Fraktion ist ein Zusammenschluss von Abgeordneten, die ähnliche Positionen teilen. In der Regel gehören die Mitglieder einer Fraktion derselben Partei an.

Frauenquote
Eine Frauenquote ist eine Regelung, die zum Ziel hat, dass Gremien oder Stellen mindestens zu einem festgelegten Prozentsatz mit Frauen besetzt werden. Ziel der Frauenquote ist die Gleichstellung von Frauen in Gesellschaft, Politik und Wirtschaft.

Freistaat
Als Freistaat wurden Staaten bezeichnet, die von keinem König regiert wurden. Heute tragen diese Bezeichnung die Bundesländer Bayern (seit 1945), Sachsen (seit 1990) und Thüringen (seit 1993). Im föderalen System der Bundesrepublik Deutschland hat die Bezeichnung „Freistaat" allerdings keine rechtliche Bedeutung. Alle Bundesländer der Bundesrepublik besitzen dieselbe verfassungsrechtliche Stellung.

Gerechtigkeit
Gerechtigkeit bezieht sich zum einen auf die Einstellung bzw. das Handeln einer Person. Man spricht in diesem Zusammenhang von der Gerech-

tigkeit als individueller Tugend. Jemand ist bzw. handelt gerecht, wenn er einen anderen Menschen gebührend anerkennt und seine Menschenwürde achtet. In diesem Zusammenhang lässt sich die Gerechtigkeit immer als ein Gut, das anderen Menschen, d. h. jenen Menschen, gegenüber denen man gerecht handelt, zukommt. Gerechtigkeit bezeichnet zum anderen auch eine Tugend der öffentlichen demokratischen Institutionen. Ein gerechter Staat zeichnet sich demzufolge dadurch aus, dass in diesem gleiche Grundrechte und Freiheiten für alle gelten bzw. gewährleistet werden, dass jede bzw. jeder über die gleiche Chance verfügt, öffentliche Ämter zu bekleiden. Auch die Gleichheit der Menschen vor dem Gesetz, d. h. die Gleichbehandlung aller durch Gerichte gehört hierzu. Ob Ungleichheit gerecht ist bzw. unter welchen Bedingungen Ungleichheit gerecht sein kann, ist dagegen umstritten.

Gewaltenteilung
Damit die Macht in einem Staat nicht auf eine Einzelperson, eine Gruppe oder eine Institution konzentriert ist und von ihr missbraucht werden kann, wie z. B. in einer Diktatur, wird die Macht in einer Demokratie auf verschiedene Institutionen verteilt. Sie sollen sich gegenseitig kontrollieren. Dies bezeichnet man als Gewaltenteilung. Die drei Gewalten sind in Legislative (Gesetzgebung), Exekutive (vollziehende Gewalt) und Judikative (richterliche Gewalt) unterteilt. Das Parlament bildet die gesetzgebende, die Regierung die vollziehende und die Gerichte die richterliche Gewalt. Alle Gewalten sind an Gesetz und Recht gebunden.

Gleichberechtigung
Gleichberechtigung ist die Zusicherungen gleicher Rechte und Vorrechte sowie rechtliche Gleichstellung ohne Rücksicht auf beispielsweise Geschlecht, Alter, Rasse, Religion, Behinderungen oder die sexuelle Neigung. In den meisten westlichen Ländern wird die Gleichstellung gesetzlich garantiert.

Globaler Norden/Globaler Süden
In der Wissenschaft und vielen Hilfsorganisationen wird im Hinblick auf die besonders armen Gesellschaften der Welt nicht mehr von „Entwicklungsländern" oder „Dritter Welt" gesprochen: Beide Bezeichnungen beinhalteten den Aspekt der Rückständigkeit, die erst durch die Erlangung einer westlichen Lebensweise und Gesellschaftsform überwunden ist. Stattdessen wird eine recht grobe geographische Unterscheidung gemacht: Als „globaler Norden" werden Europa, Nordamerika, aber auch Australien und Neuseeland sowie z. T. die reicheren Staaten Asiens (Japan, Südkorea, Russland, inzwischen auch China) zusammengefasst; der „globale Süden" umfasst vor allem Südamerika und Afrika, aber auch die ärmeren Länder des asiatischen Kontinents.

Globalisierung
Unter Globalisierung versteht man den durch grenzenlose Kommunikation (Internet), durch verbesserte und beschleunigte Mobilität (Flugverkehr) sowie durch intensivierten internationalen Handel (Containerschifffahrt) in Gang gesetzten Prozess der weltweiten Vernetzung der Gesellschaften und der Politik, aber auch der Wirtschaft. Neben einer Vielfalt von Chancen ergeben sich aus diesen Dimensionen der Globalisierung auch immer stärker werdende Wechselwirkungen zwischen weit voneinander entfernt liegenden Orten, sodass z. B. politische Ereignisse oder Naturkatastrophen globale Folgen haben können. Um diese Wechselwirkungen so weit wie möglich beherrschen und die im Zuge der Globalisierung entstehenden Herausforderungen bewältigen zu können, ist eine kontinuierliche Zusammenarbeit von Staaten untereinander sowie zwischen Staaten und → NGOs, also eine gezielte Intensivierung der politischen Globalisierung, notwendig.

Grundgesetz
Das Grundgesetz (abgekürzt GG) ist das oberste Gesetzesbuch, die Verfassung unseres im Jahr 1949 gegründeten Staates. Das heißt, kein Gesetz, weder ein Gesetz, das in der ganzen Bundesrepublik Deutschland, noch ein Gesetz, das z. B. nur in Bayern, Mecklenburg-Vorpommern, Sachsen oder Nordrhein-Westfalen von Abgeordneten beschlossen wird, darf dem Grundgesetz widersprechen. Es enthält Regeln zum demokratischen Umgang der Menschen miteinander (z. B. darf niemand wegen seiner Herkunft oder seines Geschlechts benachteiligt werden), zu gesellschaftlichen Aktivitäten (z. B. dürfen sich Menschen zu Gruppen zusammentun und einen Verein oder Parteien gründen) und zum staatlichen Aufbau der Bundesrepublik Deutschland (z. B. setzt sich Deutschland aus 16 Bundesländern zusammen, die Richterinnen und Richter müssen unabhängig sein). Das Grundgesetz verpflichtet sowohl einzelne Bürgerinnen und Bürger als auch staatliche Institutionen und gesellschaftliche Organisationen zur Wahrung der Grundrechte. Das bedeutet wiederum, dass einzelne Bürgerinnen und Bürger ihre Rechte auch vor einem Gericht unter Berufung auf das Grundgesetz einklagen können und das vor dem Gericht jeder gleich (zu behandeln) ist.

Grundrechte
Die Grundrechte umfassen die Menschenrechte, die allen Menschen ohne Einschränkung zustehen, und die Bürgerrechte, die Bürgerinnen und Bürgern der Bundesrepublik Deutschland zustehen. Die Grundrechte beinhalten grundlegende Freiheits- und Gleichheitsrechte (Art. 1 bis 19 GG) werden den Bürgerinnen

GLOSSAR

und Bürgern gegenüber dem Staat zugestanden. Die Grundrechte sind im Grundgesetz besonders geschützt und daher unveräußerlich, dauerhaft und einklagbar. Grundrechte werden in die Freiheitsrechte und in die Gleichheitsrechte unterschieden. Freiheitsgrundrechte zielen vor allem auf den Schutz vor staatlichen Eingriffen ab und dienen zum Schutze der Freiheit der Person. Die Gleichheitsrechte sind Rechte, die rechtliche Gleichheit schaffen oder den Staat beauftragen, bestehende Ungleichheiten zu korrigieren.

Hartz IV

Mit Hartz IV wird häufig auch das Arbeitslosengeld II bezeichnet. Nach dem Wegfall des Anspruchs auf Arbeitslosengeld I soll es Leistungsberechtigten ermöglichen, ein Leben zu führen, das der Würde des Menschen entspricht. Hartz IV kann allerdings auch gekürzt oder ganz gestrichen werden.

Hoheitsrechte/Hoheitsgebiet

Der Bereich, in dem ein Staat die Kontrolle über Recht und Gesetz hat, wird als sein Hoheitsgebiet bezeichnet. Bei Küsten- oder Inselstaaten gehört dazu auch ein Teil des angrenzenden Meeres. Als Hoheitsrecht bezeichnet man den Anspruch eines Staates, bestimmte Themenbereiche innerhalb seines Hoheitsgebietes für alle sich dort aufhaltenden Personen verbindlich zu regeln und Verstöße gegen die Regeln zu bestrafen.

Inklusion

Inklusion (lat. = Einschluss) bedeutet, dass jeder Mensch ganz natürlich dazugehört. Damit beschreibt sie die Idee einer Gesellschaft, in der jeder Mensch akzeptiert wird und gleichberechtigt und selbstbestimmt an dieser teilhaben kann, unabhängig von individuellen Merkmalen und Einstellungen wie Geschlecht, Alter, Herkunft, Religionszugehörigkeit oder Bildung sowie von Behinderungen oder sexueller Orientierung. Die zentrale Idee der Inklusion ist somit, dass Menschen mit und ohne Behinderung von Anfang an gemeinsam in allen Lebensbereichen selbstbestimmt leben und zusammenleben. Ob beim Einkäufen, am Arbeitsplatz, in der Schule, auf Veranstaltungen, in Vereinen oder im Kreis der Familie: Jeder wird von der Gesellschaft so akzeptiert, wie er ist, und kann ein Leben ohne Barrieren führen.

Jugendschutz

Kinder- und Jugendliche werden in Deutschland ganz konkret mithilfe von Gesetzen geschützt. Im Jugendschutzgesetz wird u. a. der Umgang mit Alkohol, Tabak, Medien und auch der Besuch von öffentlich zugänglichen Einrichtungen geregelt.

Kommunale Aufgaben

Die Kommunen sind nach dem Grundgesetz „im Rahmen der Gesetze", das heißt solange Bundes- oder Landesgesetze nicht eigene Regelungen treffen, für alle Aufgaben der örtlichen Gemeinschaft zuständig. Die Aufgaben lassen sich in freiwillige und Pflichtaufgaben unterscheiden. Bei den freiwilligen Aufgaben kann die Gemeinde über das Ob und das Wie der Aufgabenerfüllung frei entscheiden. Dazu zählen z. B. die Förderung von Kultur, von Sport oder der Wirtschaft. Bei den Pflichtaufgaben dagegen kann die Gemeinde nur über das Wie entscheiden. Zu den Pflichtaufgaben zählen z. B. die Abwasserbeseitigung, die Schülerinnen- und Schülerbeförderung, der Schulhausbau oder der Bau von Gemeindestraßen.

Kommune/Gemeinde

Eine Gemeinde, auch Kommune (lat. = allgemein, gemeinschaftlich) genannt, ist in Deutschland die kleinste politische Einheit. Jeder Ort, egal ob Groß- oder Kleinstadt oder Dorf, stellt eine Gemeinde dar; teilweise schließen sich aber mehrere kleinere Orte zu einer Gemeinde zusammen, um Kosten zu sparen. Außer den kreisfreien Großstädten ist jede Gemeinde Teil eines Landkreises, alle Gemeinden gehören zu einem der Bundesländer der Bundesrepublik Deutschland. Jede Gemeinde hat ihre eigene Verwaltung, an deren Spitze eine Bürgermeisterin oder ein Bürgermeister steht. Die Verwaltung ist verantwortlich für die Erfüllung der Aufgaben der Gemeinde, z. B. Müllabfuhr, Straßenreinigung, Pflege der Grünanlagen, Einrichtung und Betrieb von Kindertagesstätten. Die rechtlichen Grundlagen dafür beschließt der von den Bürgerinnen und Bürgern gewählte Gemeinderat, der in größeren Städten auch Stadtrat genannt wird.

Landesregierung

Die Ministerpräsidentin bzw. der Ministerpräsident (s. Ministerpräsident/-in) sowie bis zu 17 Staatsministerinnen und Staatsminister oder Staatssekretärinnen und Staatssekretäre bilden die Landesregierung. Die Ministerpräsidentin bzw. der Ministerpräsident leitet, beruft und entlässt mit Zustimmung des Landtags die übrigen Mitglieder der Landesregierung. Die Aufgaben der Landesregierung sind laut Verfassung insbesondere der Vollzug der Gesetze und Beschlüsse des Landtags, die Einbringung von Gesetzesinitiativen, die Aufsicht über die gesamte Staatsverwaltung sowie die Ausübung des Notstandsrechts.

Landtagswahl

Durch die bayerische Landtagswahl werden die mindestens 180 Abgeordneten des bayerischen Parlaments gewählt. Für die Landtagswahl in Bayern gelten die fünf Wahlrechtsgrundsätze demokratischer Wahlen: allgemein, frei, gleich, geheim und unmittelbar. Gewählt wird nach einem sogenannten „verbesserten Verhältniswahlrecht".

GLOSSAR

Anders als bei Bundestagswahlen sind Erst- und Zweitstimmen für die Verteilung der Sitze auf die Parteien gleichgewichtet.

Menschenrechte

Menschenrechte sind besondere grundlegende Rechte, die darauf abzielen, die Würde jedes Menschen zu schützen sowie jedem ein freies, selbstbestimmtes Leben in Gemeinschaft mit anderen zu ermöglichen. Sie stehen jedem Menschen uneingeschränkt und universell zu, d. h. dass sie an keine Vorbedingungen geknüpft sind. Des Weiteren sind sie unveräußerlich, d. h. dass die Rechte aufgrund ihres besonderen Charakters nicht entzogen oder willentlich abgegeben werden können. Darüber hinaus sind sie unteilbar, d. h. dass sie nur vollumfänglich verwirklicht werden können. Festgehalten sind die Menschenrechte in der „Allgemeinen Erklärung der Menschenrechte" (AEMR), die von den Mitgliedsstaaten der Vereinten Nationen (UN) im Jahr 1948 beschlossen wurde. Die Menschenrechte beziehen sich auf alle gesellschaftlichen Teilbereiche und Aspekte des Lebens – bürgerliche, wirtschaftliche, soziale, kulturelle und religiöse.

Ministerpräsident/-in

Der/die Ministerpräsident/-in Bayerns leitet die Geschäfte der bayerischen Staatsregierung (s. Landesregierung). Er/sie beruft und entlässt mit Zustimmung des Landtags die weiteren Mitglieder der Landesregierung, denen er/sie bestimmte Aufgabenbereiche zuweist. Er/sie kann selbst auch bestimmte Aufgabenbereiche übernehmen. Er/sie verfügt über die politische Richtlinienkompetenz und vertritt Bayern nach außen.

Nachhaltigkeit/Nachhaltigkeitsstandards

Der Begriff beschreibt das Prinzip, wonach bei einer Handlung ihre langfristigen Folgen so mitbedacht werden sollen, dass auch zukünftige Generationen nicht darunter zu leiden haben. Der Begriff wird heute insbesondere als Forderung im Bereich der Ökologie verwendet und auf den Umgang mit natürlichen Ressourcen sowie mit natürlichen Lebensräumen bezogen: Demnach sollen Ressourcen und Umwelt nur so stark in Anspruch genommen werden, dass sie sich regenerieren können und in gleichem Umfang für künftige Generationen nutzbar bleiben. Um eine praktische Umsetzung dieses Prinzips zu ermöglichen, werden von Wissenschaftler/-innen und Politiker/-innen mess- und überprüfbare Kriterien definiert, die für eine nachhaltige Bewirtschaftung von Ressourcen und Umwelt mindestens erfüllt sein müssen. Diese Kriterien werden als Nachhaltigkeitsstandards bezeichnet.

NGO → Non-Governmental-Organization

Non-Governmental-Organization

Englische Bezeichnung für Nichtregierungsorganisationen; dabei handelt es sich um international tätige Interessenverbände, die sich weltweit für soziale, humanitäre, ökologische oder menschenrechtliche Ziele einsetzen. Im Gegensatz zu Regierungen haben sie keine direkte politische Macht und sind nicht mit bestimmten verfassungsmäßigen Aufgaben beauftragt. Sie rechtfertigen ihren Einsatz vielmehr mit dem Verweis auf vielfältige Missstände, um deren Beseitigung sie sich im Sinne einer globalen Verbesserung der Lebensbedingungen bemühen. Im Zuge dieser Bemühungen bauen sie durch gezielte Kampagnen Druck auf Regierungen und die → UNO auf, indem sie immer wieder auf Probleme in ihrem Tätigkeitsbereich aufmerksam machen. Gleichzeitig stehen sie den Staaten aber auch als Kooperationspartner zur Verfügung und realisieren gemeinsam mit diesen konkrete Projekte zur Verbesserung der Lebensbedingungen. Zu den größten und bekanntesten NGOs gehören Rotes Kreuz, Greenpeace, Amnesty International, Ärzte ohne Grenzen, Welthungerhilfe, WWF.

Notstandsrecht

Dem Ministerpräsidenten/der Ministerpräsidentin und der Landesregierung ist in Artikel 48 der Bayerischen Verfassung ein sogenanntes Notstandsrecht eingeräumt. Dies ermächtigt die Landesregierung bei einer Gefährdung der öffentlichen Sicherheit und Ordnung, verschiedene Rechte wie das Recht auf freie Meinungsäußerung, die Pressefreiheit oder die Versammlungsfreiheit einzuschränken oder sogar aufzuheben. Allerdings ist dieses Notstandsrecht durch den im Grundgesetz der Bundesrepublik Deutschland geregelten Notstandsfall gemäß dem Prinzip „Bundesrecht bricht Landesrecht" sehr stark eingeschränkt.

Partizipation

Partizipation (lat. = Beteiligung, Teilhabe) im Sinne von politischer Partizipation ist die Teilhabe und Beteiligung von Bürgerinnen und Bürgern an politischen Willensbildungs- und Entscheidungsprozessen.

Pluralismus

Pluralismus (lat., in der Politik Koexistenz verschiedener Interessen) ist ein zentrales Merkmal moderner Demokratien, deren politische Ordnung und Legitimität ausdrücklich auf der Anerkennung und dem Respekt vor den vielfältigen individuellen Meinungen, Überzeugungen, Interessen, Zielen und Hoffnungen beruhen. Alle Überzeugungen sollen geäußert werden können, um die prinzipielle Offenheit pluralistischer Demokratien zu gewährleisten. So wird die offene Auseinanderset-

...zung zwischen den verschiedenen Akteuren als wesentlicher Teil der politischen Willensbildung ermöglicht und die Vielfalt der Gesellschaft in der politischen Debatte abgebildet.

Rechtsstaat/Rechtsstaatlichkeit
Als Rechtsstaat bezeichnet man einen Staat, in dem die Regierung sowie alle staatlichen Vertreterinnen und Vertreter und Institutionen nur nach den Regeln der bestehenden Rechtsordnung handeln dürfen. Für die Bundesrepublik Deutschland ist in Art. 28 (1) GG unter anderem festgeschrieben, dass sie ein demokratischer und sozialer Rechtsstaat ist. Dies bedeutet vor allem, dass die von den Bürgerinnen und Bürgern gewählten staatlichen Vertreterinnen und Vertreter demokratische und soziale Verfassungsgrundsätze, wie z. B. die Achtung der Menschenwürde oder die Gleichbehandlung aller Menschen, umsetzen und schützen müssen. In einem Rechtsstaat steht auch jeder und jedem Einzelnen das Recht zu, die Einhaltung des Rechts vor einem unabhängigen Gericht prüfen zu lassen.

Rollenbilder
Vorstellung von der Rolle, die jemand in einer bestimmten Funktion, in einer bestimmten sozialen Stellung einnimmt. Mit dieser Vorstellung sind in der Regel Erwartungshaltungen bezüglich des Verhaltens verbunden. Rollenbilder sind sozial konstruiert.

Schulforum
Dem Schulforum gehören die Schulleiterin oder der Schulleiter, drei Vertreter/-innen des Lehrerkollegiums (werden von der Lehrerkonferenz gewählt), drei Elternvertreter/-innen (Elternbeiratsvorsitzende/-vorsitzender und zwei gewählte Mitglieder des Elternbeirats), die drei Schülersprecherinnen bzw. Schülersprecher sowie ein Vertreter des Schulaufwandsträgers an. Die Schulleiterin bzw. der Schulleiter ist Vorsitzende bzw. Vorsitzender des Schulforums und beruft es mindestens einmal im Schulhalbjahr ein. Jedes Mitglied des Schulforums hat das Recht, Anträge einzubringen, also auch die Schülersprecher/-innen.

SMV
SMV ist in Bayern die Abkürzung für Schülermitverantwortung. Der Wortteil „-verantwortung" weist darauf hin, dass sich Schülerinnen und Schüler selbst für ihre Interessen einsetzen können und sollen. Das Bayerische Gesetz über das Erziehungs- und Unterrichtswesen (BayEUG) enthält die rechtlichen Grundlagen für die SMV in Art. 62 BayEUG.

Sozialstaat
Unter Sozialstaat versteht man einen Staat, der für seine Bürgerinnen und Bürger soziale Sicherheit und ein hohes Maß an sozialer Gerechtigkeit erreichen will. Er bildet die Grundlage für sozialen Frieden in unserem Land. Wichtigster Pfeiler dieses Systems ist in der Bundesrepublik Deutschland die gesetzliche Sozialversicherung mit ihren Zweigen der Kranken-, Renten-, Arbeitslosen-, Pflege- und Unfallversicherung. Sie hat die Aufgabe, soziale Risiken im Leben eines Menschen abzufedern.

Soziologische Erhebung/ Soziologische Studie
→ Empirische Sozialforschung

Toleranz
Toleranz bedeutet das Geltenlassen anderer oder fremder Überzeugungen, Handlungsweisen und Sitten. Toleranz im weiteren Sinn bedeutet Verständnis, Respekt und Offenheit für andere Menschen, deren Vorlieben und Lebensweisen. Damit ist heute häufig auch die Anerkennung einer Gleichberechtigung gemeint, die jedoch über den eigentlichen Begriff („Duldung") hinausgeht.

UN-Kinderrechtskonvention
1989 beschlossen die UN-Vertreterinnen und -Vertreter mit der Kinderrechtskonvention ein Dokument, das die ganz eigenen Bedürfnisse und Interessen der Kinder betont. Zum Beispiel das Recht auf Freizeit, das Recht auf Bildung oder auch das Recht auf Schutz vor Gewalt.

UNO → Vereinte Nationen

Vereinte Nationen
Die Vereinten Nationen (Abkürzung: VN; engl. United Nations Organization, Abkürzung: UNO) sind die größte internationale politische Organisation der Welt, in der sich 193 Staaten (Stand 2021) zusammengeschlossen haben. Ihre zentralen Ziele sind die Sicherung des Friedens und der Menschenrechte, aus denen sich viele weitere Aufgaben, z. B. Armutsbekämpfung, Klimaschutz, Flüchtlingshilfe, ergeben. Die globale Bedeutung der UNO ergibt sich vor allem daraus, dass bei den jährlichen Generalversammlungen die Vertretungen fast aller Staaten der Welt zusammenkommen, um regional oder weltweit auftretende Probleme zu besprechen, friedliche Verhandlungen zu führen und grundlegende Vereinbarungen zu treffen.

Zivilgesellschaft
Diese umfasst alle Organisationen und Gruppen, aber auch engagierte Einzelpersonen, die das öffentliche bzw. politische Leben in einem Staat in ihrem jeweiligen thematischen Sinn mitgestalten (wollen), aber nicht direkt an der Regierung oder an der Arbeit des Parlamentes beteiligt sind. Dabei handelt es sich zum Beispiel um Verbände, Bürgerinitiativen, Vereine usw.

Register

Abgeordnete 126 f.
Agenda 2030 159, 170
Anfragen 113, 194
Anträge 113, 194
Arbeitswelt 73 ff.
Armut 41, 194
Ausschüsse 113

Bayerische Gesetzgebung 131 f., 134
Bayerische Landesregierung/ Bayerische Staatsregierung 129 f., 134, 197
Bayerische Verfassung 122 ff., 133, 194
Bayerischer Landtag 125 ff., 133
Bayerisches Staatswappen 121
Befragung 13 f.
Besuch einer Gemeinderatssitzung 182
Bildanalyse 174
Bundesstaat 30, 124, 194
Bürgerbegehren 135, 194
Bürgerentscheid 133, 194
Bürgermeister/-in 112 f., 116 f., 194

Chancengleichheit 82 ff., 102
Clustering 182
Corona-Pandemie 142 f.

Debatte im Oxfordstil 183
Demokratie 10, 30, 194
Demonstration 117, 195
Diagramme auswerten 174
Dimensionen der Globalisierung 140, 169, 171
Diskriminierung 82 ff., 195
Diskussion 40
Durchführung einer Umfrage 180

Emanzipation 63, 195
Erkundung 128
Erziehung 69 ff.
Erziehungsstil 69, 195

Expertenbefragung 176
Externalisierungsgesellschaft 149 f.

Fairtrade 152, 195
Fallanalyse 184
Fishbowl 184
Fraktion 113, 126, 195
Frauenquote 78 ff., 195
Freistaat 122, 195, 108 ff.

Gedankenexperiment 185
Gemeinde 108 ff., 197
Gemeinderat 113
Gender Pay Gap 76, 105
Gerechtigkeit 91 ff., 95 f., 103, 195
Geschlechterrollen 73 ff., 102
Gesellschaftlicher Wandel 60 ff., 102
Gesetzestexte 123
Gewaltenteilung 124, 196
Gleichberechtigung 78 ff., 196
Globale Externalisierung 151 ff., 169
Globale Probleme 157 ff., 169, 171 f.
Globale Warenkette 143
Globaler Norden 149, 196
Globaler Süden 149, 196
Globalisierung 138 ff., 169 f., 196
Grundgesetz 29 ff., 55, 85, 196
Grundrechte 29, 55, 133, 196
Gruppenschutz 40

Hartz IV 42, 197
Hoheitsrecht/Hoheitsgebiet 158, 197

Inklusion 88 ff., 197
Internet 25 ff., 55, 140 f.
Internetrecherche 176

Jugend 10 ff.
Jugendforum 23
Jugendhearing 23

Jugendmedienschutz 52 f.
Jugendparlament 19 ff., 54
Jugendschutz 48 ff., 55, 58, 197

Karikaturinterpretation 177
Kinderarbeit 45 ff.
Kinderarmut 41 ff.
Kinderrechte 37 ff., 55, 56 f.
Kinderwahlrecht 33 ff.
Klassensprecher/-in 15 ff.
Klassensprecherwahl 16 f.
Klimaschutz 164 ff.
Kollegialprinzip 130
Kommunale Aufgaben 110 f., 133, 197
Kommunalpolitik 107 ff., 112 ff.
Kommunalwahl 133
Kommune 108 ff., 197
Konfliktanalyse 185

Landesregierung 129 f., 197
Landtagswahl 125 f., 197
Lebensbedingungen 147 ff.
Lesestrategie 50
Lieferkettengesetz 154 f.

Meeresverschmutzung 160 ff.
Memes 101
Menschenrechte 37, 152 f., 198
Ministerpräsident/-in 129 f., 198

Nachhaltigkeit/Nachhaltigkeitsstandards 153, 198
Narratives Interview 186
NGO (Non-Governmental-Organization) 155, 162, 198
Notstandsrecht 129, 198

Partizipation 15 ff., 25 ff., 107 ff., 118 ff., 198
Partizipationscheck 24
Pluralismus 100, 198
Podcast erstellen 187
Podiumsdiskussion 188
Politik 8 ff., 107 ff.

REGISTER

Politikzyklus 132
Projekt 189
Pro-Kontra-Debatte 168

Rassismus 86 f.
Rechtsstaat 30, 122, 199
Redekette 190
Ressortprinzip 129 f.
Richtlinienkompetenz 130
Rollenbilder 62 ff., 102, 199
Rollenspiel 191
Rollenwandel 73 ff., 102

Schaubild erstellen 18
Schaubilder auswerten 178
Schreibgespräch 94
Schülermitverantwortung (SMV) 15 ff., 54, 199

Schulforum 17 f., 54, 199
Siegel 47
Social Media 25 ff., 55, 140 f.
Sozialstaat 30, 122, 199
Sozialwissenschaftliche Erhebung 66
Stadtentwicklung 118 ff.
Stadtrat 113
Stamm-Expertengruppe 191
Standbild 38 f.
Subversives Fragen/subversives Argumentieren 179
Süddeutsche Ratsverfassung 112
Szenario-Technik 192

Talkshow 193
Texteinsammelmethode 180
Toleranz 97 ff., 103, 105, 199
Tübinger Debatte 81

Umfrage 180
UN-Kinderrechtskonvention 37 f., 55, 199
UNO/Vereinte Nationen 159, 199

Vereinte Nationen/UNO 159, 199
Verfassungstexte 123
Verwaltung 114
Vierfelderskript 156

Wahlrecht 33 ff.
Wertequadrat 181
Wortwolke 49

Zivilgesellschaft 153, 162, 199

Bildquellenverzeichnis

|akg-images GmbH, Berlin: 62.5. |Alamy Stock Photo, Abingdon/Oxfordshire: Croxatto, Joaquin 141.1; Heorshe 146.1; Historisches Auge Ralf Feltz 69.2; Otto, Werner 70.1; Panther Media GmbH 139.2; rangizzz 138.2; Schoening 136.1; sebastiano secondi 138.1; Serrano, Ana Maria 139.1. |Alamy Stock Photo (RMB), Abingdon/Oxfordshire: Probst, Peter 121.1. |Appenzeller, Holger, Stuttgart: 89.1. |Baaske Cartoons, Müllheim: Mester, Gerhard 8.1, 28.1; Plaßmann, Thomas 105.1. |Bayerischer Rundfunk, München: BR24 #Faktenfuchs/BR-Grafik; in Lizenz der BRmedia Service GmbH 164.1. |Bergmoser + Höller Verlag AG, Aachen: 124.1. |CartoonStock.com, Bath: Stan Eales 150.1. |Daniel Fuhr, www.karicartoons.de, Karlsruhe: 52.1. |Demattio, Rainer, Singen: 119.1. |Deutsche Welthungerhilfe e.V., Bonn: 171.1. |Deutsches Kinderhilfswerk e. V., Berlin: Kinderreport Deutschland 2018 44.1. |Domke, Franz-Josef, Wunstorf: 72.1, 78.1, 127.2, 140.1, 145.1, 175.1, 175.2, 175.3, 175.4, 183.1, 192.1. |Eisenmann, Orlando, Weggis: 21.2. |Fair Wear Foundation, CH Amsterdam: 'Fair Wear Foundation works with European garment companies to improve labour conditions for workers in garment factories. Fair Wear member brands are actively working towards improving the working conditions in their supply chains. Fair Wear checks how well each brand is doing and publicly reports about it. See if your favourite clothing brands are members on www.fairwear.org.' 47.2. |Fairtrade Deutschland e.V., Köln: 47.1. |Fotostudio Henke, Paderborn: 39.1. |Friedrich-Ebert-Stiftung (FES), Berlin: Aus: Daniela Saaro, Sabine Friedel: Kommunalpolitik verstehen. Für junges Politikverständnis, hrsg. von der Friedrich-Ebert-Stiftung Forum Politik und Gesellschaft, Berlin 2014 117.1. |Getty Images, München: Archive Photos/Lambert, Harold M. 63.1; Maskot 62.4. |Greser & Lenz, Aschaffenburg: 107.1. |Hans-Böckler-Stiftung, Düsseldorf: Quelle: WSI Genderdatenportal 74.1. |Initiative Lieferkettengesetz, Berlin: 154.1. |INKOTA-netzwerk e.V. / www.inkota.de, Berlin: 151.1. |iStockphoto.com, Calgary: AleksandarNakic 62.3; FluxFactory 62.2; FooTToo Titel; IP Galanternik D.U. Titel; Kurashova, Olena 97.1; LeoPatrizi 98.1; Marks, George 62.1; nemke 99.2; SolStock 17.1; straga 99.1. |JKP Jochens Kleine Plattenfirma GmbH & Co. KG, Düsseldorf: 73.1. |Kumpe, Bettina, Braunschweig: 82.1. |Lindner, Anna K., Cremlingen/Weddel: 49.1, 112.1, 132.1, 132.3, 142.1, 165.1; Shell Jugendstudie 2019 77.1; Susanne Ulrich, Andreas Schröer, Kirsten Nazarkiewicz. Toleranz-Bilder: Fotobox für die politische Bildung. (S. 14). Verlag Bertelsmann Stiftung. Gütersloh 2020. 105.2. |Patrick Miller Photography, Hamburg: 86.1. |Picture-Alliance GmbH, Frankfurt a.M.: Baumgarten, Ulrich 147.1; dieKLEINERT.de/Schwarwel 95.1; dpa-infografik 42.1, 46.1, 60.1, 160.2; dpa/Galuschka, Horst 83.2; dpa/Gebert, Andreas 113.2; dpa/Heimken, Axel 88.2; dpa/Hoppe, Sven 166.1; dpa/Kirchner, Guido Titel; dpa/Rehder, Carsten 61.2; dpa/Warmuth, Angelika 112.3; Lucas, Hans/Ruiz, Estelle 61.1; Photoshot 160.1; Pressebildagentur ULMER 87.1; zb/Glienke, Wilfried 62.6. |plainpicture, Hamburg: Hollandse Hoogte/Burgler, Roel 114.1. |Rattelschneck, Berlin: 33.1. |Roth, Stefan, Attenweiler: roth-cartoons.de 58.1. |Shutterstock.com, New York: Andrey_Popov 97.3; AnnJane 101.1; byswat 16.1; El Nariz 63.2; fizkes 39.4; Mantell, John 97.2; Monkey Business Images 17.2; Nahabed, Anna 39.3; Phovoir 16.2; Yiorgos GR 88.1. |SOZIALHELDEN e.V., Berlin: Andi Weiland 83.1. |sozialpolitik-aktuell.de - Uni Duisburg-Essen, Duisburg: 65.2. |Statistisches Amt München, München: Quelle: Flughafen München GmbH 142.2. |stock.adobe.com, Dublin: 1001color 40.1; anatoliycherkas 67.1; bildergala 90.1; Cookie Studio 39.2; digitalskillet1 40.2; Elvina, Dian 190.1, 190.2, 190.3, 190.4; LIGHTFIELD STUDIOS 71.1; made_by_nana 52.2, 52.3; Pormezz 65.1; Sunny studio 71.2. |Straeter, Gerhard, Essen (Heidhausen): 6.1, 9.1, 9.2, 11.1, 21.1, 23.1, 61.3, 69.1, 93.1, 107.2, 111.1, 112.2, 114.2, 115.1, 116.1, 117.2, 124.2, 124.3, 127.1, 130.1, 130.2, 132.2, 139.3, 141.2, 141.3, 141.4, 143.1, 146.2, 146.3, 146.4, 148.1, 150.2, 150.3, 155.1, 155.2, 156.1. |Süddeutsche Zeitung - Photo, München: Rumpf, Stephan 113.1. |Süddeutsche Zeitung GmbH, München: Grafik von Julia Schubert zum SZ-Artikel "Gendergerechte Sprache hat ein Imageproblem", Lara Thiede, jetzt.de vom 19.04.2019 104.1. |Tomicek/www.tomicek.de, Werl: 173.1. |toonpool.com, Berlin, Castrop-Rauxel: JotKa 157.1, 157.2; Tomaschoff 177.1. |United Nations, New York, NY: https://www.un.org/sustainabledevelopment/ "The content of this publication has not been approved by the United Nations and does not reflect the views of the United Nations or its officials or Member States" 159.1. |Vodafone Stiftung Deutschland gGmbH, Düsseldorf: aus: Jugend will bewegen. Politische Beteiligung Junger Menschen in Deutschland. 2020, S. 15 27.1, 27.2. |World Cleanup Day c/o Let's Do It! Germany e.V., Oberhof: 161.1, 161.2, 161.3, 161.4. |Wurster, Miriam, Bremen: 80.1. |XertifiX e. V., Hannover: 47.3. |© Statistisches Bundesamt (Destatis), Wiesbaden: 2020 76.1.